谨以此书献给恩师季羡林

《左传·襄公二十四年》说："大上有立德，其次有立功，其次有立言，虽久不废，此之谓不朽。"孔子说："智者乐水，仁者乐山；智者动，仁者静；智者乐，仁者寿。"（《论语·雍也》）季羡林先生常年坚信，宋儒张载《西铭》的"为天地立心，为生民立命，为往圣继绝学，为万世开太平"，几十年坚守如一，如泰山之固，因此做到了立德、立功、立言三者并重，不朽自然确立。这也是季羡林"仁者寿"的秘诀。

季羡林的一生

蔡德贵／著

長春出版社

图书在版编目（CIP）数据
季羡林的一生/蔡德贵著. ——长春：长春出版社，2009. 11
ISBN 978－7－5445－1155－1

Ⅰ. 季... Ⅱ. 蔡... Ⅲ. 季羡林（1911～2009）－人物研究 Ⅳ. K825. 4

中国版本图书馆 CIP 数据核字（2009）第 201885 号

季羡林的一生

著　　者：蔡德贵
责任编辑：张中良
装帧设计：姜旬恂

出版发行：長春出版社　　总编室电话：0431－88563443
发行部电话：0431－88561180　　邮购零售电话：0431－88561177
地　　址：吉林省长春市建设街 1377 号
邮　　编：130061
网　　址：www. cccbs. net
制　　版：吉林省久慧文化有限公司
印　　刷：吉林省吉育印业有限公司
经　　销：新华书店

开　　本：787 毫米×1092 毫米　1/16
字　　数：318 千字
印　　张：16
版　　次：2010 年 1 月第 1 版
印　　次：2012 年11月第 2 次印刷
印　　数：5 000 册
定　　价：28. 00 元

目录

小 引

2003 年 9 月 9 日 9 时 45 分，中共中央政治局常委、国务院总理温家宝到解放军 301 医院，看望季羡林先生，说他在海内外享有盛誉，渊博的学识和不断创新的治学精神，堪称学界楷模。在不到二年的 2005 年 7 月 29 日上午 9 时许，温家宝总理又到解放军 301 医院康复楼探望季羡林先生，祝贺他的 94 周岁生日。温家宝对他说："您的《留德十年》和《牛棚杂忆》我都学习过。去年我访问德国时还专门引用您的一段话：我一生有两个母亲，一个是生我的那个母亲，一个是我的祖国母亲。"温家宝还特别说到他"最喜欢的话：真情"，"常讲做人要真情、真实、真切。"季羡林坦承"三真"是自己做人做事的原则。这次短时间的探视和拜访，揭示了季羡林的两个优秀品质：爱国主义和"三真"。在这之后的 8 月 17 日，温家宝又写亲笔信，对季羡林进行了全面的评价，赞誉"先生苦学不倦，笔耕不辍，著作丰厚，学问深刻，用力甚勤，掘发甚广，实为人中麟凤。先生待人真诚，行事正直，脚踏实地，实事求是，尤为人之楷模。先生的人品深为我所景仰"。高度评价他的学术成就和人品道德。2006 年 8 月 6 日温家宝第三次去给季羡林祝寿，给他送来一盆枝繁叶茂的君子兰，向这位学贯中西、笔耕一生、在海内外享有盛誉的学者表示敬意。说他最大的特点就是一生笔耕不辍，桃李不言，下自成蹊。他写的作品，如行云流水，叙事真实，传承精神，非常耐读。还对他说："您写的几本书，不仅是个人一生的写照，也是近百年来中国知识分子历程的反映。中国知识分子历经沧桑、艰难困苦，但爱国家、爱人民始终不渝，他们不懈奋斗，把自己的知识奉献社会、服务人民。您在最困难的时候，包括在'牛棚'挨整的时候，也没有丢掉自己的信仰。那时，您利用在传达室看大门的时间，翻译了 280 万字的梵文作品。这不仅是个人毅力决

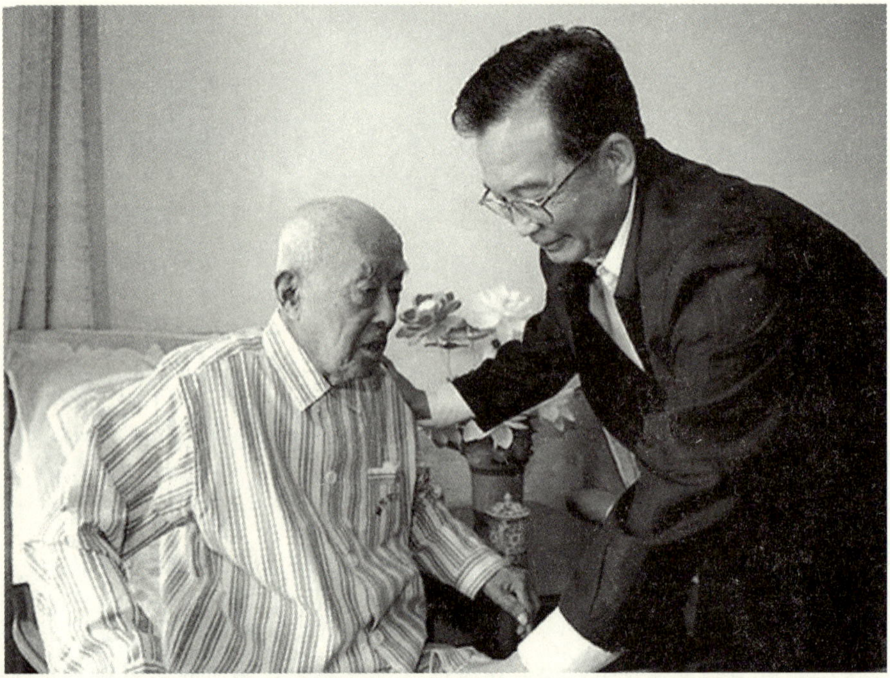

2003年9月9日，温家宝总理看望季羡林。

定的，也反映出中国知识分子对真理的追求，对国家充满信心。”

季羡林先生是我国当代兼容百家、学贯中外的学界泰斗，其道德文章、学品人品是国内外学人所称道的。他是一个农民的儿子，不是出自名门望族，小时候平时很难吃到一次“白的”面食和“黄的”玉米饼子，当然是深厚的中华文化养育出了这样一个具有深厚文化底蕴的文人，但是作为一个农民之子的他要付出多大的努力啊！他从一个农民之子、淘气少年成长为一个学界泰斗的经历，给无数学子以极大的鼓励。他身上有一种奇特的吸引力，既有学识的吸引力，也有人格的吸引力。他的成长会给你留下一个深刻的启迪，他的成功告诉你一个秘诀：成功等于天才加勤奋！

季羡林先生在20世纪60年代就被范文澜先生誉为“国宝”。近年来饶宗颐先生说他是“博大长者”。2005年在北京举行的季羡林研究所成立大会上，北京大学校务委员会副主席郝斌教授又誉他为北京大学的“镇校之宝”。他学富五车，涉及的领域包括语言学、文学、历史学、宗教学、民族学、翻译学、哲学、教育学等多方面，所通语言近十种，其中梵文、巴利文、吐火罗文几乎是绝学，其学术著作在文化交流、佛教、语言学、糖史等方面均成一家之言，有传世之作，所出版的散文则平实质朴，充满了真情实感，拥有众多读者，一版再版。多年来季羡林先生已经成为社会各界关注的热点人物，也成为年轻学人热爱的老一辈学者。季羡林先生为什么会取得这么杰出的成绩？是什么原因造就了季羡林先生？除了他个人的内在因素，是否外在的环境在他成才的过程中也起了重要作用？年轻人对这些问题非常感兴趣。从一个淘气孩子到学界泰斗，这中间有什么必然性吗？这本书要解决的就是这个问题。

为什么有季羡林热？

一、季羡林已经成为学问和气节的象征

胡适对台湾“中央研究院”李亦园先生说：“做学问应该像北京大学的季羡林那样。”

香港学界泰斗饶宗颐说：“他（季老）是一位笃实敦厚、人们乐于亲近的博大长者，摇起笔来却娓娓动听，光华四射。他具有褒衣博带从容不迫的齐鲁风格和涵盖气象，从来不矜奇、不炫博，脚踏实地，做起学问来，一定要‘竭泽而渔’”；“季老领导下的多种重要学术工作，既博综，又缜密，放出异彩，完全是‘海涵地负’的具体表现，为中华学术的奠基工程做出人人称赏的不可磨灭的劳绩。”（饶宗颐：蔡德贵《季羡林传·序》，人民出版社 2000 年版）

已经过世的张中行生前说过：季羡林先生是中外知名的学者。知名，这名确是实之宾，与有些人，舍正路而不同，也就真像是抟扶摇而上者九万里的不同。可是这实，我不想说，也不能说。因为他会的太多，而且既精且深，我等于站在墙外，自然就不能瞥见宗庙之美，百官之富。他以一身而具有三种难能，一是学问精深，二是为人朴厚，三是有深情。三种难能之中，最难能的还是朴厚，像他这样的难于找到第二位。（张中行：《季羡林先生》，收入《人格的魅力——名人学者谈季羡林》，延边大学出版社 1996 年版）

季羡林画像（高莽画）

袁行霈说：和他在一起，矜可平，躁可释，一切多余的雕饰的东西都成为不必要的了。他是集中了朴实的美德并展现了朴实的力量的典范，他的朴实带有豪华落尽的真淳，好像元好问所称颂的陶诗，这就更加令人尊敬。

1994 年 10 月，季羡林与臧克家合影。

谢冕说：他是那样的普通，普通得无法和周围的人加以区分。他如同一滴最平凡的水珠，无声地消融在大江大河的激流之中；他如同一粒最平凡的泥土，加入了无比浑厚的黄土地的浑重之中。伟大无须装饰，也不可形容，伟大只能是它自身。他是极为单纯的，单纯到不染毫纤的自然，从那朴素、平淡和普通中感受到那种崇高人格的震撼力。

韩素音说：我在他身上发现的不只是博学，而且是睿智。不仅是睿智，还且还有非常地谦恭有礼和幽默。他的博识给人留下深刻的印象……他是一位完全具备知识分子品格的人，决心要做出最好的学术成果，他从来没有放弃坚持一切都要优秀的原则。他人格的尊严，他对于物质利益的毫不动心，他对于书的热爱，他的耐心，还有他充分的真诚，对我来说，他将永远是气节的象征。（韩素音：《谈谈季羡林教授》，《人格的魅力——名人学者谈季羡林》，延边大学出版社 1996 年）

梁披云为季羡林题写了这样的条幅：为天地立心，为生民立命，为往圣继绝学，为万世开太平；题写的对联是：德寿无量，日月长明。

亚洲华文作家文艺基金会评价季羡林说："季羡林大师，著作等身，文通中外"。

2005 年 8 月 6 日中国孔子基金会在北京举行季羡林研究所成立暨揭牌仪式，汤一介教授、郝彬教授、郝平教授都发表了热情洋溢的讲话，他们高度赞扬了季羡林对中国人文学术的伟大贡献，郝彬教授深情地指出季羡林先生已经当之无愧地成为今天北京大学的镇校之宝。

读者刘金祥在哈尔滨出版社 2006 年推出《此情犹思——季羡林回忆文集》后写的书评《大象无形　清音独远》中评价说：季羡林先生是高山仰止的硕彦鸿儒，其有空明高蹈之气、贯通博雅之学、深邃峭拔之思、颖慧奇绝之悟，在多学科多领域建树卓著；季羡林先生是誉满中外的宗师泰斗，其有磊落嵚崟之行、敏辨通融之理、旷达疏宕之情、槌幽击险之才，纵横开合之笔，对中西方文化研究功德无量。季羡林先生出手就是一种风范，亮相就是一座峰峦，其言其文都会在历史文化屏幕烙上耀目的印痕，都会在历史隧道深处发出绝妙的回响。

季羡林自己说："我向不敢以名人自居，我更没有什么名作。"（季羡林：《赋得永久的悔·自序》，人民日报出版社 1996 年版，第 1 页）还说："我追求的风格是：淳朴恬澹，本色天然，外表平易，秀色内涵，形式似散，经营惨淡，有节奏性，有韵律感，似谱乐曲，往复回还，万勿率意，切忌颟顸。"（同上书，第 3 页）

对于自己一生的学识，季先生一向都非常谦虚谨慎，自我评价十分低调。他在审阅《此情犹思——季羡林回忆文集》《编者前言》时，不止一次说过："不要提什么'国学大师'，真正的大师是王国维、陈寅恪、吴宓，我算什么大师？我生得晚，不能望大师们的项背，不过是个杂家，一个杂牌军而已。"

季羡林的父亲是一个赤贫，季羡林出生在穷乡僻壤的山东临清。按他出生的环境，他似乎只配一辈子当农民，但是造化小儿却偏偏把他播弄成一个知识分子。

他初中毕业时的最高理想是当一个邮局职员，以便能够找到一只吃饭的铁饭碗，担当养家糊口的重任。但是命运之神却把他送进了山东大学附属高中，被王寿彭、王崑玉诸位先生发现了他的天才，一发不可收拾，成为高中三连冠的好学生。1930年幸运地考上了清华大学。

他清华大学毕业时，也遇到了毕业即失业的困境，不得已只能回到母校当中学教员。

留德前夕，一位好心的清华校友劝他去学保险，将来必定成为腰缠万贯的富翁。然而他选了印度学作为自己的专业。留德十年回国后，他被聘为北京大学正教授兼东语系系主任，并且还兼任文科研究所的导师。他自认前二者已经不敢当，后一者人数极少，都是饱学宿儒，自己一个30多岁、名不见经传的毛头小伙子，竟也滥竽其间，真是既感光荣，又感惶恐不安。他知道这是前辈师长对自己的提携和爱护，这对他50多年在北大的工作一直起着激励的作用。1949年后，他继续"鸿运亨通"，刚过不惑之年，一个中国读书人所能期望的最高荣誉和利益，他都已稳稳地拿到了手中。他说："至今我在燕园内外有算令人满意的口碑，好像我真是淡泊名利，与人无争。难道我真就这样好吗？我的道德真就这样高吗？不，不是的。我虽然不能把自己归于坏人之列，因为除了替自己考虑之外，我还能考虑别人。但我也决非圣贤，七情六欲，样样都有；私心杂念，一应俱全。可是，既然在名利两个方面，我已达到了顶峰，我还有甚么可争呢？"

2008年10月，季羡林与饶宗颐合影。

季羡林先生对于当代学人来说，已经成为一个催人奋进的符号。他既是学术的象征，知识分子的象征，又是气节的象征。对于一个九十多岁高龄的人来说，他仍然老骥伏枥，孜孜矻矻，每天几乎工作十几个小时，写啊写，永远不停地写作、研究，很多人不理解，觉得他的奋进好像显得是多余的。从名气来说，他很早就大名鼎鼎了，35 岁当上北京大学的正教授，外加系主任。45 岁当上中国科学院哲学社会科学部学部委员，至于后来，政协委员、全国人大常务委员等多得不可计数的官衔和学术职务、学术兼职的头衔简直让人眼花缭乱。用他自己的话说就是，早早的什么都有了。当他刚刚当上正教授，拿着饭碗到食堂就餐时，年轻的或是年龄比他大的，小声说着“一级来了”，那种羡慕，那种仰慕，甚至那种忌妒，都在这几个字里活灵活现地表达出来了。是呀，命运之神早早眷顾了他，使他这个农民之子成为誉冠全球的大学者。

二、写季羡林的偶然性

季羡林先生说过一句话“世间多少偶然事？不料偶然又偶然”。

我写季羡林就应了季羡林先生说的这句话，有点偶然性的因素。

季羡林先生本来不该由我来写。北大能够接近季羡林先生的学者很多，他们更有资格写季羡林先生。当 1995 年我正式决定写季羡林传的时候，李玉洁老师受先生之命，请我在勺园吃饭。要了几个菜，落座以后，李玉洁老师单刀直入，诘问我：蔡德贵，你有什么资格写季羡林？一句话把我问得差点无言以对。好在我当时反应还算快，我说：李老师，我确实没有资格写季羡林先生，北大有资格写季羡林先生的人有的是，但是我有一个有利条件，就是季羡林先生是山东人，我也是山东人，我可能能够理解季羡林先生成长的环境、所受齐鲁文化的影响。

1952 年的季羡林。

论辈分，我是学生，季羡林是老师。一般情况下，学生写老师，往往会隐恶扬善，有溢美之词。所以一般学生不去写老师。但是，中国古谚云：举贤不避亲，那么，写贤也可以不避亲。洋谚云：吾爱吾师，吾更爱真理（亚里士多德语），只要坚持实事求是，不溢美，就可以写。上海外国语大学朱威烈教授提出，季羡林学派已经形成，我希望自己属于这个学派。

而我之所以写季羡林先生还有一个原因。我写季羡林先生完全出自一次偶然的机遇。这一机遇与两所著名的大学有关。一所是我学习过的北京大学，一所是我学习和工作的山东大学。北京大学给予我当季羡林先生学生的机会，山东大学给予我接近季羡林先生的机会。

这里多少有点绕弯子。还得详细一点才容易被理解。

1965 年我从胶东半岛招远县的一个穷山沟，战战兢兢地走进了北京大学的校门。孤陋寡闻的我，进了校门，才知道季羡林先生的大名。此后，就一直对先生只能敬而远之，从来就没有想过去接近一下这位大师。离开北大以后，我以为永远不会有机会接近季羡林先生了。严重的自卑感牢牢地控制着我。直到 1982 年我在山东大学读完中国哲学研究生，留校任教，有机会和张甲干老师去北京出差，给哲学系买运动衣。我就趁机去了一趟北大，很意外，在外文楼门口看到了季先生。没有想到的是，季先生居然知道我是学阿拉伯语的，当时的我，简直不知道是怎么一种心情。但是有一点是肯定的，就是季先生仍然记得我这个东语系的学生。我为此佩服季先生的惊人记忆力，也为季先生记得我而感到骄傲。

后来《文史哲》杂志的主编丁冠之先生和韩凌轩先生分别请我约季先生给《文史哲》赐稿。季先生以自己的稿子很多不容易辨认的字，不方便排版而加以婉言拒绝。直到 1994 年，韩凌轩先生再次催我约请季先生为《文史哲》的“学者谈治学”栏目赐稿。我再次找到先生，这次先生觉得实在不能推辞了，但是又说自己确实没有时间写这种谈治学的文章。他出了个主意，为了不失《文史哲》的面子，能不能由我来写一篇总结他治学的文章？原始材料他助手李铮手里有一些，让我去联系。最后《文史哲》在 1995 年第 5 期就刊出了我的《学贯中外的季羡林先生》一文。

……

从写完《学贯中外的季羡林先生》一文后，我就不断思考季羡林先生的成长过程，不断回忆自己对季羡林先生的感受。最近这种回忆就更多了。回忆的线索一直延伸到四十多年前，那时的我有幸被命运安排，走进这座神圣的最高殿堂，接受众多名师的指点。当时，我们就是沿着这条蜿蜒的路，去外文楼开迎新大会，去上专业课，去参加系里组织的各种活动。就是在 1965 年秋天的迎新大会上，在外文楼阶梯教室里，我第一次见到了季先生。那时，他年富力强，刚刚 54 岁。从那时到毕业后的一段时间，我们经常看到他，衣着同第一次见到时几乎完全一样——一套不熨不烫的中山装——这几年拜访他，依然是这样的装束。1992 年前后，我给先生写信，试探性地想向先生请教阿拉伯哲学的问题，实际上是想请先生给即将出版的《阿拉伯哲学史》写序言，他回信简单而直接：向我讨教阿拉伯哲学等于是问路于盲。

近些年，因为写季羡林传记，我经常踏着蜿蜒的柏油马路，既生疏又熟悉地走在这座被雅称“燕园”的最高学府里。

从西校门进了北大，重又走在燕园的路上，有一种游子归家的感觉，对家中的一切都感到亲切。未名湖正在阳光下熠熠生辉。博雅塔依然在那里高耸着。到现在，我仍然不知“博雅”二字取自何典。曾国藩说过：“谓此三项（明德、新民、止于至善）与我身了不相涉，则读书何用？虽使能文能诗，博雅自诩亦只算得识字之牧猪奴耳！岂得谓之明理有用之人乎？”（《曾国藩家书》卷一，道光二十二年）博雅自然含有“集群书之慧，博天下之雅”的意思。但燕京大学在建成该塔时，为何取名博雅？这博雅塔虽不像象牙塔那样玲珑剔透，但却正好象征着北大学子们孜孜以求的书斋生活。这一塔、一湖，再加上藏书丰富的北大图书馆，就成了北大人引以为豪的“一塌糊涂”（一塔湖图的谐音）了。

未名湖畔简直太美了，真该好好欣赏一下，看看这里熟悉的一草一木，一山一石，重温一下学生时代的生活。

转过未名湖北边的路，折向北，进入了朗润园的世界，又是一片湖水。润泽的湿气在水面上升腾，水浮莲和青草的叶子那么嫩绿，不时地有清香的气味扑进鼻孔。

敲开季先生的门，老人把我引进了南边的一小间会客室。这是 1998 年春节之后，中央领导看到先生住得太拥挤，让学校给改造了一下，所以感觉比北边的那间小书斋宽敞多了。

记得 1995 年 10 月 17 日，我和湖南文艺出版社康曼敏编审、中山大学吴文辉教授就是在北边那间书斋拜访了先生。那时，先生养着两只纯白的波斯猫，一大一小，见有客人来，欢快地蹦跳着。先生非常喜欢这种小动物，把一只小的抱在怀里，欣赏着它那淘气又可爱的样子。这时，康曼敏掏出相机，忙不迭抓拍下这一“老”逗一“小”的镜头。当时先生笑了笑，一边说着“衣冠不整”，一边用一只手扣上脖领下的纽扣。我们这才注意到老人穿的是一件褪了色的蓝涤卡中山装，下着一条同样质料的裤子，脚上穿的是一双北京老人喜欢穿的布鞋：褐色的塑料软底儿，黑色的条绒布帮。这种装束与我们 1965 年入学时的样子几乎没有任何改变。

这次我见到的季先生，仍然是那件蓝涤卡中山装，只是颜色褪得更浅了，已经有点发白了。这样的一件中山装，穿在普通人身上，是会让人感到土得掉渣的。当然，穿在季先生身上，同样也让人感到土。但是，这种土，这种典型的中国特色，乡韵、乡情也都蕴涵在其中，却使人不感到别扭，而是感到亲切。和这套中山装相辉映的是先生书香四溢的房间，显示出先生国学和洋学根基的深厚。于是在他身上，“土”与“洋”是那么有机地

2001 年，季羡林在北大家中。

合而为一，真可以说是“土”“洋”结合，中外合璧。

后来由于要经常向季先生请教，就要多登门拜访先生了。记得第二次去先生家，是和大学时期的班主任、著名阿拉伯学家仲跻昆教授，当然还有我的太太刘宗贤一起去的。至今我们还保留着那次拜访先生的合影。

本书作者和季羡林合影

再后来，我就经常独自去先生家了。为了抄近路，我后来就沿着德斋和民主楼之间向北的小柏油路蜿蜒前行。走过更窄的小路，路两边全是小土丘。小土丘上一种被季羡林先生称之为二月兰的小花，迎风含笑，好像在低语，在倾诉。这种不起眼的小物种，因为季先生的一篇优美散文《二月兰》而名声大噪，知名度不知道提高了多少倍。二月兰据说是诸葛菜的别名，为一十字花科二年生草本。早春开花，一般可以从春季持续到6月。相传，诸葛亮从老农口中得知此菜浑身是宝，叶子和茎都能吃，吃剩的可制成腌菜，青黄不接时，这菜可成为当家菜。诸葛亮对此菜极感兴趣，下令要士兵开荒种这菜，一方面补充军粮，另一方面又可用作牲畜饲料，既经济又实惠，一举两得。后世就把这野菜称为诸葛菜。走的遍数多了，我发现这二月兰是通人性的。它们每次都好像在笑脸相迎，并且在丝丝低语，诉说着它们的不幸和大幸。不经意之间，也会看到一两棵死于刀斧之下的紫藤萝，其根须还依稀可见。当然燕园里还有那珍贵的西府海棠，也惨遭不幸。为了挽救这些燕园的物种，季羡林曾经多次呼吁，写出多篇散文如《怀念西府海棠》《幽径悲剧》，希望停止这种野蛮的行径。但是先生的呼吁似乎并没有引起有关部门的重视。砍伐依旧，毁坏依旧。后来多了解季羡林一些了，才知道他后来提出的的“天人合一新解”，是在理论上对《二月兰》《幽径悲剧》的补充，是代表无告的大自然对整个人类破坏自然的行径所提出的控诉。只有把季先生的散文和理论文章连起来读，才能够理解先生的深意所在。他的出发点全是为了全人类啊，此心真是可嘉可敬。可惜很多人对此不理解。《红楼梦》里林黛玉的葬花之举，完全是出于儿女私情，居然被赞美。而季羡林先生的写花、哭花，意境高远，更值得赞美。这就难怪王辛在访谈录中这样说：认识季先生，不能不读他的散文。张中行先生曾言：季先生一身具有三种难能，一是学问精深，二是为人朴厚，三是有深情。而先生的深情，不仅予亲人、予师友、予人类，而且给予了大自然，给予了自然界一切有言与无言的生命。宗璞先生说，是季先生描写夹竹桃的一篇散文，使她“忽然认识季先生之所以为季先生的”。她写道：“作为夹竹挑知己的季先生，实际上不止写活了夹竹桃。对海棠的怀念，对牡丹的赞叹，写马缨花令婴宁笑，写紫藤萝使徐渭泣，他对整个大自然都是心有灵犀，相知相通的。”的确，先生对自然的热爱和非凡的领悟，不仅成为他散文的一大特色，更重要的是，可以从中感受他的赤子童真，感受他对人生、对世界的追寻和理想。(《东方赤子——季羡林访谈录》，《中国评论》2001 年 6 月号）人们形容他春歆桃李、夏慕杨柳、秋怜梧桐、冬仰松柏，是一个热爱大自然的人。

三、出现季羡林热的原因

季羡林先生作为当代最著名的学者，已经成为中国知识分子的代表人物，被誉为几代人的镜子。有人说他是东方宏儒，有人说他是国学大师，有人说他是大儒。杜维明 2005 年在潍坊的一次演讲中说他是从事儒学研究的。我自己认为季羡林作为通儒更合适，按照《后汉书·杜林传》的说法，通儒是“博洽多闻”之人；按照顾炎武在《日知录》《序言》里的说法，通儒之学“其术足以匡时，其言足以救世”。那么季羡林先生应该是通儒。《庄子·徐无鬼》说：“实不聚，名不立，此之谓大人。”季羡林是实聚名立的，因此而名冠遐迩。然而人们对他的学术贡献却又不十分了解。今试条分缕析之。

季羡林的道德人格是完美的，学术贡献是多方面的。饶宗颐先生评价他说：他是一位笃实敦厚，人们乐于亲近的博大长者，摇起笔来却娓娓动听，光华四射。他具有褒衣博带从容不迫的齐鲁风格和涵盖气象，从来不矜奇、不炫博，脚踏实地，做起学问来，一定要竭泽而渔，这四个字正是表现他上下求索的精神。张中行先生评价他说：他会的太多，而且既精且深，我等于站在墙外，自然就不能瞥见宗庙之美，百官之富。英国籍女作家韩素音评价他说，他是一位完全具备知识分子品格的人，决心要做出最好的学术成果。在他身上发现的不只是博学，而且是睿智。不仅是睿智，而且还有非常的谦恭有礼和幽默。

他作为一位通儒，如果用一句话来概括他，可以说是：中外兼通大杂家，学行双馨真学者。

他在福建教育出版社出版的《20 世纪中国学术大典》（社会科学部分）序中说：

世界文明古国，决不止中华一家，而文明兴旺发达垂五千年而未尝中断者，我中华实系只此一家。这恐怕是天下之公言，决非我一个人夜郎自大之私言。其原因何在呢？统而言之，原因不出两端：一内因，一外因。常言道，内因是变化的基础或根据，外因是变化的条件。二者相辅相成，缺一不可，密切联系，互为主次。什么是中国文明的内因呢？我认为，内因表现得最突出之所在就在中国文明的特点上。多少年来，我自己虽不是哲学家，而且还最不敢喜欢哲学，但好胡思乱想，再加上一些个人的观察与体会，我发现：中国或东方文明的根基是综合的思维模式，再说得具体一点就是“整体概念，普遍联系”。而西方文明的根基是分析的思维模式，说得通俗一点，就是“头痛医头，脚痛医脚”。从总体上来看，二者是对立的，运用得当，则还能起互补作用。天下没有绝对纯的事物，所谓综合与分析，并不是说综合中没有分析，分析中没有综合；但从宏观上来看，东方综合而西方分析，是无法否认的。这个看法，有人赞成，有人反对。但是尽管有人反对，我仍深信不疑。这只是讲中国文化或文明的根基，具体表现亦有可得而言者。我个人觉得，中国文化的特点可以归纳如下：唯求实用，不尚玄虚，貌似浅显，实亦邃密，整体思考，枝叶兼及，允执厥中，不务偏激。最大的特点还在有极大的包容性。大海能纳百川，所以才成其为大。古人说：“有容乃大”，说的也是这个道理。还有一点，也是颇为值得一提的。中华民族，特别是占人口绝大多数的汉族，对宗教信仰的需要极为淡薄，正式信教者不多，即使信了某一个宗教，也没有宗教偏执狂，有时甚至儒、释、道三教都信，而实际上是什么都信之不深，不陷入其中，中国历史上从来没有真正的宗教战争，就是一个最好的例证。这样有什么好处呢？好处极大，它决不阻碍外来文化的输入，因为，历史事实证明，外来文化往往随外来宗教而入，宗教与文化是孪生兄弟。中国历史上两次最重要最有影响的外来文化输入，都是伴随宗教而来的，铁证如山，无可否认。

季羡林在《中国翻译词典·序言》（林煌天主编：《中国翻译词典》，湖北教育出版社 1997 年版）中说，只要语言文字不同，不管是在一个国家或民族（中华民族包括很多民族）内，还是在众多的国家或民族间，翻译都是必要的。否则思想就无法沟通，文化就难以交流，人类社会也就难以前进。汤因比在其《历史研究》中认为没有任何文明是长存的：它诞生、成长、繁荣、衰竭、消逝。但季羡林提出异议：中华文明延续至今已有数千年，并没有消逝。秘密在哪里？他认为，秘密在于翻译。中华文化有两次重要的翻译运动，一是翻译印度的文化，一是翻译西方的文化。他把这两次翻译运动分别称为“从印度来的水”和“从西方来的水”，并把中华文化喻为一条河，有时水满，有时水少，却从未枯竭，因为有两股水注入，保持和活化其生机。季先生说：“中华文化之所以能常葆青春，万应灵药就是翻译。”季羡林对中国传统文化的这种认识也许有人不赞同，但是不能否认它与季羡林一生对中国传统文化的深入体悟有极大的关系，只有有深厚国学根基的学者才会提出这样的认识。

季羡林先生小时候念《百家姓》《千字文》《三字经》《四书》之类中国传统文化书籍。上小学时，开始学习英语，并开始思考“有”和“是”都没有“动”的意思，却叫动词的问题。小学毕业后考入济南正谊中学念初中，他博览群书，打下中外学问的基础。这期间，在“中学”方面，先生受叔父影响极大。叔父亲自上一些课程，课本是他自选的理学文章，编为《课侄文选》，是给侄子上课的课本。从此，先生国学的基础知识更扎实了，以至先生后来在回忆文章中说：他严而慈，对我影响极大，我今天勉强学得了一些东西，都出于他之赐，我永远不会忘掉。

1958 年，季羡林参加塔什干亚非作家会议。

“外学”则读《泰西五十轶事》《天方夜谈》《莎氏乐府本事》《纳氏文法》等。

正谊中学初中毕业后，先生在该校念了半年高中。1926 年转入新成立的山东大学附设高中。当时，山东大学校长是前清状元王寿彭，他提倡读经，附中的两位老师都读经，一位外号叫“大清国”，另一位是前清翰林可能叫陈舸庭，他们教《书经》《易经》《诗经》，上课不带课本，经典背得滚瓜烂熟，甚至连注疏都能一字不漏地背下来。山大附中的老师极一时之选，国文教员王崑玉是桐城派古文作家，由于他的影响，先生对古文产生了浓厚的兴趣，开始读《韩昌黎集》《柳宗元集》，以及欧阳修、苏洵、苏轼、苏辙等名家的文章。先生后来说，自己有意识地用功，是从山东大学附中开始的。在山大附中，先生每次考试都是甲等第一名，三年六学期（后两个学期在隔年以后）是“六连冠”。第一学期，既是甲等第一名，平均分数又超过 95 分，因此山东大学校长王寿彭亲笔写了一副对联和一个扇面奖励先生。对联上联是：才华舒展临风锦，下联是：意气昂藏出岫云。扇面是“净几单床月上初，主人对客似僧庐；春来预作看花约，贫去宜求种树书；隔巷旧游成结托，十年豪气早销除；依然不坠风流处，五亩园开手剪蔬。录《樊榭山房诗》，丁卯夏五，羡林老弟正。王寿彭”。王寿彭的书法是一般人求都求不到的，时人以得片纸寸缣为荣，季羡林一下子得了两件墨宝，当然出乎自己的意料。有意思的是，王寿彭作为前清进士，因名字中隐含有“寿比彭祖”，而被慈禧太后垂青，中状元，进翰林，以尊孔读经扬名于世，每年举行祭孔大典，长袍马褂，三叩九拜，对孔子绝对崇拜。他提倡“读圣贤书，做圣贤事”，是一个保守的人物。但他在给一个中学生写的扇面上，却题写了“羡林老弟正”，下署“丁卯夏五王寿彭”，一点也不摆“大家”、名家的架子。这不能不使先生激动。

1928 年，日本人进了济南，先生当了一年的临时亡国奴，辍学一年。1929 年，山东大学附设高中改为省立高中，校址从绿柳红荷相辉映的北园，搬到车水马龙的杆石桥。国文课由原来的《诗经》《书经》《古文观止》一类书籍，改为读白话文学作品，作文也由文言文改为白话文。在这里教书的胡也频、董秋芳、夏莱蒂、董每戡，都是全国闻名的作家，对先生影响很大。先生的白话作文，被董秋芳老师誉为“全校之冠”。省立高中原是前清的一个大衙门，崇楼峻阁，雕梁画栋，花木青翠茂密，浓绿扑人眉宇。春夏之际，似锦的繁花，把校园点缀得明丽耀目，树木枝头，常有鸟鸣声声，使人感到如入幽谷。对这里，先生至今不能忘怀，说自己五六十年舞文弄墨不辍，至今将近耄耋之年，仍然不能放下笔，全出于董秋芳老师之赐，毕生难忘。胡也频老师在这里编了一个刊物，是宣传“普罗文学”即“现代文学”的，在第一期上就刊登了季先生的一篇文章《现代文艺的使命》，可见胡也频对先生是十分赏识的。

1930 年，先生高中毕业，到北京同时考上两个名牌大学北大和清华。由于考虑到清华出国机会多，所以选了清华大学西洋文学系。

在清华，先生的专业是德文，同时要修英文、法文，但课程以英文的英国文学为主。先生自认在这里受益最大的是两门课：朱光潜先生的选修课“文艺心理学”和陈寅恪先生的“佛经翻译文学”。吴宓先生的“中西诗之比较”和“英国浪漫诗人”两门课，也给先生留下深刻印象。先生后来搞比较文学和文艺理论，是受朱光潜先生的熏陶，而搞佛教史、佛教梵语和中亚古代语言，是受陈寅恪先生的影响。清华在当时人文社会科学教授队伍阵容强大，朱自清、俞平伯、郑振铎、谢冰心的课，先生都旁听或“偷听”过。郑振铎先生豁达大度，待人以诚，没有教授架子，与巴金、靳以主编的大型《文学季刊》，居然让先生和其他名不见经传的年轻人当编委或特约撰稿人，还让先生把已经写出的散文集成一个集子，编入他主编的一个丛书。只是后来由于忙于办理出国手续，没来得及编成。1986 年北京大学出版社出版的《季羡林散文集》，其中的《因梦集》，有一些就是当时的稿子。

郑振铎先生和谢冰心先生都对东方文化极感兴趣，且造诣极深。郑先生在上世纪 20 年代就译有印度诗人泰戈尔的《飞鸟集》《新月集》，译文“新妍流露”，如原作秋空霁月般的澄明。冰心则是泰戈尔《吉檀迦利》《园丁集》和黎巴嫩著名作家纪伯伦《先知》《沙与沫》的译者。他们两人把印度和黎巴嫩阿拉伯文化的精品介绍给中国读者，这些精品中难以言传的美感都对先生有很大影响。后来，先生和郑振铎先生成了忘年交。直到郑振铎先生 1958 年飞机失事遇难以前，他们始终维持着友谊。

清华的教授中，冯友兰、蒋廷黼、闻一多、刘文典等人，也都是先生敬重且拜访过的学界名流。而在同学中，吴组缃、林庚、李长之、胡乔木、乔冠华、王锦弟、张露薇等，都是先生的好朋友。

1934 年，先生在清华毕业，找工作碰了钉子，受母校山东省立高中校长宋还吾先生之邀任国文教员。一个西洋文学系毕业的学生，要给高中生教国语，而且学生中比自己大的大有人在，还要同时给一、二、三三个年级教课，需要多头备课，难度是可想而知的。在一年的磨难中，他无意中提高了国文水平。1935 年，清华与德国签订互派留学生协定，先生报了名，免试被录取。

1935 年深秋，先生几经周折，从中国东北，经苏联到达柏林，后来又到小城哥廷根，在哥廷根大学学习。哥廷根大学是一座培养出许多诺贝尔奖获得者的大学，蜚声世界学坛。在这里，先生选的主系是印度学，两个副系是英国语言学和斯拉夫语言学。他还选修过希腊文，自学过拉丁文，系统学习了梵文、巴利文、俄文、南斯拉夫文、阿拉伯文。哥廷根大学的教授瓦尔德施米特、西克、布朗恩等，都是先生的恩师。尤其西克教授，在瓦尔德施米特被征军参加第二次世界大战（以下简称“二战”）之后，接替他教授先生《梨俱吠佗》《波你尼语法》《大疏》《十王子传》，且毫无保留地教先生学吐火罗语，使先生成为世界上仅有的几个懂吐火罗语的语言学家之一。

就在二次大战极端艰难困苦的条件下，先生苦读不辍，1941 年通过口试和论文答辩，以全优成绩毕业，获哥廷根大学哲学博士学位，博士论文是《〈大事〉中伽佗部分限定动词的变格》。

由于战争阻隔，先生无法回国，只得留在德国，一边当讲师教中文，一边继续进行他的研究。直到 1945 年秋冬之交，先生才设法离开哥廷根，取道瑞士、法国、越南、香港，结束了思乡情结苦苦煎熬了 11 年的异国求学生活，1946 年春末回到祖国。

在上海等待招聘之时，先生寄住在山东老乡也是朋友的臧克家家中，睡在他家的榻榻米上。最后，经陈寅恪先生介绍，胡适、傅斯年、汤用彤三位先生聘任，先生到北大任教。先当了一个星期副教授，接着被聘为教授，兼任东语系系主任。他写信给在英国剑桥大学任教的哥廷根旧友，谢绝了剑桥大学的高薪聘请，决定不再回欧洲。从那时起，直到今天，先生除了到过 30 多个国家访问和参加各种学术会议，没有离开过北大。从那时起，先生成为北大最年轻的一级教授，也是蜚声国内外的著名学者。

先生之所以过了九旬，耳虽不太聪，目虽不太明，但仍然又读又写，焚膏继晷，兀兀穷年，仿佛有什么力量在背后鞭策着自己，欲罢不能，正是为了让中国文化的薪火能传下去，他承担着延续国家文化的重任。

在青年时代，先生就广泛阅读了《四书》《五经》《左传》《战国策》《史记》《古文观止》《三国演义》《西游记》《封神演义》《说唐》《说岳》《济公传》《彭公案》《三侠五义》《红楼梦》《西厢记》《金瓶梅》等中国传统文化中的精品书籍，打下了非常雄厚的国学根基。后来，他的研究领域涉及到《老子》《列子》等道家典籍。儒家、道家的典籍在他的论著中无不游刃于其间。在中国传统文化的义理、考据、辞章这3种学问中，先生自认为最不喜欢义理，也最不善于义理。因为义理这玩意儿，比较玄乎，公说公有理，婆说婆有理，一个唯心主义和唯物主义的矛盾，斗争了几千年，到现在还没有一个理论家真正说透。所以，先生对于理论有点敬鬼神而远之。他希望理论家们再认真一点，再细致一点，再深入一点，再严密一点。

先生最喜欢的是考据。这是清代乾嘉学派的朴学大师们最擅长的东西，解放后，受到责难。先生认为，考证是做学问的必要的步骤，必由之路。在考证时，就用得着胡适先生说过的一句话：大胆的假设，小心的求证。“大胆”，就是不受旧有的看法或者甚至结论的束缚，敢于突破，敢于标新立异，敢于发挥自己的幻想力，提出以前从没有人提出过或者不敢提出的假设。但是假设提出之后，要加以检验，有的假设要逐步修正，使之更加完善，有的假设必须完全扬弃，重新再立，重新再受客观材料的考验。这就叫小心的求证。先生写的学术文章都要提出新的看法。而要提出新的看法，就必须先有新假设。新假设在证实之前，不能算数，所以，先生经常被迫修改自己的假设，个别时候甚至被迫完全放弃。先生郑重声明：鹦鹉学舌，非我所能；陈陈相因，非我所愿，考证要达到的目的，无非是寻求真理而已。

这些，可以说都是国学大师们的传统做法。先生的学问，小点的文章题目，如一个“喷嚏”，先生也能考证出许多道理来。他的《列子与佛典》《浮屠与佛》《再论浮屠与佛》，以及神韵的研究，《坛经》的研究，《儒林外史》的研究，《妙法莲花经》的研究，敦煌学研究，《大唐西域记》研究，《梦溪笔谈》研究，《书品》研究……洋洋洒洒，多姿多彩。大的一部学术著作，如写作《糖史》，在写中国部分时，先生仅从《四库全书》中加以考证，就耗时近两年，每天从朗润园走到北大图书馆，往返五六华里。他风趣地说：俗话说一目十行，我查《四库全书》，几乎是一目一页，翻着《四库全书》，里边的“糖”字就自动往我眼里跳。仅是一个 Sugar，先生就从英文、阿拉伯文、印地文、梵文、巴利文、中文考证了个遍，弄清了“糖”在传播过程中的来龙去脉，搞清了为什么最初发明糖的印度，将粗糖叫做 Sugar，而将精制的食糖却叫做“中国雪”的问题，从中发现了文化交流的轨迹。先生之严谨，令人佩服。

先生还喜欢用“三十年河东，三十年河西”来说明东西方文化之间的递相先进，古代和中世纪是东方文化的时代，近现代是西方文化的时代，21世纪是东方文化的世纪，因为中国和东方思维的模糊性，提倡“天人合一”，世界上许多影响人类生存前途的弊端，比如人口爆炸，大自然被污染，生态平衡被破坏，臭氧层被破坏，粮食生产有限，淡水资源匮乏，等等，只有中国文化能克服。但当他发现自己的论证有不严密之处时，马上提出了自己的修正，再次系统地论述自己的观点。

然而，先生如果仅只是到此为止的话，先生还只能算是一个国学大师，而不能算是一位兼容百家、学贯中外的社会科学界泰斗。

不，先生决不停止于此。先生还有“洋”的一面。“洋”是广泛涉猎外国学，是与外国人谈外国学。他的学贯中外表现出他的博学。

先生早在上世纪30年代中叶赴德国留学之时，就立下宏愿大誓：决不写有关中国的博士论文。因为鲁迅先生说过，有的中国留学生在国外用老子与庄子谋得了博士头衔，令洋人大吃一惊；然而回国后讲的却是康德、黑格尔。先生鄙薄这种博士，决不步他们的后尘。在德国留学，他选择主系和副系决不同中国学沾边。先生选的主系是梵文、巴利文等所谓印度学，副系是英国语言学和斯拉夫语言学。而梵文是世界上已知的语言中语法最复杂的古代语言，形态变化之丰富，同汉语截然相反，而且它还是一种死了的语言，现在的印度已经无人使用了。虽然感到学习梵文的困难，但先生还是暗下决心：一定要跳过这个龙门。

正是由于先生有这种“明知山有虎，偏向虎山行”的大无畏精神，经过不懈的努力，先生的学术成就涉及到社会科学的各个领域，除了国学研究，他还精通印度学、佛学、吐火罗语、中印文化交流、英国语言文学等学问，他是真正懂得多种洋学问的大学者。先生曾多次强调：中国学术要发展，必须能直接与西方一流学者相抗衡。有些人在国人面前大谈希腊、罗马和苏格拉底，而在洋人面前讲《周易》，谈老庄，这不算大本事。真有本事，就应去和西方学者争论他们的学问，与国人讨论中国的学术。他本人正是这方面的典范。

印度学是先生早在德国留学期间就有很高造诣的学问，写作和发表了一系列研究论文，包括博士论文《〈大事〉中伽陀部分限定动词的变格》和《中世印度语言中语尾词-am向-o和-u的转化》、《使用不定过去式作为确定佛典的年代与来源的标准》。这些论文用比较语言学的方法，对现存佛典进行对比和分析，从而描述、发现和证明古代印度语言，尤其是佛教语言各种形态的变化特点，为判定这些经典产生的地点、年代以及在印度及中亚地区流传的历史状况提供了可靠的依据。先生在这一领域多有创见，取得的研究成果具有开拓意义。他用英文或德文写的几篇相当长的论文，刊登在哥廷根科学院的院刊上，每一篇都有新创见，直到今天，几十年过去了，还不断被人引用。

在佛教史、佛学史领域，先生是国内外为数有限的，能真正利用原始佛典进行研究的佛学学者和语言学家。先生向来主张，要想了解和研究佛教，最少应懂梵文。他深深赞许1000多年前玄奘那样的伟大学者，深通梵文，而以后却后继乏人，连有名的高僧在解释音译梵字时都出了不少笑话。到现在，竟有无知妄人公然主张学佛经当以中译本为主。先生愤慨地说，真不知道该说什么好了。先生研究佛教原典，分析语言变化，对不同的文本进行对比，进而在佛教史研究领域内不断提出新问题，时有新知灼见。他就原始佛教的语言问题与国际著名学者如德国学者W. Geiger和英国学者E. J. Thomas等人进行论辩，用大量梵文、巴利文、佛教梵文、印度古代俗语等原始资料，匡正了他们的错误结论。先生的论文论据确凿，令人信服，具有国际一流水平。

在吐火罗语研究领域，先生的贡献填补了国内外的空白。早期代表作《〈福力太子因缘经〉吐火罗语本的诸平行译本》，通过吐火罗语本与内容相平行的其他语种译本之间的比较，来注释吐火罗语的语义，从而为吐火罗语的语义研究开创了一个成功的方法。他十分艰难地翻译了《弥勒会见记》剧本，是对吐火罗语研究的最新贡献，丰富了世界文化的宝库。吐火罗语即新疆及中亚古代语言。焉耆—龟兹语文的《弥勒会见记》剧本残卷在我国新疆屡有发现，德国和法国探险者在新疆和敦煌发现了一些此剧的残片，但没有一个是完整的。1975 年，新疆吐鲁番地区又发现了该剧的 88 张残卷，是用印度婆罗米字母中亚斜体写成的。有的外国人想出高价收买，并说："吐火罗语发现在中国，而研究在外国。"先生对这些欺人之谈极为气愤，从 1981 年开始，将此剧残卷的绝大部分译为汉文。只有少数几张，由于找不到相应的回鹘文译本，而又残缺过甚，无法翻译。先生解读破译了这个剧本，既出版了中译本，又出版了英译本，为中国学术界争了光。

先生向来注重文化交流，主张没有文化交流，就没有人类文化史，文化交流是人类文化发展的动力。他既反对西方中心论，也反对东方中心论，认为文化交流是经常的、正常的现象，国家无论大小，历史无论长短，尽管深度和广度有所不同，每一个国家都对人类文化作出了自己的贡献，每一个国家都需要一方面接受别国文化，一方面又把自己的文化送出去，从而既丰富了自己的文化，也丰富了人类共同的文化宝库。在文化交流方面，他在青岛大学学报《东方论坛》2004 年第 5 期发表《东学西渐与"东化"》，强调不能只讲西化，不讲"东化"。"东化"，报纸上没有这个词儿，是他发明的。汉唐的时候，是"东化"的。因为世界的经济中心、文化中心当时在中国。在明末清初以前确实有过东学西渐。不能只重视"西学东渐"而忽视"东学西渐"。根据历史事实，在中西文化交流史上，"东学西渐"从来就没有中断过。中华文化的博大精深吸引了西方传教士、外籍华人、留学生、商人等的注意，并通过他们广泛传播到世界各地。先生持论公允，说服力强，这篇文章发表以后产生了重大的反响。

先生对中国和印度的文化交流尤为关心。他发表了数十篇学术论文，结集出版了《中印文化关系史论文集》。先生由于通解中外许多种古代语言，又擅长于对不同语种的有关文本或史料进行对比分析，从中探究中外文化、中外思想相互接触、影响、融合、变化的特点，从而发掘出它们的历史及现实价值。这些论文，有些是对中国纸和丝传入印度的研究，涉及中国与中亚、东南亚及南亚诸国的文化交流史，其重要意义已经超越了中国和印度的范围；有些是对古汉语中梵语词汇的研究，为中国音韵学这一古老学科、古代称之为"小学"的学问，开拓了新的研究范围，受到音韵学界的关注；有些是对《西游记》中来源于印度的成分进行研究，印证了陈寅恪先生关于孙悟空大闹天宫、猿猴和猪八戒的故事源于印度的说法，但同时指出这种“出于”并非完全抄袭而是有所创新。这些论文旁征博引，见解独到而精辟。

在中印文化交流史方面，先生的另一大功绩是主持了玄奘的《大唐西域记》的校注工作。在先生的主持下，一个专家班子对该书进行校对和注释，吸收前人研究成果，利用最新研究成就，将《大唐西域记》的研究水平推向新的高度，为中外学者进一步研究该书提供了极为丰富而可信的资料。作为这项研究的代表作——《大唐西域记校注》和《大唐西域记今译》，获得了很高的荣誉。

在中印文化研究的一系列论著中，先生的两个观点深受学术界推崇。一是他认为，语言是人类文化中最重要的因素之一，是人类一切思想的载体，语言的形态、结构、语义的变化以及对两种以至数种相关语言的对比研究，完全可以反映各种文化思想的历史与地域特征。这样的论点，只有同时掌握数种语言的大师才能提出。二是通过剖析印度宗教哲学发展的脉络，先生提出宗教的产生出于人类的需要，宗教本身有自我调节适应生产力发展的能力，不能简单地称为“鸦片”，一批了事。所以，他声明：我从来不信任何宗教，但对于佛教却有浓厚的兴趣。这种实事求是的治学态度，令学界肃然起敬。

对各种外语的翻译工作，先生的贡献同样出色。上世纪50年代，先生开始翻译西方文学作品，其中有德国1929年度诺贝尔文学奖得主托马斯·曼的短篇小说，翻译最多的是英国安娜·西格斯的短篇小说集。1957年，先生相继翻译了印度古典梵文名著《沙恭达罗》《优哩婆湿》《五卷书》《十王子传》（选译）。“文革”中，先生被戴上一大堆可怕的帽子，被命令到35楼看大门，守电话，分信件。就是从这时起，先生在艰难的条件下，开始翻译印度两大史诗之一的《罗摩衍那》，每天给自己定额，先将原文在家中一节一节地抄在纸条上，“上班”时掩掩藏藏地一行行翻译。从1973年到1978年，积5年之久，译完这部巨著。1980年出版第一卷，立即引起学术界重大反响，全书出齐后，获我国有史以来第一届国家图书奖一等奖，与钱钟书先生的《管锥编》并列。

先生在清华期间，就受到比较文学先驱者吴宓先生的影响和熏陶，后来对比较文学多有建树，且独树一帜。先生提出，从国际上说，比较文学已有德国学派、法国学派、苏联学派、美国学派四个独立的学派，其中法国学派着重研究直接影响，美国学派着重研究平行发展，是影响最大的两个学派。但先生认为，这两个学派都有弊病，专研究直接影响者，失之太狭；专研究平行发展者，失之太泛，且两派都轻视东方文学，他们的比较都是限于在同一文化体系内进行，这是近亲比较，比来比去，比不出什么名堂，因此两派都失之闭塞。先生主张，应力矫这两个流派的弊病，融和二者之长，去其偏颇，走出我们的一条新路来。先生强调，要先做点扎扎实实的工作，从研究直接影响入手，努力细致地去搜求材料，在西方各国之间，在东方各国之间，特别是在东方与西方之间，从民间文学一直到文人学士的个人著作中，去搜求直接影响的证据，爬罗剔抉，刮垢磨光，一定要有根有据，决不能捕风捉影，然后再在这个基础上归纳出规律性的东西，借以知古，借以鉴今，期能有助于我们自己的文艺创作。这样，就有可能建立比较文学的中国学派。中国学派有两个特点：第一，以我为主，以中国为主，决定“拿来”或者扬弃。决不无端地吸收外国的东西，也决不无端地摈弃外国的东西，只要有用，我们就拿来，否则就扬弃。第二，把东方文学，特别是中国文学，纳入比较文学的轨道，以纠正过去欧洲中心论的偏颇。应该认识到，没有东方文学的参与，比较文学就是不完整的比较文学。先生的一系列比较文学论文，已经集为《比较文学与民间文学》出版。

先生不仅是学界泰斗，而且还是一位文学家，一位作家。他的散文创作，是当代文坛上的上乘之作。先生对中国文学史上的不同写作风格兼收并蓄，都有所汲取，如《史记》的雄浑，六朝的浓艳，陶渊明、王维的朴素，徐（摛）、庾（信）的华丽，杜甫的沉郁顿挫，李白的流畅灵动，《红楼梦》的细腻，《儒林外史》的简明，先生注意到无不各擅胜场，但对这些优秀的文学风格，先生并不是加以模仿，而是在继承先人风格的基础上，形成自己独特的风格。先生写的散文，或如行云，舒卷自如；或如流水，潺湲通畅；或加淡妆，朴素无华；或加浓抹，五色相宜。长达数千字的，不厌其长；短至几百字，甚至几十个字的，不觉其短，灵活方便，得心应手，表达思想、抒发感情、描绘风景，都淋漓尽致。在先生笔下，一山一石，一草一木，一人一事，一封一邑，无不透露灵气，有性有情，都能焕发光彩，增添情趣。谈身边琐事者，能有所寄托；论人情世局，颇具文采，因小见大，余味无穷，兼师东西，独辟蹊径。写作风格更是让人叫绝：起不用冒，收不作结，单刀直入，脱尽装点，气雄力劲，笔秀神清，词腴而不肤浅，色妍而显骨俊，与《战国策》文有异曲同工之妙。所以，中学课本里选有《春满燕园》《法门寺》，《回到历史中去》《清塘荷韵》等也都是脍炙人口、百读不厌的名篇佳作。

先生的著作是怎么写出来的呢？

早晨，不，应该说是凌晨，时针指向 4 点的时候，先生起床，简简单单地洗一把脸，就坐到了自己的第一张书桌前，开始了他的一天工作的第一个时段。他的书房里堆满了各种中外文书刊、夹书的纸条、各种废旧信封，他早饭以前在这张书桌上完成他的第一篇“作业”；早饭之后进入第二时段的工作，在第二张书桌上完成另一份“作业”；而晚饭后，他习惯在第三张书桌上工作。他习惯在写作一篇学术论文的同时，去进行一个翻译项目。先生自认自己有一个坏（好?）习惯，喜欢同时进行多项工作，这样做的好处是：干一件事，累了，立刻换一件。这样一来，脑筋就像是新磨的利刃一样锋利无比。用这样新“磨”的脑筋来思考问题，时有梦笔生花之感，奇妙不可思议。

先生看书，特别注意搜集资料。有时候，随便看书，忽然发现有用的资料，往往顺手拿一些手边能拿到的东西，比如通知、请柬、信封、小纸片一类，把材料写上，再分类保存。他认为搜集资料要巨细无遗，要有竭泽而渔的精神。因为天下没有无用的材料。只要脑海里在思考某一个问题，一切资料，书本上的、考古发掘的、社会调查的等等，都可能有用。一个人一生不知要思考多少问题，当思考甲问题时，乙问题的资料可能没有用。但是说不定什么时候会思考起乙问题来，可能回忆起以前看书时曾碰到过这方面的资料，再想去查找，可就“云深不知处”了。这就是先生治学的经验之谈。他生怕一时粗心大意丢失张把小纸片，而上面记的可能是最关重要的材料，这样就会影响整篇文章的质量，所以不得不黾勉从事。

这样的学问，往往是先生在自己的书房内做出来的。

然而，先生的时间比一般学者要少得多，频繁的社会活动，名目繁多的会议，接踵而至的拜访，经常使先生没有整齐的时间，因此先生就挖空心思地对时间的“边角废料”进行利用。他承认这“边角废料”是他自己杜撰出来的“怪名词”，因为时间看不见，摸不着，但确是一个整体，哪里会有什么“边角废料”呢？所以这只是一个形象的说法，如果一整天没有人和事来干扰，学者可以从容濡笔，悠然怡然，再佐以龙井一杯，云烟三支，神情宛如神仙，整个时间都是自己的，那就根本不存在“边角废料”问题。先生没有这个福分，几乎没有完整的时间。

在这样的情况下，先生经常是“土法”上马：在不得不参加的毫无价值的会议时，先生经常在会前、会后，甚至在会中，构思或动手写文章。有不少会，讲话者空话废话居多，传递的信息量却不大，态度欠端，话风不正，哼哼哈哈，不知所云，又佐之以“这个”“那个”，间之以“哎”“啊”，白白浪费精力，效果却是不好。这时先生往往只用一个耳朵或半个耳朵去听，就能兜住发言的全部信息量，而把剩下的一个耳朵或一个半耳朵全部关闭，把精力集中在脑海里，构思、写文章。积之既久，养成“恶”习，只要在会场一坐，一闻会味，心花怒放，奇思妙想，联翩飞来；“天才火花”，闪烁不停；此时，文思如万斛泉涌，在鼓掌声中，一篇短文即可写成，还耽误不了鼓掌。倘多日不开会，脑海活动似将停止，“江郎”仿佛“才尽”。所以，此时先生反而期望开会了，先生戏说“这真叫做没有法子”。

此外，在旅途的飞机上、火车上、汽车上，在骑自行车的时候，尤其是在从朗润园到外文楼步行在后湖边的小路上，先生的脑海里更是思考不停。有时候，先生坐公共汽车，在等车时，往往也思有所得，便从兜里随手掏出一个小纸片，或从地上捡个废烟盒，顺便写上，也是一篇妙文。自从住进 301 医院以来，他的笔也没有一时闲着，一部洋洋洒洒的《病榻杂忆》就是这样写成的。

这种“土”“洋”结合的方法，使先生赢得了比别人不知多多少倍的时间，经过几十年的辛勤笔耕，先生已经出版了近1000万字的著作。等身的著作中蕴涵着先生多少心血和汗水呀！

这就是我们看到的当代学界泰斗季羡林先生！平易近人的“土”，与博大精深的“洋”，平易与厚重是那么有机地结合在他一身之上，有如先生所看到的家乡院中影壁下的那两盆夹竹桃：一盆红色的，一盆白色的。红色的花朵让人想到火，白色的花朵让人想到雪。火与雪是不相容的，但这两盆花朵却融洽地开在一起，宛如火上有雪，或雪上有火。看看眼前的季先生，蓝布涤卡中山装，蓝布涤卡裤子，塑料浅褐软底黑色条绒布帮“懒汉鞋”，甚至开口说话，还带有浓重的山东口音。这样的一个形象，简直与老农无别，“土”得是那样纯粹可爱。然而再看看先生的1000多万字的著作，整整齐齐的《季羡林文集》24卷和《漫谈人生》等小品文……我们恍惚了。这样一位农民装束的人，会是这些洋学问的拥有者吗？

是的，正是这样一位看来既普通又平常像一个农民的人，却是“学富五车”的大学者，人文社会科学界泰斗。我们又想起了一个镜头：有一年在澳门召开的一次有关东方文化的国际学术研讨会上，参加者来自四面八方，主持者对洋人有一种过分的热情。就在开幕式那天，全场都着西装，而季先生却偏偏着一身中山装，坐在主席台中间，离开讲稿，大讲“三十年河东，三十年河西”。

这正是齐鲁文化和中国传统文化养育的、世界文化浸润出来的兼容百家、学贯中外的大学者！从“表”到“里”，我们看到了一个完整的季先生！这也正是我们把季羡林叫做通儒的原因。

季羡林先生被公认为是一位笃实敦厚，人们乐于亲近的博大长者，摇起笔来却娓娓动听，光华四射。他具有褒衣博带从容不迫的齐鲁风格和涵盖气象，从来不矜奇、不炫博，脚踏实地，做起学问来，一定要“竭译而绝”，这四个字正是表现他上下求索的精神，如果用来作为度人的金针，亦是再好没有的。

这样一个季羡林怎么不值得人们去大写特写呢？

从启蒙到开悟

一、几字之师马景恭

一个人的成才往往是由多种因素造成的，这许多因素中有的是必然因素，有的是偶然因素。只有不失时机地抓住各种有利的因素，才能成才。

出生在山东的思想家孟子，小时候是非常淘气的。他特别容易受环境的影响，尤其是受坏的因素的影响，俗话说学好不易，学坏容易。是孟母三迁改变了孟子学坏的倾向。

季羡林的成才则是叔父季嗣诚给予了第一个机会。

季羡林，初名季宝山。字希逋，又字齐奘，偶尔也使用窘羊、羡、羡林的笔名，以名行。他乳名叫双喜，因为叔父的女儿秋妹，与他差十天出生而得名，俗称喜子。他于辛亥（猪）年的闰六月初八日即1911年8月2日出生，后来因为阴阳历换算的时候，一个偶然的笔误，写成了8月6日，之后就以8月6日为生日。用他自己的话说就是，这一错，使自己在世界上少活了4天。

1973年，季羡林在济南大明湖畔与家人合影。

取名为季宝山，来自于同辈的大大爷的孙子季宝庆。因为季宝庆很早就去世了，叔父觉得宝字辈不吉利，便想到了同族的王长屯季元林。林字辈与宝字辈是一辈。

季羡林的家乡在山东清平县（现归临清市）官庄，这是当时山东有名的贫困地区。季家是一个破落的农户。家道中落，形同贫农。祖父季老苔，父季嗣廉，母赵氏，农民，连个名字也没有。

母亲的娘家，是离官庄5里地的王里长屯人，王里长屯被当地人简化为王长屯。那个村子也是季姓的同族村，大官庄的季姓就是从这个村子搬过去的。

叔父季嗣诚，字怡陶、化斋，喜爱宋明理学，一生酷爱治印。另外一叔父因为养不起，而送五里长屯一刁姓人家。叔父季嗣诚因为祖父季老苔养不起，就过继给汝吉。汝吉字肇堂。据山东画家刘永泰先生所藏，季嗣诚所刻的一枚印章是黄寿山石质地的方印，由于年代久远，寿山石已经变暗。印章所刻为“肇堂公犹子”，边款上刻字遒劲而潇洒，极富艺术性。上边的内容，完全是叔父寄托的一种报答之情：

余幼也失怙，幸赖伯父母教养，现二老相继去世，每念慈恩，不胜哀悼，敬作是印，以垂永念。

怡陶志

刘永泰先生另外还藏有季嗣诚的多枚其他印章，有“石友”、“畏天”、“下邳”、“平生辛苦”等等。

季羡林的祖父母早亡，他们留下了三个儿子，季羡林的父亲行大（在家族的大排行中行七）。两个叔父，最小的一个无父无母，送了人，改姓刁。剩下父亲和叔父两个人，上无怙恃，孤苦伶仃，寄人篱下。大概很难有吃饱过饭的时候。饿得没有办法的时候，兄弟俩就到村南枣树林子里去，捡掉在地上的烂枣充饥。看来乡下是呆不下去了，呆下去会饿死。兄弟俩商量了一下，决定到外面大城市里去找一条活路。

最近的大城市只有山东首府济南。兄弟俩到了那里，正经是费了不少牛力，东奔西跑，拉过洋车，扛过大件，当过警察，卖了不知多少苦力，受了不知多少煎熬，但是只有叔父在济南好歹找到了一点工作，立定了脚跟，像是石头缝里的小草，竭尽全力挣扎着。叔父考上了济南的武备学堂，而且后来被堂长看中，成为堂长的乘龙快婿。这样就保证了在济南的生活。于是父亲回家务农，叔父在济南挣钱，希望早晚能混出点名堂来，即使不能衣锦还乡，也能让人另眼相看，也算为祖辈和自己争一口气。

季羡林出生之后，家庭状况越来越恶化。吃的东西越来越差，红高粱面饼子是家常便饭，硬得让人难以下咽。穷得买不起盐，在盐碱地上把土扫起来，放到锅里煮一煮，出来不少咸水，用来腌咸菜。这样的咸菜往往是又咸又涩，就着高粱面饼子，那才叫难以下咽。要是能吃到一点玉米面饼子，那就是稀见的珍品，季羡林高兴得有时会手舞足蹈起来。有时候为了吃到一顿玉米面饼子，季羡林还真得费点儿脑筋。过年时，在本家的二大爷家里吃一次白面馒头或黍米做出的黄色年糕，他简直眉飞色舞起来，以为是吃到了龙肝凤髓。后来家里又增添了人口，他的妹妹出生了。家里似乎更为困难了。

小时侯，在老家有两个要好的小朋友，一个叫杨狗，一个叫哑巴小。杨狗是1910年生人，这年是狗年，农村人家为了让孩子好养，便给孩子起一些猪啊狗啊的名字。哑巴小简直就没有名字，因为是哑巴的儿子，人们就把他叫哑巴小了。

三个孩子都是穷人家出身，谁也不嫌弃谁，在一块儿玩的时候，总是很痛快。夏天是他们最高兴的时候，他们经常光着屁股在一起玩。在村南头一户人家的屋后有一个大水坑，他们每天的必修课就是一头扎进去，凫水摸虾，或者抓知了。他们不见不散，几乎天天泡在一起。他们几个孩子，除了冬天，长年不穿衣服，典型的农村光屁股小孩，当然也不穿鞋子。从来不知道什么叫洗澡。他们的所谓洗澡，就是在地上滚了一身泥以后，到就近的水沟里涮一下，就是洗澡了。他们大便当然不像城里人还有什么手纸，他们不知道什么叫手纸，他们的办法是至今已知最土、最笨、也是最不卫生的办法：就近取一块干土坷垃简单一蹭，就算了结了。大不了再到河沟里涮一下，那就是很干净了。

杨狗从来也没有离开过官庄，他一辈子都是农民。他一直活到上个世纪80年代。而哑巴小后来居然去当了山大王，练就了一身硬功夫，蹿房越脊，飞檐走壁。他杀富济贫，颇英雄了一阵子。有一次作案时，被官府捉住。在十冬腊月里，他被剥光了衣服，赤身露体被捆起来，再倒上凉水，吊到大梁上，冻一个晚上，竟然还活着。他被全村人视为英雄，因为他杀富济贫，但是从来不偷本村人家的东西。

这个村子，住的大多是穷人。邻居家有认得个把字的，就算是村子里的文化人了。6岁以前，季羡林有一个老师马景恭先生。他究竟教了季羡林些什么，大概只不过几个字罢了。连《千字文》《百家姓》之类的东西，都没有教过。马老师可以算是一字之师，或是几字之师。但是无论如何，他是季羡林可以称得上老师的第一个人。

6岁的孩子，在村子里能干些什么呢？在这一年的夏天，季羡林常干的事情是：黄昏以后，他到苇子坑的场院里，躺在地上，数天上的星星；夜晚和小伙伴到村子外去玩儿捉知了，他们在柳树下，点上一堆篝火，然后将柳树拼命地摇动，树上的知了纷纷飞落到篝火里。他们乐得不知回家。也有时候，他会跑到水坑里去玩水，光着屁股玩儿得这个痛快，连身上沾满了泥水也不在乎。

有一次，附近的赵王河（实际上应该叫德王河）发大水，官庄的河沟里也灌满了水，等德王河的水退下去，官庄河沟里的水还有，一些顺流上来的大鱼可就回不去了。季羡林眼看着一条大鱼在河沟里蹦，他兴奋极了，一下子就跳到河沟里，和一条跟自己差不多大小的鲤鱼搏斗起来。同伴们一时间不见了双喜，到处喊双喜、双喜。后来他们发现双喜原来在河沟里，正在和一条大鲤鱼搏斗呢。一个大人看到了这条大鲤鱼，不由分说，从季羡林手里抢走了。晚年的季羡林回忆起来，当时的情景至今还清晰如在眼前。

6岁以前还有一件事，是季羡林永远不能忘记的，他第一次吃到的发面白馒头，是在王长屯季元林大哥家吃到的。季元林在王长屯是有名的大地主，也是本家。有一次母亲到王长屯走娘家，带他到季元林家去，享受到人生中第一次美好的记忆。可惜季元林后来被绑票，被撕票了。

就在这一年，他在济南的婶母回到了官庄。当时济南政局已经有些动荡了，清平老家的父亲，怕在济南的叔父出事。就赶着一辆马车，进了济南，想把叔父一家全接到清平避难。到了济南，叔父正在黄河河务局上班，脱不开身。于是，也不再迟疑，把婶母和秋妹接到了清平。季羡林的婶母看到的，就是浑身泥猴一般脏兮兮的侄子，上树爬墙，追逐嬉闹。秋妹看到比自己大几个月的哥哥，也是一个光屁股下河沟洗澡的泥猴。婶母便和季羡林的父亲商量，这个孩子在村子里，这样下去，难以成人，永远也不会有出息了，干脆让他到济南吧，或许还能成块材料。父辈老季家就他一个男孩，他是季家唯一的希望。只有到济南才有希望。当即决定，等济南稳定下来，就把孩子送到济南。

二、投奔严而慈的叔父

就这样，在季羡林6岁即1917年这一年阴历春节期间，被父亲扶上了一头驴子，赶了两天的路，和父亲一起离家到济南去投奔叔父。而自己的两个亲妹妹则留在父母身边。其中的一个后来也过继给叔父，取名叫漱林，另一个留在临清，终老在那里，一辈子连学名都没有。

到了济南，这才发现自己离开母亲的痛苦。在到济南的头天晚上，季羡林第一次不在母亲的怀抱里睡觉，而是孤零零一人躺在一张小床上。他无论如何也睡不着，一直哭了一夜。他当时不理解，为什么要把他送到济南，让他离开母亲。他知道叔父对自己的期望很高，会对自己很好，但自己总感到是寄人篱下。这种感觉越到后来越明显，尤其是在与叔父的亲生女儿秋妹比较的时候，他有一种受虐待的滋味。

季羡林的叔父（左边坐者）及家人

其实，他也知道叔父的不易。叔父本来是在万般无奈的情况下逃到济南去谋生的，经过不知多少艰难险阻，终于立定了脚跟，武备学堂毕业之后，因为学了测量专业，便得以在黄河河务局测量科谋了一个小职员的位置，家境虽然不算富裕，但总算无衣食之虞，比起在官庄的父母来，简直是天上地下了。老丈人是武备学堂的堂长，也算是有身份的人物了。叔父在济南，也没有人敢欺负他。

因此，对于叔父，季羡林一生都是非常敬重和佩服的。在季羡林眼里，叔父是一个非常有天才的人。他虽然没有受过什么正规的教育，却在颠沛流离中，完全靠着自学，获得了不少文化知识。他能作诗，能填词，能够写一幅好字，也能够刻图章。他的古书也读了不少，尤其是宋明理学的书籍，他很感兴趣。还经常正襟危坐地读一些《皇清经解》一类十分枯燥的书籍。他还能作一些诗文，有一首七绝的诗是写春天景色的，季羡林至今还记得：

杨花流尽菜花香，弱柳扶疏傍寒塘。
蛙鼓声声向人语，此间即是避秦乡。

可见叔父的文学涵养和哲学涵养都是很高的，他自然想让自己的孩子也能像他一样成为一个有文化的人，最好能够超越他，为祖宗争气。因此，叔父下决心把季羡林培养成有出息的人，他要让季羡林上学。

上学要起大名，季羡林在临清已经有个季宝山的大名，但是叔父忌讳宝字辈的季宝庆早夭，便采用邻村五里长屯的季氏林字辈，但是叫慕林还是叫羡林，叔父犹豫不决，请教一位教师朋友，被确定为季羡林。那位教师说，因为慕林的发音，接近上海话阿木林——傻瓜蛋（“阿木林”是上海人用来形容某人不谙世道、做事不灵活，为人迟钝，易轻信人的意思。因为“木（mu）”和上海话里的“漠（mu）知漠觉”是谐音，所以人们逐渐叫上了口。也就放过阿金阿土阿火，而独尊“阿木林”了），会一辈子倒霉。（而后取字希逋，齐奘。但是后来因为觉得用古人林逋的名字作字，不礼貌，弃用。齐奘也只有一次使用。在清华大学读书时在天津《大公报》发表文章用过“羡”、“羡林”、“窘羊”，在《清华周刊》发表文章也用过窘羊，有时候发表短讯不署名。）

季羡林寄住到叔父家里以后，性格发生了很大的变化。他 6 岁离开母亲，童心的发展在无形中受到了阻碍。躺在一个非母亲人的怀抱中打滚撒娇，成为不可能的事情。叔婶总起来说对他很好，从来没有虐待他。但是他们毕竟还有自己的女儿秋妹。因此在日常生活中小小的歧视，是可以感觉得到的。比如说，做衣服，有时就不给他做。在平常琐末的小事中，偏心自己的亲生女儿，这也是人之常情，不足为怪。一个七八岁的孩子对于这些事情并不敏感。但是，积之既久，在自己潜意识中难免留下些印记，从而影响到自己的行动。他清晰地记得，向婶母张口要早点钱，竟成了难题。有一个夏天的晚上，在院子里铺上席，躺在上面纳凉。他想到要早点钱，但不敢张口，几次欲言又止，最后时间已接近深夜，才鼓起了最大的勇气，说要几个小制钱。钱拿到手，心中狂喜，立即躺下，进入黑甜乡，睡了一整夜。对一件事来说，这样的心理状态是影响不大的。但是时间一长，性格就会受到影响。这样长期下去，由一个在母亲目前撒欢蹦跳的孩子，变为一个内向的孩子了。

还有，由于叔父的疏忽，造成季羡林得了天花，不仅差一点儿死去，而且留下终生的遗憾。季羡林一生都不愿意照镜子，都是因为这次叔父的疏忽。而当时接种牛痘已经开始了，但是叔父没有给侄子种，不幸恰恰就降临到季羡林头上。

季嗣诚非常严厉，管教孩子是严格得不得了。一种好吃的菜，如果孩子们连着夹了两筷子，到第三次夹时，他会用自己的筷子把孩子的筷子打掉到地上。如果吃饭呱哒嘴，吃出响声，不是挨训就是挨打。那种吃法被认为下作，没有出息，一辈子没有吃过东西。叔父是最看不上的，因为受过这种教育，季羡林到德国，在饭馆里吃饭听到呱哒嘴的声音，极为反感。家里女人从来不上桌和男人一块吃的。

一到济南，叔父就把季羡林送进了一所设在曹家巷的私塾念书。大概有几个月，他就进出这所私塾。从那时起，季羡林才算开始上学。私塾是叔父的朋友办的，几个月里，他念一些《三字经》《百家姓》《千字文》《四书》之类。私塾先生是一个白胡子老头，面色严峻，令人望而生畏。每天入学，总是先给孔子的牌位行礼，然后再念“赵钱孙李”。私塾的先生见他野性不改，顽劣成习，怕败坏了私塾的校风，再也不愿意教他了。

季羡林遭遇到私塾读书的失败。

三、从私塾到新式小学

无奈，叔父把季羡林送到一所新式的小学——设在济南南城根的济南第一师范附小（现在的黑虎泉西路小学）。该校设在南城门内升官街西头。所谓“升官街”，与升官发财毫无关系。“官”是“棺”的同音字，这一条街上棺材铺林立，济南人忌讳这个“棺”字，所以改谓升官街，礼也。一师校长是王士栋，字祝晨，绰号“王大牛”，兼任附小校长。他是山东教育界的著名人物。季羡林在一师附小只呆了不到两年的时间，在那里升过一次级。残留在他记忆中的一件小事，就是认识了一个“盔”字，也并不是在国文课堂上，而是在手工课堂上。老师教用纸折叠东西，其中有头盔，老师知道孩子们不会写这个字，所以用粉笔写在黑板上。学生人数不少，教员写完了这个字以后，回头看学生，戴着近视眼镜的脸上，有一丝笑容。在这里，李长之是同班同学。还有一个叫卞蕴珩的同学。他大概是长得非常漂亮，行动也极潇洒。他竟记住了卞蕴珩，只是这个名字美妙无比。此人后来季羡林再没有见过，他成为一条神龙。在这里季羡林做过一次生意。他叔父家住在南关佛山街，走到西头，过马路就是正觉寺街。街东头有一个地方，叫新桥。这里有一处炒卖五香花生米的小铺子。铺子虽小，名声却极大。这里的五香花生米（济南俗称长果仁）又咸又香，远近驰名。季羡林经常到这里来买。去一师附小上学，一出佛山街就是新桥，顺路。有一天，他用自己从早点费中积攒起来的一些小制钱（中间有四方孔的铜币）买了半斤五香长果仁，再用纸分包成若干包，带到学校里向小同学兜售，他们都震于新桥花生米的大名，纷纷抢购，结果赚了一些小制钱，尝到做买卖的甜头，偷偷向阿姨王妈报告。这样大概做了几次。连他自己都没有想到，一个七八岁的孩子竟显露出了做生意的“天才”。当时的他也很贪玩儿，而玩也没有什么玩具，只有一个简单的铁圈儿。他课后的乐趣，就是滚铁圈儿，用一根前面弯成钩的铁条，推着一个铁圈儿，在升官街上从东向西飞跑，耳中还能听到铁圈儿在青石板路上滚动的声音。有一阵子，他迷上了滚铁圈这种活动。在南门内外的大街上没法推滚，因为车马行人，喧闹拥挤，一转入升官街，车少人稀，英雄就大有用武之地了。几乎用不着拐弯，能够一气就推到附小的大门口。

季羡林妻子彭德华

后来离开这所学校的原因有点儿离谱。一师校长王大牛是新派人物，在山东得风气之先。五四运动的时候，他和山东教育界的其他人响应提倡新文化的号召，在学校里推行白话文，废弃文言文。他受新文化运动的影响，在济南首先采用白话文教科书。学生不再念《百家姓》《千字文》《三字经》，而是念人、口、手、足、刀、尺了。在小学生眼里，校长是个大人物，轻易是见不到面儿的。对老师，见了面儿，学生要老远鞠躬如也。但是一般学生都害怕老师，因为老师对学生很严厉，学生经常受到老师的体罚，用手拧耳朵，用戒尺打手心，是老师最常用的方式。学生自然是逆来顺受。

季羡林在这里照样野性不改。学校规定写墨笔字，每到上课的时候，他便和孩子们互相往脸上涂墨汁。回家以后，婶母马上训斥，为什么跟人家打架？季羡林还不明白婶母怎么知道自己打架的，问秋妹，秋妹大笑说，你自己照镜子看看嘛！这一看，季羡林也哈哈大笑起来。在家里，婶母有时候也让兄妹写大仿，他就让秋妹往自己的脸上画胡须，闹着玩儿。他也往秋妹脸上画上一些图案。那练毛笔字的劳什子早就抛到一边去了。

在小学国文课本里有一篇《阿拉伯的骆驼》的课文，是说一个冬天里，主人在沙漠里打了帐篷，骆驼站在外边感到太冷，于是与主人商量说，我能不能把头伸进帐篷里暖和暖和，主人答应了。可是过了一会，骆驼又商量说让我把身子伸进去吧，主人又答应了。最后骆驼全身都进去了，而主人却被挤出帐篷，冻死了。没有在意的时候，被叔父发现了这个课本。叔父非常生气，怎么骆驼还会说话，荒唐！荒唐！转学！转学！

季羡林离开了济南第一师范附小转入新育小学。同时转学的还有季羡林的一个亲戚表兄孙襄城。转学的时候，因为认识一个“骡”字，老师垂青，从高级小学一年级开始念起。而那个亲戚不认得这个“骡”字，被分发到小学三年级。

新育小学不算小，但是校园里有点乡村味。用一个木架子支撑着一座柴门，上面悬着一块木匾，上书四个大字：循规蹈矩。对学校的老师，季羡林几乎没有什么好印象。老师们，不管是沙着嗓子念古文的语文老师，还是教数学的老师，大多都不讨人喜欢，他们有人老是板着脸，装出一副威严的样子吓人。这里的课自然引不起季羡林的兴趣。上课的时候，他和其他顽皮的孩子一样，在课桌上用小刀刻花，在书本上画小人儿头。课后，他自由了，约几个小朋友飞跑到离学校不远的一个小池子边儿上去捉蝴蝶，或者捡小石头子打水漂玩儿。幼小的心灵倾注到蝴蝶的彩色翅膀和小石头子儿的螺旋似的花纹上了，从中他获得了快乐。

季羡林的班主任是一个姓李的老师，是40多岁的中年人，他在学生的眼里是非常诚恳忠厚的，朴实无华，从来也不训斥学生，说话总是和颜悦色，让孩子们感到很亲切。他教的课很多，连劳动也和学生们在一起。他带着学生们到一个大圆池子旁边去种菜，芸豆、辣椒、茄子都种了，就是没有种西红柿，因为那时济南还没有西红柿。一直到现在，季羡林还把去种菜的那一天当作自己一生中最快乐的一天。

李老师还开始给季羡林教英语，他教学生认字母有自己的一套办法。他说英文字母f就像一只大马蜂，两头长，中间粗。这个比喻，季羡林现在还记得。

语文课的教科书上有一些寓言故事，季羡林觉得满有趣味。有一篇写乞丐的文章，说一个乞丐要满了一罐子残羹剩饭，便对着罐子幻想起来：怎么样卖掉这些残羹剩饭，怎么样用赚来的钱买成鸡，鸡又怎么样下蛋，鸡蛋又怎么样孵出小鸡，小鸡又换成了马牛羊，终于成了一个大富翁，娶了太太，生了孩子。乞丐越想越高兴，不禁手舞足蹈。在狂欢之余，猛然一抬脚，把个罐子踢了个粉碎。到此幻想结束。这样的故事，季羡林当然觉得好玩儿。类似的故事在吴兴韦居安的《梅磵诗话》、江盈科的《雪涛小说》和《苏东坡诗注》等书里都有记载。后来季羡林研究了印度文化，才知道这些故事的源头在印度，《嘉言集·和平篇》和《五卷书》的第七个故事就是源头。

在语文课方面，当时季羡林非常害怕文言作文，好像有语言障碍，而且最难的是不知怎样开头。老师的作文题写到黑板上，季羡林立即在作文本上写上“人生于世”4个字，然后就穷了词儿，再也不知道写什么了。憋好久才能憋出一篇文章来。有一次，实在憋不出来了，就在不知什么书上抄了一段话：“空气受热而上升，他处空气来补其缺，遂流动而成风。”因为句子通顺，老师给表扬了一番。后来季羡林一想起此事总感到羞愧有加，下决心再也不剽窃别人的文字，从那以后没有剽窃过任何人的文字。

学校里有趣的一个地方，是设在一间幽暗小屋里的学校图书室。每天过午下课以后，季羡林就往那里跑，进去欣赏那些封面很美丽书中插图色彩也很鲜艳的儿童读物，把他带进植物的世界、动物的世界、月的国、虹的国里去翱翔。他深深地被有趣的童话吸引了，不止一次地，他在幻想里驰骋，看到金色翅膀的天使在一团金色的光里飞舞，终于自己也仿佛加入到里面去，他高兴得不知道自己是天使，还是什么了。反正天使的样子一直陪伴着自己了。

四、造反成性

其他老师的课，课堂生活实在是乏味，老师又严。孩子们动辄受罚挨打，实在受不了，季羡林他们起来造反了。

有一个珠算老师姓孙，眼睛长得突出来，孩子们给他起了个外号“稍迁”——“知了”。他对孩子特别蛮横，打算盘不准错，规定错一个数，打一板子。孩子们打算盘都是初学，错上十个八个数，甚至上百个数，是常有的事，因此孩子们都挨过他不少板子。实在忍不下去了，孩子们决定造反，把他架走（即赶走）。他们商定：等他来上课时，学生们上去把他的教桌弄翻，然后学生们一起离开教室，跑到假山背后的树丛中，每人口袋里装上一些树上长出来的黄豆豆，准备用它们打孙老师的脑袋。他们觉得老师会无颜见人，非卷铺盖卷儿走人不可。但是等他们要用黄豆豆打老师的时候，才知道结果不妙，有1/3的学生想拍老师的马屁，没有离开教室。他们坐在那里听课，课桌早就翻过来了。这样一来，老师反而长了气焰，把几个造反的孩子用大竹板打手心，打得那个狠，手心很快肿起来了。季羡林自己也被叫起来，挨了十几竹板子。他的手立即红肿起来，走出教室的时候，忍着热辣辣的疼痛，把口袋里的黄豆豆掏出来倒在地上。

这次造反没有成功。

但是有一次却成功了。那是对一个图画老师，他脾气暴烈，伸手就打人。孩子们团结一致向他示威，他知难而退，辞职不干了。

在新育小学时，季羡林是一个非常外向的学生。他喜欢打架，欺负别人，也被别人欺负。他的小学同学李长之说，他打架的时候，抱着双拳，闭着眼睛的样子，是十分滑稽的。有一个男同学，个子比季羡林高半头，劲也大，总愿意欺负他。季羡林忍了几次，受不了，于是起来反抗。他个子高，打季羡林的上身，季羡林个子矮，就打他的下身。后来两人抱成一团，滚在沙堆里打，互有占上风的时候，到上课铃响，也没有决出胜负。从此以后，他也不欺负季羡林了。

季羡林不受别人的欺负，他自己倒欺负起别人来了。被他欺负得最厉害的是他的一个远房亲戚刘志学。他的个头儿和季羡林差不多，但岁数偏小，懦弱无能，一眼被季羡林看中，就欺负起他来。季羡林命令他跪下，不听就拳打脚踢。他也不反抗，叫怎么的，就怎么的。这样一来更增加了季羡林欺负他的劲头，增加了气焰，欺负的次数和力度就有所增加。直到他告状告到婶母时，这种恶作剧才结束。

回到家里，叔父的管教也很严。《红楼梦》《三国演义》《水浒传》等古典小说，叔父认为是闲书，绝对不让看。他为了让季羡林成材，亲自给侄子编了一本《课侄选文》，选了不少宋明理学的文章，让他读。但叔父越管得严，季羡林反而越有逆反心理，越是要起劲地去看那些闲书。不少旧小说，什么《西厢记》《金瓶梅》《三侠五义》等几十种，他都偷着看了个遍。

他的书桌下面，有一个放白面的大缸，上面盖着一个用高粱秸编成的"盖垫"。季羡林坐在桌旁，桌上放着"四书"，看的却是闲书。除了《红楼梦》，大概因为里边的人物老是哭哭啼啼的，他不喜欢，其他书他都看得津津有味。冷不防，叔父闯将进来，他眼疾手快，赶忙把闲书放到盖垫底下，口里马上又念起"子曰"、"诗云"来。夜里他还用手电筒照着，在被窝里看。在外边的时候，则到砖瓦堆里躲着看。他看了那么多的闲书，并没有去当强盗，也没有去偷女人。但是有一阵子，他确实想过当绿林好汉。在家里，他用袋子装满了绿豆，挂在房间里，练打拳。或者用手指头不停地往盛着大米或绿豆的缸里插，想练铁砂掌。练得次数多了，把手插出血来，手指甲和肉连接的地方血肉模糊，他才意识到这绿林好汉是不容易当的，这才放弃了这个念头。铁砂掌练不成，就练隔山打牛。在屋里帐子顶上，悬上一个纸球。每天早晨起来之前，先向空中打上一百掌，倘若能够把纸球打动，据说就能百步打人了。到晚上，夏夜的蚊子再多，他也不顾，常常在后背上斜插一把婶母量布用的尺子，就算挂了宝剑，在同时玩的小孩面前，便显得凛凛然，仿佛有不可一世的气概。

对这样一个孩子，是十分难管的。叔父为了季家的未来，履行着父亲的职责，对幼小的季羡林进行着教育。

季羡林在新育小学考过甲等第三名、乙等第一名，不是拔尖的学生，也不怎样努力念书。三年高小，平平常常。这个小学在开始的时候还是教文言文，但是后来也改为白话文了，课本里不光骆驼会说话，连乌龟、蛤蟆都说起话来，叔父管不过来，只有听之任之了。

五、开始对英语感兴趣

在这时候季羡林有了一个意外的收获：叔父让他开始学英语。当时正规小学并没有英语课。这个学校的正课也没有英语，但是小学里的李老师会一点儿英语，他答应晚上可以教，但是需要交学费。叔父很痛快地答应，出这份额外的费用。愿意学英语的还有其他十几个孩子，凑合成了一个班集体。课堂不是在小学里，而是在校外。他学英语是利用业余时间，上课是在晚上。

对于季羡林来说，外语真是一种非常神奇的东西。他当时认为，中国的方块字是天经地义的，不用方块字，只写一些曲曲弯弯的、像蚯蚓爬过的痕迹一样的东西，居然也能发出音来，还能有意思表达出来，简直是不可思议的。越是神秘的东西，就越是有吸引力。英语对于季羡林来说，就有极大的吸引力。他万万没有想到，望起来如海市蜃楼一般可望而不可即的东西，竟然唾手可得了。

事实上，当时学习英语的时间并不长，学的东西也不多，只不过学了一点语法、一些单词而已。他当时提出一个怪问题："有"和"是"都没有"动"的意思，为什么叫"动词"呢？他问老师，老师也说不清楚，其他人也说不清楚。后来才逐渐了解到，这只不过是一个译名不妥的问题。

最让季羡林难以忘怀的是，他开始学习外语的感觉是非常的好，一下子刺激起他学习外语的积极性，一发而不可收拾。每次去参加晚上举办的外语学习，总有一种好的感觉。每次去这个外语班学习，都会在眼前出现一团凌乱的花影，是绛紫色的芍药花。在新育小学校长办公室前的院子里，有几个花畦，春天一到，芍药盛开，都是绛紫色的花朵。白天走过的时候，紫花绿叶，那是很分明的。可是到了晚上，英文课结束了，再走过这个院子，紫花与绿叶已化为一个颜色，朦朦胧胧的，一堆一团，可白天的印象还在，所以觉得它们的花叶还是分明的。夜晚的朦胧增加了花影的神秘，但扑鼻的花香，确然证明着花的存在。于是这样的印记便永远地印在了脑海里。一到学习英语的时候，便好像走过一片种满了芍药花的花畦，紫色的芍药花同绿色的叶子化成了一个颜色，清香似乎扑入鼻管。从那以后，在几十年的时间里，每到学习外语，总同芍药花的香气联系在一起，成为学习外语的无限动力。这个动力是叔父给他提供的。他幼无大志，当时山东中学的拿摩温是山东省立第一中学，他连去报名的勇气都没有，只报了一个"破"正谊。可这个学校考试时居然考了英语。出的题目是汉译英："我新得了一本书，已经读了几页，可是有些字我不认得。"他翻出来了，只是为不知道"已经"这个词儿的英文译法而苦恼了很长时间。结果被录取，不是一年级，而是一年半级。

叔父对他期望极大，要求极严。叔父自己亲自给他讲课，选了一本《课侄选文》，大都是些理学的文章。叔父并没有受过什么系统教育，但是他绝顶聪明，完全靠自学，经史子集都读了不少，能诗，善书，还能刻图章。他没有男孩子，一切希望都寄托在季羡林身上。叔父严而慈，对他影响极大。根据叔父的要求，他在正谊下课以后，参加了一个古文学习班，读《左传》《战国策》《史记》等书，当然对老师另给报酬。晚上，又要到尚实英文学社去学英文，一直到十点才回家。这样的日子，大概过了八年。他当时并没有感觉到有什么负担；但也不了解其深远意义，依然顽皮如故，摸鱼钓虾而已。

不管怎么样，季羡林在济南的13年里，叔父对他倾注了父亲般的感情，季羡林还清楚地记得，一旦考了好一点的成绩，叔父就奖励他，给他买一个济南的小吃油旋。这种小吃，是用普通面粉用油、葱花等作料，先烙后考精制而成的。吃起来，如同吃龙肝凤髓，其乐融融。一直到现在，季羡林最愿意吃的烤的东西，还是这种小吃。只要有人从济南给他捎去一点，他便喜形于色。

六、爱国教育

1924年季羡林13岁。在这一年，他生平第一次面临一种需要认真对待的选择。

这一年，他小学毕业了。他要考初中了。

但是考哪一所初中呢?

当时济南市，乃至山东省，最好的中学是山东省立第一中学，孩子们把它称之为山东中学的拿摩温。

季羡林因为少无大志，自知小学成绩不是最好的，他癞蛤蟆不敢吃天鹅肉，不敢报考当时鼎鼎大名的山东省立第一中学，他甚至连报名的勇气都没有。他觉得按自己的成绩，只配入名声不大好的“破正谊”，或者“烂育英”。这两个学校的招生标准都不高，对学生的条件要求不严，尤其是一些官宦人家的子弟，在这两所学校里的自由度比较大。思来想去，季羡林决定报考正谊中学。当然是一考就中。

在这所学校里，季羡林遇到了影响自己一生的爱国者鞠思敏老师。

鞠思敏（1872～1944），名承颖，字思敏。山东荣成人。清末举人，1906年加入同盟会。武昌起义后积极推动山东独立运动，参加荣成起义。1913年与王祝晨、刘冠三等在济南创办私立正谊中学；“五四运动”时期，又共同创办尚志学会，传播新文化。历任山东高等师范学堂、省立一师、省立第一乡师校长和省教育司长。在历次爱国群众运动中，都积极站在进步学生一边，给予援助。办学中广用人才，坚持进步，为山东著名教育家。

在担任正谊中学校长期间，鞠思敏办学贯彻自己的主张：别校落榜的学生他尽量招收；对违反校纪的学生，教导惩戒，但绝不开除。对屡教不改的，只遣送回家，由家长管教，愿意悔过，即可恢复学籍。鞠校长认为施教于这两类学生，正是自己应尽的天职；把他们推出校门，任其流入社会是不负责任。在推行这两项主张上，有些教师是反对的，认为对“不堪造就”的或“害群之马”，是不必浪费精神的。但是也有人出来予以坚决支持，认为鞠校长的这种主张真正体现出一个教育家的精神，无可非议。但是由此也使正谊中学有了一个不好的绰号：“破正谊”，有“捡破烂”之意。

当时经费拮据，局势动荡，困难重重，鞠思敏克勤克俭，尽职尽责，使正谊中学日渐发展壮大，常年在校生达 1700 人，居济南各校之首。1917 年只身东渡日本考察教育，回国后集中精力办理正谊中学校务，使之成为当时济南规模最大的私立中学。

正谊中学坐落在济南大明湖旁边。刘鹗在《老残游记》中描绘济南“家家泉水，户户垂柳”，其实就是指大明湖周围和芙蓉街这一带。这里泉系发达，穿墙入院，遍地皆是，街区周围有大小名泉 30 余处，属珍珠泉泉群。

正谊中学紧靠“三面荷花一面柳，半城山色半城湖”的大明湖，一条小溪从校内往北流向大明湖。到了夏天，这里就更好玩儿了。杨柳参天，蝉声满园，后面又有万顷苇绿，十里荷香，不啻人间仙境，天堂乐园。

在这个乐园里，季羡林和他的同学们仍然不断地出演一些恶作剧。优美的学习环境并没有刺激起季羡林的上进心，他依然像以前一样，学习不努力，但靠天分，成绩也还不算坏，总是徘徊在甲等后几名、乙等前几名之间，属于中上水平。这个学校重视英语，为学生们开了英语课。一次，换了一个新英语老师，学生们都觉得他不怎么样，出于一种少年使坏的心理，他们便想出一个高招来测试他。他们从字典里找了一个短语 by the by。这个短语并不稀见，但孩子们从来没有读到过，觉得很深奥，便以此去问老师。老师没有答出来，脸上露出了愧色。在下次的课上，老师说：你们大概是从字典上查出来的吧？孩子们笑而不答。这位老师颇宽宏大量，不对恶作剧的学生进行打击报复。

从年龄上看，季羡林是班上最小的，玩心很浓。班主任叫王烈卿，学生们给他起了个外号，叫“王劣子”，因为他水平不高，不受学生的欢迎。上课之余，季羡林大多是跑到学校后面大明湖畔去钓虾，抓蛤蟆，不知用功是何物。生活自然是找不出什么有声有色的东西来，单调、呆板、固执，是他当时的写照。玩起来，从来也没有什么玩具。自己有时候弄个细铁丝，把它弯成一个圆圈，再弄个小铁钩，手拿者小铁钩推铁丝圆圈，铁圆圈就能跑起来，他自己也就非常高兴了。

正谊中学的课程，除了英语以外，还有国文、数学、物理、生物、地理、历史。英语课念《泰西五十佚事》、《天方夜谭》、《莎氏乐府本事》等等。英语课也布置写作文。

英语老师是郑又桥，他是南方的浙江或江苏人，英文水平相当高，发音很好，教学也很努力。但是他当时抽大烟，早晨起得很晚。往往上课铃响了，还不到教室，学生只好去宿舍里叫他。他教书的特点是在作文上下工夫忒大。季羡林的作文交上以后，郑又桥老师往往是一字不改，而是自己根据学生的原意重新写一篇。他的改写是地地道道的英文，这是多年的学养修炼而成的，可见他的英文水平之高。这种英文思维所形成的作文，对季羡林的启发特别大。因为在开始写英文作文的时候，季羡林是根据汉语思维而写出来的，结果当然是中国式的英文。而郑又桥老师的英文则是纯英文式的英文，完全是英文思维的结果。所以季羡林对郑又桥老师十分感激，在从德国留学回来以后，在1947年暑假到济南又看到他，改写了杜甫的诗，来表达当时师生相见的喜悦心情：

人生不相见，动如参与商。
今日复何日，共此明湖光。

国文课主要是念《古文观止》一类的书，老师要求学生们背诵。国文老师一个姓杜，名字季羡林忘记了，另一个叫徐金台。

杜老师是一位饱学之士，去上课的时候总是挺着大肚子步履蹒跚地走进教室，学生们因此给他起了个外号“杜大肚子”，以至于把他的真名给忘记了。他熟读了不少经书，古文水平非常高，一手小楷写得俊秀遒劲，书法水平很高。季羡林在正谊中学初中毕业后又念了半年的高中，老师就是他。他给学生布置了一篇写景抒情的作文，要求用文言文写。季羡林别出心裁，试着用骈体文写了一篇作文，想得到老师的表扬。结果作文发下来了，老师在上面写满了字，等于是另外重新写了一篇。他的批语给季羡林的教育是很大的：“要做花样文章，非多记古典不可。”这句击中要害的批语，使季羡林猛省：仅仅凭自己读过的几篇骈体文，就写这样的文章，等于是癞蛤蟆想吃天鹅肉。自己看闲书很多，什么《彭公案》《七侠五义》等等，但是对骈体文下的工夫不大。杜老师一下子看出了自己的问题，不顾年届花甲，戴着老花镜给学生改作文，使季羡林有感动，有惭愧。因此，杜老师成为季羡林经常怀念的老师之一。

徐金台老师是正谊中学的资深教员，受到学生的普遍尊敬，但是季羡林没有上他的正课，而是上了他的古文补习班。每月交3块大洋，在阎公祠大楼的一间教室里，在下午放学以后开课。他教的课主要是《左传》《史记》之类。这些课开的时间不长，但季羡林还是有收获的。

生物课的老师水平相当低，认识的字不多。甚至连玫瑰这两个字也不认得，念成“久块”，让学生们很是失望。

总的来说，学校里的这些课程除了英语以外，他的兴趣都一般，没有下功夫去学习。只是对小说的兴趣越来越浓，《三国演义》《西游记》《封神演义》《说唐》《说岳》《济公传》《彭公案》《三侠五义》《玉历至宝钞》等等，都读了不少。《西游记》、《金瓶梅》一类的书也看，只是对《红楼梦》，他那时还不喜欢。林黛玉整天哭哭啼啼的样子让他心烦。小说之外，他还开始读宗白华的《三叶集》。

白天是在学校上课，晚上则要到一个叫尚实英文学社的地方学英语。

校长叫冯鹏展，是广东人，说一口蓝青官话。他家的房子大得很，前面的一进院子学社占用，有四五间教室，按年级分班。后面的院子，则是他全家的住处。冯老师最喜欢养蛐蛐，经常不惜重金，购买良种。他斗起蛐蛐来，舍得下很大的赌注。季羡林也喜欢斗蛐蛐，但是他没有钱去买良种蛐蛐，便约同院住的几个孩子到荒山野外蔓草丛中去找，碰巧抓住一只好蛐蛐，欣喜若狂。但季羡林无论如何不敢去赌，他没有那个胆量。他只不过是玩玩而已。

教英语的除冯老师以外，还有钮威如、陈鹤巢两位老师。

钮威如老师满脸胡子，身体肥胖，用英语教历史。陈鹤巢老师则是翩翩公子，注重衣饰，穿得很漂亮。这些老师英文水平都很高，教学也很努力，使他学到不少东西。《纳氏文法》这部教材因为艰深，学得很费劲，反而激起孩子们的学习兴趣，从中学到了不少语法。只是到后来才知道，这本书，是英国人专门写出来，给殖民地人民学习英语用的。

正谊中学的同学，不乏有个性的怪人。其中一个同学是季羡林永远也不可能忘记的。有一段住校的时间，他是季羡林同室住的室友。他把脸盆派上多种用途：早晨洗脸，晚上洗脚，夜里小便。每天早晨，先把夜里的小便倒掉，然后用水一冲，立刻再倒上水洗脸。冬天里有一天，这个同学起晚了，工友进来送洗脸水。工友一看脸盆里有黄色的东西，以为是剩茶水什么的，便把热水倒在里边了。等工友走了，这个同学起来一看，也不好意思再喊工友，便一不做二不休，就用这尿水混合物洗了脸，脸上的汗毛居然连动都不动。季羡林这时感觉到世界上什么人都有，真是瓜子里嗑出臭虫来，什么仁（人）都有啊！

但是在正谊中学里，真正让季羡林永远怀念的是鞠思敏老师。鞠思敏老师是季羡林永世难忘的一个人。

鞠思敏老师个子魁梧，步履庄重，表情严肃却又可亲，给季羡林以非常深刻的印象。他是正谊中学的校长，并不教课，只是在上朝会时，总是亲自对全校学生讲话。在这种每周一次或几次的朝会上，鞠老师讲的无非是一些待人处世的道理，并没有什么惊人之论。但是这些普通的道理，从他嘴里讲出来，那缓慢而低沉的声音，认真而诚恳的态度，却总是能打动这些初中孩子们的心。

从大一点的孩子们那里，季羡林了解到鞠思敏老师的一些情况。早在1913年，作为同盟会成员的鞠思敏从荣成来到济南，有一天，鞠思敏到商务印书馆买书，店面里的柜台很高，像当铺一样，来买书的人需仰头才看得到，自命清高的他无法接受，就联络了山东教育界两百余人，集资大洋5000多块，办起了教育书社，位置就在商务印书馆旁，与其分庭抗礼。

鞠老师不是一个卖嘴皮子的人，他一生着力追求的是言行一致、民族气节。到季羡林考上山东大学附属中学时，鞠老师受聘给附中的学生们上课，教伦理学，用的课本是蔡元培先生的著作《中国伦理学史》。

后来他成为山东省立济南师范学校的第一任校长。

再后来，日本侵略者占领了济南，慕鞠思敏老师的大名，想方设法，劝他出来为日本人做事，以壮敌伪的声势。鞠思敏为人正直，富有正义感和爱国热忱。他同情支持学生的抗日活动，对到南京请愿的学生大力赞扬、鼓励，并亲自到火车站为候车的学生送茶送饭。对被捕的学生，他总是设法营救。当年乡师的共产党员于一川、王路宾、张宏凡、姚仲明等都受到过他的庇护。鞠思敏爱憎分明，刚直不阿。1937年底，济南沦陷，日伪当局因知其声望，多次派人登门敦请出任教育厅长，但是鞠思敏先生总是严词拒绝。再到后来，生计已经非常困难了，他只能每天吃开水泡煎饼，再加上一点儿咸菜，这样来勉强度日，却始终未为五斗米折腰，终于在极度忧患之中郁郁逝世。鞠思敏毕生致力于教育，被后人誉为“山东的蔡元培”。

1944年8月7日，鞠思敏病逝于寓所。终年72岁。当时虽处战乱年代，但在殡丧的那一天，济南市民、正谊中学的校友闻讯赶来执绋，送殡的人群长达数里。

这样的一位老师，季羡林后来离开高中以后再也没有见到他，但是每每想到他那热爱青年的精神，热爱教育的毅力，热爱祖国的民族骨气，眼前总会浮现出他的身影，时间愈久，反而愈显得鲜明。每次想到济南，首先就会想到鞠老师。

济南曾经把一条街道命名为鞠思敏街，但是后来大概在“文革”中取消了，以后再也没有恢复。每念及此，季羡林总感到不解。他希望有朝一日再恢复鞠思敏街，以永远纪念这位爱国人士。

七、王崑玉老师的语言训练

1926年上半年，季羡林在正谊中学上了半年高中，夏天转入山东大学附设高中。山东大学的校长是前清状元、当时的教育厅长王寿彭。他实际上兼任着附设高中的校长，因为虽然名义上有一个校长，但那位校长从来没有露过面。他提倡读经。在高中教读经的有两位老师，一位是前清翰林或者进士，一位绰号“大清国”，是一个顽固的遗老。两位老师的姓名后来季羡林都忘记了，只记住了绰号。他们上课，都不带课本，教《书经》和《易经》，都背得滚瓜烂熟，连注疏都在内，据说还能倒背。国文老师是王崑玉。季羡林成为山东大学附属高中的高才生，而促使他成为高才生的恩师就是王崑玉。

在山东大学校史上，名流辈出，如星光灿烂。这些学者在校史上留下了自己的名字，成为激励后辈的楷模。但是也有一些学者，因为种种原因没有被写进校史，王崑玉先生就是其中的一个。王崑玉老师还是对季羡林有特殊恩德的人。季羡林的成才，与王崑玉老师的培养和爱护有着直接的关系。

王崑玉

王崑玉先生，名士瑨，以字行。山东莱阳人，生于1890年10月8日。8岁入私塾，初从师读，继受庭训。1908年考入山东登州中学，1910年转入济南优级师范附设中学，毕业后，升入该校英语部。1912年加入同盟会。1914年考入北京大学文科，1917年夏末毕业。父亲是当地有名的文士，也写古文。所以王先生有家学渊源，从小受过良好的教育，特别是古文写作方面更为突出。他为文遵桐城派义法，结构谨严，惜墨如金，逻辑性很强。大学毕业后，他到山东菏泽省立第六中学任国文教员。1920年夏天，到济南省立第一女子师范任国文教员。1921年暑假后，到山东莱阳县立中学，任国文教员。1922年秋，因腿疾居家。1923年春开始，任《莱阳月报》编辑。1924年春，到山东蓬莱省立第八中学任国文教员。1926年暑假后，到新成立的山东大学附设高中并兼任省立第一女子师范国文教员，到1928年“五三”事变止。1929～1930年，他先后在聊城省立第三师范、莱阳县立中学任国文教员，其中短时间因腿疾家居。1930年暑假后，到青岛山东大学中文系任讲师，1931年任山大附设高中班国文教员，直至1932年，因父忧家居。1934年春开始任《莱阳县志》修撰，1935年秋修毕。以后又先后在烟台、青岛、莱阳任国文教员，直至1945年5月，调任胶东图书馆任职员，1952年到济南省立文管会图书组，任职员，1953年，被聘为省文史馆员，后因文管处与省立博物馆合并，至博物馆任职。

从上面的履历，可以看出，王崑玉先生有两次在山东大学任职。一次是1926～1928年，在济南山东大学附设高中。一次是1930～1932年，在青岛山东大学国文系和附设高中。

王崑玉先生在济南山东大学附设高中担任国文教员两年，是季羡林先生的恩师，整整教了两年。在文学方面，他有很高的造诣，属于桐城派古文家，崇尚高雅，有古者之风。他认为清朝文人辈出，而桐城派最为正宗。他有自己的文集《希古斋文集》，都是自己手抄的，从来没有出版过，被认为是桐城派的殿军人物。他爱好《红楼梦》有点儿痴迷，一生读过八九十遍。

王老师上课，课本就使用现成的《古文观止》。不是每篇都讲，而是由他自己挑选出来若干篇，加以讲解。文中的典故，当然在必讲之列。而重点则在文章义法。他讲的义法，基本是桐城派，虽然他自己从来没有这样说过。《古文观止》里的文章是按年代顺序排列的。不知道为什么原因，王老师选讲的第一篇文章是比较晚的明代袁中郎的《徐文长传》。讲完后出的第一个作文题目《读〈徐文长传〉书后》。季羡林从小学起作文都用文言，到了高中仍然未变。他驾轻就熟地写了一篇《书后》，自觉并没有什么了不起，不意竟获得了王老师的青睐，定为全班压卷之作，评语是"亦简劲，亦畅达"。老师这一捧，他就来了劲儿。于是就拿来韩、柳、欧、苏的文集，认真读过一阵儿。实际上，全班国文最好的是一个叫韩云鹄的同学，可惜他别的课程成绩不好，考试总居下游。王老师有一个习惯，每次把学生的作文簿批改完后，总在课堂上占用一些时间，亲手发给每一个同学。排列是有顺序的，把不好的排在最上面，依次而下，把最好的放在最后。作文后面都有批语，但有时候他还会当面说上几句。季羡林的作文和韩云鹄的作文总是排在最后一二名，最后一名当然就算是状元，韩云鹄当状元的时候比季羡林多。但是一二名总是被他们俩垄断，几乎从来没有过例外。

北园的风光是非常美丽的。每到春秋佳日，风光更为旖旎。最难忘记的是夏末初秋时分，炎夏初过，金秋降临。和风微凉，冷暖宜人。每天晚上，夜课以后，同学们大都走出校门，到门前荷塘边上去散步，消除一整天学习的疲乏。其时月明星稀，柳影在地，草色凄迷，荷香四溢。王崑玉老师大概也是常在这样的时候出来散步的。他抓住这个机会，出了一个作文题目：《夜课后闲步校前溪观捕蟹记》。季羡林生平最讨厌写说理的文章。对哲学家们那一套自认为是极为机智的分析，他十分头痛。除非有文采，像庄子、孟子等，其他他都看不下去。他喜欢写的是抒情或写景的散文，有时候还能情景交融，颇有点沾沾自喜。王老师这个作文题目正合他意，因此写起来很顺畅，很惬意。他的作文又一次成为全班压卷之作。（季羡林：《我的高中》，《文史哲》2002 年第 5 期）

在王崑玉老师的影响下，在国文方面季羡林发生了很大的变化。他对古文产生了浓厚的兴趣，过去被用来读武侠小说的劲头，现在被用到读古文上了。他弄到不少古文的代表作，如韩愈的《韩昌黎集》，柳宗元的《柳河东集》，以及欧阳修、苏轼、苏辙、苏洵等唐宋八大家的许多文集，都开始认真阅读。读《古文观止》的时候，司马迁的《报任少卿书》，陶渊明的《桃花源记》，李密的《陈情表》，韩愈的

《祭十二郎文》，欧阳修的《泷冈阡表》，苏轼的前后《赤壁赋》，归有光的《项脊轩志》等一类的文字，以及吴均的《与宋元思书》，他都百读不厌，背诵如流，打下了雄厚的古文基础。从这时起，他开始喜欢抒情散文。而且也写了不少，因此同学给他起了个外号，叫他“诗人”。对于古文的不同风格，如《史记》的雄浑，六朝文章的浓艳，陶渊明、王维的朴素，徐摛、庾肩吾的华丽，杜甫的沉郁顿挫，李白的流畅灵动，《红楼梦》的细腻，《儒林外史》的简明，他都注意到无不各擅胜场。从这些名作佳篇中吸取的营养，滋润了他一生的文学创作。

八、山大校长王寿彭的奖励机制

在山东大学校史上，王寿彭是任期最短、也是遭非议被误解最多的校长，而季羡林是享誉最高的校友之一。然而，季羡林先生一生的学术道路，却与这位任期短、遭非议被误解的校长有密切的联系。历史太复杂了。历史不应该是被任意打扮的小姑娘，历史事实是应该被尊重的。

王寿彭遭非议，表现在两方面：其一，认为他没有什么真才实学，是因为自己的名字讨慈禧太后的喜欢而中状元的。其二，认为他反对孙中山革命，思想上是一个保守派、顽固派。

事实证明，王寿彭绝非等闲之辈。

王寿彭（1875～1929），字次籛，号眉轩。他 1874 年出生在山东潍县南关（今潍坊市寒亭区），出身于城市贫民家庭。这个地方在清代光绪二年（1876）已经出过一个状元曹鸿勋，他虽然出任的是湖南学政，对湖南儒学兴盛起过作用，但在当地潍县人中也有很大影响。王寿彭从小承祖训，刻苦读书，所以 17 岁就考中秀才，26 岁考中进士。《清史稿·本纪二十四》载：“壬午，赐王寿彭等 315 人进士及第出身有差。”进士名次的确定决定于殿试。殿试并不考经义和诗，而是出一些学术上或政治上的一些问题，让考生回答，卷子就称殿试策。董仲舒的天人三策就是典型的殿试策。

光绪二十九年（1903 年），王寿彭参加北京的会试，时值慈禧太后的 68 岁生日前后。读卷官一看王寿彭的名字有利用价值，为讨慈禧太后的欢心，把不是第一名的王寿彭的试卷调到第一名进呈。这次殿试共录取了 180 名，前五名依次是梁士诒、杨度、李熙、宋育人、张一麟。当卷子和名单送至慈禧“御批”时，慈禧大为恼火（慈禧并非皇帝，但她垂帘听政，大权独揽）。梁士诒是广东人，又姓梁，她怀疑梁士诒是梁启超的同党；杨度是湖南师范出身，怀疑他是唐才常（清末维新派，主张变法维新，戊戌变法失败后流亡日本，后被张之洞杀害）的同党；而宋育人，她又认为是宋教仁的弟弟。一气之下，慈禧将这次的状元定为前五名之外且很靠后的山东人王寿彭。慈禧太后一眼看到这个名字十分吉祥，征兆自己（王）寿如彭祖。彭祖本是个神话传说中的人物，据说活了800岁，是个名副其实的老寿星。王寿彭这三个字居然能巧合到象征慈禧太后长寿，她内心的喜欢自然是可以想象的。所以她点王寿彭为状元，并对读卷官恩赏有加。就这样，在他27岁那年，命运之神降到他的身上，他中了状元。

那时宣布殿试结果叫传胪，在天安门举行。状元、榜眼、探花从天安门中道出宫。长安左门外，临时用芦席搭起“龙棚”，黄榜出自长安左门，张挂在龙棚里。封建王朝按照五行的原理，东方属青龙，西方属白龙，所以长安左门被称为青龙门，长安右门被称为白龙门。根据民间传说，中状元叫跳龙门，就是指从长安左右门出入。这一天是5月24日，光绪在乾清宫召见一甲十名进士，王寿彭在其列。他当时站在乾清门外，猛然听到读卷官首先点到他的名字，王寿彭简直茫然不知所措。他的同乡官员机灵，代他答应：“在此!”给他解了围。这位同乡帮他整理衣冠，为他佩带忠孝带、荷包，督促他进乾清宫拜见光绪帝。第二天，顺天府尹在长安左门外照例为他披上大红带，佩上大红花，献上喜酒，最后扶他跨上骅骝马，接受满街文武官员的祝贺。

王寿彭是不是不学无术呢？他显然不是不学无术。单就书法一项，王寿彭的知名度是非常高的。在福建福鼎市资国寺内有他题写的对联：“清香满室佛入定，明月出海天为高”。在毛泽东的遗物中，有一只铜墨盒和正方形黄铜砚。墨盒有盖，盖上有王寿彭恭录楷体“黎明即起，洒庭院，要内外整洁”的铭文。这个墨盒被定为国家二级文物。

王寿彭在中状元后，被授翰林院修撰，光绪三十一年被派往日本考察政治、教育和实业。在日本时，他在政治上敌视孙中山革命，暴露了他的保守甚至保皇的立场。在回国后，他写出《考察录》一书，倡导改良教育与实业。

后来，王寿彭在官场并不得志，干脆赋闲在家。但也算是命运吧，该他得骂名的事发生了。1925年4月，绰号“狗肉将军”的张宗昌督鲁。这位将军真正是斗大的字不识一升，以“三不知”闻名于世：不知自己手下有多少兵，不知自己有多少钱，不知自己有多少小老婆。但在一个文化底蕴丰厚的省份，他又不甘心被文化人瞧不起，于是他要附庸风雅。为了标榜自己敬重文化人，显示自己礼贤下士，便力邀赋闲在家的王寿彭出任山东省教育厅长，并拜他为师。这还不够，在厅长之外又让他操办恢复山东大学，出任校长一职。

为了把自己变成文化人，张宗昌拜王寿彭为师，学习诗文。但一个文盲要成为诗人，谈何容易！学了半天，只能写一些歪诗。他居然有胆量把这些歪诗编成《效坤诗钞》，印装精美，内容却是糟糠。他把诗集赠送到哪里，哪里就留下狗肉将军的臭名。比如诗集中有一首模仿刘邦《大风歌》的诗，名为《俺也写个大风的歌》，诸君不妨奇文共欣赏，权当添一点笑料。诗曰：

大炮开兮轰他娘，威加海兮回家乡。
数英雄兮张宗昌，安得巨鲸兮吞扶桑。

这样的“诗作”和韩复榘的“咏”趵突泉的诗作是齐名的。

在这样的背景下，季羡林于1926年15岁的时候，考入山东大学附属高中。山大的校长就是刚上任不久的王寿彭。山大附中也有一个校长，但这位校长从来不露面。季羡林记得，只见过他一面，是在祭孔典礼上。全体高中学生也集合在山东大学校本部。校内有金钱泉，离趵突泉不远。校园挺大，庭院深深，季羡林进去后，不知身置何处。校门正对着正觉寺。祭孔典礼的主持人就是这位狗肉将军张宗昌，陪祭的是山大校长王寿彭。季羡林身在现场，只见他们穿着长袍马褂，行三跪九叩之礼。季羡林当时涉世不深，见到这个场面，只觉得滑稽可笑。这个无恶不作的军阀，这时居然一副正人君子样，圣人之徒像，满脸正气，义形于色，怎能不叫这个少年默默好笑呢！

王寿彭的保守，表现在反对孙中山的革命和尊孔上。在他影响下，山大附中的老师也尊孔成风。季羡林有一位经学老师，外号叫“大清国”，因为他动辄就说“你们民国，我们大清国”的口头禅。《四书》《五经》，连同注疏在内，这位“大清国”经学先生都背得滚瓜烂熟，据说甚至还能倒背。无论如何，这所高中的老师们，水平是极高的。尤其是国文教师王崑玉，宗桐城派古文，有自己的文集。他对季羡林的影响极大。从此，季羡林的所谓虚荣心一下子提起来了，他再也不愿意有不好的成绩。于是，他一改过去贪玩不用功的习惯，开始用起功来。学习成绩在期末是甲等第一名，当时的附中有五个班，所以有五个第一名，但是相当于现在的95分以上的甲等第一名，只有他一个人。第二学期，他又得了甲等第一名，又超过95分。

王寿彭有言在先，谁如果连续两个学期得甲等第一名，他就给谁题写一幅字。到1927年5月，季羡林连续两个学期的甲等第一名地位已经确定，于是王寿彭兑现了自己的诺言：给这位16岁的少年题字。当时王寿彭给季羡林题写了一副对联，上联是：才华舒展临风锦，下联是：意气昂藏出岫云。

题头是“羡林老弟雅督（察）”，落款是王寿彭的签名。该对联季羡林上世纪60年代从济南搬家到北京以后，不知道放到什么地方，一直没有找到，后来不经意被李玉洁老师发现，那种失而复得的喜悦，笼罩着在场的所有人，真是高兴极了。

王寿彭彻底兑现诺言，另外又写了一个扇子面，把清代诗人厉鹗的一首诗恭录在上面，赠给季羡林这位16岁的高中学生，诗说：

净几单床月上初，主人对客似僧庐。
春来预作看花约，贫去宜求种树书。
隔巷旧游成结托，十年豪气早销除。
依然不坠风流处，五亩园开手翦蔬。

在扇面末端，王寿彭题写："录《樊榭山房诗》，丁卯夏五，羡林老弟正，王寿彭"。一个教育厅长兼大学校长的硕学之士，对一个乳臭未干的孩子称老弟，看来还是相当没有架子的。从这一点上看，他还有其开明之处。这幅扇面一直完整地保存着，是王寿彭 1927 年赠给季羡林的，已经有 80 多年的历史了。

厉鹗（1692～1752），字太鸿，号樊榭，浙江钱塘人，工诗词，风格俊秀淡雅，曾影响大江南北诗词坛数十年。其诗作以五言古诗为工，但王寿彭为何不录五言古诗，而录这首七言古诗呢？原因不明。

王寿彭给季羡林题写字幅以后没过多长时间，就因为思想守旧，不得人心，而辞职离校，"五亩园开手翦蔬"去了。这之后，张宗昌短期兼任山东大学校长，一时间被视为教育界丑闻。

不管怎样，季羡林是在山东大学附中学会用功的。而且，从这时起，他开始在天津《益世报》上发表小说和散文，养成了舞文弄墨的习惯。此习惯一直延续到老年，兴趣没有稍减。所以，对这段历史，季羡林铭感至深，非常感谢山东大学附中的几位老师，也包括这位校长王寿彭。

2005 年，在看到在网上流传的我有关王寿彭的文章以后，上海的陈群先生发来了他的一份材料，纠正我在《季羡林传》里引述的一种说法，即认为王寿彭的考中状元是因为名字讨慈禧太后的喜欢而中状元的。为了不掠美，我把这篇署名拓辙写的《王寿彭并非因"名字"中状元》主要内容引述出来，备为一说：

光绪癸卯状元王寿彭（1875－1929）。王字次篯，山东潍县（今潍坊市）人。以第三十七名贡士参加光绪二十九年（1903 年）癸卯恩科殿试中第一甲第一名，授翰林院修撰。1905 年曾随载泽、端方等五大臣出国，赴日本考察政治、教育和实业。著有《考察录》一书。曾任湖北提学使、提学使兼布政使，代理湖北巡抚。创办过"两湖优级师范学堂"。辛亥革命后，任北京总统府秘书多年。1925 年曾任山东省教育厅长并创立"山东大学"兼校长。1929 年，王寿彭病逝于天津。王工书法，时人以得其片纸只字为荣。王还著有《靖盦诗文稿》。

近些年来，对科举制度感兴趣的人越来越多。关于光绪二十九年（1903 年）癸卯恩并正科状元王寿彭，现在社会上一直流行一种传说认为：王寿彭之所以能中状元，是因为其中状元之年适逢慈禧太后 70 大寿。因其名字暗合王寿"齐"彭祖（彭祖是神话传说中的老寿星，活了800岁），读卷官为了讨好主子，把本不是第一名的王寿彭的试卷故意挑出放在第一名，而使王高中状元。

前一阶段在中央电视台《百家讲坛》北京满学会会长阎崇年先生的“清十二帝疑案”中也引用了上述传说，可见上述说法流传较广。

其实，上述说法是不正确的。笔者亲戚收藏有光绪癸卯科状元王寿彭的殿试策，此资料完全可以证明上述传说是不符合史实的。我愿意将相关资料贡献给读者，供有兴趣的读者研究考证。

王状元的殿试策保存相当完好，当年还曾经过一些前辈学者的鉴赏。如时年83岁的陈云诰老先生（前清翰林、王寿彭癸卯科殿试同年，解放后曾任中央文史研究馆馆员）欣赏后曾为此殿试策题词曰：“乙亥（1959年笔者注）冬月，似楼老兄得王次籛殿撰同年殿试策卷于市肆，屡经世变，墨彩如新，感题二绝句：天子临轩署状头，江都三策冠时流。人间陵谷经千变，依旧文光射斗牛；犹记乾清殿陛前，随班鹄立听胪传。草茅新进初通籍，策庙当阳廿九年。”

孙似楼老先生（山东郯城人、著名学者，解放后曾任中央文史研究馆馆员）对该策也有题咏。

根据清朝殿试读卷传胪的典制：殿试卷是殿试当日在皇宫太和殿由受卷、弥封官当场弥封收箱承送收掌官；殿试次日由收掌官交给齐集文华殿的读卷大臣共同转阅后排定甲、乙，以前十本（贴有拟名次浮签的弥封卷）进呈；最后由皇帝亲自对进呈殿试策钦定名次，招读卷官入拆弥封（自乾隆二十六年后）。也就是说试卷是于钦定名次后才拆除弥封的。未拆弥封以前，读卷大臣、包括最后确定名次的皇帝是不能预先知道被取中者名字的。

从王寿彭殿试策可以看到，卷前写有姓名、履历及三代的一页折叠弥封痕迹明显、“纸钉”、“弥封纸”保留完整；“弥封官关防”印记非常清晰；读卷大臣八人“姓”下皆标识为“O”（第一等）；特别是进呈名次的“黄签”犹在并明确写着“拟第一”；“卷面”上朱笔填写着“第壹甲第壹名”。

以上史料，笔者认为足可以说清楚王寿彭当年殿试得中状元过程了。王寿彭因“名字”中状元的说法是以讹传讹，是毫无凭据的。

王寿彭当年对于他因“名字”而中状元的说法曾作有一首打油诗：“有人说我是偶然，我说偶然亦甚难。世上纵有偶然事，岂能偶然再偶然。”王状元是光绪二十八年（1902年）乡试中举，光绪二十九年（1903年）连捷进士应殿试中状元。似乎王状元当年还蛮超脱的。

另外，笔者想更正社会上的一种说法。王寿彭中状元的那一年（1903年），并不是慈禧太后的70大寿。慈禧生于1834年，1903年她69岁。而甲辰年（1904年）才是慈禧太后的70大寿，当时称“万寿节”。清末甲辰年（1904年）确实以正为恩，特赐“恩科”，加试了一科甲辰恩科会试。甲辰恩科状元是直隶肃宁人刘春霖。

再多说两句，光绪二十九年（1903 年）癸卯科之所以称做“恩并正科”，是因为按清制，会试三年一科，凡遇丑、辰、未、戌年者为正科，不逢是年而举行者，或为加科，或为恩科（亦有例外）。辛丑年（1901 年）是正科大比之年。由于1901年正值光绪皇帝三旬万寿之年，故而以正做恩，而将正科改在次年壬寅年（1902年）举行。但由于八国联军入侵，直到光绪二十九年（1903 年）癸卯年才把上述恩、正两科合并起来举行。“癸卯会试”对天下士子非常重要，因为自光绪二十四年会试之后，已整整五年没有举行会试了。而这五年之中，却又连续举行过两届乡试。癸卯年（1903 年）是集两届以上举人应一届会试。

关于王状元，我在其后人处见过他的照片。是一位个子不高，身材显胖的大眼睛中老年人。从照片上看，确实是天庭饱满、地廓方圆。满有“福”相的。

因笔者亲戚收有光绪二十九年癸卯科一甲三人的殿试策，这里再补充一点史料贡献给读者。光绪癸卯科殿试策读卷官最初拟定进呈的鼎甲名次与最后钦定的名次是一样的。状元王寿彭（山东莱州府潍县）、榜眼左霈（正黄旗汉军广州驻防）、探花杨兆麟（贵州遵义府遵义县）。

关于王状元还有些轶事。如当年第七十六代衍圣公孔令贻去世，还是请王状元点的“主”。慈禧太后去世后，用于引“神”用的牌位是由王状元所书。另据说，济南的“山东宾馆”系王状元所书，王状元还曾为北京“天源”酱菜园题过诗，当年袁世凯颁发的“京师大学堂”匾，落款是大总统题，系由王状元代笔。当然这些笔者也未考证过。有兴趣的读者不妨考证考证。

本文关于清朝科举典制，部分征引自商衍鎏先生所著《清代科举考试述录》。

我非常感谢陈群先生。

季羡林因为王寿彭而成才，王寿彭因为季羡林而为当代人广为知晓。2006 年 1 月 13 日，济南党家庄一个叫卫中原的先生打来电话，说他发现了一副王寿彭题写的对联，是竹外云移北苑山，花间雨洗南宫石。落款处有章，有个明显的陈字。其实这副对联应该是：花间露洗南宫石，竹外云移北苑山，是陈寅恪先生的父亲陈三立先生题写给彦晦的。

九、胡也频培养了文学兴趣

1928 年，山东大学停办，设在北园的山大高中也关了门。后来新成立了一所山东省立济南高中，是全省唯一的一所高级中学。

1929 年 2 月，季羡林没有经过考试，就转入济南高中学习，这在他的一生中是个重要阶段。尤其在国文方面，有胡也频、董秋芳、夏莱蒂、董每戡等几位全国闻名的作家在这里执教，对他影响很大。使他在学习写作中，潜移默化地于无意识中，形成了自己对写作的一套看法。校内换了一批国民党的官员，“党”气颇浓，令人生厌。但是总的精神面貌却是焕然一新。最明显不过的是国文课。“大清国”没有了，经书不念了，文言作文改成了白话。国文教员大多是当时颇为著名的新文学家。

季羡林在济南高中的第一个国文教员是胡也频。他是一个非常浪漫的革命者，与丁玲的一段姻缘给后人留下了恋爱史上的最为浪漫的一笔。

胡也频（1903～1931），初名胡崇轩，现代作家。福建福州人。据沈从文《记胡也频》所说，他少年时代曾当过学徒，1920 年就学于上海浦东中学，后入设在山东烟台的国家海军预备学校。学校解散以后，同几个朋友流落到了北京，1924 年起开始文学创作。1925 年前后在北京出版的《京报》副刊《民众文艺》的周刊上，开始用胡崇轩这个名字。那时编辑这个刊物的是项拙与胡崇轩，都是学习海军不成的青年。1926 年以后开始使用胡也频这个名字。胡也频有短篇集《圣徒》《星期四》等，戏剧集《鬼与人》《别人的幸福》，长篇小说《到莫斯科去》《光明在我们面前》。现有《胡也频选集》行世。胡也频 1928 年在上海和沈从文等人主编过《红黑》杂志。

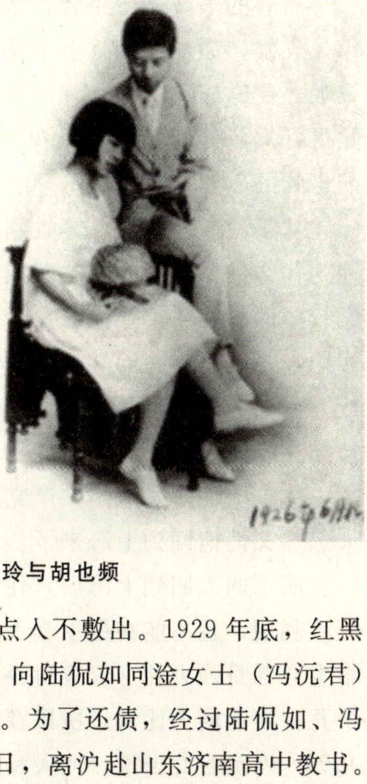
丁玲与胡也频

一段时间里，胡也频和丁玲的经济出了问题，有点入不敷出。1929 年底，红黑出版社倒闭。恰巧在 1930 年初，山东济南高级中学，向陆侃如同淦女士（冯沅君）夫妇探询，有什么人愿意去教书没有，要她夫妇介绍。为了还债，经过陆侃如、冯沅君夫妇的介绍，胡也频于当年春即 1930 年 2 月 22 日，离沪赴山东济南高中教书。胡也频不得不远走山东济南，教书于省立高中。但这时的胡也频已完全不同以往，学校成了他革命实践的阵地。他在同学中，宣传马克思主义，宣传唯物史观，宣传普罗文学，宣传革命文艺理论，深得广大同学拥戴。由他发起领导的文学研究会，参加者多达四五百人，连校长、训育主任也常常参加他们的活动，一同谈论普罗文学，研究会活动范围和影响的日益扩大，招致地方反动当局的仇恨，胡也频也被省政府通缉，他只得暂别朝夕相处的同学和战友，独自离开了济南。

胡也频很少讲正课，每一堂都是宣传“现代文艺”，亦名“普罗文学”，也就是无产阶级文学。一些青年，其中也有季羡林，大为兴奋，公然在宿舍门外摆上桌子，号召大家参加“现代文艺研究会”。还准备出刊物，季羡林为此写了一篇文章，叫做

《现代文艺的使命》，里面生吞活剥，抄了一些从日文译过来的所谓马克思主义文艺理论的文句。译文像天书，估计自己也看不懂，但是充满了革命义愤和口号的文章，却堂而皇之地写成了。

胡也频到济南之后不到一个月，丁玲也就从上海来到济南。季羡林看到的丁玲，衣着非常讲究，代表了上海最时髦的最新式的服装。这样的服装在相当闭塞淳朴的济南出现，被季羡林这帮高中生视为飞来的一只金凤凰，没有见过世面的他们便觉得她浑身闪光，照耀四方了。

当时的丁玲还很年轻，也比较胖，又穿了挺高的高跟鞋。济南高中的校内路，年久失修，穿平底鞋就不牢靠，何况穿高跟鞋。丁玲走在这路上，磕磕绊绊，步履维艰，要靠胡也频搀扶着，她才能迈步行走。胡也频比丁玲矮，学生们见了这情景，觉得好笑，他们就窃窃私语，说胡先生简直就是丁玲的拐杖，无形之中，增加了对胡也频的敬意。

从丁玲方面来说，等她到济南时，发现胡也频完全变了一个人。她简直不了解他为什么被那么多的同学拥戴着。天一亮，他的房子里就有人等着他。后来他参加学校里的一些斗争，他明白了一些教育界的黑幕，这没有使他消极，他更成天和学生们在一起，有些同学在他的领导下成立了一个文学研究会，有四五百人。济南学校方面一种新的生活，自然使他们发生新的兴味。在学校里，他大讲普罗文学，宣传马克思主义，引起国民党当局的注意。韩复榘对人说："高中有个叫胡也频的教员，中央要他，说他是共产党。"胡也频闻讯后，迅速逃往青岛。不到三个月，有一天忽然又悄悄回到上海来了。

胡丁两人回到上海后，住到环龙路。对朋友说那里风潮闹得十分复杂，不愿意受人利用，且不能在那里受人暗算，所以从青岛方面跑回来了。朋友只听说山东的学生，皆身强力壮，仪容可畏，就想也许因为风潮影响，他估量自己瘦瘦弱弱的身个儿，不能同人比武，所以及早跑开，也不失古君子的"明哲保身"意义。可是过几天，冯沅君女士说，两人是因为另外一件事逃出来的。他们从济南回来是10月，很快就过年了。

胡也频被迫离校回到上海后，先参加中国左翼作家联盟，后加入中国共产党。曾任中国左翼作家联盟执行委员。胡也频去参加中共江苏省委负责人何梦熊主持召开的会议之后被捕。2月7日，胡也频终于被国民党当局秘密枪杀于龙华。胡也频遇难之时，沈从文通过胡适参与营救未果。

季羡林已经写出的文章还没有来得及刊出，胡先生就被国民党杀害。季羡林的革命梦像肥皂泡似的破灭了，从此再也没有"革命"，一直到了解放。

十、业师董秋芳

胡也频是突然间离开的济南，到第二天，季羡林再上国文课时，来了一个陌生的老师。他的个子和胡也频一样，也不高，相貌也没有什么惊人之处，一只手似乎还有毛病，说话绍兴口音很重，不大好懂。这就是接替胡先生的董秋芳（冬芬）先生。

董秋芳（1897～1977），浙江绍兴人，绍兴第五师范毕业后考入北京大学。董秋芳与鲁迅是同乡，又算是鲁迅的小友，他们多有交往。1923 年 4 月，鲁迅接连出席董秋芳、许钦文等组织的文学团体“春光社”的聚会，给文学青年以直接的指导。4 月 15 日，鲁迅、周作人在共同出席《北京周报》总编丸山昏迷为 16 日归国的爱罗先珂与 20 日离京的藤塚邻举行的宴会。宴会后又共同出席北大学生许钦文、董秋芳等组织的文艺社团春光社集会，鲁迅、周作人均为该社指导。董秋芳 1926 年在北京大学英语系当学生时，在当年 3 月 30 日《京报副刊》发表《可怕与可杀》一文，指斥陈西滢等把“三・一八”惨案的责任“放在群众领袖的身上”。陈西滢便利用北大英语系主任的职权，拒发英语翻译本给董秋芳，使他得不到该课成绩而影响毕业。董秋芳曾将此事经过告诉鲁迅。

鲁迅与许广平于 1926 年 8 月 26 日下午乘同一次车离京。先由宋紫佩、许钦文送行李至车站。到车站送行的有：许羡苏、许寿裳、荆有麟、金仲芸、高歌、段沸声、向培良、陶元庆、吕云章、陆晶清、石评梅、董秋芳等。

董秋芳还是《北新周刊》的主要撰稿人之一。《北新周刊》1926 年 8 月 21 日创刊于上海，由北新书局出版发行，孙福熙主编。1927 年 11 月 1 日第 2 卷第 1 期起改为《北新半月刊》，由潘梓年等主编。1930 年 12 月 16 日后停刊。该刊所载内容涉及思想评论、学术研究、社会问题讨论、文学创作等多方面，而以文学书报的介绍批评为主。创刊宗旨申明：“北新书局欲与全国读者著作者及各地出版者互通声气，故特创设本刊。”以评介各家出版书籍为大事，力求公正介绍各家出版的书籍，以供读者的采择，同时严厉抨击了当时出版界唯利是图的现象。主要撰稿人除了董秋芳以外，还有鲁迅、郁达夫、孙福熙、赵景深、许钦文、周建人、冯雪峰、钟敬文等。

董秋芳北京大学毕业后，翻译了一本《争自由的波浪》，有鲁迅写的序。1927 年，董秋芳因受国民党浙江省政府通缉而出走，辗转来到济南高中教书。

季羡林和他的同学们，在董秋芳接替胡也频之前，就知道他的大名。季羡林已经读了他的译作《争自由的波浪》，这部苏联小说，因为鲁迅为小说的中文版作序，使董秋芳声名大震，加之报纸上发表了他写给鲁迅的一封信，更使学生们对他佩服得五体投地。因此学生们和他神交已久。

他的教学非常有特点，如果说胡先生讲课带有鼓动性，那么董老师讲课则有启发性。他上课，不讲现代文艺，也不讲革命。他讲一点文艺理论，全是鲁迅翻译自日本的，像厨川白村的《苦闷的象征》《出了象牙之塔》等。他老老实实地讲课，认真地小心地给学生改作文。

他布置作文，从不给学生出作文题，每到写作课时，在黑板上信笔写上四个大字“随便写来”，告诉学生，愿意写什么，就写什么，愿意怎样写就怎样写。学生有绝对的自由，丝毫不用受约束。有一次，季羡林就用“随便写来”这四个字写了一篇作文，董老师也没有提什么批评意见。

这一随便，季羡林的天才火花迸发出来，写了一篇记述自己回故乡的作文，把自己回乡的情感写得情深意凄，感情写得真挚，发挥出最高的水平。不知道怎样一来，季羡林写的作文得到了他的垂青，他发现了他的写作“天才”，在作文本每一页的空白处，都写了一些批注，“一处节奏”，“又一处节奏”，让季羡林有拨开云雾见晴天的感觉。于是，连自己都没有意识到的苦心孤诣，为董老师和盘托出。知己之感，便油然而生。董老师把季羡林和王联榜（后来考入北京大学数学系）的作文誉为是“全校之冠”。季羡林有点飘飘然，是很自然的。到现在，在 60 年漫长的过程中，不管他搞什么样的研究工作，写散文的笔从来没有放下过。写得好坏，姑且不论。对他自己来说，文章能抒发自己的感情，表露自己的喜悦，缓解自己的愤怒，激励自己的志向。这样的好处已经不算少了。季羡林永远怀念这位尊敬的老师！

董秋芳先生的指导对季羡林影响最大，课堂上经他这一点拨，季羡林的积极性、创造性，如趵突泉之水，喷涌而出。他的指教决定了季羡林一生的写作活动。自那以后 60 多年来，季羡林从事的一些稀奇古怪的研究与文章写作虽风马牛不相及，但一有灵感则拿笔写点儿什么。至今已垂暮之年，依然舞文弄墨不辍，完全出于董先生之赐，他毕生难忘。

董秋芳在北京大学学的是英国文学，在济南高中的课堂上讲国文的时候，自然也讲到外国文学。他在课堂上还专门开了一次《苦闷的象征》的课。《苦闷的象征》，日本厨川白村（1880～1923）著。鲁迅译本于 1924 年出版，为《未名丛刊》之一，由北京新潮社代售。后又改由北新书局出版。当时对董老师讲的内容，季羡林似乎还不大能理解。后来在大学里重读的时候，读起来的感觉很好。觉得中国有个白村就好了。在董秋芳老师的影响下，季羡林学习文学，其中当然也有学习外国文学的决心，就确定下来了。

在这里，季羡林虽然以学习白话文为主，但对古籍的兴趣丝毫未减，他的阅读范围极广，涉及的方面依然很杂，陶渊明、杜甫、李白、王维、李义山、李后主、苏轼、陆游、姜白石等诗人、词人的作品，他都读了不少。

在这样广泛阅读的过程中，潜移默化，季羡林在无意识中形成了自己对写文章的一套看法。在他看来，各家时代不同，风格迥异，但却有不少共同之处，最主要的有三点：第一，感情必须充沛真实；第二遣词造句必须简练、优美、生动；第三，整篇布局必须紧凑、浑成。三者缺一，就不是一篇好文章。而文章的开头和结尾，更是至关重要。他有时甚至想到，写文章应当像谱乐曲一样，有一个主旋律，辅之以一些小旋律，前后照应，左右辅助，要在纷纭变化中有统一，在统一中有错综复杂。他的体会是：写文章必须惨淡经营。自古以来一些文章如行云流水，仿佛是信手拈来，毫无斧凿痕迹。但是那是长期惨淡经营终入化境的结果。如果一开始就行云流水，必然走入魔道。（《季羡林小品》，中国人民大学出版社 1993 年版，第 320 页）

就是在董秋芳等老师的影响下，季羡林养成了勤于写作的习惯，尤其是写散文的笔，他从来没有放下。几十年的好习惯，从高中阶段就开始了。这不能说与董秋芳等老师无关。

季羡林对外国文学的兴趣也极高。他节衣缩食，从每个月的饭钱里省下几块大洋，寄到日本东京丸善书店，订购几本外国文学的书，其中就有英国作家吉卜林的短篇小说。书寄到后，还要到十几里以外的商埠去取。虽然几块大洋够他一个月的饭钱，但看到省下的钱买来的书，心中的愉快，他简直无法形容。从这时起，季羡林开始翻译外国文学作品，翻译过吉卜林的短篇小说中的一篇。他开始向翻译领域进军了。

季羡林开始发表自己的作品。最早的作品发表在由天主教所创办的《益世报》上。《益世报》不仅发表名人名作，而且也发表新人新作。季羡林在 1929 年时年仅 18 岁，是一个高中生，居然在该报上发表了自己的处女作：《文明人的公理》。季羡林当时在济南高中上学，因为受到国文老师胡也频、董秋芳、夏莱蒂诸先生的影响，喜欢舞文弄墨，小小年纪就写散文、写小说。据季羡林自己说，他的处女作是一篇散文《枸杞树》，发表在天津《大公报》文艺副刊上，该文现在已经收入《季羡林文集》第 1 卷。但从时间上看，这篇散文要晚于《文明人的公理》，因为《枸杞树》写于 1933 年。但为什么季羡林先生不说《文明人的公理》是处女作呢？原因大概是《文明人的公理》是一篇小说，随后他又发表了《医学士》（最初写于山大高中）、《观剧》两篇小说，而往后他就再也没有发表小说一类的东西。因此他把这几篇小说看作自己“穿开裆裤挂屁股帘的形象”，是极不成熟的作品，只是作为附录收入《季羡林文集》第 1 卷。无论如何，季羡林先生的第一篇作品是与《益世报》联系在一起的。

1937 年 7 月，“七七”事变后，董秋芳与郁达夫、许钦文、楼适夷等在福州组织抗日救亡活动。后来董秋芳在福建办《民主报》，这是一份国民党人办的民营报纸。它于抗战后期在永安和抗战胜利后在福州出版期间，是当时一份有影响的大报。1943 年秋，《民主报》迁到永安出版，总编颜学回请董秋芳兼编副刊。董秋芳受任后，就把民主报的副刊命名为《新语》，意在学习当年《语丝》周刊催生排旧的精神。

《新语》培养、团结了一批进步文艺青年，成为当时进步青年的文艺园地。从

1944年冬起，国民党《中央日报》连续发表《白话文的危机》《从子曰到鲁迅说》等署名的星期论文，宣扬复古倒退，污蔑鲁迅、高尔基，攻击革命文艺。董秋芳和他团结的青年作者曾在《新语》连续发表文章给予驳斥，以其战斗锐气和较高的艺术水平，为当时文化界所瞩目。《民主报》的编辑朱侃、刘清源办了一个文艺刊物《十日谈》，为了绕过申请登记和图书杂志的审查关，颜学回同意《十日谈》作为《民主报》副页随报附送。当时改进出版社的《现代文艺》已经停刊，《十日谈》的出版填补了福建文艺刊物的真空，受到文艺界的欢迎。《民主报》的社论也颇有影响，最引人注目的是自1944年8月起连续发表的几篇星期论文。在8月29日发表的《人民的力量是伟大的》一文里，作者说，“在今日的欧洲，解放的浪潮正从四面八方汹涌起来，向法西斯侵略者淹没过去”；他还从“巴黎的解放”、“巴尔干的巨釜沸腾”，指出人民的力量是伟大的，一切被奴役者向法西斯希特勒总清算的日期即将到来。这篇文章的发表，不仅在福建的报界独树一帜，而且也使《民主报》的论坛面目一新。不久，颜学回就聘杨潮当主笔，后者约请后来在福建省社科院任职的李达仁、谢怀丹等参加撰写社论。这样，《民主报》社论这块阵地就基本上为进步人士所掌握了。1945年3月，《中央日报》掀起了一阵又一阵的反共喧嚣。7月，国民党顽固派发动大逮捕，杨潮、董秋芳被捕。抗战胜利后，《民主报》迁福州出版，1947年3月29日，《民主报》社被暴徒捣毁，被迫停刊。

董秋芳后来整理了回忆录《回忆鲁迅先生》一文。解放初期，到杭州工作过，后来奉调离开杭州，至中央教育部中小学教材编写组工作，与叶圣陶、吴伯箫、张传宗先生等共事。

20多年没有和董老师联系，到1950年代初，在北京的一次民盟会上，季羡林意外地见到了董老师。那时侯，老师已垂垂老矣。师生见面都激动得说不出话来。他们之间的交往，完全是君子之交淡如水的那种，彼此心里都揣着一把火，表面上却颇显冷淡。

对胡老师和董老师这两位业师，季羡林认为自己不是程门立雪的好弟子。但是每每想到他们，他总要怅望青天，眼里总是充满了泪水。

十一、学无常师

1.“真正念书”的祁蕴璞和尤桐等老师

王寿彭重建的山东大学集中了当时的一批著名学人，如文学院院长王宪五，精通经学古文，有“山东才子”之称。教授如陈舸庭、丛禾生、祁蕴璞等，也都很有名。

在山大高中教历史和地理的是祁蕴璞老师。季羡林在济南一中讲话时说：当时一中的教师在全山东省是水平最高的。祁蕴璞老师那是真正念书的，是鼎鼎大名的人物。他本名锡，是山东益都满族人，史地学者。他是清末秀才，又精通英语和日语，在济南第一师范教史地，后又在山东大学文学院当教授，教经史方面的课程，同时兼山大附中史地教师。在历史和地理的教学中，他是状元，无人能出其右者。他不是像一般教师那样对付上课，而是不断吸收新知识传授给学生。他勤奋好学，订有多份日文杂志，对世界政治和经济的发展了如指掌。他精通日语，能直接读日文的最新著作，所以能把最新的知识传给学生。有时候，他把自己订阅的日文新书拿到教室让学生们看。他怕沾有粉笔末的手弄脏了书，便用袖子战战兢兢地托着书，让学生们看，可见他的细致入微。他订阅新书完全是为了教学生，而不是如当今有些人只是为了附庸风雅。他讲课声调高扬，语音铿锵，对学生很有吸引力。他虽然有点结巴，但为了让学生习惯，就克服这个毛病，自己发明了一个办法。在讲话时用了几个谁也不知道的字音作铺垫，学生乍听时有点儿别扭，但是只要把这几个字音去掉，就一切正常了。他除了上课外，还常作公开报告，讲解世界大势。学生愿意去听就可以去听，讲演的时候，也没有讲稿，只有一个提纲。找两个文笔比较好的学生做记录，季羡林是其中之一。通过他的时事报告，学生们扩大了眼界，增加了知识，对学生们的帮助极大。祁蕴璞老师出版的著作相当多，主要的有《中国文化史纲要》和《国际概况讲义》。因为他对地理学的贡献，被英国皇家地理学会授予名誉会员。1939 年，他病逝于重庆。1950 年，所藏书籍由其夫人在济南“七家村”将其治学所用中外文史地书籍 1736 册和地图 11 件捐赠给山东省图书馆。

所谓济南“七家村”，是一个教师村落。1917 年春天，济南市的青龙桥外（今山东省农业厅一带）还是一片荒野。有七位教师看中了这个地方，打算在这里建房居住。1919 年春，几处平房院落相继建成，七户人家陆续搬迁完毕。这样就在这里形成了一个小小的村落，定名为“七家村”。这七位教师中，最年长者姓杨，南方人，曾在山东优级师范学堂（今济南师范学校前身）任教。其次是田信卿、祁蕴璞、于明信（字丹绂，民国初年“山东四大教育家”之一）、王俊千，他们四人是山东优级师范学堂毕业生，当时都任职于山东省立第一师范学校（济南师范 1914 年至 1934 年间的校名）。还有吴天墀、孙云台二人，曾是他们四人的学生，也任职于山东省立一师。村子落成后，又有一些人家搬来居住，但是村名仍叫“七家村”。1933 年，著名教育家王祝晨（民国初年“东四大教育家”之一）率家人迁入七家村。

七家村的教师们通过言传身教，影响着各个家庭，引导孩子们健康向上，很快使整个村子形成了良好的风气。老师们见了面，谈的多是教育动态、教学疑难，孩子们也耳濡目染，热爱学习，常在一起研究功课。暑假时，村里有多处补习班，全部义务授课，孩子们可以向不同的老师请教。村里的街道都是人们自觉扫除，非常整洁。七家村人格外注重礼节。师生在路上相见，学生必然会尊称“老师”，并对老师鞠躬行礼，还要等老师走后再起步。逢年过节，全村人互相走访，气氛十分融洽。哪一家有灾有难，村里人都以各种形式帮忙。人们渐渐发现七家村里出来的人，有一种特别的修养和气度，村里的孩子们学习成绩大都非常优秀。这样一来，七家村在济南闻名遐迩，人们都愿意搬来居住。村子又向西、向南扩展，入住的人家达到了一百余户。

教数学的老师姓王。他的水平也相当高，给季羡林讲代数、几何和三角等课程。他的讲解非常清楚，没有废话，学生不要费什么劲，就可以听懂。但文科学生大多敷衍了事，对数学不大重视。结果在高考时吃了亏，后悔也没有用了。

还有一位完颜祥卿老师，他本是一中的校长，被聘为山大高中的论理教师。论理就是现在的逻辑学。这门课，高中的学生都不大重视。季羡林也不重视，但是到清华以后，因为选了逻辑学的选修课，就把这门课和这位老师联系在一起了。结果清华的逻辑是数理逻辑或者辩证逻辑，而完颜祥卿老师的逻辑，则是形式逻辑。

附设中学的老师，真可谓极一时之选。国文教师王崑玉文章宗桐城派，王崑玉之外，英文教师尤桐、史化教师祁蕴璞、伦理教师鞠思敏（正谊中学校长兼）和完颜祥卿（一中校长兼），还有教经书的“大清国”先生，此先生讲课开始总要说“你们‘民国’，我们‘大清国’”，因此学生们给他送了个绰号“大清国”，而他的真名反而被学生们忘却了。他是教《易经》的老师，上课不带课本，四书五经连注释都背得滚瓜烂熟，甚至还能倒背，不知道有什么用处。可能只是借此来炫耀自己的学问大。如此而已！还有一位王老师，是北大毕业，也是教国文的，他侧重于教诸子，学问是有的。他带着一副深度的近视镜，写了一篇长文《孔子的仁学》，把《论语》中涉及到“仁”字的地方全部搜集起来，加以比较，然后得出结论。这篇文章，他作为讲义印出来发给学生，季羡林的叔父看了以后，大加赞赏。

季羡林在这时的外文学习得到进一步的加强。英文老师一共有三位，尤桐和一位姓刘的老师，后者是北大毕业生，水平都是高的。第三位老师水平极差，学生们把他的姓和名全忘了。季羡林此时正是班长，学生们要求把这位老师“架”走。为此事学生们颇费了一点脑筋，最后达成一致意见：考试都交白卷。结果老师脸上无光，只得夹起铺盖走人。

祁蕴璞老师之外值得回忆的是尤桐老师，他是名门之后。出于名门之后的尤桐老师，在山东大学附设高中教英文，他带有浓重的南方口音。后来因为1928年日寇占领济南，学校停办了，因此师生们都风流云散。但是即使学校停办，他还是住在学校里，季羡林和表兄孙襄城特意从城里的家跑到北园的校舍，来看他。在学校里陪着老师聊了很久。

另一个教英文的老师姓刘，是北大英文系毕业的，英文水平非常高。他的个子很矮，学生们仍然很敬重他。他在课堂上有一个习惯，对学生提出的问题，自己不作回答，而是指定一个学生起来回答。他指定学生的顺序是按照英文学习成绩的高低，先指定比提问题的人略高的学生回答，如果答复不了，再依次而上，指定学生答复。季羡林往往是最后叫到答复的学生，因为他的成绩是最好的。一般的问题，季羡林都能对付，但是有一次，不知怎么犯了糊涂，一个简单的问题：not at all 是什么意思，却没有回答对，最后是刘老师自己解释。

正是在尤桐老师和刘老师这样的一些英语老师的教育和培养之下，季羡林的外语有了很大的提高，而且培养出浓厚的学习外语的兴趣，所以在 1930 年到北京去考大学的时候，虽然遇到的题目很奇特，但是，季羡林却把它做出来了。

尤桐后来在 1946 年到美国学习考古，在美国普林斯顿大学的同学有华罗庚、徐贤修、王湘浩、闵嗣鹤（数学）、张文裕、吴健雄、袁家骝（物理）、梁守槃（化学）。

季羡林在北京同时报考了两个大学——北京大学和清华大学。两个学校的考题各有特色，如国文试题，清华大学的作文题是《梦游清华园记》。到 1933 年，季羡林的老师陈寅恪给清华大学出的国文入学考试作文题，仍然是《梦游清华园记》。只是外加对对子的一道题，以测试学生对汉语理解的程度。当时还引起了一场轩然大波。因为据冯友兰先生说，在这以前，每年要看成千份入学考试的国文卷子，真正好的和真正坏的都是少数，大多数是不好不坏的中流的，很难判分，结果是一份卷子分给几个人看，最后把分数折中平均。所以陈寅恪主张用对对子的方法，因为一副对联虽然只有几个字，但是可以测量出学生对于中国语言的知识和中国文学的了解，看卷子可以有一个比较客观的标准，阅卷人也省事。这样就请他出了一个对对子的题目。他出了上联，是：孙行者，让学生对下联。有一个学生对的下联是：胡适之。这个学生对什么是实词，什么是虚词，什么是名词，什么是动词，是清楚的。而且用胡对孙，说明他还知道“猢狲”的故事。（冯友兰：《三松堂自序》，人民出版社 1998 年版，第 69～70 页）

北京大学的作文则是《何谓科学方法，试分析之》，至于英语考试，北京大学的题目奇特得很。除了一般的作文和语法方面的试题以外，还有一段汉译英，选择的是五代时李煜的词《清平乐》：

别来春半，触目愁肠断。砌下落梅如雪乱，拂了一身还满。雁来音信无凭，路遥归梦难成；离恨恰如春草，更行更远还生。

让学生把前半阕翻译成英语，对一般的高中生来说，确实是很难啃的硬骨头，不用说翻译成英语，就是翻译成现代汉语，也不是容易的事情。

而且，在英语的考试中，还出乎考生的意外，在公布的考试科目之外，又加了一道小菜：加试英语听写。听写时，老师念了一段寓言，其中有狐狸有鸡，季羡林大都写对了。但有一个单词 suffer（经受、忍耐），他由于临阵惊慌，听懂了，却没有写对。考完之后，同去的山东老乡都面带惊慌之色，几乎都是丈二和尚摸不着头脑，录取的希望破灭了。济南高中的英语教学从来没有做这样的练习，所以考北大的几个同学，被这当头一棒给打蒙了，没有几个考生能听得懂。当时去北京赶考的学生有八九十人，大多都报了北大和清华，机会难得，蒙上就赚了。但考完以后，很多学生傻了眼。清华当年招收 200 多学生，北大更少，只有 100 多名。所以能够考上这两所学校的，很少很少。对付不了北大和清华考试的一些考生，最后被为了收报名费和学费的朝阳大学录取了。季羡林因为基础比较牢固，很容易就对付过去了。结果，这次考试，他撞上了喜神，北大和清华他都被录取，一时间成了人们羡慕的对象。

也就是在山东大学附设高中时，季羡林在英文之外，又开始学习德文。教德文的老师姓孙，长着一副宽额方脸，大耳朵，嘴上留着德皇威廉二世式的胡子。早年在青岛的德国洋行里做过什么事，在那里学了点德文。他用的课本是山东济宁天主教堂编的，水平不高。孙老师是胶东人，学的德文也不高明，德文发音总是带着胶东味，把 gut 念成“古吃”。学生笑话他，他居然满脸怒容，冲学生大发雷霆。孙老师还附庸风雅，自己花钱印了一本 17 字诗，到处送人，也送给季羡林一本。诗作挺蹩脚，但是滑稽有趣。季羡林看了一遍，就记住了一些，直到今天季羡林还能背得出来。其中有一首嘲笑独眼的诗，是这样的：

发配到云阳，
见舅如见娘，
两人齐下泪，
三行！

季羡林因为在家里有一种受歧视的感觉，觉得叔父的亲生女儿秋妹比自己的地位要高，从而产生了不是亲生儿子的感觉，所以仿照他的诗，自己也作了一首 17 字诗：

叔婶不我爱，
于我何有哉，
但知尽孝道，
应该！

借此略抒心中的不平，结果是惹得叔父的亲生女儿秋妹一肚子的不高兴。

有这样欣赏水平的老师，教了一学期德文，学生们只学会几个单词，就不足为怪了。他们怎么能学好德文呢？

2. “唯美主义的颓废派”夏莱蒂和张默生

在济南高中，季羡林的国文老师还有著名作家和翻译家夏莱蒂先生。

夏莱蒂，本名来蹀，上海松江人。他和著名作家郁达夫私交甚厚，和郁达夫一样，有点魏晋玄学家那样的浪漫和“颓废”。他曾在郁达夫家中亭子间里住过几个月，经常赤身露体，醉酒胡闹，被郁达夫的夫人王映霞下了逐客令，才不得不迁出。他和郁达夫主编《大众文艺》月刊，1928 年 9 月由上海现代书局发行。该刊后期成为“左联”机关刊物之一，1930 年 6 月被国民党政府查禁，共出版 12 期。夏莱蒂对英国唯美—颓废派文人和艺术家比亚兹莱、西蒙斯、道生（Earnest Dawson）和乔治·摩英尔的诗作有很浓厚的兴趣，尤其是对道生特别感兴趣，不仅翻译了道生的诗集《装饰集》，还和绿社的其他成员翻译了道生的其他作品。

在济南高中的最后阶段，季羡林还有一位值得怀念的老师是张默生。他当时是该校的校长。高中初办时的校长，是姓彭的一个南方人，接任的是张默生。在接任时，他已经写了一本《王大牛传》，传主是山东省教育界的名人王士栋（祝晨）。

张默生（1895～1979），名敦讷，又名文起，字默生，以名行。淄博市临淄区（今临淄区敬仲镇）呈羔村人。幼承家教，4 岁即能记简单账目，9 岁书写楹联。家本寒微，经遭父讼案更贫，在山东省立十中（青州）读书两年即辍学，去天津鞍鞯铺习艺，后去济南法政专校以誊录为生。22 岁随父入山东省立六中（曹州），方得专志求学。1919 年夏，入北京高师英语部，次年转国文部。敦讷从小口吃，自知父深忧其不能以舌耕为生，即决心校正，遂于规定科目外，自加语言学，学发声及语言技巧，交一口齿伶俐同学为友，空暇即辩诘不休，至唇干舌疲。历两年，即口随心欲。其父闻知，喜极泪下。1924 年北京高师毕业，受聘于山东省立第一师范学校，兼齐鲁大学讲师，1929 年任山东省立第二师范（曲阜）校长，次年任济南高中校长。

他执教“必以心血注人，必以求其先知为本”，深得学生爱戴。学生多有相访，他接待，晤谈常至深更。时楚图南、胡也频、董每戡等在校开展学生工作，校内学生思想活跃，当局决定搜捕。他得山东省教育厅长何思源密信，即送楚、胡等离校，并资以路费。山东早期共产党员王景陈，被国民党山东省党部软禁，他助其转至济宁。张宗昌督鲁，以“赤化”嫌疑，全省通缉敦讷，他得德国牧师保护，入韦士英博士所办福柏医院，改姓赵，在病床上挂一精神病卡，方免于难。1932年8月，敦讷应聘为烟台中学校长。1936年8月，应国民政府教育部聘，任特约编辑，转去南京，后随迁至重庆，先后任复旦大学、北碚相辉学院、重庆大学、四川大学教授。于教学同时，潜心于先秦诸子研究，所著《庄子新释》，集诸家成果于一书，成为国内认可的“庄学”专家，还编著《先秦诸子文选》《老子章句新释》《墨子精选读本》《韩非子新编》及关于《红楼梦》《聊斋志异》《水浒传》《西游记》的学术文章。1957年，因《草木篇》被错定为“右派分子”。“文化大革命”中，被劳动改造。1979年6月，四川大学党委为其平反，恢复名誉，9月病逝于成都。

3. 一生坎坷的董每戡

董每戡（1907～1980），浙江温州瓯海区潘桥镇横屿头村人，原名董国清，又名董华。早年就读于温州艺文中学，后于1926年毕业于上海大学中国文学系，旋投入进步的电影、戏剧事业。1927年春赴上海，开始戏剧创作活动，其剧作初步显露出杰出的戏剧才华。后任北伐军第16军政治部宣传科科长，也在1927年入东京日本大学研究院攻读。1929年回国后，到山东济南高中任国文教员，是季羡林的国文老师之一。在济南期间，他在济南的一家报纸上，办过一个文学副刊。但他的作品，季羡林并没有读过。

1930年，季羡林毕业于山东济南高级中学。

1930年以后，董每戡在沪加入“左联”和“剧联”，并在“剧联”的理论组工作，译介了一批外国电影戏剧的理论著作，曾编成《电影戏剧理论丛书》出版。在此期间，他著有几部独幕剧和多幕剧，其中《C夫人肖像》是一部针砭艺术界右翼文人的作品，深受鲁迅和郁达夫等人的好评。可惜董每戡1957年被错划成右派，1978年才被平反。1979年5月，他被聘回到中山大学工作。他用力甚勤，时间抓得很紧，整天都在家里阅读和著述。同年11月，他以特邀代表的身份，出席了第四次全国文代会。当年冬天，偶感风寒，并发肺炎，于1980年2月13日溘然长逝。

董每戡在他学生们的心目中，是一个平凡的

人，又是一个极不寻常的人。他在相当一段时间里隐居闹市，默默无闻，甚至他本单位的许多师生都不知有其人，更谈不上什么名声了。当他还健在时，就有传闻说他过世了。但他又不寻常，在 1957 年被错划为右派分子后，举家迁往长沙，在许多平常人难以忍受的经历和困难条件下，仍然顽强地活着和著述，并做出了许多人做不出的成绩来。这一点不仅平常人做不到，就是某些时贤甚至号称大师的人也难望其项背。毛泽东说：“大学里，一个中文系，一个历史系，唯心论最多。”换句话说，也就是要划右派分子也最多。各大学中文系教授划为右派分子的有程千帆、董每戡、许杰、徐中玉、施蛰存、吴奔星、詹安泰、穆木天、彭慧、张默生、林焕平、蒋锡金等等。历史系有向达、雷海宗等等。

从布衣之子到天之骄子

一、风华正茂的四剑客和同学们

1.“感伤主义者”吴组缃

1930年季羡林高中毕业。本来，叔父让他找到一个能够拿到“铁饭碗”的职业，以便养家糊口。在叔父的眼中，有三个职业是可以做到这一点的，一个是邮政局，一个是铁路局，一个是盐务稽核所。这些职业都控制在不同国家的帝国主义手中，在那时候，“老外”是上帝，谁也不敢碰。只要从他们手里能够拿到一只饭碗，好好干活，不违“洋”命，则终生有饭吃，是没有问题的，可以成为羲皇上人。（《学海泛槎——季羡林自述》，山西人民出版社2000年版，第3页）因此季羡林高中毕业后，便遵叔父之命，去报考邮政局，想当一名邮务生，借此平平安安地过一辈子。反正也已经成家，妻子彭德华又非常贤惠。他非常喜欢无风无浪的生活。但是面试的“老外”没有看上他，看他不像那块料，结果名落孙山。

没有办法，季羡林这才到北平去考大学。他在西单大木仓的一个小胡同里，找了一家公寓住下来，到北大沙滩三院去参加考试。当时考一个名牌大学，十分困难，录取的百分比很低。为了得到更多的录取机会，季羡林的八九十多位同班毕业生，每人几乎都报七八个大学。而他却只报了北大和清华。两个学校各考三天，晚上回西单公寓，蚊子咬人很厉害。结果老天助他，两个大学都考上了。

当时清华改成大学没有几年，在一般人的心目中名气并不大。1925年大学部成立后，最初采用美国风行的初级大学办法，分大学部为普通与专门二科。普通科二年或三年，不分系，所开课程要适应所谓“通才教育”的要求，是一些有关自然、社会与人文方面的概论课程。但是，由于它“不文不理”，过于空泛，还与国内一般大学学制不相衔接，学生不欢迎，纷纷退学，只好停办。1926年清华改为四年制大学后，将“普通训练”缩短为一年。1927年又将这一年的课程规定为全校各系学生的“公共必修科目”，包括中、英文和自然与社会科学的概念性课程。通才教育的目的，并不是要学生在自然、社会、人文方面成为“综合的通才”，而是在各方面都要有一定的“通识”，哪怕不一定精研此学。清华的通才教育思想使学生不致于成为统治者的机器，而作为一个独立的人而存在。清华大学本科的学制，与国内一般大学一样，是实行美国式的“学年学分制”，即规定毕业期限至少四年，所习课程按学分计算，每学期每周上课一小时或实验二三小时者为一学分。1929 年度起，取消了毕业考试，改为四年级时撰写毕业论文一篇（相当于一门课，约 3～4 学分）。1932 年度起，按教育部 1931 年《学分制划一办法》，将四年总学分由 136 改为 232。此外尚必修体育 8 学分，军事训练 6 学分，党义 2 学分。

与学分制并行的是选课制。学生于每学期开学时，参照各系规定的课程表自行选定课程，中途亦可增选或退选，但大一应修课程不得中途退选。学生每学年开始选修及事后增选改选课程，都须经系主任签字批准。此外学生于 4 年中经有关系主任及教务长核准，还可中途转系，其已修课程的学分由所要转入的系重行审定，承认有效或无效，并按学分决定年级。学生毕业后也允许继续留校转系肄业，其已修之该系课程仍可承认其学分。这样，一般可插入他系二三年级肄业。

课程有必修和选修两种。各类课程及学分在各系之课程表中均分别有规定，但课程表上所列各课程之学年分配与门数是一般的规定。学生不必严格按课程表选课，可自定计划选修。由于有些课程规定有“选修课程”，同时学生选课均须经系主任批准，故大致可控制选课，使不致过滥。

到 1932 年以前，清华在社会上和在一般考生的心目中，仍然是一所新办的大学。对考生的吸引力，远不如北大等著名的老大学。但考虑到将来有出国的希望，季羡林弃北大而选择了清华。而 1932 年以后，清华的发展非常快，快速赶上了北大，名气也大起来了。

他选清华是经过了一番深思熟虑的。因为，他觉得清华出国机会多。初到学校时季羡林一度想学数学。但是学生入学后，学校对于选择院系有一些限制。学生在入学考试时，数学、物理、化学的成绩必须达到及格（60 分以上），才能在大一新生分系时，进入理学院的算学系、物理学系、化学系。须知 60 分的要求在当时甚高，从 1928 年开始录取大一新生总平均成绩最高年份为 48 分。有不及格的必须重新受到甄别考试，甄别考试不及格的，须重新修读《高中物理》或《补习化学》（即高中算学、化学）。为此，物理学系、算学系、化学系曾专门设立过这类补习课程。季羡林因为数学的入学成绩不理想，所以只得放弃学数学。选系时，他又选了最容易出国的西洋文学系。

他考上清华的时候，家庭很困难，山东清平县（当时临清称清平）每年给考上大学的学生补助 150 元钱，没有那 150 元，他很难上完清华。

清华校园是在圆明园废墟上建设起来的。1908年，用美国“庚子赔款”退还回来的部分费用建立起来的“游美肄业馆”，1911年改名为清华学堂，1912年更名为清华学校，1928年更名为“国立清华大学”。“游美肄业馆”原本打算为美国培养人才，实现长期“从知识上与精神上支配中国”的目的。“以其最圆满和最巧妙的方式，控制中国发展”，是1906年伊里诺大学校长詹姆斯致罗斯福备忘录中的设想，成为美国期盼的长远目标。但是事与愿违。该校却培养出了一批批爱国仁人志士，学成后都为中华复兴作出了重要贡献。这一切，皆因清华人是在被帝国主义血洗污辱过的土地上成长起来的。

1860年和1900年先后两次被毁的圆明园东部，有一个熙春园和一个近春园，清华大学就是在这两个园的旧址上建立起来的。咸丰年间将两园改名，统称为清华园。吴宓对陈寅恪介绍清华说：“寅恪，提起这清华园，还颇有一段来历呢。你看这一带房舍众多，其实只是当初熙春园的一半。这熙春园是康熙爷的行宫，跟圆明园差不多同时建造。道光皇帝子女多，分赠园子分不过来了，就把熙春园割成东西各半。西边的叫近春园，就是现在靠着西院的荒岛，当年那个地方规模可大呢，道光把它封给四阿哥——也就是咸丰。东边又重建了一百多间房舍，仍叫‘熙春园’，分给了五阿哥，到咸丰登极，就把它改叫清华园了。”

这样，在这座皇家园林遗址上建立起来的大学也就变成了清华校园。进了清华大学校园的学生，都有一种奋发图强、洗刷国耻的爱国主义胸怀。季羡林和他的同学们也不例外。

季羡林入学的时候，梅贻琦已经担任了清华校长。他致力于“通才教育”的施行。他认为，办大学的目的，一是要研究学术，二是要造就人才。因此提出一段著名的论述，即“所谓大学者，非谓有大楼之谓也，有大师之谓也。”这话是仿照孟子的“所谓故国者，非谓有乔木之谓也，有世臣之谓也”来的。根据当时担任文学院院长的冯友兰先生的回忆，他严格奉行教授治校的方针，以致于当时清华有“神仙、老虎、狗”的说法。清华强调基础，许多大一课程必须由教授亲自担任，助教只管批改试卷。但教授上课时间可自己选择，许多人一周的三节课是连着上完，这样，除去法定假日，他就有三天的空闲自由支配。而教授的工资相对其他学校为高，所以教授是“神仙”。闻一多其时跟教务处交涉，把他的课安排在黄昏，因为他是一个诗人，越到晚上，精力越旺盛。讲课时灵感也就充分。他上课前，总是先跟同学奉烟：“哪位要抽，自己来拿。”学生当然不好意思，他就燃上一根纸烟，摊开《楚辞章句》，一字一顿地道：“痛饮酒熟读《离骚》方为名士！”大抵，清华教授其时多是过着这种悠哉悠哉的“名士”生活。老虎指的是学生。学生会大权在握，自治力甚强，清华的生活水准高，伙食、住宿诸条件尽够标准。工字厅的舞会，大礼堂的电影、唱片欣赏，都是绝好的去处。学生所办的《清华周刊》开始只是议校政，后来痛诋时局，风靡全国。后话暂且不提。先前的校长数番落马，学生之功莫大焉。北大的校长蒋梦麟有一次对冯友兰说：“老冯，我发现一个学校，总有三派势力，校长、教授、学生，只要其中两派联合起来反对另一派，那它非败不可。”学生之力，可见一斑。清华工人的地位在清华学校时期就很低。起先叫听差，以后叫校工，身份卑下，自不待言。这“狗”的称号，自然得是他们了。朱自清原先在北大念书时，有一回吃小炒，因为是南方人，不吃葱蒜，请炒菜的师傅不要放，那师傅把眼一翻：“那就别吃!”朱自清来清华后，今昔对比，感慨至深。他曾回忆说，至清华未进门就见一大群人力车夫，都是清华校内编了号的，还有许多做小生意的，只要你照顾，他就有吉言。像“将来当校长”这种话，在别的地儿轻易是听不到的。冯友兰先生认为：“光是中西贯通不够，还要古今融会。没有旧学功底是不行的。清华通才教育应该如此。但也不可一概而论，对一些有特长的人，就不宜用这种框框衡量。”（参见冯友兰《三松堂自序》，人民出版社 1998 年版，第 316～321 页）

在进了清华大学以后，首先让季羡林感到的是师生之间的隔阂。当时的教授，一般工资一百“大头”，比较高级一点的就是四百，那时候学生生活水平一个月 6 块大洋，吃的是杏花丸子、叉烧肉、狮子头。“清华”有些教授，有一些，不是每一个，进可以攻，退可以守。什么叫攻呢？有的人在“清华”当教授，南京让他当市长，或是新闻局的局长就走了。当你的任务没了，再回来教，所以进可以攻，退可以守，社会地位很高。存在决定意识，这样一个存在就决定教授自命不凡，于是就出架子。教授是架子极大，一般不大与学生来往。当然也不都是这样高的待遇。当时的学校差别很大，北京大学、燕京大学、清华大学这样的学校，教授的待遇肯定可得到保证，但有的学校教授的待遇就不一定能得到保证。据说有的教授，同时在 4 个学校兼课，结果 4 个大学都发不出工资的情况也是有的，被称为“四大皆空”。这样的教授就不可能有架子了。他根本连饭都吃不上。

学生里边也有一些富贵人家的子弟，有些甚至是纨绔子弟。他们不一定都有架子，但是绝不是都没有架子。对其中有些有架子的学生，季羡林也很少与他们来往。当时的清华，也有为数不多的日本留学生，季羡林同其中的一个还同屋住过一学期。那人是土肥原将军的部属，本来到清华只是一个幌子，是只留不学的。对这样的人，季羡林是一百个看不起。而在中国同学中，他的自卑感也是非常明显的，甚至是很强烈的。他自己知道，来自贫困地区的穷人家的孩子，富贵人家的子弟是看不起的。但是也有一些富贵人家的子弟好接触。

就是在清华园里，季羡林认识了中文系的吴组缃。当时他们都在清华大学读书，吴组缃大他三岁，比他高两年级，又不在一个系。但不知怎么的，就混熟了。

吴组缃（1908～1994），原名祖缃，字仲华，14 岁时改名祖襄，笔名吴组缃、芜帝、木公等。安徽泾县茂林人。父亲吴庆余是个秀才，受康梁维新思想影响，反对科举，学洋文，后弃文经商，小有资产，在家乡兴办了两所私立小学。在中学时，曾主持学生会的文艺周刊《赫山》，开始文学创作，在《赫山》《皖江日报》副刊上发表了一些散文和白话诗。1923 年在上海《民国日报》副刊《觉悟》上发表短篇小说《不幸的小草》和 1925 年 3 月在《妇女杂志》上刊出的短篇小说《鸢飞鱼跃》，都具有鲜明的反封建意义。1927 年结婚，回茂林当小学教员。

1929 年，吴组缃考入清华大学经济系，一年后转学中文，1933 年毕业后直升清华大学研究院深造。清华园时期，是吴组缃文学创作的高峰阶段，与季羡林、林庚、李长之并称为“清华四剑客”。1932 年到 1934 年他创作的小说《一千八百担》《天下太平》《樊家铺》等，以皖南农村现实生活中经济与制度的衰落为题材和鲜明的写实主义风格享誉文坛；尤其是 1933 年创作的短篇《一千八百担》，借宋氏家族的一次宗族集会，具体而微地表现了 20 世纪 30 年代中国农村社会经济的破产和宗教制度的分崩离析。这些作品后结集为《书柳集》和《饭余集》刊行。吴组缃的创作朴素细致，结构严谨，尤其擅长描摹人物的语言和心态，有浓厚的地方特色，堪称写皖南农村风俗场景的第一人。

共同的文学爱好把季羡林和吴组缃聚拢在一起，竟成了好友。当时同他们一起的还有林庚和李长之，形成了清华园里有名的“四剑客”。季羡林读的虽然是外语系，但曾旁听过朱自清和俞平伯的课。“四剑客”还偷听过当时名噪一时的女作家谢冰心和燕京大学教授郑振铎的课。结果是被冰心先生板着面孔赶了出来，而和郑振铎先生却交上了朋友。

四人中季羡林的岁数最小，当时还不到 20 岁，幻想特多。他们放言高论，无话不谈，个个都吹自己的文章写得好。林庚早晨初醒，看到风吹帐动，立即写了两句白话诗：“破晓时天旁的水声，深林中老虎的眼睛。”当天就得意地念给其他三个人听。他们会面的地方，是工字厅。这是一座老式建筑，里面回廊曲径，花木蓊郁，后临荷塘。那个有名的写着“水木清华”四字的匾，就挂在工字厅后面。这里非常清静，对“四剑客”来说，是侃大山（当时还没有这个词儿）的理想地方。茅盾《子夜》出版时，他们四个人又凑到一起，大侃《子夜》，意见大体分为两派：季羡林给予否定，觉得茅盾的文章死板、机械，没有鲁迅那种灵气；吴组缃给予肯定，说《子夜》结构闳大，气象万千。文学季刊社请客，李长之、季羡林、林庚都参加。季羡林还同吴组缃、李长之去看望郑振铎，到他家里去玩。那时下着雪，他们踏着雪，上下古今地谈论着。他们还在李长之的房间里讨论创作时的理智和情感的衡量，参加的人除了吴组缃、李长之、季羡林，还有张露薇等人。他们经常讨论半天，结果归结到生活在改变，作品也应该改变。

吴组缃上中学时就结了婚。他家境大概颇为富裕，上清华时，把家眷也带了来。他们住在西柳村。季羡林和李长之去那里看他们。季羡林说，现在听说中国留学生可以带夫人出国，名曰伴读。吴组缃的所为不正是“伴读”吗？真可谓“超前”了。季羡林也曾同林庚和李长之去他家看过，除了夫人外，还有一个三四岁的女孩，小名叫小鸠子。李长之写有《孩子的礼赞——赠组缃女孩小鸠子》，提到：“现在在一起的孩子们中，我得益顶多的，又彼此知道姓名的，是小鸠子。也许是我锐感或过敏，这孩子和我颇有交情。孩子们的爸爸组缃，真是如我们几个朋友所加的徽号，是一位感伤主义者，他看一件什么事物，无往而没有感伤的色彩。连他的声调也是感伤主义的，虽然在锐利的幽默中，甚而哪怕是讥笑的态度，也有怜悯的伤感的同情在。他的夫人和孩子刚来北平不久，他曾向我介绍过他的孩子，据说是非常想家，常模仿在家里的祖母想她的光景，而且还感到孤寂，因为那时还没有在一块玩的小孩子，孩子才多大呢，不过六岁。我心里想，组缃的话是不能不承认的，因为有他这样伤感的爸爸，孩子难以不伤感，而且纵然不伤感，由感伤主义者的爸爸看去，也会伤感了的。”1993 年下半年，季羡林去看吴组缃，小鸠子正从四川回北京陪伴父亲。她当时也已六十多岁，季羡林叫了声：“小鸠子！”吴组缃笑着说：“现在已经是老鸠子了。”时间的流逝竟是如此迅速，季羡林也不禁“惊呼热中肠”了。

清华毕业后，“四剑客”各奔前程。但各自怀着对对方的忆念，在寂寞中等待。一直等到上世纪 50 年代初的院系调整，吴组缃和林庚又都来到了北大。此时他们都已成了中年人，当年的少年锐气已经磨掉了不少，平常也难得见面。时光是超乎物外的。季羡林同吴组缃在牛棚中做过“棚友”，他们现在终于都进人耄耋之年。1992 年，胡乔木来北大参加一个什么会，会结束后，季羡林陪他去看了林庚。他执意要看一看吴组缃，说他俩在清华时曾共同搞过地下革命活动。季羡林于是从林庚家打电话给吴组缃，但没有人接，吴组缃和胡乔木至终没能再见上一面。

许振德，字大千。他是山东恩县人。恩县后来在 1956 年撤消，并入平原、夏津和武城。他也是西洋文学系的学生。在季羡林刚开始进入清华大学时，出于山东人的豪侠气，帮助过老乡季羡林。所以他们两人的交情很不一般，是仅次于四剑客的关系的。

帮助季羡林的事原来是，清华大学有个不成文的规定，凡是新生入学，都要经过“拖尸”一关。“拖尸”是英文 toss 的音译，意思是新生在报到前，必须先到体育馆，老生中的好事者列队在里边对新生“拖尸”。具体做法是：几个长得壮实的老生，把新生的两手两脚抓住，举起来，在空中摇晃几次，然后抛到铺在地上的垫子上，就算是完成了手续。很像《水浒传》里的“杀威棍”。体育馆的墙上贴着大标语：“反抗者下水！”果然，室内游泳池的门开着，随时恭候入水者。后来又演变出许多花样，包括“搜索敌军”、“测肺活量”、“吃苹果”、“丈量精确度”、“鼻力测验”等。

按照惯例，新生入学，男生们是人人要过这一关的。季羡林很自然地随着人流到了体育馆，接受“拖尸”这一关的的考验。但是，正当他做好了准备，也轮到被“拖尸”时，老生中有个叫许振德的人，站出来为季羡林保驾。他是清华大学篮球队长，他这一出面，使季羡林没有被“拖尸”。后来，季羡林才意识到这样的机会十分难得，而以后想补课也没有机会了。至今他还觉得有些遗憾。但从此他和许振德成为来往最多的朋友。

吴祖缃 1952 年后也进了北大，有很长一段时间和季羡林同住在朗润园里，到晚年的时候，季羡林经常看到一个带儿童遮阳帽的老头儿，独自坐在湖边的木椅上，面对着半湖朝日，或西天红霞。季羡林把这称为朗润园独特的人文景观。他常常顾而乐之。

2. 诗人兼学者林庚

季羡林在清华写的日记，只有后两年的，第一次出现林庚的名字是 1933 年 8 月 22 日，那天季羡林正在读林庚和洗岑（李广田）的诗。他对洗岑的诗觉得比较好，而对林庚的诗未置可否。和林庚见面是在 8 月 31 日。那天下午，林庚去找季羡林。他们一见面，就很谈得来，季羡林觉得他人很好，是个很投缘的人。

后来他们经常在季羡林屋里大谈。有时候在李长之屋里，有时候在林庚屋里。经常谈得很晚，谈得兴会淋漓，直至夜里一点。有时候与林庚在清华湖滨的林子里散步。季羡林觉得他真是个诗人，真是个大孩子。在别人面前，自己总得时时刻刻防备着，只有在他面前，用不着防备了。林庚的诗集出版，马上给季羡林送了一本，而且还请季羡林吃晚饭，他们大吃了一顿。林庚请季羡林替他翻译自己的诗，推了几次，推不开，只得接受。林庚病了，季羡林和卞之琳、李长之去看他。

季羡林与林庚先生

在庆祝林庚先生 90 岁生日的祝寿会上，最感动人心的是一种真挚默契的师情友爱。与林先生共享整整 70 年友谊的季羡林，已经是 90 岁的老人。他深情地忆起当年他们和吴组缃、李长之四人在清华结下的友谊，笑称那时的他们还是“四个孩子”。他们在一起的时候，经常放言高论，无话不谈，真有“语不惊人死不休”的劲头。各个人都不示弱，都吹自己的文章好，这个是神来之笔，那个是梦笔生花。有一天，林庚早晨初醒，看到风吹帐动，立即来了诗意，顺手写下两句：

破晓时天旁的水声，
深林中老虎的眼睛。

当天就找到“四剑客”，念给他们听，眉飞色舞，极为得意。他们之间没有任何芥蒂，全无遮挡。有一次，林庚写了一首诗，其中有一句“袭来了什么什么”，李长之和他争论，认为“袭”字不如“聋”字，“聋来了什么什么”，有一“聋”字，境界全出。（《季羡林文集》第 2 卷，第 324 页）

季羡林特别赞赏林先生的“童心”，他说林先生自少到老都充满了“少年精神”。季羡林与林庚自“清华四剑客”以来，友情长达 70 年，他对林先生可谓知之甚深，因而描画也最真切。正如同为林庚老友的任继愈先生所说，他们一颗童心尚在，丝毫不为世故所沾染。大概，也惟因如此，林庚才能在晚年依然不断写出如“蓝天为路，阳光满屋，青青自然，划破边缘”这样美丽清新、充满情趣的诗句吧。林庚的弟子袁行霈教授在发言中说：“林先生不仅有诗人的气质和学者的襟怀，还有宝贵的哲人的智慧。我追随林先生多年，从林先生那里学到了许多知识和做学问的方法，也受到多方面的熏陶，学到做人的道理。林先生总是高扬精神的力量，力求摆脱物对人的约束。盛唐气象、少年精神、青春气息……林先生一贯提倡的这些，都是人类精神的精华。他的诗歌和学术都在鼓荡精神的力量，他的全部努力集中为一点，就是呼唤和歌唱以充沛的创造力为标志的青春。”正是这种精神的力量和青春的热情，拉近了师生之间的距离；也正是它们，使林庚的学生受益终生。

林庚已经在 2006 年 10 月 4 日，先于季羡林走完了人生路程。

3. “屡遭批判的”批评家李长之

李长之是季羡林一生中最早的同学和朋友。李长之既是诗人，也是一位文艺批评家。他是季羡林在济南时期的小学同学，后来又是清华大学的“四剑客”之一。他们之间的关系在同学中是非常亲密的，互相以兄称呼。

李长之（1910～1978），原名李长治、李长植，山东利津人。季羡林认识他的时候，只有八九岁，他们同时入济南一师附小。季羡林是从私塾转入新式小学的，所以当时他一点儿也不知道学习，而只是终日嬉戏，并不念书。他经常和李长之在一起玩。当时一师的校长是王祝晨先生。他是有名的新派人物，在山东最早接受了五四运动的影响，在学校里首倡文言文改为白话文。因为课本里有一篇《阿拉伯的骆驼》，被叔父看到，于是季羡林被叔父强迫转学到新育小学（后改称三合街小学，即今天的山东省实验小学），于是和李长之分手了。6年以后，季羡林考入正谊中学，而李长之则考入济南一中。一中毕业之后，他考入齐鲁大学附中，然后于1929年入北京大学预科学习，在校期间就发表散文作品。《我所认识的孙中山》是他的早期习作。

北京大学预科结束之后，李长之没有进北大，而是在1931年考入清华大学生物系。这样，他们又见面了，经常在一起，一块吃饭，一块进城，一块逛街，一块侃书，有时候难免磕磕绊绊，闹点矛盾，但是他们谁也离不开谁。他们一直是推心置腹、无话不谈的好朋友。

季羡林在清华大学的时候，在头两年没有记日记，在后两年的1932年8月22日开始写日记，第二天的日记，就有与李长之的会面，第三四天的日记，也有与他的会面。第五天有与他的多次会面：中午午饭一次，晚上在季羡林宿舍一次。虽然对李长之有偏见，季羡林是不满意的，但是他们毕竟是从小学就开始交往的好朋友，因此他们始终联系紧密。他们交流的心得，有一个共同的看法：家庭之所以供自己上学，不过是像做买卖似的，投出去的，以后要收回来。所以他们想自己多赚点钱，把经济权抓在自己的手里，经济才能独立，才可以脱离家庭的压迫。

李长之的成见很深，季羡林说他每发怪论以自得。爱起来就爱得要命，看一个人一好就什么都好，一坏就什么都坏。有时候甚至感到他讨厌，特别是他的主观太厉害，思想也不清楚，对不懂的事情也妄加解释，任性得让人无法承受。他对专业的看法也是这样。

看来他入清华大学生物系，从开始就走错了路。有一次，季羡林到他的宿舍去玩，看到墙上贴着一张图，上面密密麻麻，是他自己画的一些细胞之类的东西。老师给改正的地方很多，花里胡哨。他认为细胞的排列应该是很美的，因此按照自己的审美观画细胞。这当然不符合自然科学的规律。季羡林看到这张图，心里纳闷：这样的人能学自然科学吗？他自己说因为生物实验没有做好，有点对生物失去信心。人家看见的，他看不见。人家做得快，他做得慢。他能够在一种事情里发现别的原理，本来是不通的，他却能够说得天花乱坠，他居然能够让歌德与王阳明发生关系，把他们硬是扯到一起。他的主观就是这样深，而且老是坚持自己的意见。这样的思想倾向只能适合搞哲学。但是，不知是什么原因，鬼使神差似的，季羡林觉得只有与他谈话的时候，才能听几句人话，几句“通”话。

后来李长之真的在两年后转入哲学系，同时参加了《文学季刊》的编委会。他们在一起交流心得，谈文学，谈哲学，谈孔子，谈佛教，谈到王国维的死。他们觉得，一个大学者的成就并不怎么神奇，其实是平淡得很：只是一步步走上去的。这样的看法至少给自己一点兴奋剂，不致自暴自弃。

有一次，季羡林到他宿舍去，见到墙上又贴了一张法文试卷，被法文教师华兰德老小姐用红笔改得满篇红色。看来他学语言，也是失败的。他的长处是在思想方面。很有思想家的天才，喜欢无拘无束的思想，不受任何方面绳墨的约束。季羡林对他说，一个哲学家无所谓系统思想，除非他生前一分钟的最后一句话是系统思想。因为思想根据知识，而知识是无限的，所以就是死了，也不能决定什么“观”。

在季羡林看来，李长之对哲学发生兴趣简直是个奇迹。他才入清华时，根本不承认哲学的存在，他认为只有科学。现在刚刚转到哲学系，就说哲学的好话了。他就是这么一个人，只要他说的好人，别人不能说不好，甚至连半句坏话也不能说。

而季羡林始终对哲学不感兴趣，看李达翻译的《辩证唯物论》教程，觉得比看英文还费力。

季羡林和李长之什么都谈，多次谈佛教、孔子、鬼神，几乎无话不谈。有了什么烦恶人的事情，也总要找他谈。季羡林在读《新月》杂志的“志摩纪念号”上任鸿隽翻译的《爱迪生》时，发出了一通感想，认为理想不管怎样简单，只要肯干，就能够成功。“干”能胜过一切困难，一切偏见。李长之赶快补充说：干者生命力强之谓也。后来季羡林干脆在纸上写了几个字：在旋涡里抬起头来，没有失望，没有悲观，只有干！干！干什么？自然是干德文。

由于受到李长之的影响，季羡林自己也想成为一个作家，在文坛上有点地位，然后再利用这地位到外国去，以翻译或者创造，作经济上的来源。

到写文章遇到困难的时候，李长之告诉季羡林，不要想它困难，自然就不困难了。他从这里得到鼓励，决定试一下。写《枸杞树》的时候，因为把握不住矛盾的心情，也想请李长之帮助给看一下，指点迷津。问他这样写下去是否行，结果是李长之认为这篇还不坏，这样写下去就行。

季羡林当时对家庭不太满意，尤其是对秋妹看不惯，心中有些苦恼，也给李长之写信诉苦，说我的前途看不见光明，我渐渐发现自己是一只鸭子，正在被别人填着，预备将来宰了吃肉。

李长之1934年后曾主编或创办《清华周刊》文艺栏、《文学评论》双月刊和《益世报》副刊。在出版第一本诗集《夜宴》前，开始理论批评的写作。

李长之在清华读书期间，开始接触德国哲学与文艺理论，对康德哲学多有体会。后来翻译了《判断力批判》等康德论著；他的多篇论著也受康德影响，以“批判”为名，如《〈红楼梦〉批判》《王国维文艺批评著作批判》《鲁迅批判》等等。他在文学界已经成名。有一年的暑假，他们坐火车一块回济南探家。当时老舍在济南齐鲁大学教书。有一天，李长之告诉季羡林，他要在家里请老舍先生吃饭，请季羡林作陪。这是他第一次见到心仪已久的老舍先生，是李长之促成的。从此以后，季羡林和老舍先生成了好朋友。根据《老舍自传》，抗战时期在重庆北碚时，李长之和老舍、陈望道、陈子展、章靳以、马宗融、洪深、赵松庆、伍蠡甫、方令孺、梁实秋、隋树森、阎金锷等人经常在一起。他们之间的关系相当融洽，老舍说：虽然他们都穷，但是轮流着每家吃一顿饭，还不至于教他们破产。

季羡林和李长之、吴组缃、林庚成了清华有名的四剑客。他们一块谈天说地，论古道今，是很合得来的朋友。但是他们之间也经常发生一些互不相让的争论。有时候意见一致，有时候意见不一致。

季羡林和李长之的共同老师中，郑振铎和杨丙辰是他们都喜欢的。

郑振铎联系朱自清、章靳以等筹备创办《文学季刊》，常在郑振铎家商议有关事情。当时还是清华学生的李长之，参加了刊物编辑工作。李长之回忆说：我没有上过他（朱自清）的课，课外可是常去找他聊天儿。见面最多的时候，是在郑西谛先生在北平，大家共同编《文学季刊》的一段。这时期虽然不太长，可是因为每一星期（多半是星期六的晚上）大家都要在郑先生家里聚谈，并且吃晚饭，所以起码每一星期总是有一个很充分的时间会晤的。因为朱先生的公正拘谨，我们现在不大记起他什么开玩笑的话，同时别人也不大和他开玩笑。只记得他向郑先生总是全名全姓地喊着“郑振铎”，脸上发着天真的笑意的光芒，让我们感觉他是在友情里年轻了。郑振铎在燕京大学任教，住在校里，从燕京到清华有一段路。晚上，聚会结束时常是深夜了，朱自清就和李长之结伴踏着月色，冲破四野的犬吠，说说笑笑地沿着崎岖不平的小路回去。

1934 年 1 月 1 日，《文学季刊》诞生了，主编郑振铎、巴金、章靳以，朱自清是编辑人之一。刊物由立达书局出版，是当时国内最大型的文学杂志。章靳以在北海三座门大街 14 号租了一套房子作为编辑部，巴金从沪来京时就住在这里。刊物明确表明，他们“不再被囚禁于传统文学的‘铁笼之中’”；也“不再以游戏的态度去写什么无聊的文学”；他们虽然“作风不同，观点不一，其所信仰的也未免有些歧异，却有一个共同的倾向：以忠实恳挚的态度为新文学的建设而努力。”为此，他们确定刊物目标为：“一、继续 15 年来未成功的对于传统文学与非人文学的攻击与摧毁的工作；二、尽力于新文学的作风与技术上的改进与发展；三、试要阐明我们文学的前途是怎样的进展和向什么方向而进展”。并郑重表示：“只要是同道走着的人们便都是我们的同伴”。很明显，刊物旨在团结广大作家，发扬五四文学战斗传统，推动新文学创作的发展，因此得到鲁迅、冰心、老舍、丰子恺等的大力支持。朱自清特地为刊物写了一篇书评《子夜》，全面地分析了这部长篇的优缺点，指出它在当时文艺界的价值，告诉人们：“我们现代的小说，正该如此取材，才有出路。”

朱自清在燕大兼课和编辑《文学季刊》，因此和郑振铎接触较多，结下了深厚的友谊。郑振铎十分器重朱自清，遇事常向他请教，也常约他写稿。他最敬佩朱自清做事认真负责的精神，他说，“每上一堂课，在他是一件大事。尽管教得很熟的教材，但他在上课之前，还须仔细地预备着。一边走上课堂，一边还是十分的紧张。”有一天，郑振铎到清华大学中文系办公室找朱自清，只见他正在紧张地翻书。郑振铎问道：“下一点钟有课吗?”“有的，”朱自清一边看一边应道，“总得要再看看”。写文章也是如此，写得很慢，有人问他每天写多少字，他回答说：“500。”常是改了又改，绝不肯草率发表。稿子寄出后，若发觉有不妥处，立即将文稿追回，待修改好再寄去。遇到讨论问题时，他也总是深思熟虑，不肯轻易发表意见。有一天，他参加燕京大学一位朋友的晚宴，在座共 12 人，席间大家热烈讨论“中国字”是否艺术的问题。绝大多数人认为艺术是有个性的，中国字有个性，所以是艺术，郑振铎和冯友兰则持相反意见。朱自清一言不发。

杨丙辰的思想极为复杂，中心是“四大皆空”。教书比较随便，每个学生他都可以毫不吝啬地给高分。有一天，他给季羡林和李长之一本德文讲文艺理论的书，书名中有一个德文字“文艺科学”。他们觉得很新奇，玄机无穷。李长之写了文章，称杨丙辰为“我们的导师”。李长之称他自己的文学批评理论为“感情的批评主义”。季羡林对理论一向不感兴趣，觉得直到今天对他的理论还是一点都不明白。

李长之提到“羡林兄当时正在写《现代才被发现了的天才——德意志诗人薛德林》”，说明他们在校期间也有共同的兴趣，都从薛德林的诗中读出了力量和信念。

他们也有明显的不一致的地方。比如，有一位姓张的中文系的同学，和李长之来往很多，而和季羡林则几乎没有往来。李长之当时张罗“造名运动”，就是想快点出名，和姓张的同学很投机。甚至对这位同学的短处，李长之也听之任之。该同学从学校图书馆借来的书，经常把书中的藏书票挖掉，而且还用书来垫床腿。对这样的事情，季羡林是恨得咬牙切齿，因为他爱书如命，容不得别人毁书。而李长之对这样的事情也漠然置之，引起了他的反感。

1934 年暑假以后，季羡林毕业在济南教书，而李长之仍然在清华读书。1935 年，季羡林在济南省立高中教过一年国文。季羡林考取了清华与德国的交换研究生，回到北京办理出国手续，在清华与李长之天天见面，并一同去拜见了闻一多先生。李长之还在他主编的天津《益世报·文学副刊》第 27 期上写诗文为季羡林赴德国留学送行：

送季羡林赴德国兼呈露薇

你，我的益友，你去了。至少有两年，
我仿照了古之君子，临行赠之以言。
办好的杂志，出版有价值的书籍，

这是你，露薇，我，许多好友的心愿，
你去了，我们一定短期内使它实现，
使你遥为欣欢，
你，露薇，我，许多好友，都爱古典文学的德国，
德国文学的顶点是歌德，
一千九百四十九，
歌德诞生两百周，
咱们一定成立中国歌德学会，译完《歌德全集》，
把歌德的文化，使一般人消受。
现在，咱们受的压迫诚然多，
但是，这有什么？
我却觉得有些地方，咱们还太妥协。
想不为愚妄者践踏，
唯一的办法，就是将愚妄者征服。

你，我的益友，你去了，唯一的相赠，就是：
有我们的勇气，
有我们的道路。

长之二十四年八月三十一日晨

又邀集了不少的朋友在北海为季羡林饯行。同李长之分手后，到德国的前两年，他们还不断有书信往来。他给季羡林寄了日本学者高楠顺次郎等著的《印度古代哲学宗教史》，还在扉页上写了一封信。

第二次世界大战一起，邮路阻绝，他们彼此不相闻长达八九年之久。但季羡林从当时在台湾教书的清华校友许振德的信中，得知李长之仍笔耕不辍，著述惊人。重要的著作有《鲁迅批判》《夜宴》（诗集）《西洋哲学史》《批评精神》《迎中国的文艺复兴》《道教徒的诗人李白及其痛苦》《德国的古典精神》（译文、评述合集）《司马迁之人格与风格》《迎中国的文艺复兴》《苦雾集》《梦雨集》《陶渊明传论》《中国文学史略稿》《李白》等。

1936 年李长之自清华大学毕业后留校任教。以后又历任京华美术学院、云南大学、重庆中央大学的教职。1940 年任教育部研究员。1944 年 3 月他在《时与潮》文艺杂志后边创刊《书评副刊》，提出理想的书评应是：“要同情的了解，无忌惮的指责，可以有情感而不能有意气，可以有风趣而不必尖酸刻毒，根据要从学识中来，然而文字仍需是优美而有力的创作。”把握“批评精神的核心是在争一个真是非，是

在不徇私（阿其所好和肆意攻击都是徇私）!”李长之认为，《书评副刊》刊出的对冰心的《关于女人》、郭沫若的《今昔集》、姚雪垠的《春暖花开的时候》、舒湮的《董小宛》、张恨水的《水浒新传》、袁俊的《万世师表》、田间的《给战斗者》、吴组缃的《鸭嘴涝》、碧野的《风沙之恋》、沙汀的《淘金记》、胡风的《看云人手记》、巴金的《憩园》、骆宾基的《姜步畏家史》、吴祖光的《夜奔》、无名氏的《北极风情画》进行的评介，有褒有贬，没有空话。

李长之 1945 年任重庆国立编译馆编审。抗战胜利随编译馆由重庆北碚迁南京，主编《和平日报》副刊。1946 年 10 月赴北京师范大学任副教授，并参与《时报》、《世界日报》的编务。这时主要从事古典文学研究和文化艺术的批评。

1946 年夏天，季羡林受尽千辛万苦从德国辗转到了上海。当时北京大学还没有开学，他还没有正式到北大去工作，拿不到工资，把一块瑞士金表卖了 10 两黄金，把它换成一些法币寄回济南家中一些，手头已经所剩无几。所以在上海他住不起旅馆，就住在臧克家的榻榻米上。他知道，同学李长之在南京国立编译馆工作，所以他去南京投奔了李长之，借住在他的办公室内。

一开始的一些日子，白天李长之他们要上班，季羡林就只好到南京各处游荡。季羡林看到近处的一道红墙，上面长满了薜荔，问李长之那是什么地方，李长之告诉他那就是有名的台城。由此引起季羡林的兴趣，何不趁机出去走走呢？反正在屋里也没有落脚之地。这样，他就出去闲荡。南京的几个名胜，离编译馆不远，台城、鸡鸣寺、胭脂井，他几乎天天都去。第一次去鸡鸣寺，是李长之陪着去的，他们在大殿里徘徊，看佛像，累了，就在大殿里喝茶。再去的时候，就是他一个人了，看完了佛像，看完了湖，他觉得无聊，便到各处去逛。在半山的一个亭子旁，他看见了一口古井，探头往下看，黑洞洞的，看不见底，上边的地方长了一些青苔。亭子的另一面，他看到了一个躺在那里的古碑，上面有四个大字“胭脂古井”。稍远一点的，有玄武湖，多走几步，也就到了，所以他也常去。在玄武湖闲逛的时候，他还拿着书，逛累了就看一会儿书，出出神，把在从欧洲回国时经过四五个月的船车劳顿忘得一干二净了。

那时侯，他的处境是没着没落，在梦想着自己有朝一日能混上一间房子，安顿下来。有一张固定的书桌，可以写一点东西。别的心思什么也没有，连玩兴也没有。晚上回来，睡在办公室李长之的办公桌上，早晨赶快离开。

李长之在国立编译馆工作的工作之余，可以陪陪季羡林。

到后来的一段时间，李长之给季羡林找到了一张桌子，季羡林可以在上面写点东西了。每天他就在上面堆满了书和乱纸，有时候写写什么，有时候什么也不写。他看到李长之戴了一副大眼镜，伏在桌子上努力地在写着。手里有时候会点上一支香烟，烟纹袅袅向上升腾。工作间隙，他们也聊聊天。话匣子一打开，往往就聊半天，忘记了时间。他们一向是无话不谈的，他们很自然地回忆起在济南上小学的日子，虽然有隔世之感，但一旦回忆起来，小学长长走廊里自己的影子也就依稀可见了。他老是说起在济南上小学的时候，季羡林和别人打架的样子，闭紧了眼睛，乱挥拳头。说到热闹处，他们不禁大笑起来。

他向季羡林介绍抗战胜利后，国民党派出了很多大员，也有中员和小员，到各地去接收敌伪的财产，你争我夺。他讲得绘声绘影，可见他对国民党是不满的。他常带季羡林到鼓楼附近的一条大街上，那里有新华社对外报栏，可以去看中共的《新华日报》，这是危险的行动，会有人盯梢照相。他还介绍季羡林认识了梁实秋。梁先生当时也在国立编译馆工作，他设盛宴，从此季羡林和他成了忘年交。

深秋，季羡林回到了阔别11年多的北京。解放初李长之也调到北京师范大学，之后季羡林的另一位初中同学张天麟也调到北师大工作。他们的来往还是很经常的。后来接二连三搞起了运动，每次运动，李长之和张天麟他们俩总是首先被冲击的对象。李长之最大的罪名恐怕还是那部《鲁迅批判》，结果他被加冕为“右派”，被剥夺教书的权利。“四人帮”垮台后，李长之终于摘掉了“右派”帽子。有一天他到燕园来看季羡林，这是他们的最后一次会面。季羡林和他握手时发现，他的右手已经弯曲僵硬如鸡爪子一样了，他受到多少痛苦，季羡林怎么也说不清了。面对这几十年的老友，季羡林的泪水往肚子里直流。他们相对无言。

李长之去世的时候，季羡林正在随中国人民对外友好协会代表团访问印度，回国后听说李长之已经去世，季羡林只有又吃惊又痛苦了。而现在，他年纪越老，李长之入梦的时候就越多了。

4. 革命家和政治家胡乔木

1930年夏天，就在季羡林考入清华大学的同时，胡乔木也于江苏扬州中学毕业后，以优异成绩考取清华大学物理系。入学后，时为物理系主任的吴有训教授有一个习惯，总要在新生入学时找新生谈话。他对胡乔木说：“上物理课，要做许多实验，很费时间。”他问胡乔木最感兴趣的是什么，将来作何打算，又如何发展，胡乔木据实回答，说自己喜欢的是文史方面的东西。“既然你喜欢的是文科，大可不必念物理系，你可以转到文科去嘛!”胡乔木希望能有更多的时间多读点书，能有更多属于自己支配的时间，当然愿意转入文科。

这样，胡乔木很快转到了文科。他本想转入国文系，因为该系的系主任朱自清是他倾慕已久的散文名家，可惜该系的新生名额已满。无奈之际，胡乔木听说历史系尚有余额，随即幸运地转进了少时就钟爱的历史系。

胡乔木（1912～1992），本名胡鼎新，“乔木”是笔名。江苏盐城西乡张本庄人。胡乔木童年就是“书痴”。父亲胡启东（原名胡应庚）是一个尚新之人，给孩子们起的名字，都带一个“新”字。众兄弟姐妹中，胡乔木大姐叫履新、大哥叫达新，大妹叫德新、小妹叫文新。据说给他取名“鼎新”，是因为父亲崇拜高山仰止的革命先行者孙中山，而孙中山是主张“革故鼎新”的。胡乔木的母亲夏氏，是一位相夫教子、勤劳而又贤慧的女性，生有子女5人。在胡乔木6岁那年，父亲应孙中山的号召，在拒绝了段祺瑞的贿赂挽留、离京南下广州时，他绕道回家探望，见次子鼎新已能熟背大量的唐诗宋词，非常高兴，决定让他入鞍湖小学读书。

胡乔木在学校里很快就显露出爱好读书的天性。小伙伴们为此都戏称这位嗜书如命的“土包子”为“书痴”。因为他总爱穿那一身黑色的粗布衣裳，不像一些富家子弟讲究穿着，但他读书非常用功，不但读老师教的书，还把父亲的大量藏书一本本地读，坐在小油灯下入迷地读到深夜是经常的事。

在省立八中上学时，胡乔木开始从也在该校上学的哥哥的言谈中耳闻到“共产党”、“国民党”、“社会革命”等许多新名词，借到了一本《中国青年》杂志，读罢觉得耳目一新。在准备迎接北伐军的到来时，初三的胡乔木参加了游行，在街头演讲，带头高呼“打倒军阀孙传芳”的口号。他遭到逮捕，后因年幼获释。1927年省立八中与省立第五师范合并，正式改称江苏扬州中学。高中部分为文、理两科。胡乔木数理化突出，被编入了理科。但他实在是于文史情有独钟，作文常被老师作为范文；写的五言古诗，被老师击节赞赏不止。他撰写的文章和诗稿在校刊上发表。

这就不难理解，何以18岁的胡乔木成了清华园内的活跃人物。

季羡林在《怀念乔木》一文中回忆说：

我认识乔木是在清华大学，当时我不到二十岁，他小我一年，年纪更轻。我念外语系而他读历史系。当时他在从事反国民党的地下活动。他创办了一个工友子弟夜校，约我去上课。我确实也去上了课，就在那一座门外嵌着“清华学堂”的高大的楼房内。有一天夜里，他摸黑坐在我的床头上，劝我参加革命活动。我虽然痛恶国民党，但是我觉悟低，又怕风险，所以，尽管他苦口婆心，反复劝说，我这一块顽石愣是不点头。我仿佛看到他的眼睛在黑暗中闪光。最后，听他叹了一口气，离开了我的房间。早晨，在盥洗室中我们的脸盆里，往往能发现革命的传单，是手抄油印的。我们心里都明白，这是从哪里来的。但是没有一个人向学校去报告。从此相安无事，一直到一两年后，乔木为了躲避国民党的迫害，逃往南方。

1931年“九·一八”事变爆发，激起了全国人民的抗日怒潮。胡乔木因亲自参与并领导北平学生进行游行示威，名字“胡鼎新”上了北平市警察局要抓捕的黑名单。当时清华大学校长是后来出任国民党行政院长、总统府秘书长的翁文灏。这时他的思想还算开明，手里拿着左派学生的名单，把他们一个个叫来谈话。翁文灏叫来积极组织学生活动的胡乔木，对他说：清华园好比是一座大戏台，生旦净末丑，各种角色都可以登台表演。要是大戏台塌了，就谁也演不成戏了。你演的戏太危险了，会把戏台搞塌的。作为校长，我希望你今后不用再参加类似的活动。但是翁文灏的话并没有起作用。这样他不得不中断了在清华大学的学业，先是在1931年8月调到共青团北平市委担任市委委员、宣传部长，后来又离开北平，回家乡盐城隐蔽。从此季羡林也就和他中断了联系，一直到解放后才恢复了联系。在季羡林去德国留学的时候，他已经去了延安。

季羡林1946年回国，三年后解放军开进了北京城。就在这一年的春夏之交，季羡林忽然接到一封从中南海寄出的信，开头就说："你还记得当年在清华时一个叫胡鼎新的同学吗？那就是我，今天的胡乔木。"他在信中告诉季羡林说，现在国家需要大量的研究东方问题、通东方语文的人才。他问季羡林是否同意把南京东方语专、中央大学边政系一部分和边疆学院合并到北大来。季羡林表示同意。后来有一段时间，东语系就成了北大最大的系，热闹非凡。

在这之后不久，胡乔木到季羡林住的翠花胡同来看他，一进门就说："东语系马坚教授写的几篇文章毛先生很喜欢，请转告马教授。"他甚至知道，知识分子不习惯于说"毛主席"，所以用了"毛先生"这个词儿。但是季羡林自己觉得是一个上不得台盘的人，很怕见官。虽然他的两个乔木朋友——胡乔木和乔冠华都没有官架子，胡乔木的官越做越大，被誉为"党内的才子"，虽然他没有忘掉故人，待季羡林很够老同学的意思，但季羡林仍然与他们保持着一定的距离。

季羡林与胡乔木是清华的同学，对于一般人来说，有胡乔木这样掌权的同学，是很自豪的，而且会主动与他联系，这好像是人之常情，于今为烈。

然而季羡林对胡乔木往往怀着敬而远之的心情。

有一次，胡乔木想约他一起去敦煌参观。季羡林委婉地回绝了。他并不是不愿意去参观，他是很高兴去敦煌的。但是，他一想到下面对中央大员那种逢迎招待、曲尽恭谨之能事的情景，一想到那种高楼大厦、扈从如云的盛况，他那种上不得台盘的老毛病又发作了，于是他感到厌恶，感到腻味，感到不能忍受，眼不见为净，所以觉得还是老老实实地呆在家里为好。

季羡林绝不拜访胡乔木，而是胡乔木要拜访季羡林。季羡林一生不愿意麻烦人，尤其不愿意麻烦在高位的那些人。所以即使是胡乔木这样的同学，为个人的事情，他从来是不愿意找他办的，不愿意沾他的光。但是有一件事，却迫使季羡林找了一次胡乔木。

那是1991年9月，季羡林在聊城参加了傅斯年学术研讨会之后，随代表们到临清参观名胜古迹。接待的是当时的副市长马景瑞，在陪同参观临清古塔的时候，马景瑞突发奇想：当时的临清古塔维修争取了很长时间没有结果。这次如果由季羡林先生出来说说话，国家文物局能否破例拨款维修古塔呢？于是抱着试试的态度，把想法向季羡林提出来了。季羡林让他们准备一点材料。10月，马景瑞他们到北大送材料的时候，季羡林对他们说，他已经给胡乔木写了信，内容是：我这次回故乡临清，当地党政领导向我提出临清舍利宝塔的修复事宜。我是一介书生，两袖清风，心有余而力不足，没有办法，只好请您帮忙了。马景瑞感动地说："他为了家乡的古迹，竟然破例求人了。最后，经胡乔木和国家文物局负责人的批准，到底使舍利宝塔的修复问题得到了圆满的解决。1993年，国家文物局破例拨款40万元，支持宝塔的修复。临清市也拨款50万元，筹集民间捐款30万元，山东省文物局又拨款18万元，解决了修缮的经费。"这样的事情，如果是为个人，季羡林是决然不会向大人物开口的。而为了家乡，他不得不破例了。

1986年冬天，胡乔木让季羡林的儿子告诉他，想找他谈一谈。季羡林答应了。在中南海他住的地方，他们两人促膝而坐。胡乔木开宗明义先声明："今天我们是老友会面。你眼前不是政治局委员、书记处书记，而是60年来的老朋友。"他要季羡林谈谈对青年学生的看法。季羡林当然理解他的意思，于是就把自己的看法竹筒倒豆子般地和盘托出。季羡林说的要旨非常简明：在上者和年长者，惟一正确的态度就是理解与爱护青年学生，进行诱导与教育；个别人过激的言行可以置之不理。最后，胡乔木说：他完全同意季羡林的看法，他要把季羡林的意见带到政治局去。

进入晚年，胡乔木的怀旧之情好像愈加浓烈。他曾几次对季羡林说："老朋友见一面少一面了！"他最后一次到季羡林家，是老伴谷羽陪他来的。在那次会面时，他们谈了很多。胡乔木用缓慢而低沉的声调说话，签名送给季羡林诗集和文集，并赞扬他在学术研究中所取得的成就，用了几个比较夸张的词儿，他顿时感到惶恐，觳觫不安。季羡林对胡乔木说：你取得的成绩比我大得多而又多呀！对此，胡乔木没多说什么话，只是轻微地叹了口气，慢声细语地说：那是另外一码事儿。季羡林不禁回忆起几年前胡乔木接他到中南海的情景，同是会面，环境迥异。在胡乔木家里，会见是在极为高大宽敞、富丽堂皇的大厅里。而现在却是在低矮窄小的乱书堆中。他们谈了许久许久，但话好像还是没有说完。胡乔木终于起身告辞，季羡林目送他的车转过小湖，才慢慢回家，他没有想到，这是胡乔木最后一次到他家来。

1991年，季羡林听说胡乔木患了不治之症，他大吃一惊，仿佛当头挨了一棍："斯人也，而有斯疾也。"他心里想，难道天道真就是这个样子吗？他没有别的办法，只是寄希望于万一。这时，季羡林真想破一次例，主动到胡乔木家去看他。但是，季羡林的儿子转达胡乔木的意见，无论如何也不让看他。季羡林只好服从他的安排，但心里总是惦念着他。

1992年八九月间，胡乔木让老伴谷羽转告季羡林，希望季羡林到医院里去看他。

季羡林十分了解他的心情，这是要作最后诀别了。季羡林怀着沉重的心情，到了胡乔木住的医院。医院的病房，同胡乔木在中南海的住房一样宽敞高大，但季羡林的心情却无论如何也不能同进中南海那一次相比，他是来与老友诀别的。重病的胡乔木，这时仰面躺在病床上，嘴里吸着氧气。看到老朋友来了，胡乔木显得有点激动，抓住季羡林的手，久久不松开。胡乔木知道这是最后一次握老朋友的手，但神态依然安详，神志依然清明，一点儿也没有痛苦的表情。胡乔木仍像平常一样慢声慢语地说话，提到季羡林发表的《留德十年》里的一些文章，连声说：写得好！写得好！季羡林此时此刻百感交集，答应全书出版后，一定送他一本。

不久，胡乔木离开了人世。《留德十年》出版之后，季羡林觉得该到胡乔木的坟上去焚烧一本，送给他的在天之灵。但是，遵照胡乔木的遗嘱，骨灰都撒到曾经工作过的地方了，骨灰盒没有留下，真正是“赤条条来去无牵挂”了。这对于季羡林来说，是极难排遣的。面对着《留德十年》，他泪眼模糊，魂断神销。他想到与胡乔木相交的60年，在胡乔木生前，他有意回避，绝少主动与他接近，这是天性使然，无法改变的。胡乔木逝世之后，不知道是为什么，他倒常常想起他。他像老牛反刍一样回味着相交60年的过程，顿生知己之感。这种知己之感却更加浓了他的怀念和悲哀。很自然地对胡乔木有了一个整体的连贯印象：平心而论，乔木虽然表面上很严肃，不苟言笑，他实则是一个正直的人，一个正派的人，一个感情异常丰富的人，一个脱离了低级趣味的人。60年的宦海风波，他不能无所感受，但是他对季羡林半点也没有流露过。他大概知道，季羡林根本不是此道中人，说了也是白说。

胡乔木的死，无疑在季羡林心灵中增加了一份极为沉重的负担，他有没有办法摆脱这一负担呢？他自己说不出，他怅望着苍天，想得很远很远。

5．朴实无华的李广田

在季羡林的朋友中，家庭背景最接近的，是现代著名散文作家李广田。他们都是从小就过继出去的人，只是季羡林过继给自己的亲叔叔，姓氏没有改。而李广田则是过继给了自己的舅舅，连本姓王也废弃了，跟着舅舅姓了李。

李广田，字曦晨，1906年10月1日生于山东省邹平县，1968年11月2日死于昆明。他出生在一户农民家庭里，父亲姓王，他排行第四，取名锡爵。由于家庭贫寒，养不起，出生不久便被过继给中年无子的舅父，改姓李，名广田。幼年曾读过私塾。他的童年是在孤独与贫困中度过的。他1923年考入济南第一师范，在这里开始接触“五四”以来的新思想和新文学。他和朋友们组织书报社，大量介绍当时有影响的文学社团及苏俄作品。

李广田初进第一师范时，国文教员是一位要做陆（九渊）王（守仁）派的理学家的人，他十分崇拜梁漱溟，上课时经常把梁先生这样说、梁先生那样说挂在嘴边。李广田与他是小同乡，很早就与他相识，受他的影响很大，所以也很想把自己修养成一个理学家，他因此很受同班中许多人崇拜。每天他写日记，大都是关于个人身心修养的事。有一学期，李广田因生病而独处一间小屋中，每晚为要阅读他的日记而到他的房间去的，必有三五人。到进入前期三年级，邓广铭和李广田却被分配到一个自习室兼寝室的房间里（每室 4 人，全校皆然），他看到邓广铭在业余时大都阅读一些新文学或者有关新文化的书籍，大概出于好奇心吧，便要邓广铭介绍几本小说给他看。那时候，邓广铭正对于新近译出印行的法国小仲马的《茶花女》（包括小说和剧本，甚至也包括林琴南的文言旧译《茶花女遗事》）和郭沫若译法国霍普特曼的小说《异端》看得入迷，便把这两种译本介绍给他，他看了后异常欣赏，并且也连带着认为邓广铭对文学作品的鉴赏能力很不错。此后他又连续地阅读了几本爱罗先柯的童话等等，这对他自己的创作兴趣起了很大的诱发作用。从此，李广田不再写关于个人身心修养的日记，已转变为写作文艺作品的人了。他既勤于写作，而且出手不凡，在不久的时间之内，就积稿甚多，但能够和他共同欣赏的，却只有邓广铭一个人。因此，他们的友谊一直保持得很久。

1929 年考入北京大学外语系预科，在《未名》杂志上发表第一篇散文《狱前》，还在《华北日报》副刊和《现代》杂志上发表散文、诗歌。并结识本系同学卞之琳和哲学系的何其芳。后出版 3 人诗合集《汉园集》，被人称为“汉园三诗人”。

季羡林在清华的时候，就和李广田、卞之琳和何其芳认识了。那时候，北大和清华距离很远，但是他们经常见面。李广田有时候会从城里北大沙滩长途跋涉，走到清华园去看季羡林。他无意中看到季羡林写的骂臧克家的文章《再评〈烙印〉》，以为有伤忠厚，劝他不要发表。但因为稿子已经寄出，抽回已经不能，所以最后还是发表了。季羡林也在进城的时候，去看他。有一次，季羡林在他那里看到正在翻译英国作家格雷汉姆的儿童文学经典之作《柳林风》。在季羡林看来，李广田的为人正如他的为文一样，朴实无华，恳切真挚。

李广田 1935 年北大毕业后回到济南教书，这时正好季羡林也从清华大学毕业，回到济南高中教书。此时他们成了同事。在这里，李广田完成了许多散文。以后又相继出版了《画廊集》《银狐集》《雀蓑记》等散文集，对故乡童年的回忆和抒发对现实不满的情绪，是这些散文的主题。抗战爆发后，他流亡南下，辗转于河南、湖北、四川等地。这时期完成了《圈外》散文集。1941 年到昆明，在西南联大任教，创作了他唯一的长篇小说《引力》，表现反战抗日的主题思想，在国内外引起反响。

也出版了散文集《灌木集》《回声》《日边随笔》；短篇小说《欢喜团》《金坛子》和论文集《诗的艺术》。

1946 年以后，他们两人都在北京工作，而且都担任了北京一个中学的校董，开会的时候，经常见面，叙旧谈新，其乐融融。

20 世纪 40 年代的清华校园是民主斗士的避难所。1947 年，当清华中文系主任朱自清得知，南开中文系教授李广田因为支持学生反内战反独裁，受到国民政府通缉时，毅然发去邀请，要李广田来清华执教。1948 年清华中文系新年晚会，在余冠英家举行。那天李广田去参加的时候，看到朱自清带病而来，被学生们化了装，头戴大红花，穿着红红绿绿的衣服，愉快地扭着延安秧歌。他扭得很认真，和他做人做学问一样。这一年，通货膨胀非常严重，以至于朱自清的全部工资只够买 3 袋面粉。但当吴晗送来《抗议美国扶日政策并拒领美国面粉宣言》时，朱自清却毫不犹豫地签上了名字。这使李广田很佩服。

临近解放的时候，李广田的家里学生来得多，客人来得也多。李广田常常在他们走的时候把自己的衣服帽子都送给他们带走，实际上这帮学生化了装以后都走了，到解放区去了。这之后，他曾任清华大学中文系主任。1949 年在全国文代会上被选为文联委员、文协理事。

但是不久，李广田 1952 年被调到昆明担任云南大学副校长、校长。历任中国科学院云南分院文学研究所所长、作协云南分会副主席、中国作协理事等。到他在云南工作了三年，季羡林第一次来到昆明，他们又有机会在一起度过很愉快的几天时光。在昆明，季羡林游览了五百里滇池，领略了西山的巍峨，龙门的险峻，圆通山的花潮，曹溪寺的元梅，黑龙潭的清幽，华亭寺的堂皇，筇竹寺的五百罗汉和孔雀杉，金殿大殿里的铜瓦铜柱，大观楼的长联以及云南省图书馆的收藏。李广田都安排季羡林去看了。还有那遍及各处的山茶花，雄奇与秀丽融为一体，是与木棉花一样讨人喜欢的鲜花。这之后的一段时间，季羡林又到过几次昆明，每次都要和他会面，交流一番思想。平常不在一起的时候，季羡林通过阅读他的文章，也如见到了他本人，总是感到非常亲切。李广田的两句诗："春光如海，盛世如花"，他觉得非常到位，是在昆明感悟而得。

没有想到，李广田"文革"期间被摧残致死。

李广田是四个现代文坛优秀的散文作家之一。冯至先生评价说："广田的散文在乡土文学中是独树一帜的"。他的散文朴实、浑厚，具有浓郁的乡土气息。

二、恩师教授

1．“教授的教授”陈寅恪

在季羡林的几十年学术研究中，陈寅恪无疑是对他影响最大的一位恩师。

陈寅恪（1890～1969），江西义宁（今修水）人。早年赴日本留学，1905 年归国，入上海吴淞复旦公学学习，1910 年赴欧洲留学，先后在德国柏林大学和瑞士苏黎世大学学习语言学，次年归国。1913 年赴法国巴黎高等政治学校经济部留学。1918 年入哈佛大学学习梵文和巴利文。1921 年转往德国柏林大学研究院梵文研究所学习东方古文字。在这样长的时间里，陈先生以主要精力攻语言学，学习多种语言，如藏文、蒙文、西夏文、满文、朝鲜文、梵文、俄文、希伯来文、东土耳其文等（见季羡林：《从学习笔记本看陈寅恪先生的治学范围和途径》，《季羡林文集》第 3 卷，第 272～285 页），以便为研究佛经的文学翻译和历史学打下宽厚、扎实的基础。因此陈先生没有按照哪个大学的规定去读博士学位，宁可沿着自己选定的治学道路前进。如此，他可享受很大的自由，他不必费时间去写博士论文，去参加博士学位答辩。但是他虽然没有拿博士学位，而学术地位却是公认的，正像其他“中国近代许多学者，比如王国维、梁启超、陈寅恪、郭沫若、鲁迅等，都没有什么博士头衔，但都会在学术史上有地位的”（季羡林《留德十年》，《季羡林文集》第 2 卷，第 464 页）一样。他的学术道路充满了个性化的色彩，厚积薄发，影响越来越大。

陈寅恪

陈寅恪 1925 年应清华学校之聘，任国学研究院导师。虽然在清华国学研究院任导师之前，并没有发表多少论文和专著，但他的哈佛同学吴宓非常了解他的学问，提出聘请他的方案后在学校没有遇到反对，仍然被聘为导师。

陈寅恪刚到北京的时候，人们对他的名字到底应该怎么念，是不清楚的。吴宓、赵元任夫妇与陈寅恪闲谈时，赵元任对吴宓问道：“雨僧，是叫陈寅 kè，还是陈寅 què?”吴宓诧异道：“大家都叫他寅 què，难道不对吗?”一面看着陈寅恪。陈寅恪微微一笑：“大家都那样念，也就没有办法。”赵元任严肃地说：“总要有个标准。这个字，就是该念 kè，我是在民国 13 年才发现寅恪自己拼写的德文，是写作 YinKo Tschen 的。寅恪是谦谦君子，不好意思纠正别人。但是我是喜欢咬文嚼字的，这个字念错了，以讹传讹，可不得了。”陈寅恪微笑着说：“我的江西口音比较重，其实这个字是应该念 Kè，不念 què。说到咬文嚼字，《说文》这部书就是榜样。”

吴宓在陈寅恪进清华之后，写过一首《赋赠陈寅恪》的诗：

经年瀛海盼音尘，握手犹思异国春。
独步羡君成绝学，低头愧我逐庸人。
冲天逸鹤依云表，堕溷残英怨水滨。
灿灿池荷开正好，名园合与寄吟身。

后来在陈寅恪与唐筼（为昔台湾总督甲午起兵抗日之唐公景崧孙女，时任北京女子师范大学体育教员）结婚时又写一诗《贺陈寅恪新婚》：

廿载行踪遍五洲，今朝萧史到琼楼。
斯文自有千秋业，韵事能消万种愁。
横海雄图传裔女，望门耆德媲前修。
蓬莱合住神仙眷，胜绝人间第一流。

他们之间的来往颇密切。

清华国学研究院不复存在以后，吴宓和陈寅恪仍然在该校任教。1930 年陈寅恪仍然在清华任教授，兼任中央研究院历史语言研究所研究员，兼第一组（历史）主任、故宫博物院理事、清代档案编委会委员。

恰巧在这时，季羡林进入清华大学学习。

1930 年，季羡林高中毕业。因为有了在高中阶段值得骄傲的三连冠，即六个学期连续的第一名，他报考大学只报了两所学校：北大和清华。最终，他选择了清华大学西洋文学系，课程以英文的英国文学为主，专修德语。在大学的四年中，季羡林先生受益最大的是选修朱光潜先生的文艺心理学、陈寅恪先生的佛经翻译文学、朱自清先生的陶渊明诗等，还旁听过郑振铎和谢冰心的课。但文艺心理学和佛教翻译文学对季羡林后来的学术发展产生了潜移默化的影响，比较文学、文艺理论、佛教史、佛教梵文和中亚古代语言研究，成为季羡林先生终生的学术研究方向。寅恪先生的“佛经翻译文学”参考用书是《六祖坛经》。寅恪师讲课，同他写文章一样，先把必要的材料写在黑板上，然后再根据材料进行解释、考证、分析、综合，对地名和人名更是特别注意。他的分析细入毫发，如剥蕉叶，愈剥愈细愈剥愈深，然而一本实事求是的精神，不武断，不夸大，不歪曲，不断章取义，他仿佛引导学生走在山阴道上，盘旋曲折，山重水复，柳暗花明，最终豁然开朗，把他们引上阳关大道。读他的文章，听他的课，简直是一种享受，无法比拟的享受。他被海内外学人公推为考证大师。他一生涉猎的范围极广，但又有中心，有重点。从西北史地、蒙藏绝学、佛学义理、天竺影响，进而专心治六朝隋唐历史，晚年又从事明清之际思想界之研究。从表面上看起来，变化莫测，但是中心精神则始终如一……他喜欢用的一句话是发前人未发之覆。在他的文章中，不管多长多短，他都能发前人未发之覆。没有新意的文章，他是从来不写的。他有时立一新意，骤视之有如石破天惊，但细按之则又入情入理，令人不禁叫绝。寅恪先生从来不以僻书吓人。他引的书都是最习见的，他却能在最习见中，在一般人习而不察中，提出新解，令人有化腐朽为神奇之感。（《季羡林文集》第 13 卷，第 124 页）

后来陈寅恪在抗战时赴香港大学讲学，任中文系主任，1941 年任西南联合大学教授。1945 年赴英国任教，兼治眼疾。这一年德国法西斯垮台，英国人接管了哥廷根。这时季羡林得知陈寅恪先生在英国治眼疾，就给他写了一封长信，汇报 10 年来的学习情况。季羡林很快得到复信，陈先生说他很快就回国，他想向北大校长胡适、代校长傅斯年、文学院长汤用彤几位先生介绍季羡林到北大任教。季羡林喜出望外，立即回信表示同意和感激。

1946 年秋，季羡林如愿到了北大。按北大当时的规定，从海外得到博士学位回国的人只能任副教授，几年后转教授。然而他到校约一周光景即被补聘为教授，兼东方语言文学系主任。如同石破天惊，大大出他意料。季羡林在内心里感激老一辈学者对后辈的提携与爱护。

陈寅恪 1947 年重新任清华大学教授，来到北京，仍然住在清华园。1948 年，当选为中央研究院院士。季羡林听到老师的消息，立即到清华去拜见。当时从北京城到清华是要费一些周折的，宛如一次短途旅行。沿途几十里路全是农田。梁实秋把出西直门城楼直通清华园的路，描述为垂柳轻拂的夕阳古道，两边是纯粹的乡村景象。季羡林知道，这里的秋天，青纱帐起，还真有绿林人士拦路抢劫的，现在的年轻人很难想象了。但是，有寅恪先生在那里，季羡林决不会惮于这样的旅行。

在陈寅恪在北京几年的时间里，季羡林不知到清华园去过多少次。他知道陈寅恪先生年老体弱，最喜欢当年住在北京的天主教外国神甫亲手酿造的栅栏红葡萄酒，他便到今天北京市委党校所在地——当年神甫们的静修院的地下室中，去买过几次栅栏红葡萄酒，又长途跋涉送到清华园，送到先生手中，心里颇觉安慰。几瓶酒在现在不算什么，但是，在当时通货膨胀已经达到了钞票上每天加一个零，还跟不上物价飞速提高的速度的情况下，几瓶酒已非同小可。

有一年的春天，中山公园的藤萝开满了紫色的花朵，累累垂垂，紫气弥漫，招来了众多的游人和蜜蜂。季羡林和一群陈寅恪的弟子们，有周一良、王永兴、汪钱等，知道先生爱花，现在虽患目疾，几近失明，但据先生自己说，有些东西还能影影绰绰看到一团影子。大片藤萝花的紫光，先生或许还能看到。而且在那种兵荒马乱、物价飞涨、人命微浅、朝不虑夕的情况下，他们想请先生散一散心，征询先生的意见，他怡然应允。弟子们大喜过望，在来今雨轩藤萝深处，找到一个茶桌，侍先生观赏紫藤。先生显然兴致极高。师生们谈笑风生，玩了一天，尽欢而散。此情此景，令人感动。这也许是陈寅恪先生在那样的年头里最愉快的时刻。

解放前夕，政府经济已经完全崩溃。从法币改为银元券，又从银元券改为金元券，越改越乱，到后来，到粮店买几斤粮食，携带的这币那券的重量，有时要超过粮食本身，要用麻袋装。学术界的泰斗、德高望重、被著名的史学家郑天挺先生称之为“教授的教授”的陈寅恪先生，也不能例外。到冬天，他连买煤取暖的钱都没有。季羡林把这情况告诉了已经回国的北大校长胡适之先生。适之先生想赠寅恪先生一笔数目颇大的美元。但是，寅恪先生却拒不接受。最后寅恪先生决定用卖掉藏书的办法来取得适之先生的美元，于是适之先生就派他自己的汽车——当时北京汽车极为罕见，北大只有校长的一辆——让季羡林到清华陈先生家，装了一车西文关于佛教和中亚古代语言的极为珍贵的书。陈先生只收二千美元。这个数目在当时虽不算少，然而同书比起来，还是微不足道的。在这一批书中，仅一部《圣彼得堡梵德大词典》，其市价就远远超过这个数目了。这一批书实际上带有捐赠的性质。而寅恪先生对于金钱的一芥不取的狷介性格，由此也可见一斑了。

在这几年内，季羡林同寅恪先生往来颇频繁。季羡林写了一篇论文《浮屠与佛》，首先读给他听，想听听他的批评意见。不意竟得到他的赞赏。他把此文介绍给《中央研究院史语所集刊》发表。这个刊物在当时是最具权威性的刊物，季羡林简直有点“一登龙门，身价十倍”的威风，感到受宠若惊。在那篇论文的基础上，几十年以后，他又写了一篇《再谈浮屠与佛》，用大量的新材料，重申前说，得到学界同行们的赞许。

同年底，陈寅恪转任广州岭南大学教授。1952 年任中山大学教授、中央文史馆副馆长、中国科学院哲学社会科学部委员等。从此留在那里没有动，他在台湾有很多亲友，动员他去台湾者，是大有人在的，然而他却岿然不为所动。其中详细情况，季羡林当时并不知道。国家许多领导人，包括周恩来、陈毅、陶铸、郭沫若等等，对陈寅恪都是礼敬备至。他同陶铸和老革命家兼学者的杜国庠，成了私交极深的朋友。在他晚年的诗中，不能说没有欢快之情，然而更多的却是抑郁之感。现在季羡林回想起来，仍然觉得他的这种抑郁之感不能说是没有根据。他们这一批老知识分子，到了今天，都已成了过来人。如果不昧良心说句真话，同陈寅恪比较起来，只能说是愚钝，是麻木。

1951年，季羡林奉命随中国文化代表团，访问印度和缅甸。在广州停留了相当长的时间，准备将所有的重要发言稿都译为英文。他没有放过这个机会，到岭南大学寅恪先生家中去拜谒，相见极欢，陈师母也殷勤招待。陈寅恪此时目疾虽日益严重，仍能看到眼前的白色的东西。有关领导，据说就是陈毅和陶铸，命人在先生楼前草地上铺成了一条白色的路，路旁全是绿草，碧绿与雪白相映照，供先生散步之用。从这一件小事中也可以看到我们国家对陈寅恪尊敬之真诚了。

然而，世事如白云苍狗，变幻莫测。解放后不久，正当众多的老知识分子兴高采烈、激情未息的时候，华盖运便临到头上。运动一个接着一个，针对的全是知识分子。批完了《武训传》，批俞平伯，批完了俞平伯，批胡适，一路批，批，批，斗，斗，斗，最后批到了陈寅恪头上。此时，极大规模的、遍及全国的反右斗争还没有开始。老年反思，季羡林觉得自己在政治上是个蠢材，对这一系列的批和斗，他当时是心悦诚服的，一点没有感到其中有什么问题。他虽然没有明确地意识到，在自己的灵魂深处，他确实真切地认为中国老知识分子就是“原罪”的化身，批是天经地义的。但是，一旦批到了陈寅恪先生头上，他心里却感到不是味。虽然经人再三动员，他还是始终没有参加到这一场闹剧式的大合唱中去。季羡林说自己不愿意厚着面皮，充当事后的诸葛亮，他当时的认识也是十分模糊的，但是他毕竟没有行动。现在时过境迁，在40年之后，想到自己没有出卖良心，差堪自慰，能够对得起老师的在天之灵了。老师于1969年在空前浩劫中被折磨得离开了人世。

将近20年中，季羡林没能再见到他。现在他还时常翻读先生的诗文。每读一次，都觉得有新的收获。他明确意识到，自己还未能登陈寅恪先生的堂奥。哲人其萎，空余著述。而自己却是进取有心，请益无人，因此更增加了对他的怀念。他们虽非亲属，但季羡林却感到时有风木之悲。这恐怕也是非常自然的人之常情。

在季羡林这位学生的眼中，陈寅恪先生最值得尊敬的还是：他是一个爱国主义者。陈寅恪先生的家庭，是中国唯一三代人进入《辞海》的学术世家。学问是不必说的了，其家“三世爱国”的历史，这一点，令他这个作为弟子的深以为荣幸。季羡林在《陈寅恪一家三代的爱国情》一文中历数他们祖孙三代的爱国事迹：

陈寅恪先生的祖父陈宝箴生于1831年（道光十一年）。1860年，他在北京参加会试，英法联军焚毁圆明园时，他正在酒楼上饮酒，目睹西面火光冲天，悲愤填膺，伏案痛哭。1894年，中国被迫签定《马关条约》时，宝箴曾痛哭道：“无以为国矣。”他这种爱国真情，是属于狭义的爱国主义的（参阅汪荣祖《史家陈寅恪传》）。

1895年8月，陈宝箴被任命为湖南巡抚。他认为新政是富国强兵的有效措施，于是在湖南奋力推行，振兴实业，开辟航运，引进机器制造，另设时务学堂、算学堂、湘报馆、南学会等，开展教育文化事业。他的儿子陈三立（散原）也以变法为己任，湖南风气一时为之大变。戊戌变法失败后，宝箴受到严惩，革职永不叙用。在这里，他的爱国主义是广义的。

陈三立继承了父亲的热爱祖国的精神。戊戌政变以后，他也受到革职处分。此后终其一生，没有再从政，但他一刻也没有忘怀中国人民的疾苦。卢沟桥事变爆发，他正在北京，忧愤成疾。8月8日，日寇入城，老人已届耄耋之年，拒不进食，拒不服药，终于以身殉国。散原老人也可以说是集狭义爱国主义与广义爱国主义于一身的。

寅恪先生曾历游各国，较之前辈，其眼光因而更为远大，胸襟更为广阔，在他身上体现出来的爱国主义，涵义也就更为深刻。

寅恪先生一生专心治学，从未参预政治；但他决非脱离现实的象牙塔中的学者。他毕生关心国家民族的兴亡，关心传统文化的继承与发展。

日军攻占香港时，寅恪先生正在香港大学任教，处境十分危险。他是国际上著名学者，日寇当然不会轻易放过他。日军曾送麦粉给陈家，这正是濒于断炊的陈家所需要的。然而寅恪先生全家宁愿饿死，也决不受此不义的馈赠。又据传说，日军馈米二袋，拒不受，并写诗给弟弟隆恪，其中有“正气狂吞贼”之句。

从学术方面来说，他们师生之间有连续性，尤其是在敦煌学领域。陈寅恪先生是我国敦煌学的奠基人之一，1930年在《敦煌劫余录序》中首先提出“敦煌学”的概念，提出“敦煌学者，今日世界学术之新潮流也”，指出：东起日本，西迄法英，诸国学人，都有所贡献，而国内学者得列入世界敦煌学著作之林者，当时仅有三数人而已。陈寅恪先生撰有《大乘稻芊经随听疏跋》《忏悔灭罪金光明经冥报传跋》《有相大人生天因缘曲跋》《须达起精舍因缘曲跋》《韦庄秦妇吟校笺》《西游记玄奘弟子故事之演变》《莲花色尼出家因缘跋》等多篇论文；另外还在《敦煌石室写经题记汇编序》《元白诗签证稿》等论著中，利用敦煌资料补史、证史。

陈寅恪先生最早提出了敦煌学的概念，对敦煌学作出开拓性的贡献，而他的学生季羡林则完善了敦煌学的学科建设，使之成为国内外的显学。季羡林提出，敦煌学在中国，敦煌学研究在世界，得到世界学者的认可。季羡林把敦煌学进行了系统的总结，从宏观的角度谈论敦煌学及吐鲁番学的意义，得出了一个科学的结论：

“敦煌学、吐鲁番学的内容异常丰富，甚至有点庞杂。要笼统地来谈它在中国文化史上的地位和作用，不容易说清楚。”

“第一，对研究中国历史和地理的价值。在敦煌和吐鲁番（以及新疆其他地区）新发现的史料，弥补了许多以前意想不到的空白。比如，在唐朝，吐蕃乘安史之乱占领了敦煌，到了大中二年（848年），张仪潮驱逐吐蕃镇将，归唐后受赐号为归义军节度使。其后，张氏归义军和曹氏归义军相继统治敦煌地区，前后达200年。这一段历史牵涉到的中国国内民族及民族文化交流的关系，都是过去所不详者，只是靠着敦煌文献的帮助才弄清楚。敦煌石室中藏有不少地理佚书，比如《沙州图经》、《西州图经》《贞元十道录》等，连著名的玄奘的《大唐西域记》，石室中也藏有残抄本。所有这些地理书，对研究中国中古史地有重要作用。”

“第二，对研究中国文学艺术的价值。首先是变文的发现。所谓变文是一种韵文和散文混合在一起用于说唱的通俗文学体裁，这种新文体实际上开了宋代‘平话’的先河，可过去我们对此毫无所知。其次是诗歌。著名文学家韦庄的《秦妇吟》，在他的全集中未收入，却在敦煌石室中发现了。诗中保存了许多晚唐农民起义的史料，对研究唐代历史和文学都有极大的帮助。在艺术方面，包括壁画、绢画、雕塑、书法、石窟建筑、音乐、舞蹈等，内容丰富，数量巨大，从六朝一直到宋、元各朝，都可以在这里找到它们的作品。”

“第三，对研究语言学、音韵学的价值。敦煌石室中保存了一些同中国语言学和音韵学有关的古籍残卷，在这些残卷中常常可以碰到一些俗字和俗语，在别的文献中是找不到的。敦煌石窟中发现的一些少数民族语言的残卷，其中有古藏文、巴利文、西夏文、于阗文、龟兹文、回鹘文。在新疆发现的古代民族语言也有回鹘文、吐火罗文（A焉耆文，B龟兹文）、巴利文、于阗文。于阗文和巴利文都属于伊朗语系。今天我国新疆帕米尔高原还有说属于伊朗语系方言的民族。至于吐火罗文，其价值更为突出，它的发现，给印欧语系比较语言学提出了新问题，促进了这一门学问的发展。”

“第四，对研究宗教问题的价值。首先是佛教，石室藏书中，佛典约占95%。道教的经典有大量发现，最引人注目的是老子的《道德经》《老子道德经序诀》《老子道德经义疏》，河上公简注和释文等。儒家经典也有不少，如《孝经》、北齐写本《春秋左传集解》和唐写本《春秋谷梁传集解》《尚书》《论语》等。这些都对校勘古籍有极其重大的价值。”

“第五，对研究古代科技及其他方面的价值。石室中有《本草》残卷，医文残卷；有天文历算的书籍，如二十四气七曜日历。从石室写本用的纸张可以看出中国古代造纸、潢纸、印刷术的进展。我国是发明印刷术最早的国家，敦煌石室保存了一份唐咸通九年（868年）刻印的《金刚般若波罗经》，是全世界现存有明确纪年的印刷物。它刻印的精美、纯熟程度告诉人们，印刷术在此之先至少经历了约100多年的发展过程。”

“第六，对研究中外文化交流史的价值。敦煌、吐鲁番和新疆其他地区是东西文化交流的孔道，沿着丝绸之路，文化交流的痕迹，像石窟、古庙、古城到处可见。在敦煌石室中发现了梵文本《心经》，在新疆吐鲁番地区发现了大量的梵文佛经写本，也有文学作品。如佛教大诗人马鸣的著作，在印度久佚，它的发现，弥补了印度梵文文学史上的一个空白。我还想提一下有关中印技术交流的敦煌残卷（《敦煌遗书总目索引》，商务印书馆 1962 年版，P. 3303 号）。这个残卷只有 9 行字，里面讲到印度甘蔗的种类以及造糖的方法。过去虽然有人注意到了，但没有加以探讨。其实这是一件十分重要的文献，它透露了中印在科学技术方面交流的一个侧面。”

“世界上历史悠久、地域广阔、自成体系、影响深远的文化体系只有 4 个：中国、印度、希腊、伊斯兰，而这 4 个文化体系汇流的地方只有一个，就是敦煌和新疆地区。从人类发展的远景来看，对文化汇流的研究，有其特殊的意义。目前研究这种汇流现象和汇流规律的地区，最好的、最有条件的恐怕就是敦煌和新疆。”“在敦煌 492 个大大小小的洞窟中，宝物之多、之精，不能不令人惊叹，仅那个小小的石室，典籍就达 4 万余件。作为一个中国人，看到我们的祖国有如此丰富的宝藏，看到先民在创造文化方面，既能‘给予’，也能‘拿来’，怎能不感慨万端。”

季羡林说：“爱国主义情感之所以能够产生，看到自己民族过去的光辉的成就，是一个重要因素。因此，我们从事敦煌学、吐鲁番学的研究，其意义决不仅仅限于学术方面，在启发爱国主义情感方面，在鉴古知今方面，也能够起重要的作用。我想，这个想法会得到我国各民族的同意吧。”（《敦煌学、吐鲁番学在中国文化史上的地位和作用》，收入《佛教与中印文化交流》一书）

2. 西洋文学系老师们和达官兼名士叶公超

季羡林在清华上的是西洋文学系，可毕业证上变成了外国语言文学系，也不知道是什么时候改的名称。本来对学校的期望很高，但是当时的一些老师，不怎么样的居多。这使他很失望。

当时开的课很多，应有尽有。从古希腊、罗马的荷马史诗、悲剧、喜剧、维吉尔等，中间经过中世纪文学、文艺复兴文学的但丁等，一直到 18、19 世纪的塞万提斯、歌德等，直至近代和当代文学，无不包罗在内。莎士比亚专门开课，英国浪漫诗人、当代长篇小说包括所谓意识流小说、欧洲文学史、欧洲文艺思想史、中西诗之比较、文艺心理学、文学概论等，都有专门课程。但是平心而论，讲课好的老师不多。

那个时候的系主任，是王文显教授。王文显，字立山，生于英国，伦敦大学文学学士。曾经短期担任过清华学堂时期的代理校长。他的英文是很好的，能直接用英文写剧本，学生们没有怎么听他说过中国话。他是莎士比亚专家，写过有关莎翁研究的讲义，只是没有出版。他隔一年开一次莎翁的课。在教莎士比亚戏剧的时候，每节课不管是念到哪一句，不管是结束没结束都闭上课本就走人。他就是这个样子，他不大会说汉语。

他也写过戏剧的讲义，讲义大概恐怕也用了十几二十年了，大概也没怎么改。讲戏剧照例是进了教室以后，什么招呼也不打，就念讲义，铃一响，就停下来，不管这句子断了没断，停下来就走，也不跟学生讲话。那时候也没有说是教授进来，站起来，没有这个习惯。王文显的课，每次都让季羡林作笔记，每堂课下来，季羡林的手累得又疼又酸。所以最怕上他的课。戏剧课结束的时候，王文显强调，要求非将他指定的戏本看完不行。王文显教授给学生印象最深的是充当冰球裁判时的洋相，他脚踏溜冰鞋，但是在冰上的功夫明显是不够的，他战战兢兢、如履薄冰的神态让学生们大笑不已。

教授里边的外籍人士居多，不管是哪一国人，上课都讲英语。甚至教德语的老师，也是多数用英语教课。只是在大一开始的时候，教了一段德语的课。

任课的德语老师是杨丙辰，字震文。他当时任北京大学德语系系主任，在清华是兼职教授。他的德语水平应该不错，是在德国学过多年的留学生，并且翻译过德国的名著，如席勒的《强盗》等。

他没有教授架子，平易近人，常请学生吃饭。1932 年中秋节前夕，杨丙辰约学生们到合作社南号喝咖啡，弄了一桌子月饼。吃完了，他又提议到燕京大学去玩儿，一行便载谈载行到了燕大。看到燕园和蔚秀园林木深邃，庭院幽琼，杨先生赞叹不止，说现在人提倡接近大自然，而中国古人早知道接近自然了。

但他教课，却不负责任。教第一个字母 a 时，说 a 是丹田里的一口气。到教 c、b、d，也都说是丹田里的一口气。学生们便窃窃私语：是不是丹田里的一口气我们不管，我们只想把音发准确。从此，“丹田里的一口气”几乎成了他的代号。

他在生活上也很有趣。他同时在五所大学里兼课，月工资可达上千银圆。他住在北大沙滩，有一处大房子，侍候他的人一大群。太太年轻貌美，天天晚上要去看戏。

杨老师推崇佛教的“四大皆空”。这种人生哲学用在教学上，是表现出游戏人生的态度。甚至考试打分，杨老师也不负责任。学生交上卷子，他连看也不看，立刻把分数写上。当时清华的计分方法采取等级制，分为五等：超、上、中、下、劣（用英文字母 E、S、N、I、F 表示）。学生管 E 叫“金齿耙”，管 S 叫“银麻花”，N 是“三节鞭”，I 叫“当头棒”，F 则是“手枪”。季羡林有一个姓陈的同学，脾气粘粘糊糊，交上卷子站着不走，杨老师以为他嫌分数低，立即把 S（第二级）改为 E（最高分）。如此懈怠的老师居然也在北大任教授、系主任，且在五个大学兼课。跟这样的老师学德语，基础自然就脆弱了。

但是杨丙辰对季羡林还是厚爱有加的。在季羡林的眼里，杨先生是一个十足的好人，虽然有时候的课大发议论，宇宙问题，天人问题，谈锋极健，生气勃勃，但往往也能够自圆其说。他讲《浮士德》讲得非常精彩。拜访他的时候，他也谈到各种学术上的问题，他劝学生们要多读书，还替学生们介绍书，学生们觉得他热诚可信。谈的晚了，就在他家吃饭。

一次杨先生请客吃饭的时候，季羡林发现巴金也在座，他感到是个意外收获。他平常读巴金的《死亡》，就对他很留心了，觉得他是个很有希望的作家。

有一次，季羡林和李长之拜访杨先生，他给他们讲了许多话，有很多独到的见解。季羡林觉得他毕竟不凡。而且他鼓励季羡林，叫他不要放弃英文、德文，将来可以靠它留洋。所以季羡林还是很感激杨先生。

还有的老师，自己觉得威风得炙手可热，专门给学生打不及格。每到考试，他先定下一个不及格的指标，不管学生多么用功，也不管学生的实际成绩怎样，定下的不及格的指标却一定要完成。这位老师很快就名扬全校，成了“名教授”。

教三年级德语的是德国人石坦安先生，全名是狄特尔·冯·石坦安。他是德国柏林大学哲学博士，在清华讲授拉丁文。他讲课比较认真，要求也严格，学生还学了点东西。季羡林得到过他的指导。

到四年级，是德国人艾克教他们。古斯塔夫·艾克，字锷风，德国爱尔冷根大学哲学博士。在来清华以前，在厦门大学工作过一段时间，其时鲁迅也在那里，鲁迅写的文章中，还提到过他。他是季羡林的业师，是毕业论文的指导教师。

这又是一位马虎先生，对教书是心不在焉。他讲德语只用英语讲授。有一次学生们要求他用德语讲授，他便哇啦哇啦讲一通德语，速度快得如悬河泻水，使学生们谁也反应不过来，还问学生：你们听懂了什么吗？结果这位老师胜利了，还是用英语教德语。学生们自然是哑巴吃黄连，有苦说不出。

但艾克不是没有水平。他对艺术很有兴趣，在德国主修艺术史，拿到了博士学位。他用德文写过一部《中国的宝塔》的学术专著，在国外颇得好评。还有另一部专著是明代家具研究的，书中附了很多有价值的图表。

他在清华任教，但是住在当时辅仁大学旁边的一座王府，就住在银安殿里。他的工资非常高，又孤身一人，家里雇了几个听差，还有厨师。侍候他的人不少，都住在殿前面的一个大院子里。他对中国名画极感兴趣，收藏了不少名贵字画。坐拥着书城，享受着王者之乐。尤其是他喜欢德国古典诗歌，对季羡林产生了影响。季羡林的学士学位论文《现代才被发现了的天才——德意志诗人薛德林》就是在他的指导下写出来的。

这篇毕业论文是用英文写成的，里边半是想象，半是学术探讨，幻想力很强，受到老师的一定影响。老师自然也很喜欢这篇论文，给的成绩是优（E）。当时季羡林的经济情况很不妙，写了几篇文章，拿了一点稿费，挺高兴的，特意向德国订购了一套薛德林豪华本的全集，虽然念了一些，但觉得是不甚了了的。这套书季羡林一直珍藏着。

1933年暑假，季羡林回济南过。艾克到济南来旅游，住在瀛洲旅馆。季羡林请他到唐楼吃饭，陪他去图书馆，逛了大明湖。艾克对张公祠的戏台大加赞赏，说自己要到灵岩寺去工作。第二天，季羡林买了四盒罗汉饼去瀛洲旅馆送给他，结果他已经走了。

毕业前夕，艾克请季羡林吃饭，饭后送给他一张阿波罗神的像片，季羡林非常高兴。后来艾克成了家，娶了一位中国的女画家，岁数比他小一半，年轻貌美。1946年季羡林回国，看他们的时候，他们请他吃烤肉。

华兰德小姐也是德国人，但是她不是教德语，而是教法语。她年纪很大，头发全白了。由于独身，性情反常，专在课堂上骂人，以此为乐。学生越学得好，她挑不出毛病来，她的火就越大，学生挨骂就越厉害。结果学法语的学生让她骂走了一半，只有季羡林、华罗庚少数几个不怕骂的留下来了。有一次上课竟然只有季羡林一个学生。后来学生们予以反抗，治了她一次，她反而屈服了，从此天下太平。她还请这些学生到她家去吃饭，终于化干戈为玉帛了。

季羡林这个时候还旁听过俄语课。教员是一个白俄，中文名字叫陈作福，个子极高，一个中国人站在他身后，从前面看什么都看不见。他既不会英文，也不会汉文。只好被迫用现在很时髦的“直接教学法”，但是他的教学又不得法，学生听不懂，所以结果并不理想。季羡林只听到讲“请您说”，其余则不甚了了。有一次，季羡林去旁听他的课，他把32个字母念了两遍，就写出字来，让学生念。他的字写的倍儿不清楚，弄得季羡林头昏眼花。上了几次课，只能大瞪其眼，却没有收获。大概只学了一些生词和若干句话，季羡林旁听的兴趣也越来越低，最后终于放弃不听了，季羡林第一次学习俄语的过程就此结束了。

毕莲是一位美国女教授，是美国斯坦福大学的英语硕士，教英语文字学。在大二第一学期的时候，她拿了一本丹麦语言学家论普通语言学的教材当教本，结果把本来不是很难懂的格林定律越讲越糊涂。原来她对古典语言是一窍不通。第二学期，换了课本，她第一堂课讲乔叟的杰作《坎特伯雷故事集》时，大出风头，高声背诵了书中的第一段，让学生们大惊失色。课接着上下去，才发现她的本领也就会背诵这一段。她不懂中古英文文法，学生们只得读翻译成近代英语的乔叟的著作。

教欧洲文学史的翟孟生也是美国人，他用自己著的一部五六百页的巨著当教材。一开始挺能吓唬人，但学生们很快就发现，这部教材除了厚以外，没有任何别的长处。里面涉及到许多世界名著，有一个内容提要，但是却不可靠。原来是他对原著根本就不熟悉，连译本都没有读几本，只是抄了别人书中的一些内容，抄得又极不细心，错误百出。他连抄的耐性都没有，除了中国，不会有人给他出这部书。然而就是这样一个人，却成了当时清华的名教授，简直可笑之至。

温德是教大三法语的美国教授，也教过欧洲文艺复兴文学。他的英文讲得非常好，当时季羡林觉得像吴宓这样高水平的中国教授，再读十年书，也讲不到这个水平。他看了不少书，但没有人知道他是否有学术文章发表。他作为美国人，喜欢的是伊斯兰教。他觉得伊斯兰教的天堂符合他的口味。遗憾的是，伊斯兰教戒酒，而他却总是喝得醉眼朦胧，戴着装反了镜片的眼镜，在清华校园里，也算是一景了。他终身未娶，死在中国，死的时候已经100岁了。在中国起码呆了70年。

还有一位吴可读教授，是英国人，教授大三的中世纪文学。他上课不拿课本，顺口讲，学生则顺手记录。他还讲授现代小说，选了《尤里西斯》和《追忆似水年华》《还乡》以及吴尔芙（一译“伍尔芙”）和劳伦斯的各一部小说作教材，至于懂不懂，则只有天知道了。季羡林当时的感觉是迷迷糊糊，不知所云。他还经常缺课，学生等半天，也不到教室。他好歹敷衍了一学期，让学生们很失望。而一旦学生到的少了，他就拿考试来吓唬学生。有一次的考试居然考法国作家福楼拜的《包法利夫人》，季羡林和同学们只得拼命看，看得头晕眼痛。终于看完了，就大骂这位老外老师。

这些外国教授，除了个别的，大多是草包。他们都在本国大学毕业，但肯定在本国大学当不了教授，有的可以做大学助教，有的可以做中学老师，有的只配当商店店员或者小公务员之类，找不到太好的工作，但到中国来却成为名教授。更为可笑的是，他们在中国并不老老实实当教授，而是来猎奇，看看这个神秘的国度。受好奇心驱使，有的人学了一脸假笑，挤鼻子弄眼，打躬作揖，能说上三句半中国话，便成为中国通，回国去了。不久居然还写出几本大论中国的书，名也有了，财也有了，皆大欢喜。殊不知，这些人花钱雇中国人给他们翻译中国古籍，但是书出版的时候，译者的名字不见了，只剩下他自己的名字。个别杰出者，还靠这本著作在本国大学当了汉学教授，真是滑天下之大稽。在清华，这些非正常途径出身的洋教授，讲课都有点野狐谈禅的味道。所以在规定的所有必修课中，洋教授教的没有一门课让学生们满意。季羡林自己觉得四年下来，收效甚微。尤为可笑的是学了四年的德语，只能看书，却不能听和说，根本张不开口。

那个时候对老师的教学态度，学校没有一个统一的要求。好像当时根本就没有这样的概念。教师也不准备教学大纲和教案。教授在课堂上，可以信口开河。谈天气，可以；骂人，可以；讲掌故，可以；扯闲话，可以。老师愿意怎么讲，就怎么讲，愿意讲什么，就讲什么。天上地下，唯老师独尊，谁也管不着老师。有的老师竟然能够在课堂上睡过去，有的上一年课，不和学生说一句话。有的教授同时在八个大学兼课，必须制定出一个轮流请假表，才能解决上课的冲突。勤勤恳恳的老师不能说没有，但只是少数。老师这样对待学生，学生则以其人之道，还治其人之身。

所以师生之间不是互相利用，就是互相敌对。没有想到师生关系竟然变成这样子的关系：老师为了混饭吃，学生为了拿文凭。

教外语的中国老师，值得后人尊重的是叶公超，但是当时的学生们还没有这个意识。

叶公超（1904～1981），名崇智，字公超，后以字行。广东番禺人，生于江西九江。父叶道绳曾任九江知府。叔父叶恭绰是清末民初大学者、大藏书家，并以诗书画名世。叶公超自幼失怙，由叶恭绰抚育成人。叶恭绰生于清光绪七年，7 岁能诗文，18 岁应童子试，以《铁路赋》获第一名。民国时期，历任铁道部、交通部部长等职，为中国早期的交通事业做了不少有益的工作。叶恭绰是著名的文学家、书画家、文物鉴赏家，是一代著名学者。而且他品德高尚，更为后人所敬仰。1931 年，他 50 岁生日，作为交通部长，收到的礼物、寿金很多，但他把所得捐作当时的水灾赈济。他购藏了大量文物，但不是囤积居奇，待价而沽，而是为了保护祖国文化遗产，使之不流于外国人之手。一次他重金购得稀世珍品——晋朝王献之的《鸭头丸帖》真迹，慨然捐献给了上海博物馆。叶公绰诗文书画比其官衔更出名，还玩得一手好古董。中国士大夫本来就是诗、士、仕三位一体。

叶公超有家学渊源，后来所继承的也是这祖上的风气。叶公超五四运动时在天津南开中学读书，是“南开救国十人团”的核心人物。中学没有读完，就远涉重洋，赴美求学，先后在伊利诺州的尔宾纳中学、缅因州的贝兹大学和麻州的爱默思特大学攻读。后到英国剑桥大学玛地兰学院深造，获文学硕士学位，接着又到法国巴黎大学研究院短期研究。1926 年秋回国，即任北京大学及北京师范大学英文系讲师，兼编《北京英文日报》和《远东英文时报》，并很快成为北京“新月社”中的一员，与胡适、徐志摩、梁实秋等建立了亲密的友谊。他用中文写的第一篇文章，即介绍英国戏剧家辛额其人其剧的《辛额》，就发表在徐志摩主编的《晨报副刊·剧刊》上。其时叶公超年仅 23 岁，显示出他的少年英才，意气风发。（陈子善：《水木清华地　文章新月篇——〈从印象到评价——叶公超批评文集〉编后》）

季羡林在清华上学期间，叶公超对他的帮助是很大的。季羡林的大一英文课，是叶公超上的。季羡林觉得他的教学方法非常奇特。他教的是基础英语，用的课本却是英国女作家 Jane　Austen 的小说《傲慢与偏见》，季羡林说：“他的教学法非常离奇，一不讲授，二不解释，而是按照学生的座次（学生的座次是并不固定的）从第一排右手起，每一个学生念一段，依次念下去。念多么长？好像也并没有一定之规，他一声令下：Stop（停）！于是就 Stop 了。他问学生‘有问题没有？’如果没有，就是邻座的第二个学生念下去。有一次，一个同学提了一个问题，他大声喝道：‘查字典去！’一声狮子吼，全堂愕然、肃然，屋里静得能听到彼此的呼吸声。从此天下太平，再没有人提任何问题了。”（《学海泛槎——季羡林自述》，山西人民出版社 2000 年版，第 10～11 页）季羡林很佩服他的英文水平，而且他对英国的散文很有研究，只是季羡林对他的作品还接触不多，以为他惜墨如金，没有写过文章。

在季羡林眼里的叶公超很少着西装，经常是夏天绸子长衫，冬天是绸缎长袍，绸子棉裤，裤腿用丝带系紧，而丝带的颜色又和棉裤不同，非常鲜艳。裤腿上打的结子呈蝴蝶状，一走路，蝴蝶的翅膀微微抖动。脚下穿的是皮鞋。头发或者梳得光可鉴人，或者干脆不加梳理，让它像乱草一样。这种"潇洒"相，季羡林这些学生在背后议论纷纷，说他是在那里学名士。但觉得他又不是真名士。真名士是俞平伯。俞平伯有直率天真、一任自然的风格，而叶公超则难免有引起"轰动效应"之嫌。所以他们把叶公超归为"假名士"，把俞平伯归为"真名士"。

因为这个原因，季羡林对叶公超印象不好，认为他很乖戾，所以一直不愿意去找他。后来李长之告诉，说他一点也不乖戾。1933 年，有一次季羡林与林庚晚上去找他，谈得很深，一直谈到 11 点。他们谈中国文坛上的人物，当时叶先生要办一个刊物，有约季羡林帮忙的意思。季羡林对他说自己很喜欢写随笔，叶先生鼓励他，给了他许多具体的指导意见，还笑着说中国文坛上缺少写随笔的人，让季羡林努力去做。而且叶先生竟然对季羡林在第一年的事情，都记得非常清楚。这使季羡林很是感动，并且改变了以往对他不好的印象。

以后，季羡林写了文章，便给叶先生看。季羡林的《年》《枸杞树》《兔子》都给他看。叶先生看过后，写了一封信，说他已经看过了，印象很好，并且约季羡林到他家去面谈。季羡林便约了李长之去他家。叶先生说，他喜欢《年》，因为《年》写的不是小范围的感情，而是扩大的意识。他希望季羡林以后写文章一定要朴实，要写扩大的意识，一般人的感觉，不要写个人的怪癖，描写什么早晨、黄昏，这是无聊的。经老师这么一说，季羡林茅塞顿开。他觉得以前实在没有把眼光放这样大，觉得老师给自己指出了一条路，而这条路又是自己愿意走的。对于《年》，自己喜欢，但是生怕别人不同意自己的观点，几天了，一直在为此事苦恼。现在既然得到叶先生的赞同，自己怎么能不高兴呢？叶先生还建议把《年》改几个字，在《寰中》上发表。

在文学方面，季羡林把叶公超归入文坛上的新月派。叶公超是在 1929 年离上海到北平的，担任的是清华大学西洋文学系教授兼北京大学讲师。叶公超主持过《新月》后期的编务，作者中出现葆华（曹宝华）、中书君（钱钟书）、常风、灌婴（余冠英）、长之（李长之）、曦晨（李广田）、孙毓棠、卞之琳、杨季康（杨绛）等一批新人。这些人都是他的学生，他们都是因投稿《新月》而成名。"他主持《新月》期间，是杂志最浪漫、最醇厚的一段，他理想中的《新月》，不是刀光剑影的古战场，而是月下把酒论诗的田园梦。他看人论物，也不以圈子为重，能够超越党派之争，持公正之论。"（许纪霖：《谁是叶公超》）

《新月》停刊后，叶公超又与闻一多、林徽因、余上沅创办《学文》月刊。这个刊物的同仁基本上是《新月》的原班人马，作者队伍也吸收一批清华、北大的高材生，其中有钱钟书、季羡林、杨联升等人。季羡林写过一篇散文《年》，就是叶公超帮助在他主编的《学文》上发表的。他认为季羡林的这篇散文，写的不是小思想、小感情，而是人类的普遍感情、普遍思想，或者是人类的普遍意识。但是文章的最后有一句话："一切都交给命运去安排吧！"不意引起当时的左派刊物的嘲讽，以为季羡林是个什么教授，嘲笑这句话是没落的教授阶级垂死的哀鸣。而叶公超有这么高的评价，自然一下子把季羡林美得不得了，欣然自得，大有受宠若惊的感觉。于是又写了一篇《我是怎样写起文章来的?》，送给他，以表巴结之意。没有想到，他大发雷霆，把季羡林叫了去，铁青着脸，一脸的怒气，大吼一声："我一个字也没有看！"把季羡林吓得目瞪口呆，拿了文章走人。杂志办得很有影响，证明他是一个有事业心的人。可惜的是，该杂志出版到第 4 期，就因为经费问题和叶公超出国休假而停刊了。

而且他也是一个愿意动脑筋的人，还经常和学生讨论。有一次，他告诉几个同学，正考虑一个问题：在中国古代诗歌中人的感觉——或者只是诗人的感觉的转换问题。他举了一句唐诗："静听松风寒。"最初只是用耳朵听，然而后来却变成了躯体的感受"寒"，表示他在考虑一些文艺理论的问题。(《学海泛槎——季羡林自述》，山西人民出版社 2000 年版，第 11～12 页)

而季羡林当然也愿意讨论，于是在天津的《大公报·文学副刊》上发表了一篇散文，谈了自己对叶公超观点的看法。

季羡林在三年级的时候，叶公超仍然给他们上课，用的课本是学校给订购的《主要的现代诗人》，打七折还卖 9 元 7 角，印刷非常精美。有一次，在上课的时候，叶公超在黑板上写了美国诗人卡明斯的一首诗，非常好，字很少，但是给人一个很深的回音。叶公超给学生们说，卡明斯是哈佛大学的毕业生，对他的评价颇有争议，有人称他为最伟大的诗人，有人则骂他。无论如何，他的诗形式独特，语言优美，对现代诗人是有广泛影响的。有时候，叶公超的课讲得很好，让学生对诗发生兴趣。有时候，叶公超的课讲得不高明，甚至也有胡诌八扯的。他也有干脆缺课的时候。他给学生指定的杂志，使季羡林对现代诗产生了很大的兴趣，想把老师给指定的杂志都读读，然后写出一篇现代诗歌的论文。

在学生们的眼里，叶公超的脾气古怪，几乎是喜怒无常。季羡林和李长之去拜访他，明明在家里，却偏让家人说出去了。学生们感到莫名其妙。

后来，叶公超先后到北大、西南联大工作，在北大当过外文系系主任。在西南联大工作时，闻一多曾说过叶公超是"二毛子"，因为他的英文比中文好。胡适对他的评价也甚高，说他的"英文是第一等的英文，他说得更好，就是外国一般大政治家也不见得说得过公超。”1998 年北大百年校庆纪念时，西语系把叶公超和当时的美国总统艾森豪威尔谈话的照片印出来，说明他在当时的地位是多么显赫。

据说叶公超讲文学课有声有色。他和得过诺贝尔文学奖的艾略特有交往，是第一个介绍英国诗人艾略特的人，他的女学生赵萝蕤是第一个把艾略特的名作《荒原》翻译出版的学者，她谈“才华出众的叶公超先生”，无不表示自己的敬意：“他一目十行，没有哪本书的内容他不知道，作为老师，我猜他不怎么备课，只是凭自己的才华信口开河，说到哪里是哪里，反正他的文艺理论知识多得很，用十辆卡车也装不完的。”

无论如何，季羡林是非常感激叶公超的，认为自己一生舞文弄墨，受影响最深的有三个人：董秋芳、叶公超，还有郑振铎。

3. 性格乖戾的吴宓

吴宓（1894～1978）字雨僧，又字雨生，早年名玉衡、陀曼。陕西关中泾阳以北嵯峨山麓安吴堡人。吴宓生于一书香门第。其嗣父吴建常曾任靖中军秘书长，后任凉州副都统。吴宓幼读孔孟，1910 年考取清华留美预备学校，由陕西提学使咨送赴京。1913 年外务部所属令各省提学使招考“游美第二格学生”，规定考生年龄最大限是 15 岁，但这年他已经 17 岁。为报考“游美生”，便更改年龄和名字。他取手中携带的《康熙字典》，闭目翻开某一页，用手指确指一字，得“宓”字，即报填“吴宓，泾阳县人，年十五”。“于是吴宓之名遂立，而后所犯之错误，所加之罪名，悉与吴宓二字相连属，相终始矣!”（《吴宓自编年谱》）这一招终于使他得以赴弗吉尼亚大学留学，后来因为慕美国著名保守主义文论家白璧德（Irving Babbitt）之名，又进入哈佛，与梅光迪一同师事白璧德。以倡导古典主义，捍卫固有文化为己任，在文学研究上特别重视文学的伦理作用，是白璧德教授的中国真传弟子。1921 年获硕士学位回国，到东南大学（今南大前身）任教授。但是，是时的东南大学，人际关系复杂，内部斗争激烈，正直的、有才学的人寡不敌众。吴宓坚辞了东南大学的教职。

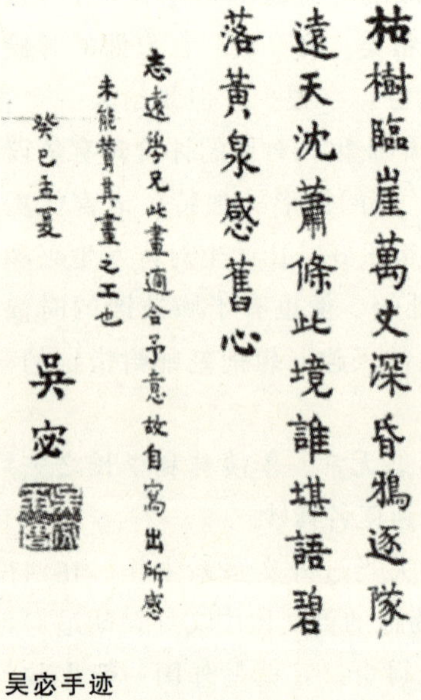

吴宓手迹

吴宓1924年底被聘为清华教授。此事的促成与梁实秋有关。原来在1923年3月，清华高等科四年级学生梁实秋等三人到南京东南大学游览、参观，梁实秋连续去听了吴先生两三日的《欧洲文学史》课。当时，吴先生所讲的内容是卢梭的生活和著作。听课之后，梁实秋并未去拜访吴宓 。回校后，即在《清华周刊》上发表文章，评论东南大学的学风之美，师饱学而尽职，生好读而勤业。梁实秋的文章述及吴宓讲卢梭课，不开书本，不看笔记及任何纸片，而内容丰富，讲得井井有条，滔滔不绝。说当时清华正缺良好的教授，这是共识。并说，吴先生亦是清华游美同学，而母校未能罗致其来此，是非常遗憾的事情。吴宓说："此亦与清华之聘宓往，有关。"后来梁实秋游美留学也到了哈佛，同样师从白璧德教授。明显是受到吴宓影响。

原来的清华学校，本来是一个普通的留美预备学校。学生到这里来，主要是念英文，然后念一些欧美的文化，也念一点中国的传统文化。它就是一个预备学校。但是1924年的时候，曹云祥校长觉得这样是不够的，应该提高这个学校的水准，清华学校应该改办大学，同时设立研究院。曹云祥1924年2月22日致函胡适，想聘请他担任筹备大学顾问（耿云志主编：《胡适遗稿及秘藏书信》）。同时，又动员胡适出任筹建中的清华研究院院长（职位同各系科主任）。胡适推辞不就院长（后改为吴宓任主任），但建议曹校长，应采用宋、元书院的导师制，并吸取外国大学的研究生院的学位论文的专题研究法。因此，清华研究院的导师制是曹云祥校长根据胡适的提议设立的。曹云祥首先从国学来开始建设，就找了胡适，请胡适到清华来做研究院的导师。胡适说："我没有资格，给你推荐几个人。"就是梁启超、王国维、章太炎、赵元任。后因章太炎不就，而改聘陈寅恪（由吴宓推荐）。梁启超是胡适少年时代的精神偶像，赵元任是胡适留美时的挚友，王国维的学问是胡适很敬重的。当时决定聘用王国维为研究院院长。

1924年12月8日，胡适陪同曹云祥校长拜访了王国维，第二天，曹云祥在致胡适的信中这样写道：

适之先生台鉴：

昨承偕访王静庵先生，晤谈之后，曷胜钦佩。敝校拟添设研究院，即请王君为该院院长。兹将致王君一函并聘书送请察阅，如蒙同意，即祈转致，并恳玉成是荷。

此颂

道安

曹云祥谨启

十二月九日

（耿云志主编：《胡适遗稿及秘藏书信》）

但是王国维无意当院长之职。于是聘请了研究院筹备处主任，就是哈佛大学毕业的吴宓先生。但是吴宓自己谦虚，始终不愿意称主任，而是自称秘书。清华国学院一成立，吴宓就宣称本院与其他大学的不同之处在于重视“科学方法”。

清华研究院和四大导师，是清华人文学科最初的辉煌，也是最终的辉煌，后来一直没有超过四大导师那个时期。

吴宓作为筹备处主任，去请王国维到学校来担任导师。他到了王国维家里，行三叩首礼，使得王国维很感动，觉得吃洋面包的这个年轻人还很尊重自己。所以很痛快地答应了。1925 年，王国维住进清华南院靠西的这排中式房屋。每天上午，他从这里走到清华学堂上课。下午和晚上，王国维回到书房读书和写作，过着他内向而不善交际的生活。就是在这里，他写出了 20 世纪中国美学的重要成果《人间词话》。王国维精通英文、德文、日文，使他在研究宋元戏曲史时独树一帜，成为用西方文学原理批评中国旧文学的第一人。

吴宓和梁任公又向曹云祥校长极力推荐陈寅恪，因为他觉得陈寅恪学问实在不在三位先生之下。吴宓是最早发现并惊服陈寅恪才能之人，早在留美结识陈寅恪时，即驰书国内，断言“合中西新旧各种学问而统论之，吾必以寅恪为全中国最博学之人”。经过他的推荐，清华国学院三天之内就下聘书。当时，陈先生还在柏林大学学习。1925 年，陈寅恪从德国回来，走进清华园。陈寅恪 13 岁开始留学生涯，足迹遍及日本和欧美，但却一个学位也不要。他既有旧传家学，又精通十多种外语，被世人称为“教授的教授”。

吴宓又聘请了赵元任。

除了吴宓，还有一位导师没有进入国学院“四大”，就是人类学和考古学之父李济。李济是 1911 年考入清华，因为善于辩论和演话剧而闻名全校。国学院成立时，梁、王、陈、赵（元任）是教授，李济是讲师，年仅 29 岁。可能是因为年龄太小，也因为人类学和考古学不被视为“国学”，因此李济有大师的身价，却没有大师的称号。

吴宓到清华，是其人生的转折点。季羡林说：“他坦诚率真，十分怜才。学生有一技之长，他决不掩没，对同事更是不懂得什么叫嫉妒。……也许就是由于这个缘故，他在清华作为西洋文学系的教授而一度兼国学研究院的主任。”在国学研究院的四位学术大师几乎不分伯仲，成为美谈。《吴宓自编年谱》云：“宓持清华曹云祥校长聘书，恭谒王国维（静安）先生，在厅堂向上行三鞠躬礼。王先生事后语人，彼以为来者必西服革履、握手对坐之少年，至是乃知不同，乃决就聘。后又谒梁启超先生。梁先生极乐意前来。”

“清华四才子”任何人都比吴宓学问大、影响大，他如果没有大家的胸襟，是不会怀着崇敬之情，聘请比自己强的人来自己主事的窝子任职的。吴先生一生聘用、推荐、造就了成批优秀人物，培养了一批优秀的后学如王力、钱钟书、贺麟、季羡林 、李赋宁等，正所谓英雄惜英雄，惺惺惜惺惺。

从 1928 年 1 月起，吴宓为天津《大公报》主编《文学副刊》，到 1934 年 1 月停止，吴宓总共编辑了 300 多万字，在《文学副刊》上面发表的文章大约有 100 多篇，所撰编者按语更是不计其数。在他的努力下，《文学副刊》获得各界好评。该刊以报道文学发展动向、发表文学作品为主，以学院派风格见长，内容包括最近的文学事件和最新的书籍、期刊介绍、作品发表。在风格方面不拘一格，新诗、旧诗纷呈，文言文、白话文并用。该刊还通过纪念世界文化名人，介绍中外杰出的文学家、史学家、艺术家和他们的作品，广开读者心智。当时吴宓任教于清华大学，副刊的编辑通讯处也设在清华大学内。每期稿件都是由他在北平编好后再寄往天津，交《大公报》发表。他精选材料，不畏不惧，不慌不怠。“他对工作十分认真负责，从组稿、写稿、编稿到版面都由他一个人来组织筹划。所有的稿件，都是字字工整，非常清楚，就是别人的稿件，字迹不清楚的，都要重抄一边，生僻的字，在旁边空白处另外写一个大的，还画上一个小圈。至于用什么字号，用什么格式，均用红笔加以说明，字迹同样是工工整整，一笔不苟，为排字房提供了诸多便利，同时也表现出一个文学家的严谨，对编排技术的追求。他对编辑业务的严肃认真给《大公报》人留下深刻的印象，受到赞誉。”（侯杰、秦方：《吴宓与〈大公报·文学副刊〉》）他在选稿的时候，非常注意稿件的质量。对于一些有潜力的作者，他极力推荐，还积极鼓励他的学生如贺麟、季羡林等向《文学副刊》撰稿，并给予切实的帮助，以促进青年的成长。为了提高《文学副刊》的学术价值，他也积极向各位知名学者广泛约稿。

吴宓在清华给季羡林上的课有两门：“英国浪漫诗人”和“中西诗之比较”。前一门课，他让学生们背诵浪漫诗人的诗句，有时候要求背得很长很长。后一门课，他讲的是一些中国的古诗和西方的诗，也讲一点有关理论。只是季羡林已经没有什么印象了。在他的影响下，季羡林当时也写了一篇中西诗学比较的论文，是把陶渊明与英国的一个什么浪漫诗人作了一点比较，自己觉得因为有点拉郎配的味道，所以也比不出什么名堂。

吴宓的比较文学研究没有什么文章发表，季羡林没有看到这方面的文章。季羡林看到他的文章，大多是连篇累牍论述白璧德的。

即使这样，在这之前，季羡林和吴宓的接触也是并不很多的。到 1933 年，季羡林结束了大三的课程上了大四，与吴宓的接触才多起来。

听同学王岷源说吴宓流露过一个意思，想找学生们帮忙办《大公报·文学副刊》，季羡林一时冲动，很想一试。他自己曾经翻译过一篇《从马洛到歌德浮士德传说之演变》的文章，便抄好了稿子，在歌德百年祭的日子，找了几次总算找到了吴宓。吴宓和他谈系里的各种功课，谈《大公报·文学副刊》。他让季羡林读伦敦《泰晤士报·文学副刊》。季羡林以后便经常去拜访吴宓，一方面感到他说话非常坦率，另一方面也感到他性情古怪，神经兮兮的。季羡林写的一些文章，请吴宓指正。当他从吴宓那里拿到10元的稿费时，那个高兴劲，是可以设想到的。吴宓也出一些题目让季羡林写，如纪念美国诗人萨拉·蒂斯代尔的文章，就是布置给他的任务。季羡林从图书馆借了美国自由派的评论周刊《新共和》和其他参考书，忙着准备。还有李后主的年谱和传略，也不得不对付。西洋文学系开会，吴宓作为系主任摇头直臂，神气十足，令人喷饭。最后，吴宓开的中西诗之比较课，季羡林的论文只给了个Ⅰ分，是"当头棒"，第4等。他自己觉得受了好大的委屈，因为别人的论文有不如自己的，但是也拿到了该拿到高的分。拿到分的那天晚上，心里那个不痛快，一直没有办法扭转。他觉得自己是受了侮辱，在心里骂了一句：真浑天下之大蛋！

在吴宓的鼎力推荐下，季羡林和几个舞文弄墨的青年学生，经常给《大公报·文学副刊》写些书评和散文一类的文章，因而他们无形之中形成了一个小团体。学生们经常到他那在工字厅的住处去作客。工字厅这个院落，荷花摇曳，藤萝缠绕，吴宓的住处称之为"藤影荷声之馆"，屋里挂着黄节题写的"藤影荷声之馆"字幅。吴宓自称"奠居"，希望以后有更合适住这里的人来住，自己不过是为他们将来在这里住得更好，打个前站。他甘做清华名师的护卫走卒。有时候，他也请学生们到工字厅的教授餐厅去吃西餐。过去吴宓请吃饭的时候经常是1毛5分钱的客饭，所以对他请客，不是太感兴趣。但是去了，才发现这次是颇耗费的。那是在1933年11月24日，吴宓请他正式吃西餐，季羡林因为是第一次吃西餐，刀叉布前，眼光耀目，他只得模仿别人的样子，拿刀拿叉。在饭局上，季羡林看到当时的年轻教师王了一（王力），谈到他在法国留学的经验，没有公费，没有私费，只得凭自己给商务印书馆翻译书稿挣钱。他的这种精神，给了季羡林很大的勇气。虽然没有机会与王力说上几句话，但从此就认识了他。这在当时教授和学生之间存在着一条看不见但感觉得到的鸿沟的情况下，是非常难能可贵的。每念及至此，季羡林就感到一阵温暖。

让季羡林感到温暖的当然还不止这些。学生们还可以无拘无束地通过刊物与教授们开玩笑。当时他们常开玩笑的教授有两人，一个是俞平伯，一个就是吴宓。

学生们办有一个杂志叫《清华周刊》。该杂志形式活泼多样，文章生动犀利，图文并茂。有一天，俞平伯大发豪兴，剃了个光头，大摇大摆走上讲台上课，学生们感到愕然。于是学生们就在周刊上发表了文章，讽刺俞平伯要去当和尚。

在季羡林他们这些学生眼里，吴宓是一个奇特而矛盾的人。李森在《吴宓：在联大受气》一文中这样形容吴宓：吴宓先生真是举世无双，只要见他一面，就再也忘不了。吴先生的面貌呢，却是千金难买，特殊又特殊，跟一张漫画丝毫不差。他的头又瘦削，又苍白，形如炸弹，而且似乎就要爆炸。胡须时有迸出毛孔欲蔓延全脸之势，但每天清晨总是被规规矩矩地刮得干干净净。他的脸上七褶八皱，颧骨高高突起，两腮深深陷入，两眼盯着你，跟烧红了的小煤块一样——这一切，都高踞在比常人高半倍的颈脖上；那清瘦的身躯，硬邦邦，直挺挺，恰似一根钢棍。季羡林认为，他古貌古心，表里如一；在别人写白话文、写新诗的时代里，他写古文、写旧诗；他反对白话文，但又十分推崇白话写成的《红楼梦》；他能同青年学生们来往，但是又显出一副俨然凛然的样子；他看起来严肃、古板，但又颇有一些恋爱的浪漫史。而和吴宓开的玩笑正是由于他谈恋爱引起的。

有一次，吴宓高兴起来，把自己搞恋爱、大写其恋爱的诗《空轩十二首》在课堂上发给同学们。大概是在1933年，吴宓与毛彦文恋爱失败后，写成《海伦曲》长诗，以旧体诗写西洋故事；又作《空轩十二首》，每首咏与其相知的现代女性，自题"中国诗人，自《离骚》以下，常以男女喻君臣之际会。西方诗人如但丁，罗色蒂女士等，则以男女喻天人之接引……均以男女至情，可以深托思慕，其苦乐成败，又极变化奇诡之致故也。"就在毛彦文出嫁之日，吴宓独坐在空房作组诗，发泄烦恼：

一

吴宓苦爱毛彦文，三洲人士共惊闻。
离婚不畏圣贤讥，金钱名誉何足云！

二

作诗三度曾南游，绕地一转到欧洲。
终古相思不相见，钓得金鳌又脱钩。

三

赔了夫人又折兵，归来悲愤欲戕生。
美人依旧笑洋洋，新妆艳服金陵城。

四

奉劝世人莫恋爱，此事无利有百害。
寸衷扰攘洗浊尘，诸天空漠逃色界。

当时吴宓苦恋毛彦文已经多年，而且已办理了与原妻陈心一离婚的手续，无所顾忌地追求毛彦文，不料毛彦文竟不顾吴宓的一片相思情，嫁给了一垂垂老翁、国民党的要员熊希龄，在南京结了婚。吴宓悲愤欲绝，写成这组诗，用以消除胸中块垒。诗中的三洲，是欧、亚、美，说明知道他的浪漫韵事的人包括了三洲的人士。这虽是夸大其词的说法，但知道的人确实不少。甚至当时的一些大报上也不断有借此攻击吴宓的。针对这些攻击，吴宓声明："你们攻击我的学术，那么来吧，要是攻击我的名誉，我吴宓本无名誉可言，随你们去。”

他继续用自己的诗来发泄失恋之情：

渐能至理窥入天，离合悲欢各有缘。
侍女吹笙引凤去，花开花落自年年。

又有一诗云：

始信情场原理窟，未甘术取任缘差。
（赵毅衡：《吴宓没有写出的长篇小说》，《世纪中国》2002 年 5 月 17 日）

这发给学生的 12 首诗，季羡林知道都是意有所指的。但确切地指什么，学生们并不清楚。学生们只知道，他追求毛彦文是非常辛苦的。诗句中有一句说“吴宓苦爱毛彦文，三洲人士共惊闻”，是夫子自道。由此事引得编《清华周刊》的秀才们，把这些旧诗翻译成白话，刊出一首《七律今译》，与吴宓开了一个不大不小的玩笑。这首七律的前半阕，直到现在季羡林还记得：

一见亚北貌似花，顺着秫秸往上爬。
单独进攻忽失利，跟踪盯梢也挨刷。

下半阕的最后一句，季羡林也还记得，是“椎心泣血叫妈妈”。诗中的人物简直呼之欲出。亚北代指一位姓欧阳的女同学，其时是西洋文学系的学生，是吴宓当时所追求的对象之一。玩笑开到这个份上，吴宓一笑置之，不以为忤。

学生们与俞平伯和吴宓这样的教授开玩笑，自然觉得好玩，而威严方正的教授们也不以为忤，无形之中，就填平了老师和学生之间的鸿沟。

后来季羡林离开了清华，在以后漫长的几十年里，他们师生之间几乎很少见面。只有在 1961 年的八九月间，吴宓从四川北上北京，晤贺麟、钱钟书、季羡林、李赋宁等旧日朋友和学生。季羡林在北京大学燕东园李赋宁的家里，拜见过他。那次会面，师生之间娓娓语家常，谈体会，其乐也融融。吴宓在抗战期间去了西南联大，北大和清华复员到北京，他没有回去，而是留在了四川。

听说吴宓在昆明西南联大时不但被人际关系搞得头疼，他的爱情生活也是很不顺心。昔日追求的恋人毛彦文，此时已经成为熊希龄遗孀，重追的结果还是吃了人家的闭门羹。追求女学生张氏自比“妙玉”者，人家又只收礼物、只谈诗。谢冰莹《红学专家吴宓》一文更叙及吴宓在西南联大时爱上了一位非常漂亮的女生，说吴宓去拜访她，女生说："谁呀?"门外吴宓学着小生的声音回答："吴宓来也!"女生故意大声说："不在家。"而吴宓仍然是小生唱戏的语调："吴宓去也，明日再来。"女生不客气地说："讨厌。"吴宓忙说："岂敢！岂敢!"哼着唱戏的调子走了。同时，他还为自己的女儿上学、转学之类的事情苦恼得很。他想离开联大，但又舍不得联大，反反复复，心情很矛盾。由是他的情绪很不稳定，力量积压，不免会爆发出来。

有一次，他将清华的聘书拿到教务处办公室，在那儿大发雷霆，说学校和系里都不重视他。他越说越气，愤怒难平，出来后将食堂的竹帘一把扯下，丢到水中。

又有一次，他对一家饭馆起名为"潇湘馆"大为不满，喝了两杯酒壮了胆之后，就大喊要砸掉那个牌子。老板和众人问他为什么要这么干，吴宓说："你取什么名字不行，干么要糟蹋黛玉的令名和形象?"

吴宓虽然不关心政治，但也偶有出人意料之举。

有一次在陕西，国民党三青团的党棍想通过他的嗣父邀请他去讲《红楼梦》，被他拒绝，理由是他不想对牛弹琴。这说明他在大节上是不让步的。1972年，他79岁。全国掀起"批林批孔"运动，"小将们"问他对此运动的看法，他说："我只批林，不批孔。"小将们强迫他喊"批林批孔"，他大声说："宁可杀头，也不批孔!"这一点，跟梁漱溟的立场完全一致。吴宓先生后半辈子被整得很惨，这不说大家也都知道。在弥留之际，他大声喊道："我是吴宓教授，给我水喝！我要吃饭，我是吴宓教授!"喊声十分悲惨，至今，他的声音还让极少数当时的听者潸然泪下。(李森：《吴宓：在联大受气》)吴宓曾被红卫兵脱光衣服后，置于旷地，水浇棒击；变相监禁期间，求喝小便而不得，真是一切的感慨，都给打上不堪的烙印。

季羡林后来在为《第一届吴宓学术研讨会论文选集》(陕西人民教育出版社1992年版)所作的序言中写道："将近60年前，我在清华大学外国语言文学系读书时，听过雨僧先生两门课……一方面我们觉得他可亲可敬"，"但是另一方面，我们对他非常不了解"。"我们对他最不了解的是他对当时新文学运动的态度"，"这种偏见在我脑海里保留了将近60年，一直到这一次学术讨论会召开，我读了大会的综合报导和几篇论文，才憬然顿悟：原来是自己错了。""我痛感对不起我的老师，我们都应该对雨僧先生重新认识，肃清愚蠢，张皇智慧，这就是我的愿望。"事实上，季羡林和他当时的同学有一个成见，把胡适、陈独秀和鲁迅等人划在新派，把吴宓等人所代表的学衡派划在旧派，认为旧派复古保守，开历史倒车。所以他们无不崇拜新派，厌恶旧派。

1960年以后，季羡林发现，五四运动的大方向虽然是正确的，但是主张有些过激，也有一些偏颇之处，甚至是严重的错误，如主张打倒孔家店，对中国的旧文化不分青红皂白一律扬弃，得到当时青年们的拥护，这与后来的文化大革命是有相通之处的，其错误是显而易见的。吴宓在当时能够挺身而出，反对这种偏颇，季羡林感到他的了不起，是有先见之明的。而当时把他视为顽固，视为逆历史潮流而动，实在是天大的冤枉。

4. 女作家冰心

冰心，中国现代文坛巨匠。原名谢婉莹，1900 年 10 月 5 日出生于福建福州，祖籍福建长乐。1900 年随父母先后移居上海、烟台、北平。1914 年考取北京贝满中学，1918 年升入协合女子大学。积极参加过“五四”运动。在“五四”运动的革命浪潮的激荡下开始写作，最初的文章发表在《晨报》上。1923 年燕京大学毕业，获学士学位和金钥匙奖。1923 年获美国威尔斯利女子文理学院奖学金赴美深造，1926 年毕业，获硕士学位。

1926 年回国后，任教于燕京大学、清华大学和北平女子文理学院。抗战时期先到云南昆明，后到四川重庆。1946 年赴日本，曾在东京大学（原帝国大学）任教。1951 年回国。1954 年以来曾被选为第一、二、三、四、五届全国人民代表；第五、六届全国政协常务委员。1979 年第四次全国文代会上被选为中国作协理事，中国文联副主席，同年被选为中国民主促进会副主席，1985 年第五次全国文代会上被选为中国作家协会顾问，1987 年被选为中国民主促进会名誉主席。

季羡林在考入清华时，同北大不一样，清华报考时不必填写哪一个系。录取后任你选择。觉得不妥，还可以再选。季羡林最初想选数学，但是终因中学时基础差而放弃，后来选的是西洋文学系。西洋文学系有一个详尽的课程表，从古典文学一直到现当代文学，应有尽有。课程有“古典文学”、“中世纪文学”、“文艺复兴时期文学”、“英国浪漫诗人”、“现当代长篇小说”、“英国散文”、“文学批评史”、“世界通史”、“欧洲文学史”、“中西诗之比较”、“西方哲学史”等等，都是每个学生必修的。讲课基本上都用英文。

冰心

当时旁听之风很盛，授课教师大多不以为忤，听之任之。但也有碰钉子的时候。当时冰心女士蜚声文坛，1921 年后，文学研究会就出版了她的小说集《超人》，诗集《繁星》，1926 年后，北新书局又出版了她的诗集《春水》和散文集《寄小读者》，1932年北新书局出版了《冰心全集》，分集出版的有《往事》《冬儿姑娘》等，大名震神州。冰心在燕京大学教大一“国文”和“写作”时，有别具一格的指导方法。

清华当然也请她来教一门什么课。学生中追星族也大有人在，季羡林和李长之、林庚、吴组缃也在其中。他们都到三院去旁听，屋子里面座无虚席，走廊上也站满了人。冰心先生当时不过三十二三岁，头上梳着一个信基督教的妇女王玛丽张玛丽之流常梳的簪儿，盘在后脑勺上，满面冰霜，不露一丝笑意，一登上讲台，便发出狮子吼：“凡不选本课的学生，统统出去！”季羡林他们相视一笑，伸伸舌头，立即弃甲曳兵而逃。

后来到了50年代，季羡林同她熟了，笑问她这件事，她笑着说：“早已忘记了。”

季羡林特别欣赏冰心给别人题写的座右铭：“知足知不足，有为有不为。”他觉得，每个人都能满足于已经得到的东西，则社会必能安定，天下必能太平。冰心的意思，是劝人少存非分之想。知不足，是要求人知道自己的不足之处、不够完美的地方。中国有一句老话：“学如逆水行舟，不进则退。”只有知不足的人才能为人类文化做出贡献。有为是应该去做的事情，中国古人说：“勿以善小而不为，勿以恶小而为之。”凡是对国家有利、对人民有利、对人类的发展有利的事情，都是应该去做的。因为非常欣赏这个座右铭，所以季羡林也给别人题写过。

5. 美学家朱光潜

季羡林在大学期间获益的课程中，有一门是朱光潜开的“文艺心理学”。朱光潜(1897～1986)，笔名孟实，美学家、文艺理论家、翻译家。安徽桐城人。1922年毕业于香港大学文科教育系。1930年获英国爱丁堡大学文科硕士学位。1933年获法国斯特拉斯堡大学文科博士学位。1933年回国后，执教于北京大学，担任教授。他在清华大学是兼课。

季羡林在清华的日记里，是在1932年10月14日提到朱光潜开的“文艺心理学”课程。当时，他刚刚因为母亲故去还乡治丧回到学校不久，脑子里一直不相信母亲会真的死去，心情极其不好。课是在晚上上的，他听的是一塌糊涂。后来的课，朱先生讲心理距离与近代的形式主义的问题。季羡林联想很多，他想，真的能把一切事情放到某一种距离去看，对实际人生，他看到的只有抽象的美好、友谊等。但是这些东西，实在又都包括在实际人生里面，对实际人生不太远，也不太近，是不即不离。一方面使人看到美，另一方面，也不太玄虚。他由此又联想到当时读薛德林的诗作的感受，觉得薛德林是把自己禁闭在“自己”里，去构想作成诗，在幻想里创造了美，再把这美捉住，成了诗。后来朱先生又讲移情作用，他觉得非常有意思。朱先生的课非常有启发性，所以在他的课上，季羡林的联想就特别的多。朱先生讲感情移入的理由，他又忽然想到一些东西。自己平常所想而没有解决的问题，也被朱先生给解决了。他访问朱先生，与他闲谈，更觉得他真是十八成好人，非常坦率。朱先生讲游仙派诗人的课，他觉得很有趣，也想读一读这些游仙派诗人的作品。

但是朱先生的课并不是都让季羡林满意的。有一次，他讲“笑与喜剧”，引用了许多大哲学家的关于笑的理论。对这些理论，季羡林没有一个是满意的，觉得都不免牵强附会，不同之处就只在荒谬的程度的不同。在这以前，季羡林总以为哲学家多么艰深，到这时，才觉得其实不然。当时他自己起了一个很滑稽的念头：自己未必就不能成为一个大哲学家。还有一次，他从杭州集体旅游回来，累得不行，上课的时候，老是觉得时间长，在课堂上简直要睡过去。

但是大多数情况下，季羡林对于朱先生的课还是相当满意的。朱先生不是那种口若悬河的人，口才并不好，讲一口安徽味的蓝青官话，听起来并不“美”。他不是一个演说者，讲课从来不敢看学生，两只眼向上翻，看的是天花板或者窗户上的某一块地方。然而却没有废话，每一句话都清清楚楚。他介绍西方各国流行的文艺理论，有时候举一些中国旧诗词例子，并不牵强附会，一听就懂。对于那些古里古怪的理论，他确实能讲出一个道理来，听起来津津有味，学生们觉得，他是一个有学问的人，一个在学术上诚实的人。他不哗众取宠，他不用连自己都不懂的“洋玩意儿”去欺骗、吓唬年轻的中国学生。因此在开课之后不久，季羡林就爱上了这门课，每周期盼上课，成为乐趣。（《季羡林小品》，中国人民大学出版社，1993 年，第 152～153 页）

朱先生当时年富力强，三十四五岁的样子，人也长得潇洒，很讨学生们喜爱。他在清华的课堂上介绍了许多欧洲心理学家和文艺理论家的新理论，比如李普斯的感情移入说，还有什么人的距离说，等等。这些西方学者，从心理学方面，甚至从生理学方面来解释关于美的问题。而且，朱先生也有自己的美学观点，他认为在美感经验当中，心所以接物者，只是直觉，物所以呈现于心者，只是形象。因此美感的态度只是聚精会神地对于一个孤立绝缘的意象的观赏。作为我国现代比较美学和比较文学的拓荒者之一，他的《诗论》也是我国比较美学的典范作品，用西方诗论来解释中国古典诗歌，用中国诗论来印证西方著名诗论，触类旁通，潇洒自如，美不胜收。这一点也是朱光潜先生自己感到自豪的，说：过去的写作中，如果说还有点什么自己独立的东西，那还是《诗论》。《诗论》对中国诗的音律，为什么中国诗后来走上律诗的道路，作了一些科学的分析。他的《文艺心理学》的著作，就是在讲课的基础上形成的，是融贯中西的经典著作。朱先生讲的许多理论，季羡林觉得是有道理的，一直到今天仍能记忆不忘。让季羡林感动的是，朱先生不但把30年代之前欧洲、美国文艺批评的水平都带了回来，而且他讲的西方文艺理论，能用中国的文学作品来印证。一直到今天，还有一些讲美学的，光懂西方文艺心理学的一二三四，但究竟是什么东西，不知道。

在学校时，除了上课，季羡林和朱光潜先生个人接触并不多。季羡林离开清华以后，朱先生先后任四川大学教授、文学院院长，武汉大学教授、教务长。一直到1946年，季羡林到北大当教授并且兼任东语系系主任，而朱先生也在这一年回到北京大学任教授，兼任西语系主任，他们的办公室是隔壁，他们的交往才多起来。

解放以后，季羡林跟朱先生讲，你是不是再写一本文艺心理学，把30年代到60年代西方文艺理论的水平告诉我们中国人？他回答说，不行了，没有时间了。可惜得很，到现在国内对西方文艺理论知道得也不是太详细，粗浅介绍的很多，忒有水平的还没有。季羡林认为自己对美学还有点兴趣，离不开朱先生的引导。

季羡林奉行三不主义：不锻炼，不挑食，不嘀咕。朱光潜信奉“三此主义”，即此身、此时、此地：“此身应该做而且能够做的事，就得由此身担当起，不推诿给旁人”。“此时应该做而且能够做的事，就得在此时做，不拖延到未来。”“此地（我的地位、我的环境）应该做而且能够做的事，就得在此地做，不推诿到想象中另一地位去做。”季羡林的三不主义是养生之经，而朱光潜的“三此主义”是作风，是他不尚空谈，着眼现在，脚踏实地的治学精神的体现。

在“文革”当中，朱光潜被关进了“牛棚”，季羡林也自己“跳”出来，进了“牛棚”。过去的师生此时成了“棚友”，那种相见无泪的感觉，一般人是很难体会的。没有想到的是，朱光潜在这样的环境中居然也坚持锻炼身体。他的锻炼方法，季羡林不懂，大概是中西均备，佛道沟通。那是一种阴森森的环境，季羡林为他的锻炼捏着一把汗。晚上在被窝里也在折腾着炼，早晨则跑到一个角落里去练太极拳之类的功夫。有一次，不慎被“监改人员”发现了，把他狠批了一通。季羡林从这件事看出朱光潜对生命的热爱，他处于逆境，但对事业没有绝望。相比之下，季羡林感到自己的境界没有老师那么高，自己的态度实在无法跟他比。

改革开放以后，朱光潜夜以继日地翻译黑格尔的美学和维科的著作，给中国学术界留下了宝贵的财富。朱光潜逝世以后，季羡林满怀深情地写了《他实现了生命的价值——悼念朱光潜先生》来纪念自己的恩师。

6. 逻辑学家金岳霖

在季羡林考入清华大学以后，学校规定对全校的大学一年级新生，学校设有共同必修的课程。设这种共同必修课程的用意，在使学生求得关于自然、社会和人文方面的所谓“通识”。凡所修课程不及格者不给学分，如系必修课则须重读；如系选修，则可不再选而改选其他，只要学满规定之学分即可。凡已修及格的课程，本人降级时也不必重修。一方面学生可以不按一定目标、一定次序来选课，另一方面教师也自由开课。文科生必须修理科的课，如果实在不行就用逻辑代替。文科出身的季羡林自然选择逻辑，他的老师是金岳霖。金岳霖是清华最早的哲学教授，原先只有他一个人，后来成立了哲学系加聘了邓以蛰和冯友兰为教授。那时候，清华的哲学系大概只有6位教授吧，冯友兰是主任，张松年、金岳霖等都是教授。学文科的学生没一个选纯理科的课，结果是，选逻辑的人太多了。

金岳霖是著名的逻辑学家。以一个学者研究的领域来称谓一个学者极为少见，可金岳霖却得到了这样一个名衔：金逻辑。在上世纪三四十年代，金岳霖先后完成的《逻辑》《论道》和《知识论》，从方法论、本体论和认识论层面构建了一个完整的哲学框架。

金岳霖是湖南长沙人，生于1896年，早年留学美国，是哥伦比亚大学的政治学博士。之后他在英、德、法等国留学，并从事研究工作。1925年金岳霖回国，他的外国女友秦丽莲也随之来到中国。1926年他任清华大学教授，并创办清华大学哲学系。金岳霖有一种天赋的逻辑感，而且幽默感十足。中国有句古谚：“金钱如粪土，朋友值千金”。金岳霖说，他在十几岁的时候，就觉得这个谚语有问题，如果把这两句话做前提，得出的逻辑结论应该是“朋友如粪土”。金岳霖的学生中有胡乔木和乔冠华这样的政治家，也有沈有鼎、王宪钧、王浩那样的逻辑学家。正是他使西方逻辑，特别是现代逻辑在中国这块土地上扎下根来。他以中国哲学界第一人的崇高威望，讲授现代逻辑，撰写现代逻辑著作。在清华30年代校刊上，对于金岳霖有这样的描写：初见马约翰先生，你未必能知道他是体育教授；初见郑桐荪先生，你也未必敢断定他是教务长；可是，金岳霖先生，你却一望而知他是哲学大师。眼镜厚厚的，帽子的边缘务求正好遮他眼前的光；有时西装外面套件大褂，有时大褂外面又套件棉袍，反正都有理。

金岳霖属于那种批判型学者，早年他在学术批评中的用语，也常常是辛辣中有尖刻，如在为冯友兰的《中国哲学史》所写的审查报告中，提到胡适，竟用了“美国商人”这样的字眼。在清华校史上还流传着另一趣事：解放初艾思奇三进清华园讲课，由金岳霖主持。艾思奇在报告中过于强调辩证逻辑，而批评形式逻辑是形而上学。金岳霖最后致感谢词时说：“艾思奇同志的讲话很好，好就好在刚刚他说的每一句话都符合形式逻辑。”其在学术上当仁不让，于此可见一斑。在西南联大时期，有学生问他：“逻辑这门学问这么枯燥，您为什么要研究呢？”金岳霖的回答是那样的孩子气：“我觉得它很好玩。”1927年，他写下了这么一段文字：“坦白地说，哲学对我们来说是一种游戏……正是在这里，游戏是生活中最严肃的活动之一。”

在清华园里，金岳霖几乎被看成一个不食人间烟火的人物，整天沉浸在他的逻辑世界中。他为心中的挚爱林徽因终身不娶；家中除了书，就是一只与他同食一桌饭的大斗鸡。冯友兰对这位数十年的老友的评价是：他的风度很像魏晋大玄学家嵇康。嵇康的特点是“越名教而任自然”，天真烂漫，率性而行，金岳霖先生也然。

冯友兰先生和金岳霖先生都讲形式逻辑，张松年先生讲的逻辑有点罗素的味道，可是，最叫座的还是金岳霖教授的课。一到金先生的课，好几百人，几乎满堂。冯、张两位先生就不行。季羡林虽然在高中学过逻辑，不过，金先生讲的逻辑跟他学的不一样，所以考不好，后来，他才知道，金先生讲的形式逻辑跟自己学过的不是一个体系。金先生有一次讲到“我吃饭”一句话，说重读“我”，就表示：“我”吃饭，不是“你”吃饭。重读“吃”，就表示：我“吃”饭，不是我“拉”饭。在1932年9月14日清华大学的开学典礼上，有那么多名人致词，梅贻琦、朱自清、郭彬和、萧公权、金岳霖、顾毓琇、燕树棠等，他觉得金岳霖的致词最好。金岳霖说：他在巴黎看了一出剧，描写一个病人（象征各国国民），有许多医生围着他看，有的说是心病，有的说是肺病，有的主张是左倾，有的主张是右倾。纷纭杂陈，莫衷一是。这表示各种学说都是看到现在世界危机而想起的一种救治办法，但最终也是没有办法。金岳霖还说，在动物园里有各种各样的动物，而猴子偏是最小气，最不安静。人偏与猴子有关系，所以结论是人类不亡，是无天理。当时季羡林觉得他真是个怪物，敢这么说。

冯友兰先生在《中国哲学史新编》中，认为中国能称得上哲学家的，只有很少的几个人，金先生就是其中之一。

金先生是美国著名逻辑学家怀特的学生，金先生讲课时，用中文讲不了。他的思维是英文思维，必须用英文讲。反正，那时能考上清华的，听英文课，不成问题。现在做不到了！当年，金岳霖为中国引进了数理逻辑，但学习苏联后，这条路理所当然被否定了。20世纪50年代，毛泽东嫌金岳霖迂腐，希望他多了解社会。金先生租了辆黄包车，去天安门，他手搭凉棚，左看看，右看看，回来报告毛泽东说，按照指示已经了解了社会。但他心里一定在想，这个社会怎么就那么讨厌他的数理逻辑呢？

在季羡林看来，金岳霖先生是伟大的学者，伟大的哲学家，他平时非常随便，后来他在政协呆了很多年，季羡林与金岳霖先生同时呆了十几年，开会时常在一起，同在一组，说说话，非常随便。有一次开会，金岳霖先生非常严肃地作自我批评，绝不是开玩笑的，什么原因呢？原来他买了一张古画，不知是唐伯虎的还是祝枝山的，不清楚，他说这不应该，现在革命了，买画是不对的，玩物丧志，我这个知识分子应该作深刻的自我批评，深挖灵魂中的资产阶级思想，不是开玩笑，真的！老先生认真到这种程度，简直有些迂腐了。

7. 抬杠会长郑振铎

郑振铎（1898～1958），著名作家，文学史家。原名木官，字警民、西谛，笔名宾芬、郭源新。原籍福建长乐，生于浙江永嘉（今温州市），1917 年考入北京铁路管理学校。1919 年 11 月，与瞿秋白、耿济之等人创办《新社会》，宣传“五四”新文化思想。1921 年到上海，与沈雁冰一起组织文学研究会，先后主编《时事新报》的《学灯》和《文学旬刊》，1923 年起主编《小说月报》等。1925 年，与叶圣陶、胡愈之等人合编《公理日报》，揭露和抨击帝国主义暴行。1931 年 9 月后，到北平燕京大学中文系任教，并主编《文学》月刊和《文学季刊》。1934 年到上海任暨南大学文学院院长，创办大型文学丛刊《世界文库》。抗日战争爆发后，在危险艰难的条件下，与许广平等人组织复社，出版《鲁迅全集》《列宁文选》。新中国成立后，任国家文物局局长、文化部副部长，并兼中国科学院哲学社会科学部委员，中国科学院考古研究所、文学研究所所长。1958 年 10 月 18 日率领中国文化代表团前往阿富汗王国和阿拉伯联合王国访问时，途中因飞机失事，于前苏联楚瓦什苏维埃社会主义共和国卡纳什地区上空而遇难殉职。主要著作有《插图本中国文学史》《中国俗文学史》《俄国文学史略》《近百年古城古墓发掘史》《中国历史参考图谱》等。

20 世纪 30 年代，季羡林在清华大学读西洋文学系，郑振铎先生是燕京大学中国文学系的教授，在清华兼课。燕京大学是当时全国十多所教会大学之冠，拥有非常优秀的师资。美国耶鲁大学的建筑师亨利·克拉姆·梅菲所设计的办公楼和教学楼上，用现代钢筋水泥建筑与传统的琉璃瓦大屋顶相结合，形成了新式的对称形宫殿建筑，连自来水塔也隐藏在钢筋水泥的宝塔内，取名为“博雅塔”。

郑振铎在清华大学兼课时，季羡林旁听过他的课。那时候，他来清华讲他刚出的一本书——《插图本中国文学史》，季羡林经常去旁听。那本书，预定是 3 块大洋一本，三块大洋这个数目在当时不是小数，学生们包饭一个月是六块大洋，可以天天吃肉。三块大洋，就是半个月的饭费。当时，李长之、林庚、吴组缃和季羡林这“四剑客”，和其他希望搞点文学的，都预定了郑先生的书。

郑振铎是一个渊博的学者，掌握有大量的资料，讲起课来，口若悬河，滔滔不绝。他那透过高度的近视眼镜从讲台上向下看挤满了教室的学生的神态，学生们的印象是非常深刻的，他们回忆起来，至今仍宛然在目。因为当时的教授们，一般是有架子的，高高在上，学生们感到他们威严得不得了。

郑先生当时在被称作贵族学校的燕京大学教书，挣多少钱不清楚，但恐怕要高于400元现大洋。这种经济地位决定了一个人在社会上的地位，穷学生们一个月吃饭6块钱，那些教授们一个月拿400，甚至更多，有架子很自然。清华大学的学生们原以为郑先生一定也是有架子的教授。但是他们同他一接触，就感到他同别的教授不同，简直不像是一个教授，在他身上，看不到半点教授的架子。他自己好像并不觉得比学生们长一辈，有时就像一个大孩子，不失其赤子之心。他说话非常坦率，不装腔作势，也从来不想教训人。郑先生豁达大度，在当时既不围小圈子，也不搞小动作，非常有意思。因此学生们在背后常常说他是一个宋江式的人物。但他又绝对没有论资排辈的恶习，完全以平等的态度对待学生。

1934年1月1日，郑振铎正同巴金、章靳以主编一个大型的刊物《文学季刊》。按照惯例是要找些名人来当主编或编委的，这样可以给刊物镀上一层金。他确实也找了一些名人，但是像季羡林这样一些无名又年轻之辈，他也决不嫌弃。他们当中有人当上了编委，有的当上特约撰稿人，名字都煌煌然印在杂志的封面上，学生们难免有些沾沾自喜。郑振铎先生对青年人的爱护，除了鲁迅先生外，恐怕并世无二。当时，丁玲的《夜会》刚刚出版，季羡林读过以后，觉得有些意见要说，就写出一篇书评，发表在该刊的创刊号上。

在这样的情况下，季羡林既景仰他学问之渊博，又热爱他为人之亲切平易，只要有机会，总去旁听他的课。在一个秋天的夜晚，季羡林和几个同学从清华园走到燕园，到他家去拜访他。他的房子是旧式平房，外面有走廊，屋子里有地板，是一个非常高级的住宅。旧式平房的屋子里排满了书架，都是珍贵的红木做成的，整整齐齐地摆着珍贵的古代典籍，其中明清小说、戏剧的收藏更在全国首屈一指。屋子里的气氛是典雅美丽的，书香飘浮在画栋雕梁之间。学生们狠狠地羡慕了一番。他自己除了主编一些大型刊物，还著有《插图本中国文学史》《取火者的逮捕》《中国俗文学史》《中国版画史图录》等等。这样的一位大学者，在清华的学生们看来，自然像长江大河，汪洋浩瀚；泰山华岳，庄严敦厚。当时的一些名人，同他一比，简直如小水洼、小土丘一般，有点微不足道了。

郑振铎是燕京大学的名教授，兼职很多，常常奔走于城内城外。有时候坐校车，有时候要骑驴，有时候坐人力车。他的近视眼镜的度数很深，但他走路又总是愿意跨大步，风尘仆仆地奔走于燕京大学、清华大学和北京城里的其他大学之间。他老是夹着一个大皮包，里边总是装满了稿子，鼓鼓囊囊的。学生们在背后说笑话，说郑先生走路就像一只大骆驼。可他一坐上校车，就打开皮包拿出稿子写起文章来。

郑振铎爱书如命，据说他买书的方式也很特别。他认识许多书贾，一向不同书贾讲价钱，只要有好书，他就留下。手边也不一定有钱偿付书费，什么时候有了钱就还账，没有钱就用别的书来对换。他自己也印了一些珍贵的古籍，比如《插图本中国文学史》《玄览堂丛书》等，有时他就用这些书去还书债。书贾愿意拿他的什么书，就拿他的什么书。

季羡林在大学毕业后出国近11年，直到1946年夏天才从国外回到上海，住在臧克家的家里。这时郑振铎先生也在上海。季羡林便和臧克家、王辛笛诸友去看他。

有一次，郑振铎先生请季羡林他们吃饭。郑先生的母亲不顾高龄，亲自下厨为他们做了福建饭菜。几个同去的人，个个都很感动。季羡林至今难忘那次会面。

当时上海的反动势力极为猖獗，郑先生追求进步，自然成了反动势力的对立面。他主编了一个争取民主的刊物，推动民主运动，更成了反动派的眼中钉，被列入黑名单，必欲置之死地而后快。当郑先生与季羡林谈到这个问题的时候，一向和蔼的郑先生，出人意外地大发雷霆，声震屋宇，流露出极大的义愤和轻蔑。季羡林这才认识到郑先生的另一面：嫉恶如仇，横眉冷对，疾风迅雷，金刚怒目。对友和对敌，完全是两种态度。季羡林总算完整地认识了郑先生。

就在上海，季羡林曾告诉他，自己已应北京大学之聘，担任梵文讲座。他听后喜形于色，认为在北大教梵文简直是理想的职业。在自己主编的《文艺复兴·中国文学专号》的题词中，特意写了一段话，肯定季羡林的梵文研究，会给研究工作者们以相当的感奋的。郑先生对待后学溢于言表的热爱和鼓励之情，使季羡林非常兴奋。

除陈寅恪先生之外，季羡林在解放初接触最多过从甚密的老师有两位：郑振铎和冯友兰。他们俩，一个在政治上大红大紫，一个在政治上被一批再批。季羡林与他们都保持着友好的关系。在第一次赴缅甸、印度访问期间，有几个月他们几乎天天在一起。

解放后，郑振铎先生担任文化部文物局局长，王重民先生代理北京图书馆馆长。郑振铎先生很有魄力，季羡林便向他建议，若要在中国建立东方学，仅靠当时图书馆的一点点藏书是远远不够的，解决的办法是“腰缠千万贯，骑鹤下欧洲”，派人到欧美等地，专找旧书店，不管什么书，也不管当时有没有用，文理法工什么书都买，东方学著作更不例外。郑先生虽有雄才大略，但毕竟囿于当时的客观条件和经济实力，此事并没有最终落实。

在第一次出国访问期间，季羡林和郑振铎、冯友兰两位老师，同坐一列火车，同乘一艘轮船，同登一架飞机，朝夕相处，增进了相互间的友谊。郑振铎先生是代表团副团长，他身躯高大魁梧，说话声音洪亮。冯友兰先生是团员，他长须飘胸，神态庄严。郑先生同冯先生年龄相若，郑先生生于1898年，冯先生生于1895年，但他们风格迥异。郑先生当时已经渐入老境，但仍不失其赤子之心，他同谁都谈得来，也喜欢“抬杠”，开玩笑。恰好代表团中有几个人都愿意“抬杠”，于是成立了一个“抬杠协会”，简称“杠协”。会员们想选一个会长，领袖群伦，月旦朱紫，唇吻雌黄，最后都觉得郑先生喜欢“抬杠”，又不自知其为“抬杠”，已经达到圆融无碍的“抬杠”圣境，便一致推举他为“抬杠”协会会长。在他之下，团中“杠业”发达，会员们皆大欢喜。

和郑先生相比，冯先生是威严有余，活泼不足。他说话有点口吃，偶尔也愿意说点笑话，是一个懂得幽默的人。而郑先生开玩笑，找的对象恰恰是冯先生。郑先生管冯先生叫“大胡子”，不时地和他说些开玩笑的话。

有一次，冯先生正在理发、刮脸的时候，郑先生在旁边起哄，连声对理发师高呼：“把他的络腮胡子刮掉！”理发师被呼得不知所措，一失手，真把冯先生的胡子给刮掉了一块。郑先生胜利似的大笑，旁边的人也陪着笑。然而冯先生只是微微一笑，神色不变。冯先生大度包容若此，难怪“文革”中，他白天挨斗，晚上回家还读《庄子·逍遥游》。在长达几个月的时间里，季羡林对郑振铎先生更为了解了，感到他胸怀坦荡，耿直率真，豁达大度。出国前查身体，他的糖尿病已到相当严重的程度，有几个“+”号。团里的成员都替他担忧，他自己从来不放在心上，喝酒吃点心如故。回国以后，季羡林也经常同郑先生接触，有一段时间，郑先生在北海团城办公，担负的行政工作更为繁重了，但他对书籍的爱好却一点也没有减少。有一次，他请季羡林在家里吃饭，季羡林看到他满屋里都堆满了书，大都是些珍本小说、戏剧、明清木刻，满床盈案，累架充栋。一谈到这些书，郑先生仿佛早把繁重工作造成的劳累丢在了一边，眉飞色舞地谈起来没个完。

没想到晴天一声霹雳，郑先生竟在飞机失事中罹难，过早地离开了人间。郑振铎先生 1958 年 10 月飞机失事时，季羡林正好在莫斯科。当他登上飞机回国时，同一架飞机中放着郑振铎先生等六人的骨灰盒。

8. 有独立风格的沈从文

季羡林在清华上学期间就开始和沈从文有较多的接触。当时季羡林喜欢读沈从文的作品，觉得在所有并世的作家中，文章有独立风格的人并不多见。除了鲁迅先生，就是沈从文先生。因为他的作品，只要读上几行，就能立刻辨认出来，决不含糊。所以对他给予很高的评价：他出身湘西的一个破落小官僚家庭，年轻时当过兵，没有受过多少正规的教育。他完全是自学成家。湘西那一片有点神秘的土地，其怪异的风土人情，通过沈先生的笔而大白于天下。湘西如果没有像沈先生这样的大作家和像黄永玉先生这样的大画家，恐怕一直到今天还是一片充满了神秘的 terra incognita（没有人了解的土地）。（《季羡林小品》，中国人民大学出版社 1993 年，第 269 页）

在学校读书时，到三年级的一个学期，季羡林写了一篇散文《枸杞树》，请李长

1934 **年，季羡林清华大学毕业。**

之帮忙看一看，提提意见，指点迷津。结果李长之认为这散文写得还不坏，就寄给了沈从文。到李长之那里，看到沈先生给李的信，告诉说稿子收到了。当时季羡林的感觉是这篇文章不会刊登。也搞不清什么原因，心里很痛苦。但是到了第二天，居然刊登了。他万没有想到刊登得这么快，而且还有几个人夸，这简直让季羡林有点飘飘然了。但是接着他又感到很懊丧，心里想倘若这文章不刊登，自己以后写文章大概也不会起劲，也许干脆就不再写了。文章没有刊登以前，李长之告诉他，说沈从文很想认识他，但觉得不好去见面。现在登出来了，觉得万事皆了了。

丁玲 1932 年在《文学月报》上发表了《夜会》，其婉约的风格，奔放于纸上的热烈的情感，被认为是抓住了时代青年的心而使之奋起的。此文的发表后好评如潮。季羡林也写了一篇评《夜会》的文章，发表以后，《世界日报》有人发表文章骂他。又听李长之说，从巴金那里得来的消息，说姚蓬子看见那篇文章，非常不高兴。季羡林知道以后，心里颇不痛快。后来在李长之那里看到沈先生给李的信，沈先生对它也很不满意。这样一来，季羡林更难过了。倘若别人这样说，他可以骂他。而沈从文则不然，他是非常尊敬他的。于是他赶紧给沈从文写了一封长信，对这篇文章的写作进行辩解，他不希望自己崇拜的人对自己有丝毫的误解。很快接到沈从文的回信，信上说对他坦白诚恳的态度很佩服。信写得很长，劝他写批评文章要往大处看。看了这封信，季羡林心里塌实了。

沈从文（1902～1988），中国著名作家。沈从文原名沈岳焕，主要笔名还有休芸芸、甲辰、上官碧、璇若等。湖南凤凰人。1918 年自家乡小学毕业后，随当地土著部队流徙于湘、川、黔边境与沅水流域一带，后正式参军，当过上士司书。1922 年，受五四运动影响，毅然从家乡来到北京，靠自学从事文学创作，曾与胡也频一起编辑《京报副刊》和《民众周刊》。1927 年后，执教于中国公学、青岛大学、西南联大、北京大学等，先后出版了小说、散文、文论等近百种，作品富有极强的个性和湘西乡土气息，充满诗情画意，代表作有《边城》《长河》《柏子》等。1931 年秋，沈从文应杨振声之邀，去青岛山东大学重执教鞭。其时，丁玲正主编左翼文学刊物《北斗》，她写信给沈从文，约他给《北斗》写稿。沈从文写了《黔小景》寄去，之后创作日丰。到抗战前，出版了 20 多个作品集，有《石子船》《虎雏》《月下小景》《八骏图》等，还有重要的选本《从文小说习作选》。中篇小说《边城》于1934年问世，标志着他的小说的成熟。抗战爆发后，经武汉、长沙，取道湘西去云南。途经沅陵时，写散文《湘西》、长篇小说《长河》（第1卷）。后至昆明西南联大任教。1945年后回京，在北京大学教书。同时编《大公报》、《益世报》文艺副刊。1949年后，沈从文被迫放弃了文学创作，在中国历史博物馆研究出土文物、工艺美术及物质文化史等。1978年后，在中国社会科学院历史所任研究员，从事中国古代服饰及其他史学领域的研究，著有《唐宋铜镜》《龙凤艺术》《中国古代服饰研究》等。进入20世纪80年代后，他重返文坛，在中国文学界及海外文学界都产生了极大的影响。

季羡林同沈先生打交道，是通过一件不大不小的事情。丁玲的《夜会》发表以后，季羡林读了觉得有一些意见要说，于是写了一篇书评，刊登在巴金、郑振铎、靳以主编的《文学季刊》创刊号上。刊出以后，他听说，沈先生有一些意见。于是立即写了一封信给他，同时请求郑先生在《文学季刊》创刊号再版时，把自己那一篇书评抽掉，也许是就由于这一个不能算是太愉快的因缘，他们就认识了。季羡林当时是一个穷学生，沈先生是著名的作家。社会地位，虽不能说如云泥之隔，毕竟差一大截子。

沈先生当时已经接替吴宓任《大公报·文艺副刊》的主编，季羡林写的《枸杞树》，就是他在这里给发表的。1934年1月6日，清华大学文学季刊社请客，季羡林看到在座的有大批名人：巴金、沈从文、靳以、郑振铎、沈樱、俞平伯、杨丙辰、梁宗岱、刘半农、徐玉诺、徐霞村、蹇先艾、孙伏园、瞿菊农、朱自清、容庚、刘廷芳、朱光潜、郭绍虞、台静农等。

沈从文当时已经是名人，可是他一点名作家的架子也不摆，这使季羡林非常感动。他同张兆和女士结婚，在北京前门外大栅栏撷英番菜馆设盛大宴席，季羡林居然也被邀请。当时出席的名流如云。证婚人是胡适之先生。

从那以后，有很长的时间，他们并没有多少接触。季羡林在德国留学时，沈从文在抗日烽火中在昆明住了很久，在西南联大任国文系教授。彼此音讯断绝。他的作品季羡林也读不到了。但是，有时候，不知是出于什么原因，季羡林在饥肠辘辘、机声嗡嗡中，竟会想到他。季羡林还是非常怀念这一位可爱、可敬、淳朴、奇特的作家的。

一直到1946年夏天，季羡林回到祖国。这一年的深秋，季羡林终于又回到了别离十几年的北平。沈从文先生也于此时从云南复员来到北大，他们同在一个学校任职。当时季羡林住在翠花胡同，他住在中老胡同，都离学校不远，因此他们也相距很近。见面的次数就多了起来。他曾请季羡林吃过一顿相当别致、终生难忘的饭，云南有名的汽锅鸡。锅是他从昆明带回来的，外表看上去像宜兴紫砂，上面雕刻着花卉书法，古色古香，虽系厨房用品，然而却古朴高雅，简直可以成为案头清供，与商鼎周彝斗艳争辉。

就在这一次吃饭时，有一件小事给季羡林留下了深刻的印象。当时要解开一个用麻绳捆得紧紧的什么东西。只需用剪子或小刀轻轻地一剪一割，就能弄开。然而沈从文先生却抢了过去，硬是用牙把麻绳咬断，这一个小小的举动，有点粗劲，有点蛮劲，有点野劲，有点土劲，并不高雅，并不优美。然而，它却完全透露了沈从文先生的个性。在达官贵人、高等华人眼中，这简直非常可笑，非常可鄙。可是，季羡林欣赏的却正是这一种劲头。自己也许就是这样一个“土包子”，虽然同那一些只会吃西餐、穿西装、半句洋话也不会讲偏又自认为是“洋包子”的人比起来，并不觉得低他们一等。不是有一些人也认为沈先生是“土包子”吗？

还有一件小事，也让季羡林忆念难忘。有一次，他们到一个什么地方，大概是中山公园去游逛，他们要了一壶茶。季羡林正要拿起壶来倒茶，沈先生连忙抢了过去，先斟出了一杯，又倒入壶中，说只有这样才能把茶味调得均匀。这当然是一件微不足道的小事，然而在琐细中不是更能看到沈先生的精神吗了？

小事过后，来了一件大事：他们共同经历了北平的解放。在这前后，他在担任北大教授之外，还担任天津《益世报》、北京《经世报》《大公报》等报的文学副刊的编辑。只是他觉得自己的思想、生活和工作方式，都越来越落后于社会现实，所以创作逐渐减少。在迎接解放这个关键时刻，沈从文先生没有逃跑的打算。他的心情也是激动的，虽然他并不故做革命状，以达到某种目的，他仍然是朴素如常，可是恶运还是降临到他头上来。

对沈从文命运产生巨大影响的郭沫若《斥反动文艺》一文，刊发在1948年香港出版的《抗战文艺丛刊》第一期上。文章斥责他是专写颓废色情的“桃红色作家”，“存心不良，意在蛊惑读者，软化人们的斗争情绪”，还说沈从文是“有意识地作为反动派而活动着”。同期《抗战文艺丛刊》还刊登了冯乃超的《略评沈从文的〈熊公馆〉》一文。沈从文的《熊公馆》发表在《国闻周报》上，沈从文与民国第一任总理熊希龄是同乡兼远亲。冯乃超的文章说沈从文称道熊希龄的故居以及他“人格的素朴与单纯，悲悯与博大，远见和深思”，是为地主阶级歌功颂德，体现了“中国文学的清客文丐传统”。两篇文章尤其是郭沫若一文，前面虽然有一段相当长的修饰语，但他的视觉似乎特别发达，他在文坛上看出了许多颜色。他“一瞥”之下，就把沈先生“瞥”成了粉红色的小生。沈从文先生好像是当头挨了一捧，从此被“瞥”下了文坛，销声匿迹，再也没有资格写小说了。这篇文章对沈从文的阶级定性犹如一颗重磅炸弹，给正踌躇满志酝酿宏伟写作计划的沈从文以沉重打击。1949年初，北京大学校园里又打出“打倒新月派、现代评论派、第三条路线的沈从文”的标语。在历史转折的关键时期，慑于文章标语的凛然气势及对其背景的忧惧，沈从文自杀未遂，他吞服了煤油，并且用利器割伤了喉头和两腕的血管，自杀却并未致命，但是一连好几天，昏迷不醒。从此以后他退出了文坛。

据曹聚仁《沈从文教授在北京》一文，一位叫马逢华的人，1953 年初春写一篇《怀念沈从文教授》，其中引了季羡林对沈从文说的一段话："咱们都像是下了锅的螃蟹，只等人家加一把火，就都要变红了。"可见沈从文被撇下文坛，已经波及到季羡林，引起他内心的恐惧了。

一个惯于舞笔弄墨的人，一旦被剥夺了写作的权利，他心里是什么滋味，谁也说不清；他有什么苦恼，谁也说不清。然而，沈从文先生并没有因此而消沉下去。文学作品不能写，还可以干别的事嘛。他是一个精力旺盛的人，他是一个闲不住的人，他转而研究起中国古代的文物来，什么古纸、古代刺绣、古代衣饰等等，他都研究，凭了他那一股惊人的钻研的能力，过了没有多久，他就在新开发的领域内取得了可喜的成绩。他那一本讲中国服饰史的书，出版以后，洛阳纸贵，受到国内外一致的高度赞扬。他成了这方面的权威。他自己也写章草，又成了一个书法家。

对沈从文先生，季羡林后来没有去拜访过，偶尔在什么会上，甚至在公共汽车上他们会相遇，季羡林感到非常亲切，他好像也有同样的感情。他依然是那样温良、淳朴，时代的风风雨雨在他身上，似乎没有留下什么痕迹，说白了就是没有留下伤痕。一谈到中国古代科技、艺术等等，他就喜形于色，眉飞色舞，娓娓而谈，如数家珍，天真得像一个大孩子。这更增加了季羡林对他的敬意。季羡林心里曾几次动过念头：去看一看这一位可爱的老人吧！然而，却始终没有行动。

沈从文一生安贫乐道，淡泊宁静，死而无憾矣。像他这样一个有特殊风格的人，现在很难找到了。

三、负笈游学

1. 无奈之时：风云人物宋还吾发出丢饭碗的暗示

在 1934 年季羡林在清华大学面临毕业之时，出现了两大难题：其一，在济南河务局小清河水文站当站长的叔父刚好在此时失业，家中的经济来源几乎中断；其二他自己陷入毕业即失业的困境，当时的大学毕业生就业并不容易，尤其是人文社会科学受到歧视，找工作就更难。正在走投无路之时，季羡林从济南高中时期的老同学，当时正在读北京大学数学系的王联榜那里，听北京大学历史系应届毕业生梁竹航说到，已经在山东省立高级中学当了两年多校长的宋还吾，希望他能够到母校任国文教员。

宋还吾（1894～1938）是一位年轻早逝的风云人物。他原名宋锡珠，山东成武县部鼎集村人，出生于书香之家，父亲是清末秀才，1918 年从山东省立第六中学毕业，考入北京大学中文系。1919 年，参加了震撼中外的“五四”运动，亲身经受了反帝、反封建革命斗争的洗礼。1922 年毕业于北大，在山东省立第一师范文学专修科任主任教师，常向学生宣传新思想。1926 年春，受大好革命形势的鼓舞和感召，毅然率一部分学生，奔赴广州。同年秋，又入广州中国国民党学术院，接受了五个月的严格训练。随后参加北伐战争，并加入中国国民党。1927 年，宋还吾从武汉到北京，初在香山慈幼院任教，后筹办编辑《华北中报》。1928 年到山东，任设在曲阜的山东省立第二师范学校校长。1929 年 6 月 8 日该校因为排演《子见南子》一剧，得罪了“圣裔”孔传钢等，邮呈国民政府教育部控告该校校长“侮辱宗祖孔子”的罪名。《子见南子》是一部独幕话剧，林语堂根据有关孔子见卫灵公夫人南子的历史记载编写而成。最初发表于 1928 年 11 月《奔流》月刊第 1 卷第 6 号。孔氏族人孔传钢等控告山东省立第二师范学校校长宋还吾，侮辱宗祖孔子。宋还吾在曲阜积极提倡民主，反对封建礼教，提倡新文化，扶植进步力量，孤立打击顽固势力。1932 年任山东省高级中学校长。

1935 年，季羡林（前排右二）在济南高中与同事合影。

那天在北京大学二院的门口，王联榜告诉季羡林，宋还吾有请他作高中教员的意思，但是不知道成不成。季羡林听了非常高兴。那个时候的季羡林，有个矛盾的心理：一方面希望能够入一年研究院，入研究院也并不是想念什么书，只是觉得自己想从事的事业刚刚才开头，如果离开北平，就不容易继续下去。另一方面，也希望能回济南做高中教员，这样对家庭固然有个交代，对那些看不起自己的人，也可以给他们一个信息：季羡林也还能够饿不死。后来接到王联榜的信，信上说高中教员大概有成的可能，心里有点高兴。但是转念一想，倘若真成了，学生生活将于此终结，因此颇有凄然之感。到北大去访王联榜，见到梁竹航，说宋还吾的信上说的教员事，不是像他自己原先想的是教英文，而是教国文。及至有一天梁竹航来到清华园正式告诉他，宋校长托他询问季羡林，是否愿意回母校任国文教员时，他一方面大喜若狂，觉得饭碗伸手可得了。一方面又担忧起来，自己学的那套洋玩意，教高中语文能行？在当时，季羡林因为在各种报刊上已经发表了不少散文，几乎被炒作成了作家。而那时有一种逻辑，凡是作家，肯定是国文好，自然就能够教国文课。这一下，叫他不敢立刻答应了，简直有点冒险。因此他当时没有敢答应下来，只是说再考虑一下。梁竹航走后，他向李长之征求意见，结果李长之没有一个明确的答复，只是王顾左右而言他。因此他自己决定，答应了再说，反正总会有办法的。这样，他就给王联榜复信，答应可以到济南高中去，尽管觉得有点冒险，但也管不了许多。

等事情基本确定下来之后，季羡林专门在 1934 年 6 月 29 日回了一趟济南。在 7 月 1 日晚上，去拜访蒋程九，又和蒋程九一起去拜访宋还吾，谈了教务上的事情。7 月 5 日早晨，又到高中学校内去拜访他，也见到蒋程九，落实教务上的事。回到清华以后，他专门到琉璃厂去看能不能买一些书，因为要教书，事前不能不预备一些材料。到图书馆，他还专门去读《梦忆》自序及《西湖七月半》，查《辞源》《康熙字典》，感到很吃力。他还把郑振铎的《中国文学史》里预定选的文章抄了抄。别人当教习，谈话的时候多为教习的事情，自己感到很可笑。现在自己也要当教习了，脑筋里所想的无一而非教习的事情，他自己也感到非常滑稽。还有几个早晨，他到图书馆去读《瑯嬛诗序》和其他几篇张宗子的文章，查《康熙字典》。在屋里，就看明末的小品文，读《陶庵梦忆》《近代散文钞》。前途是吉是凶，他自己已经把握不了了。

宋还吾的邀请算是给季羡林救了急。他喜出望外地接受了宋还吾的邀请，在 1934 年快到秋天的 8 月 11 日，回到了已经离开 4 年的济南。

这一年秋天他生平第一次登了泰山，那时 23 岁。同行者有另外两位该校的老师，一位姓周，另外的那位，季羡林好像已经忘记了。当时，泰山非常幽静，路上基本没有游人。斗母宫、经石峪、五大夫松，他都游遍了。路上也没感觉到怎么累，快活三里倒真是很快活。路很长，当时他觉得不爬十八盘就等于没有登泰山。在下面看，泰山不算太高。到了泰山顶一看，其他山都很小，泰山确实最高。他觉得泰山可以用“雄伟博大”这四个字来形容。泰山精神对他的影响是终生的，2005 年 7 月温家宝到解放军总医院康复楼去看他的时候，他正在撰写《泰山颂》，初稿的第一句就是“上连九天，吞吐日月”。他希望泰山的水更甜，祖国的花更美，更加政通人和。

当时的山东省立高级中学，设在今天的山东实验中学的院内。到了学校，季羡林心里开始打起鼓来，他在清华学了四年的西方语言，带着满脑袋的荷马、但丁、莎士比亚和歌德，而现在要教国文，要把这些东西换成屈原、李白和杜甫，一时间换得过来吗？所以他进学校大门时的心情是复杂的，一则一喜，一则一惧。喜的是终于抓到了一只饭碗，简直是绝处逢生；惧的是自己比较熟悉的那一套现在用不上了，要往脑袋里装屈原、杜甫、李白。这时他考虑最多的是面子问题。因为他知道，济南中学的学生们是颇不好对付的，他们有“架”老师的习惯，自己小学的时候，也曾经干过。现在自己来当教师了，会不会也被“架”？但是为了考虑饭碗，面子的问题也只好退居二线了。他已经顾不了那么多了。

学校里的师资队伍相当可观，实力雄厚。国文教师的待遇很高，每月160块大洋，是大学助教的2倍。越是这样，竞争当然就越是激烈。从其他老师的口中，他得知，他之所以被聘到母校，并非是因为发表了几篇散文出了名，才被邀请的。其中还有更复杂的原因。原来是宋还吾在这所学校已经当了两年多校长，他碰到的最大问题是帮派斗争。以师范大学毕业生为一帮，以北京大学毕业生为一帮，两派的斗争相当激烈。斗争的核心是抢饭碗。常常在斗争中，校长被更换。而只要校长一换，一大批教员也要撤换。一个校长身边都有一个行政班子，教务长、总务长、训育主任、会计，等等，一应俱全，好像是一个内阁。在外围还有一个教员队伍。这些人都是与校长共进退的。宋还吾校长是北大派的首领，但是他的负担很重。有人说他是因为和教育厅长何思源既是老乡，又是北大的毕业生，才当了校长的。所以在斗争中，他非常需要援军。为了避嫌，援军最好不是北大的。季羡林正好符合他的要求，既是济南高中的毕业生，又是和北大齐名的清华的毕业生，正可以利用一下为自己壮壮声势。

在如此复杂的背景之下，季羡林开始了教师生涯。开始备课的时候，发现问题远比原来估计的要大。这个高中共有三个年级，每个年级四个班。国文教师已经有了三个，加上季羡林就是四个，分工就是每个教师教三个班。季羡林以外的三个老教师都是中文科班出身，教国文成了老油子，根本用不着备课。季羡林记得的还有两个，分别是山东籍的冉性伯，是一位资深的国文教员；江西籍的童经立，另外一个无论如何也回忆不起来了。但是据季羡林当时的学生，后来成为北京大学郑天庭教授学生的杨翼骧先生的回忆文章，那第三位应该是著名作家李何林先生，后来成为南开大学的著名文学教授。可三位老教师资格摆在那儿，他们每人挑了同一个年级中的三个班，剩下的一、二、三年级的各一个班，便留给了新来的季羡林了。

要教三个年级的三个班，不仅备课要兼顾三个头，而且还都是难度比较大的古典文学作品。《诗经》《楚辞》，季羡林是念过很多的，但自己念和现在讲课是大不一样的。要教人，自己当然先要弄懂，不然就没法教学生。可真正弄懂这三个头的古典文学作品，谈何容易？

三位老教师，本来都是季羡林的老师辈，遇到问题本来是可以向他们请教的。但是季羡林通过细致的观察，发现他们之间的关系发生了变化，不再是师生关系，而是饭碗的争夺者。在老教师的眼中，季羡林几乎成了他们的眼中钉，处在敌对的位置上了。由于这样的敌对关系，即使向他们请教，他们也绝对不会告诉的，这就是“同行是冤家”的深意所在。

没有办法，季羡林只好放“单飞”，随时都要冒险。怕学生“架”自己，要保住知识分子的面子，季羡林日夜抱着一部《辞源》，加紧备课。自己选的课文中有的典故在《辞源》里查不到，有时急得半夜还在学校绕着宿舍彷徨。整个宇宙都静了下来，而他自己却心急如焚，一点也宁静不下来。季羡林感到，自己仿佛是一个被遗弃的人，真想到什么地方去大哭一场。只是考虑到男子汉的面子，他才没有这么做。后来锻炼查《辞源》的功夫极为熟练，甚至到了出神入化的境界。

在这所学校里，季羡林有几个以前的熟人现在成为同事了。其中有担任过济南一师校长因为兼任附小校长而被季羡林认作大人物的王祝晨（士栋，绰号王大牛），也有北京大学毕业生梁竹航，这时成为该校的历史教师并且是宋校长的嫡系。训育主任张叙青没有党气，后来相处好的老师还有英语教师张友松和顾绶昌，张友松成为著名翻译家，翻译过（美）马克·吐温著的《哈克贝利·费恩历险记》，顾绶昌后来成为大名鼎鼎的中山大学教授。学生里则有喜欢打乒乓球的吴传文，经常一起打乒乓球，一打就是半天。

老教师因为饭碗问题不会帮季羡林备课，但他们也绝非全然不顾这位学生，他们也担心这位学生在课堂上尤其是第一堂课上出丑。有一个老师对季羡林面授机宜，告诉季羡林：上课之前，一定要把学生的名单看一遍，因为学生的名字里会有一些生僻古怪字，有这样的字，先要查一下《康熙字典》。一位新教师如果第一堂课就有念不出的学生名字，或者是念错了，那在学生的心目中，这个老师就不值钱，毫无威信了，教师就不容易再当下去了，自然会影响到饭碗能不能拿到手。这个老师还告诉他，如果查了词典，点名时临时又遇到了不认识的字，不要惊慌，点名时，绕开这个学生的名字，点完其他人的名字以后，只需问上一声：“还有没点到名的吗？”这时那个没有被点名的学生就会举手站起来，你再问一声：“你叫什么名字呀？”他自己就报了姓名，你也就认识了那个字了。如此，就可以保住“面子”。

季羡林教的三个班果然有几个学生的名字连《辞源》上都查不到，他如法炮制，果然灵验，他很顺利地过了第一关。

第一堂课算是对付过去了，但是并不是每堂课都是平静无事的。有的学生很有挑衅性。其中有一个比季羡林大五岁的学生，从小就在家里念私塾，旧书念了不老少。有一次，他对季羡林说“老师，我比你大五岁哩。”说罢，嘿嘿一笑。这笑声里隐藏着威胁，也隐藏着嘲笑，更有挑衅。季羡林心里想，你比我大五岁，又怎么样呢？反正老师还要当下去，师生的位置是不会变的。

当时的济南高中，还有一个非常不好的习惯：老师一定要无所不知。学生这样要求老师，老师则以此自居，尤其在课堂上，老师绝对不能承认自己讲错了，也绝不能有什么问题答不上来，否则，就会被学生耻笑。这一点对于科班出身的教师可能并不难。但是，对于季羡林这样的一个刚刚从西洋文学系毕业的年轻大学毕业生来说，教国文怎么会应付自如呢？又怎么会能完全回答学生们提出的问题呢？有一次，他把一个典故解释错了，第二天他也不顾同事们所形成的不认错习惯，竟然当着学生们的面，纠正了自己的解释。他不希望学生们把自己看作一个骗子，所以有错就纠。

不得已，季羡林在课堂上，有时候王顾左右而言他，有时候硬着头皮，乱说一通。学生究竟相信不相信，他也不管。但他自己是十分痛苦的，下班回到寝室，思前想后，坐立不安。他根据自己的兴趣选一些中国古典诗文作教材，解释文中的典故和难懂的词汇。他还选了些西方文学，在课堂上讲给学生听。好在这时候，他发表了一些散文，帮了大忙。有一篇散文，他寄给郑振铎先生，他当时正在上海主编《文学》，立即把这篇散文刊登了。而且，郑振铎先生还来信，说他正在编一本丛书，要把季羡林的散文编成一个集子。此外，季羡林还在一家大报的副刊《留夷》上担任主编，可以给学生发表一点写得好的文章。《留夷》取名《离骚》中的："余既滋兰之九畹兮，又树蕙之百亩，畦留夷与揭车兮，杂杜衡与芳芷，冀枝叶之峻茂兮，愿竢时乎吾将刈。"他用楚辞上这种香花的名字，意在表明该副刊将香气四溢。他给学生发表文章，自己也在上边发表文章，其中也有自己的得意之作《游灵岩》，这篇游记性的散文是在和高中的训育主任张叙青先生骑自行车之后精心写出的作品。可惜此稿现在已经找不到了。那次他和张叙青先生等先生几个人骑自行车路经济南南郊的八里洼、土屋，到了仲宫镇（当时称终军镇，因为该镇是汉代人终军降生的地方），在那里住在镇中学里。晚上享受着盛宴欢迎，聆听着潺潺的泉声，反倒有一种"泉响山愈静"的感觉。在这样的心境下写出的游记自然会妙笔生花，遍寻不得对于季羡林先生来说是多么可惜的事情。在《留夷》上边发表文章后可以得到每千字一元的稿酬，因此学生都趋之若鹜。这样一来，季羡林自然在学生中很有威信，且对学生极有吸引力。再加上他与学生的岁数相当，也没有什么架子，不摆什么师道尊严，上天下地，无所不谈。他把学生当成自己的伙伴，所以学生们和他的关系还算处得很好。在季羡林教过的学生中，杨翼骧是佼佼者。杨翼骧，山东省金乡县人，1918年生于一个普通知识分子家庭。祖父曾为私塾教师，父亲终生任中学教师。1929年，杨翼骧毕业于金乡县立第二小学。1932年，毕业于济南育英初级中学。1936年，毕业于济南高级中学，同年考入国立北京大学文学院史学系，时年18岁。高中的国文老师李何林、季羡林等都曾给予他多方面的教育。在这样的学校里他展示了多方面的才能，经常在报刊发表诗歌、散文，他的文学才气在中学生时已展露出来。后来长期在南开大学任教授。

但是宋还吾校长邀请季羡林来济南高中，绝非仅是为了教国文，更重要的是要让他当援军，和师大帮作斗争。因此，工作没有多久，宋还吾便找了季羡林，授意他组织济南高中毕业同学会，以壮大自己的声势。对于这方面的苦心，季羡林虽然涉世不深，但是很容易就觉察出来了。可惜，他没有这方面的本事，天生不是干这种事的材料，既不会吹牛拍马，也不会拉帮结派。结果同学会虽然好歹组织起来了，但还是没有能够帮上宋还吾校长的忙。宋校长因为姓宋，又宽宏豁达，被同人称为宋江，而他的夫人因为正好姓阎，就被称为阎婆惜。校内教师为了讨好宋校长，保住自己的教席，经常陪校长夫人打麻将，以至于打通宵的情况都有。上课时竟然也张口都是麻将用语。季羡林自己不是不会打麻将，但是，他决不会参加这种赌博游戏，或者去陪校长夫人戏耍。自己坚信做不到。

没有办法，季羡林在这种复杂的人事关系中只好保持沉默和安静。

可是，问题就出在这“安静”上了。

宋还吾校长已经注意到季羡林的这种安静，并且直言不讳地对别人说：“羡林很安静!”这言外之意明摆着，怎么该出面的时候不出面呢？怎么把同学会组织起来，却不活动呢？季羡林的做法当然与宋校长的初衷有违。老谋深算的宋校长，虽然表面上不露声色，仍然客客气气地对待季羡林，但很明显，他发现自己在季羡林这个人身上，失了眼力，看错了人。原来这“安静”二字，是他深思熟虑的结果，这“安静”二字，其用心之良苦，全在其中了。而在这时的季羡林也就明白了，自己的饭碗能否保住，就与这两个字有关了。

就在此时，一个物理老师刘一山被校长解聘了。刘一山是河南人，家不在济南，住在校内，正好与也住在校内的季羡林是邻居。两人平时常过从密切。此人憨厚，不善钻营。这对季羡林是个当头棒喝。当时学校的一般做法是每年发一次聘书，如果暑假以前没有接到校方的聘书，那就意味着下学期不再被聘用了，必须卷铺盖走路了。但是刘一山的被解聘却是学校精心给季羡林演出的一场滑稽剧。1935 年暑假以前，季羡林他们已经接到了下学期的聘书，而刘一山没有接到。他悟出是自己被解聘了。精于此道的刘一山，首先向宋校长提出辞职。季羡林眼看着宋校长这位经验丰富的演员在表演滑稽剧，他听刘一山要辞职，大为惊诧，马上表示挽留，然后又亲率教务主任和训育主任到其宿舍，再次表示挽留，义形于色，正气凛然。季羡林从这场滑稽剧，心里已经逐渐明白，自己被解聘的日子可能也不远了。

在紧张的心情之中，季羡林好歹熬到了第二学期的末尾。但是下学期的饭碗已经没有指望了。季羡林陷入了极度的恐惧之中。他已经不可能与宋校长“共进退”了。既然这样，他离被炒鱿鱼还远吗？

真是天无绝人之路。正在季羡林无路可走的时候，清华大学传来了派留学生去德国留学的消息。季羡林没有经过考试被录取。消息传到济南高中，校园里掀起了一个不小的波澜。宋校长一改对季羡林不满意的态度，对他刮目相看了。这位校长，表现出异常的殷勤，听说费用不足，亲自带季羡林去教育厅找何思源，希望能够让教育厅给点资助。但是不善交际的季羡林，这次又被“安静”害了。他们空手而归。

宋校长虽然不免有点失望，但热情依旧。他亲自设宴为季羡林送行。这倒让季羡林感到实在不知人情冷暖了。

从总的方面来说，宋还吾对季羡林还是不错的。因为无法参加帮派斗争，对季羡林有不满意，也是实情。如果没有这个实情，季羡林可能也不离开济南高中；如果不离开济南，也就没有他的今天。实际上，是宋还吾给季羡林的成为大杂家提供了又一个偶然的机会。这可能就叫命中注定吧！

“七七”事变后，宋还吾带领学生南下流亡，后来出任湖北中学校长，由于积劳成疾，于 1938 年 9 月病故，葬于湖北郧阳，成为一个年轻早逝的风云人物。

2. “大胡子”哲学家冯友兰给了根救命稻草

在山东大学附设高中上学期间，季羡林学的课程很多，国文、英文、历史、地理、心理、伦理、论理，以至《诗经》《书经》，而且还有一门人生哲学。从一开始的第一学年，季羡林就开始读冯友兰先生的著作《人生哲学》。他当时刚刚满 15 岁，既不懂人生，也不懂哲学，但是对开设的人生哲学这门课很感兴趣，从此将冯芝生（友兰）的名字深深地印在脑海里，认为冯先生是一个高不可攀的人物。1930 年季羡林进清华大学，当时学校规定文科生必须修理科的课，如果实在不行就用逻辑代替。文科出身的季羡林自然选择了逻辑，他的老师是金岳霖。金岳霖是哲学系教授，而哲学系系主任是冯友兰，同时兼任文学院院长。冯友兰在清华是大名鼎鼎的人物。

冯友兰（1895～1990），字芝生，河南唐河人。中国现代哲学史上著名哲学家和哲学史家。其父是戊戌年进士。冯友兰 1912 年入上海中国公学大学预科班，1915 年入北京大学文科中国哲学门，1919 年赴美留学，1924 年获哥伦比亚大学哲学博士学位。回国后历任中州大学、广东大学、燕京大学教授、清华大学文学院院长兼哲学系主任。抗战期间，任西南联大哲学系教授兼文学院院长。1946 年赴美任客座教授。1948 年末至 1949 年初，任清华大学校务会议主席。曾获美国普林斯顿大学、印度德里大学、美国哥伦比亚大学名誉文学博士。1952 年后一直为北京大学哲学系教授，是中国科学院哲学社会科学部委员。

冯友兰

1923年夏，冯友兰以《人生理想之比较研究》（又名《天人损益论》）顺利通过美国哥伦比亚大学博士毕业答辩，获哲学博士学位。是年秋回国后，沿博士论文方向写成《一种人生观》。1924年又写成《人生哲学》，作为高中教材之用；在这本书中，冯友兰确立了其新实在主义的哲学信仰，并开始把新实在主义同程朱理学相结合。季羡林在高中开始读的著作《人生哲学》就是这部教材。在燕京大学任教期间，冯友兰讲授中国哲学史，分别于1931年、1934年完成《中国哲学史》上、下册，后作为大学教材，为中国哲学史的学科建设作出了重大贡献。

冯友兰来清华之前任燕京大学哲学系教授、燕大研究所导师兼北京大学讲师，并刚刚开始了中国哲学史的研究。冯友兰在学界名头已甚著，隐然有权威之相。吴宓预言："我观罗家伦虽欲有所作为，然其人与清华传统格格不入，将来必难久居。只有冯友兰君，虽系罗氏'四巨头'之一，揆其性情，必能在清华大展鸿图。"

冯友兰一开始在1928年33岁的时候担任清华教授兼秘书长，后来在1929年他辞去清华秘书长的职务，而专任哲学系教授，接着兼任哲学系系主任。1930年5月开始代理文学院院长。季羡林在清华读书期间，1930年底至1931年9月清华有11个月没有校长，一切校务皆由校务会议负责处理，例行公事则先后由叶企孙、冯友兰"判行"。从1931年7月，担任文学院院长。教育部又于1931年9月，委派理学院长叶企孙为"校务代行"。直到1931年10月14日，才正式任命了梅贻琦为清华大学校长。

1934年5月，清华同学欢送季羡林（前排中）时合影。

季羡林在清华的四年级时，冯友兰先生接近一年的时间在国外。按照当时的规定，在清华担任教授满五年，可以享受出国休假一年，由学校发给往返路费，在国外享受一个公费留学生的待遇。冯友兰从1928年到清华，已经满五年了。正好在这时他接到英国"各大学中国委员会"的邀请，希望他去英国讲中国文化。这样在1933年9月他就乘船去欧洲休假，先在英国各大学讲学，后来游历法国、瑞士、德国、奥地利、苏联，1935年10月回到清华。所以季羡林毕业的时候，冯友兰先生尚在国外。冯友兰先生回国以后，作过两次讲演，一次讲在苏联的观感，一次讲《秦汉历史哲学》。这两次讲演，季羡林也因为回到山东，没有机会听到。

季羡林基本上没有听冯友兰先生的课，他的那套东西，季羡林觉得玄，他自己喜欢的是考据和辞章，惟独不喜欢义理。而冯友兰先生则恰恰擅长义理。所以在学术方面好像不是同道。

季羡林在1935年夏天，在济南高中因为和宋还吾校长的关系发生一点微妙的变化，正在面临失业之际，突然从清华大学传来一个消息，文学院院长兼哲学系系主任冯友兰先生正在同德国洽谈，促成清华大学与德国的大学建立了交换留学生的制度，最终与德国学术交换处签订了一份合同：双方交换研究生，学制2年，路费制装费本人负担，食宿费相互由对方负担。德国留学生在中国每月30块大洋，中国留学生在德国每月120马克。条件对双方的学生来说都不理想，30块大洋相当于今天的人民币600多元。德国的120马克也只能勉强支付食宿费用，而官费的留学生则是每月有800马克，简直是天壤之别。

在清华上学期间，到三年级的那一年，季羡林经常考虑出国留学的事情。清华的学生本来觉得念了清华，有一种屁股上长尾巴的神气，绝想不到找职业的困难。1932年暑假，在济南知道山东同乡许振德去美国留学，回国找职业碰了壁。回来后好像并不得志，使他浑身出了冷汗。他把许振德找不着工作与去美国留学联系起来。因此季羡林初步有一种不去美国留学的想法。后来，他又看到在杂志《论语》第5期上发表的，林语堂写的《论美国大学》，加深了不去美国留学的想法。他对美国留学生总感到轻蔑，他们穿的是虎皮，皮里是狗是猫，又有谁知道呢。只觉得他们穿的是虎皮而已。所以他到三年级的时候，下决心念好德文，将来只要有一点机会，非到德国去一趟不可，把希望全部放在德国上。

这次好不容易来了机会，虽然待遇有点低，但已经没有办法考虑那么多了，好不容易抓住一根“救命稻草”，只能不松手了。他很快通过清华大学报了名，当时出国留学只需学校批准即可。结果使季羡林喜出望外，他因为在校期间主修的是德语专门化，德语成绩四学年的成绩都是全优，所以不要再通过留学考试，就被录取。

消息传来，季羡林没有想到梦寐以求的出国留学梦就要实现，他着实狂喜了一阵子。但在狂喜之后，他开始考虑现实的问题：由于叔父的小清河水文站站长已经不干了，由失业造成的家庭经济濒于破产，而且济南家中叔父、婶母、临清家中的父亲（母亲当时已经去世）、妻子彭德华、女儿婉如、儿子延宗，老的老，小的小，有他在，160块大洋完全可以维持，轻松自如。他一走，全家的生活靠什么来维持呢？想到这些，他又忧心如焚了。

季羡林把这个重大问题交给全家讨论。出乎季羡林的意料之外，他的出国留学竟然得到全家的一致同意。全家表示，他们咬咬牙就过去了，不就是两年吗？过上两年紧巴日子，只要不饿死，就能迎来胜利的曙光。尤其是叔父，是个知书达理之人，极为重视家庭门第观念。他下工夫培养季羡林，就是要让他为祖宗门楣增添光彩的。现在一块金光闪闪的洋翰林的牌子马上就要挂到季家了，这样的机会怎么能够轻易放过呢？

全家下定了决心，出国的事就这么确定了。当时的心情，比考上大学金榜题名的心情，又自不同，别是一番滋味在心头。积年愁云，一扫而空，一生幸福，一锤定音。仿佛金饭碗已经捏在手中。自己身上一镀金，则左右逢源，所向无前。现在看一切东西，都发出玫瑰色的光泽了。（《我的心是一面镜子》，《东方》杂志 1994 年第 4 期）

这玫瑰色的光泽，很显然是冯友兰给带来的。所以冯友兰成为决定过季羡林命运的恩师之一。

在北京办理完出国手续之后，季羡林利用还没有走的间隙，拜访几位老师，和他们告别。在告别的教授中，季羡林很自然想到的是冯友兰，全靠他的斡旋，才有这次交换留学生的机会。在学校上学期间，他与冯友兰先生的来往并不多，只是听一点他的课，讲话或者报告什么的，同他根本就没有什么来往。但这次去德国留学，全是他出的力。因此在内心里对他的感激之情，季羡林是永远一如既往的。没有冯友兰的帮忙，季羡林自己现在是个什么样子，他不知道，但是他肯定地说，绝对不是今天的这个样子。今天的一切，是与冯友兰先生提供的这个机会分不开的。因此，冯友兰成为影响他的一生最重要的恩师之一。他和李长之一起去看了冯友兰先生。

在季羡林出国留学之后，冯友兰从 1939 年到 1946 年 7 年间连续出版了六本书，称为“贞元之际所著书”：《新理学》（1937）、《新世训》（1940）、《新事论》（1940）、《新原人》（1942）、《新原道》（1945）、《新知言》（1946）。通过“贞元六书”，冯友兰创立和完善了新理学思想体系，使他成为中国当时影响最大的哲学家。

1951 年，季羡林参加中国文化代表团出访印度、缅甸。团长是丁西林，副团长是郑振铎。他和冯友兰先生都是团员。在几个月的时间里他和郑振铎、冯友兰朝夕相处，增进了对冯友兰先生的了解。他们在熟悉而不亵渎、亲切而互相尊重的气氛中生活了将近半年，这是季羡林得以认识冯友兰先生最集中的一段时间。

他后来与冯友兰先生在院系调整以后都在北大工作，了解得更多了。在他看来，冯友兰先生治中国哲学史的那种坚忍不拔的精神是值得尊敬的。为了这门学问，冯友兰先生不知遭受过多少批判，他提倡的道德继承法，甚至受到过诡辩式的严厉批判，但他并没有被压垮，同时能在几条战线上迎战。他坚持真理，修正错误，经常不惜以今日之我非昨日之我。这种精神，季羡林非常赞赏。

3. 与哲学家和外交家乔冠华一起踏上游学路

中外闻名的外交家乔冠华（1913～1983），本是江苏省建湖县东乔庄人。其父乔守恒继承祖业，擅长诗词歌赋、琴棋书画，教子严谨。乔冠华 5 岁入塾，开始熟读诗书。1929 年他 16 岁时，考入清华大学哲学系，为同级中年龄最小的学生。在清华大学期间，乔冠华开始接触马克思主义的著作，但是他并没有参加太多的活动，基本上是一个书呆子，他专心致志的是读书。到了 1933 年 3～4 月间，由于日军侵入古北口，北平城内已经是一片恐慌。学校当局决定，1929 级的学生提前毕业，也不举行毕业考试了，只交一篇论文就可以毕业，拿到毕业文凭。乔冠华毕业之后，由于日文教授钱导生帮忙，得到一个去日本公费留学的机会，去日本留学。但是在日本留学期间，由于涉嫌与日本共产党有联系，在 1935 年夏天，被日本警察押送回国到上海。这以后，乔冠华又来到北京。他从金岳霖教授那里得知，文学院长兼哲学系主任冯友兰教授同德国达成了交换留学生的协议，哲学系还有一个名额没有确定。他经金岳霖教授推荐，冯友兰教授同意，也得到西去德国留学的机会。

在清华上学期间，季羡林和乔冠华只是认识，而来往不多。这下要去德国留学了，于是，季羡林便和乔冠华结伴，乘火车去天津，到德国领事馆办理签证手续。因为需要途经俄国，所以也要到俄国领事馆办签证。手续非常简单，领事馆办签证的人只是简简单单问了几句话，就含笑握手，祝他们一路顺风。几分钟就把出国手续办完，只等出发了。

出发之前，清华的几个老同学林庚、李长之、王锦弟、张露薇，在北海公园为他们送行。他们租了几只小船，荡舟于荷花丛中。老同学在毕业一年以后又聚在一起，臧否人物，指点时政，意气风发，所向无前。他们兴高采烈，简直成了主宰沉浮的英雄。在北海公园玩了整整一天，老同学们才尽欢而散。

1935 年 8 月 31 日，老同学们把季羡林和乔冠华送到了前门火车站，这里是他们万里旅程的起点。他们要从这里经过东北、苏联才能到达德国。火车上他们经过了大约两周的时间，还要在中途的山海关停留。因为在当时，山海关属于“满州国”，到了这里，必须填“过境”手续。然后火车开到哈尔滨，所有的乘客都要下来，在这里住两天，换乘苏联的火车。

季羡林与乔冠华合影

在哈尔滨等换车的时候，同行的清华校友敦福堂出尽了洋相。他是清华这次派出德国的三个留学生之一，因此和季羡林、乔冠华同行。此公学的是心理学，但是自己却是个马大哈。下车去领行李，要离开车站。到了行李认领处，发现托运单丢了。他们三个人急得团团转。另外同行的，还有三个去英国留学的，包括王竹溪，也帮忙到处找。六个人都是心急如焚，他们没有办法，便去找站长，用六个人的所有的证件证明，才算领出了行李。到了旅店，好歹安顿下来，大家还都余悸未消，这位敦公偶尔一掏口袋，行李托运单却赫然具在，大家啼笑皆非，而此公却怡然自得。之后此公不是丢护照，就是丢别的，但是最后又化险为夷。

六个人在一个车厢里，最愉快的事，就是在一块侃大山。本来他们分住在两个包厢里，为了聊天，他们就凑到一起。六个人在清华都是同学，但因为在校时行当不同，所以没有什么来往。这个时候都挤在一个车厢里，就成了推心置腹的朋友。他们学物理的，学哲学的，学文学的，学外语的，行当的界限全没有了，上天下地，聊起大天来。他们都是二十三四岁的年轻人，阅世都不深，每个人面前都有一个未知的世界，堆放着玫瑰花，闪耀着彩虹。他们的心几乎是透明的，说起话来，一无顾忌，二无隔阂，全然没有谈不来的时候。这时候小小的车厢里往往笑语不断，其乐融融，也就忘了身处异域之地了。

说话累了，他们就下棋。物理学家王竹溪是象棋高手，其他五个人轮番单独和他下，都不是他的对手，全是输，输，输。后来五个人联合起来和他一个人下，还是输，输，输。哲学家乔冠华是个聪明才子，结果他的哲学也没有能够帮上他的忙。车上的多天里，王竹溪一直是常胜将军。其他五人则一直是手下败将，没有赢得一局。

好不容易经过了 14 天来到了柏林。敦福堂又丢了护照，后来在口袋里失而复得。清华校友赵九章去车站迎接他们，把他们的一切手续都帮着办了，并且安排他们住到了康德大街的一个叫彼得的公寓里。

季羡林在柏林的知心朋友，就是乔冠华。在校时，他们并不很熟悉，但是季羡林常常看到乔冠华腋下夹一册又大又厚的德文版《黑格尔全集》，昂首阔步，旁若无人，徜徉于清华园中。为了赴德留学，他们熟了起来。到了柏林，更是天天在一起，几乎形影不离。而那位马大哈敦福堂，则从此从他们的地平线上消失了。

他们两人在清华学的德语都不能用，口语基本上没有学。在柏林，季羡林按照规定到德国学术交流处去报到，一个女秘书含笑对季羡林说了一句德语："长途旅行呀!"季羡林愣里愣怔，竟然没有听出来。因此到了这里，他们必须补习德语，乔冠华攻读哲学，自然也要强化口语训练。这样老是住公寓就成了问题。于是，清华的另一位老同学汪殿华，给季羡林在魏玛大街找到一处犹太人出租的房子。柏林远东协会的林德和罗哈尔博士，帮助他们参加了柏林大学外国留学生德语班最高班。从此他们成了柏林大学的学生，每天乘城内火车去柏林大学上课。教授赫姆是季羡林很佩服的，认为自己从来没有遇到这样好的外语教员。发音之清晰，讲解之透彻，简直达到了神妙的程度。他是第一次听德语讲课，然而没有一句听不懂的。上课时，他和乔冠华两人也一直在一起。上课之外，吃饭、访友、逛动物园，他们也总是在一起。更重要的是，他们两人都是书呆子，喜欢书，念念不忘逛旧书市，去买了不少好书。因此季羡林喜欢与他交谈，谈得很投机。有时候在他那里一谈谈到半夜，几次就睡在他那里。有一个半月的时间，他们天天在一起。

有一次，季羡林和乔冠华到柏林的一家中国餐馆去吃饭。这样的一个餐馆与周围的环境极不协调。进了门，餐馆里的嘈杂声响成一片，有高声说话的声音，有呼噜呼噜喝汤的声音，有呱唧呱唧吃饭的声音，有杯盘碰撞的声音。季羡林一下子觉得仿佛又回到了中国。欧洲人吃饭非常文明，异常安静，喝汤不出声，吃饭更不能呱嗒嘴，那是大忌。而这里中国餐馆里面的吃客大多是纨绔子弟，竟然把国内的那一套全都带到德国来了。他们两人非常不适应，以后再也没有到这家餐馆吃饭，总是离那些纨绔子弟远远的。

德语强化训练结束以后，季羡林就和乔冠华分道扬镳了。在分手以前，清华的学长乐森玙正好从哥廷根到柏林办事，给季羡林介绍了哥廷根的情况，使他对哥廷根有了一个基本的了解。于是季羡林到了哥廷根。

乔冠华选了设在德国南部一座小城的杜宾根大学，选了一个专业是中国学，很快就写出了一篇关于庄子哲学的博士论文。乔冠华想提前回国，他也不管及格不及格，便从杜宾根到了巴黎，从巴黎乘一艘邮船回国。回国后，他的博士论文缺席通过答辩和评审，取得博士学位，只是博士学位证书未能及时寄到。他获取博士学位只用了两年多的时间，1937 年就拿到了，1938 年 2 月就回到香港了。这说明，在一个非常严格的德国，一旦选中国学的博士学位，还是比较容易拿到的。乔冠华回国后，金岳霖曾写信请他去西南联大教书，但乔冠华却作别学者生涯，以笔为旗，鞭挞法西斯，与哲学系同学胡乔木并称“南北两乔”。

新中国成立后，乔冠华历任中华人民共和国国际新闻局局长、外交部政策研究室副主任（周恩来兼主任）、外交部亚洲司司长、外交部副部长、部长等职。乔冠华的一生为我国的外交事业作出了重要贡献。1983 年 9 月，因患重病，在北京逝世，终年 70 岁。

四、彻底性的学术训练

1.“博士父亲”瓦尔德施米特教授

季羡林在 1935 年夏天离开了济南的家，到北平和天津办理出国手续。在手续办完以后，因为要等签证，他在清华大学招待所住了几天。同屋住的一个老清华毕业生，听说季羡林要去德国留学，极力劝他到德国去学保险，学成之后回国就有了铁

1936年冬，季羡林（右三）与留德同学合影。

饭碗，永远不用愁了。但是季羡林丝毫没有动心。他觉得自己从来不是搞经济的料，虽然到德国学什么还不能确定，但肯定不是学保险。

在没有完全确定专业方向的情况下，季羡林乘上了去西伯利亚的火车，与清华的老同学乔冠华等人一起，途经苏联，花了14天的时间，到了柏林。

到了柏林，才知道自己在清华学的德语根本无法张口。因为当时上课用的是英语，而课外也不说德语。在这里完全不能说，也不能听。德国当局只得给这些在中国学了德语却不会说德语的人补课，对他们进行强化训练。这等于给季羡林他们一个“下马威”。仅这一点，就使季羡林对柏林没有好感，他的自尊心好像受到了伤害。

这样，季羡林在柏林呆了几个月。在这里接触的中国留学生人数颇多，发现他们中认真读书者当然有，但终日鬼混者也不乏其人。国民党的大官，自蒋介石起，很多官僚都有子女在德国“流学”。这些高级“衙内”看不起季羡林，季羡林更藐视这一群行尸走肉的家伙，羞与他们为伍。“此地信莫非吾土”。无论如何，他对柏林没有一点好印象。

到了深秋，他的强化训练一结束，他就打算离开柏林。但到哪里呢？德国学术交换处的女秘书打算把他派到东普鲁士的哥尼斯堡大学去，那里是大哲学家康德任教授的地方，知名度很高。季羡林嫌那里过于偏僻，表示不愿意去。后来就改派到了小城又是科学名城的哥廷根。从此以后，在这里一住就是10年，没有离开过。这时季羡林想起了吴宓的一句诗：“世事纷纭果造因，错疑微似便成真。”觉得真是有见地的话，是参透了人生真谛而道出来的。如果真到哥尼斯堡大学，季羡林就不是今天的这个样子了。是什么样子，他自己也不可能知道了。

德国给季羡林的助学金是每月120马克。房租约占40%多，吃饭也差不多。手中就几乎没有余钱。同官费学生一个月800马克相比，真如小巫见大巫。季羡林在德国住了那么久的时间，从来没有寒暑假休息，从来没有旅游，一则因为“阮囊羞涩”，二则珍惜寸阴，想多念一点书。

但是他不远万里而来，是想学习的。可学习什么呢？最初并没有一个十分清楚的打算。有一个决心是他早就下了的，那就是绝不学与中国学沾边的学问，他鄙视那些在国外靠中国学拿博士学位的人，那是混文凭的。要拿中国学的博士学位何必到国外去呢？国内不是更容易吗？

在彷徨中，他在第一学期，选了希腊文，看样子是想念欧洲古典语言文学。但是，在这方面，他考虑自己无法同德国学生竞争，他们在中学里已经学了8年拉丁文，6年希腊文。他心里更加彷惶犹豫起来。

到了1936年春季始业的那一学期报到时，季羡林的眼睛突然一亮，他在课程表上看到了瓦尔德施米特开的梵文初学课。他简直是狂喜不止。在清华时，受了陈寅恪先生讲课的影响，他就有志于梵学。但在当时，陈寅恪先生没有开梵文课，中国也没有人开梵文课，只有学的心，没有教的人，无法实现这个心愿。现在他竟于无意中能够有机会专修，焉能不狂喜呢？于是他立即选了梵文课。

在德国，要想考取哲学博士学位，必须修三个系：一主二副。季羡林的主系是印度学的梵文、巴利文，两个副系是英国语言学和斯拉夫语言学。他选定了方向，从此走上了正规学习的道路。

梵文是季羡林的主系，必须全力以赴。梵文教授是瓦尔德施米特。瓦尔德施米特是柏林大学梵学大师海因里希·吕德斯的高足，自己在清华的老师陈寅恪与他是同学，他们出自同一门下，经常有书信联系。他是研究新疆出土的梵文残卷的专家。他年纪轻轻，但在梵学界已颇有名声。他还懂汉语和藏语，这对于他的研究工作来说，简直如虎添翼。他对学生要求极严，据说，一位女士把自己的博士论文交给他，他翻看了一会儿，一下子把论文摔在地下，愤怒地说："这全是垃圾，全是胡说八道！"从此，这位小姐就从哥廷根消失了。后来季羡林说过"在古今中外的学人中，我最服膺，影响我最深的，在中国是陈寅恪，在德国是吕德斯。后者也是考据圣手。什么问题一到他手中，便能鞭辟入里，如剥春笋，层层剥来，终至核心，所得结论令人信服。我读他那些枯燥至极的考据文章，如读小说，成了最高的享受。"（《季羡林文集》第14卷，第346页）

季羡林没有想到，第一堂课上只有他一个学生。瓦尔德施米特教授看起来非常年轻，比实际年龄还要年轻一些。他穿一身厚厚的西装，有一张孩子似的脸。1935年，他刚刚在哥廷根大学拿到一个正教授职称，接替已退休的西克教授的梵文讲座。一般德国教授都有教授架子。就凭他的这个资格，似乎更应该有教授架子，但不知道为什么，他没有架子。相反，因为季羡林作为外国人，是教授升正职以来收的第一个梵文学生，因此他对季羡林似乎还有感激之情。瓦尔德施米特教授虽然面对授课的只有一个学生，而且还是一个中国学生，但讲课却没有任何懈怠之意。他教季羡林念了念字母，这种字母非常啰嗦，绝不像英语字母那样简明。季羡林虽然是第一次接触这种希奇古怪的字母，但因为教授传授得认真，所以使他觉得非常舒服，没有感到有多大的压力。他满以为，有了这样一个好的开始，会一直舒服下去。

但是在第二堂课上，季羡林挨了当头一棒。瓦尔德施米特教授对梵文非常复杂的连声规律根本不加讲解，教科书上的阳性变化规律也不讲，一下子就读起书后的练习来。这些练习是印度的死去的文字，脱离现代语言实际，理解起来非常不易。就是这样的一些练习上的句子，瓦尔德施米特教授让季羡林读。字母本来就有些面生可疑，咬不准念什么，语法概念更是一点也没有，所以读得结结巴巴，翻译得莫名其妙。急得他头上冒汗，心中发火。以后为了应付这些练习，他不得不拼命预习。一句只有五六个字的练习，要查连声，查语法，忙到一两个小时。准备两个小时的课，就要用一两天的时间来预习了。这种讲课方法，季羡林后来逐渐适应了，并且慢慢从中尝到了甜头。

瓦尔德施米特教授的教学方法也同样是德国式的。他为学生选用了 Stenzler 的教科书。这是一本非常优秀的教科书。篇幅虽然不多，但是应有尽有。梵文语法以艰深复杂著称，有一些语法规则简直烦琐古怪到令人吃惊的地步。这些东西当然不是哪一个人硬制定出来的，而是历史发展自然形成的，利用比较语言学的方法都能解释得通。Stenzler 在薄薄的一本语法书中竟能把这些古怪的语法规则的主要组成部分收容进来，是一件十分不容易做好的工作。这一本书前一部分是语法，后一部分是练习。练习上面都注明了相应的语法章节。做练习时，先要自己读那些语法，教授并不讲解，一上课就翻译那些练习。

第二学期开始念《摩诃婆罗多》中的第三篇中的著名神话《那罗传》。以后又读《云使》。都是直接读原著。听说，欧美许多大学都是用这种方式。到了高年级，梵文课就改称 Seminar，由教授选一部原著，学生课下准备，上课堂就翻译。新疆出土的古代佛典残卷，也是在 Seminar 中读的。这种 Seminar 制看似平淡无奇，实际上是训练学生做研究工作的一个最好的方式。比如，读古代佛典残卷时就学习了怎样来处理那些断简残篇，怎样整理，怎样阐释，连使用的符号都能学到。

至于巴利文，虽然是一门独立的课程，但教授根本不讲，连最基本的语法也不讲。他只选一部巴利文的佛经，比如《法句经》之类，一上堂就念原书，其余的语法问题、梵巴音变规律、词汇问题，都由学生自己去解决。

1980 年，季羡林重访德国哥廷根。

第一年的梵文课，按当时设定的正式课程名称，是为初学者开设的梵文。每周上两次，每次两小时。第一学期大约上课 20 周，梵文上课时间是 80 小时。瓦尔德施米特教完了全部梵文语法，而且还教念了几百句练习。

德国的外语教学方法，被季羡林称之为典型的德国式的。这种教学方法开始于19世纪。当时一位德国语言学家埃瓦尔德说过这样一句话："拿游泳来打个比方，我教外语就是把学生带到游泳池旁，一下子把他们推下水去。如果他们淹不死，游泳就学会了。"瓦尔德施米特教授就是使用了这种方法。

就这样，在瓦尔德施米特教授这里，季羡林学到了一种学习外语的好方法。直接读高水平的梵文原著，就像学游泳一样，一下子被教练推下水，教练并不管，让你在水中自己挣扎，只要不淹死，就能够学会游泳。后来，季羡林把这套方法在自己的教学实践中应用，也取得了很好的教学效果。

最初的一段时间，季羡林经常被邀请到教授家里吃晚饭。每次吃饭，教授的十几岁的独生子都在座。有一次教授和他的儿子开玩笑，说："家里有一个中国客人，你明天到学校去又可以张扬吹嘘一番了。"可是不久，战争开始了，他的唯一的儿子被征从军，在一年的冬天里，战死在北欧的战场上。他忍受着丧子的巨大悲痛，没有对季羡林说什么。

念到第三年上，季羡林已经拿到了博士论文的题目，此时第二次世界大战正酣。瓦尔德施米特教授被征从军。在这之前，季羡林每一学期都要选他的很多课，读过印度古代史诗、剧本，解读过中国新疆出土的贝叶经残卷，读过《梨俱吠陀》《摩诃婆罗多》《本生经》《五卷书》，读过佛教南宗的巴利文经典。

俄语课文则读过俄国普希金、高尔基，阿拉伯语则读伊斯兰教的《古兰经》。

战争开始后，瓦尔德施米特教授被征从军以前，预定了哥廷根大剧院的冬季演出的门票，走的时候没有退掉。他便委托季羡林陪伴孤居的教授夫人去剧院看演出，每周一次。每到看节目的那天，季羡林吃过晚饭，便接师母去剧院。剧院的节目，有时候是歌剧，有时候是音乐会，有时候是钢琴独奏、或小提琴独奏。演员或来自外地，或来自国外，都是赫赫有名的人物。虽然处于战争年代，但剧场里仍是一派升平祥和的气象：灯火辉煌，灿如白昼。但是一出剧院，便是一片黑暗。灯火管制之下的哥廷根城，不允许一丝光线存在。因此散场后要穿过一条没有一点灯光的黑暗街道，一直将师母送回远在山下的家中，然后于深夜独自返回房东家里。他一个人在深夜踏着没有光线的长街，黑暗中只能听到自己的脚步声，那种乡愁的滋味，恐怕谁也理解不了。在很长的时间里，教授夫人一个人住在一座三层楼的房子里，过着孤独的生活。

经过两年的学习，季羡林的交换期满，按照双方的协议，到了他该回国的时候了。但是就在这时，"七七"事变爆发了，日本帝国主义向中国开始了大规模的侵略战争。事变之后不久，希特勒发布命令，关闭国门，凡是外国人一律不准离开德国。季羡林断了退路，有国难回。

交换期满，奖学金停发，季羡林简直走到了绝路。

正在这时，季羡林的平常联系不是太多、交往也不多的一个朋友，汉学研究所的古斯塔夫·哈隆听说了此事，问他愿意不愿意在汉学研究所当讲师。这样，季羡林很自然地接受了他的聘请，当起了讲师。奇怪的是，古斯塔夫·哈隆身为研究所所长，但不会说中国话，却又有十分雄厚的中文基础，甲骨文尤其是他的拿手好戏，讲起来头头是道，经常发表一些极其精辟的见解。中国的有些古典文献如《老子》《庄子》，他也都有很高的造诣。他对古代西域史地，情有独钟，出版过一部名作《月氏考》。但是他在这个学校并不得志，后来受聘到英国剑桥大学当了汉学教授。而季羡林则一直在这个所当讲师，到回国为止。

这样，季羡林就可以完成自己的学业，争取到博士学位了。在 1938 年的秋天，瓦尔德施米特教授同季羡林商量博士论文的题目，并且主动问他要不要一个论文题目。当时季羡林非常兴奋，有受宠若惊的感觉。因为在德国要想得到一个博士论文的题目是非常难的，指导博士论文的教授，德国学生戏称之为“博士父亲”。德国教授在大学里至高无上，他说了算，往往有很大的架子，不大肯招收研究生，怕学生出息不大，辱没了自己的名声。越是名教授，收徒弟的条件越高。教授真正觉得孺子可教，才会给学生博士论文的题目。德国的大学，对博士论文的要求十分严格，题目可以不大，但是必须要有新东西，才能通过。经商定，论文的题目确定为研究《大事》偈陀部分的动词变化。瓦尔德施米特教授在家休假的时候，给以指导，不在的时候，由其前任西克教授指导。

到 1940 年秋天，季羡林把毕业论文《〈大事〉中偈陀中限定动词的变化》基本上写出来了。为了使论文顺利通过，他觉得应该写一篇有分量的绪论，他花了将近一年的长时间，写出了绪论。教授从战场回来短期休假，他怀着一番美好的感觉，把论文的绪论给教授看。

隔了一个星期，瓦尔德施米特教授在汉学研究所把绪论退还给季羡林，他的脸上含着笑意，最初并没有说话。季羡林打开绪论一看，上面没有任何改动，只是在第一行的第一个字前面，划了一个前括号，在最后一行最后一个字母的后面，划了一个后括号。意思是统统不要。看到季羡林疑惑的眼神，教授慢慢地开了口：“你的文章费劲很大，引书不少。但是都是别人的意见，根本没有你自己的创见。看上去面面俱到，实际上毫无价值。你重复别人的话，又不完整准确。如果有人对你的文章进行挑剔，从任何地方都能对你加以抨击，而且我相信你根本无力还手。因此，我建议，把绪论统统删掉。在对限定动词进行分析以前，只写上几句说明就行了。”

以后凡是休假回家，他总是要听季羡林的汇报，看季羡林的论文，提出自己的意见。

瓦尔德施米特还提出要花大力气校对毕业论文，不仅论文要从头至尾认真核对，而且要核对所有引用过的书籍、报刊。写这篇毕业论文花了大约三年的时间，季羡林在这

3年内从大学图书馆到柏林的普鲁士图书馆，借过大量的书报杂志，大概使用过上千种书报杂志，耗费了很多时间。当时就感到十分腻烦。现在还要在短时间内再核对一遍，把借过的书再借一遍，心里要多腻味有多腻味。“然而老师的教导不能不遵行，只有硬着头皮，耐着性子，一本一本地借，一本一本地查，把论文中引用的大量出处重新核对一遍，不让它发生任何一点错误。”（《季羡林文集》，第14卷，第231页）

1940年12月23日，对于季羡林来说是一个非常关键的日子。这一天，9点半，他到大学的办公处去参加毕业口试。口试内容包括梵文、斯拉夫语言学、俄语，英文因为教授勒德尔养病在医院，以后再补考。瓦尔德施米特教授、戴希格贝雷尔教授、布劳恩先生都在场。在这个阵势之下，季羡林发了毛，原先准备的问题，一个也没有用上。他几乎不能正常思维，简直慌张至极。但到24日，瓦尔德施米特教授请季羡林到家里过圣诞节，一进门，教授就向季羡林贺喜，告诉他，毕业论文是优，印度学是优，斯拉夫语言学也是优。到1942年2月19日，勒德尔教授出院，补英文口试，又得了一个优。这样就以全优毕业了。

季羡林从德国教授的身上学到了做学问的彻底性。他终于悟出了一个道理：没有创见，不要写文章，否则就是浪费纸张。有了创见，也不要下笔千言，离题万里。空洞的废话不说少说为宜。后来季羡林自己有了学生，也把这一衣钵传给了学生。

受到瓦尔德施米特教授的这方面的影响，季羡林到现在写论文一直掌握着这个原则，没有新意的文章不写。德国教授做学问的彻底性影响了他的一生。季羡林从内心深处感激这位“博士父亲”。

1980年，季羡林率领中国社会科学代表团访问西德，再次见到了阔别35年之久的老教授。而见面的地点不是在教授的家里，而是在敬老院里。教授已经83岁，夫人86岁。一听说自己的得意弟子要来，老教授的心里激动不已。季羡林一下汽车，就看到在敬老院高大明亮的玻璃门里面，教授已经端坐在圈椅里等了很久了。

就在这所敬老院里，师母还给季羡林烹制了他喜欢吃的食品。季羡林拿出刚刚出版的译作《罗摩衍那》第一卷给老师。老师一看，当场毫不客气地批评他，我们是搞佛教研究的，怎么搞起这个来了？老师不知道，季羡林是在没有科研条件的情况下，利用时间的“边角废料”翻译出来了这部世界名著的。而在季羡林，他心里非常清楚，垂暮之年的老师仍然在关心着弟子的学术研究。这样的事情只能在师生之间发生。离别的时候，季羡林心中的凄楚简直是无法形容的。

对于季羡林来说，恩重如山的博士父亲，是一座永远竖立的塑像，他的恩泽润泽了异国学子的一生。在季羡林的一生中，瓦尔德施米特教授是对他影响最大的一个学者。

2. “祖父”般的西克教授

季羡林在瓦尔德施米特教授被征从军的情况下，仍然继续念书和在汉学研究所教书。除了挨饿外，天上的轰炸还接连不断。在艰难的条件下，他终于写完了博士论文。

此时，季羡林在自己一生的学者生涯中迎来了又一个偶然。这次的偶然是学习吐火罗文。吐火罗文是印欧语系中的一种语言，5～10 世纪流行于塔里木盆地一带。6～8 世纪的一些古代文献是迄今发现的最早的文献。对这样一种语言，季羡林在国内时连听说都没有。到了哥廷根以后，虽然听说了，但是并不想学。

吐火罗文残卷是在 20 世纪初才发现的。当时德国探险队在中国新疆发掘出了非常珍贵的用各种文字写成的古籍残卷，运到了柏林。德国学者那时还不能读通这些文字，但已经意识到这些文字的重要性。柏林大学组织了许多年轻的语言学家主要是梵文学者来进行研究，西克是其中之一。面对这天书一般的残卷，大多数人望而却步了。只有西克和西克灵俩人决心合作把它们读懂。

1986 **年，季羡林重返哥廷根大学，与友人合影。**

一开始的时候，他们的工作就像是猜谜语，这不仅没能够难倒他们，反而提高了他们的研究兴趣。他们几乎是日日夜夜不停地工作，前途充满了希望。经过了 30 多年的辛勤劳动，他们终于把这些天书读通了，并且把这种文字定名为吐火罗文。

读通了这一语言的西克教授，当然非常愿意把这门经过 30 多年攻关才拿下来的成果，传下来。但是他并不是狭隘的民族主义者，没有想只传给德国人，而是想毫无保留地传给这位异国之子。

利用瓦尔德施米特从军的这个机会，已退休的前任老教授西克出山替他上课。老教授是主动出来承担授课任务的，他对季羡林的情况不能不有所耳闻，简单说，他对季羡林是有所图的，看好了他作为吐火罗文传人的角色。当时他已经有七八十岁了，但身体还很硬朗，人也非常可蔼可亲，简直像一个老祖父。按岁数来讲，他也确实等于季羡林的祖父，对季羡林有完全是一个祖父的感情。他对上课似乎非常感兴趣。第一堂课，一上课堂，他就告诉季羡林，他平生研究三种东西：《梨俱吠陀》、古代梵文语法《大疏》和《十王子传》，以及用了几十年的时间读通了的吐火罗文，他一定要把自己全部拿手的好戏都传给季羡林，他都要教会季羡林。季羡林知道在世界吐火罗文学界，老教授名扬全球。他似乎认为季羡林一定会同意，连征求意见的口气都没有，不容季羡林提不同意见，一定要教吐火罗文，就这样定下来了。

乘瓦尔德施米特教授休假之机，季羡林通过了口试，布朗恩教授口试俄文和斯拉夫文，罗德尔教授口试英文。考试及格后，仍在西克教授指导下学习。

他们天天见面，冬天黄昏，在积雪的长街上，他搀扶着年逾八旬的异国的老师，送他回家。他忘记了战火，忘记了饥饿，心中只有身边这个老人。战时，整个德国食品极端匮乏，人人在饥饿的炼狱里煎熬，季羡林为了给年过古稀的西克教授增加点营养，硬是两个月断绝油味，从配给的可怜食品中省下一点奶油，又费尽心机弄到一些面粉、鸡蛋和一斤白糖，请一家名糕点店烘烤了一个蛋糕，忍着辘辘饥肠，将它捧献给西克教授。教授夫妇为中国学子的真情感动得竟表达不出致谢之词。

西克教授教吐火罗文的方法和瓦尔德施米特教授教梵文的方法一样，根本不讲解语法，而是直接从读原文开始。

学了一段时间，比利时的一位治赫梯文的学者沃尔特·古勿勒也慕名来到哥廷根，从西克教授学吐火罗文。有了这两个外国学生，西克教授当然很高兴。他就把他和西克灵教授合作转写成拉丁语的一本《福力太子因缘经》，连同原著的影印件，交给这两个年轻人去读，并称此书为“精制本”。他们的学习是如此进行着：自己在下面翻读文法，查索引，译生词；到了课堂上，同古勿勒轮流译成德文，西克纠正。工作是异常艰苦的。原文残卷残缺不全，没有一页是完整的，连一行完整的都没有，虽然是“精制品”，也只是相对而言，这里缺几个字，那里缺几音节。不补足就抠不出意思，而补足也只能是以意为之，不一定有很大的把握。结果是西克先生讲的多，他讲的少。读贝叶残卷，补足所缺的单词儿或者音节，一整套做法，他就是在吐火罗文课堂上学到的。他学习的兴趣日益浓烈，每周两次上课，不但不以为苦，有时候甚至有望穿秋水之感了。（《留德十年》，东方出版社 1995 年，第 95 页）

后来，从西克教授那里才知道，当初他和西克灵合作的时候，工作更为艰苦。西克灵是西克的学生，办事特别小心谨慎，生怕出错。尤其在抄写婆罗米字母的时候，那细心的样子实在让人佩服。他住在柏林，是在普鲁士科学院工作，而西克则在哥廷根大学。两人要不断进行通信联系，有时碰到不能解决的问题，或者是意见不一致之处，西克教授还得从哥廷根大学赶往柏林，与西克灵商讨。根据特别充足了，已经可以判断一个吐火罗字的字义了，但西克灵偏反对，不肯认可。这时候，西克只能赶到柏林，与他面谈讨论。季羡林因此把西克比做火车头的蒸汽机，没有它火车不能走，但有时走得太快，就得有一个闸，西克灵就是这个闸。

1942年，季羡林因为婆罗米字母的问题，到柏林请教西克灵教授。在普鲁士学士院他的研究室里，季羡林看到墙上挂满了婆罗米字母的残卷，他用那特有的蝇头般的小字一行一行抄下来。他只要有三个学生以上，就紧张得说不出话来，所以只短期在柏林大学讲过课，教吐火罗语，后来则一直在普鲁士科学院工作。他人很沉静，不大说话。问他问题，他却解释无疑。季羡林从他那里学到了不少读婆罗米字母的秘诀。

2000年，德国驻华公使代表哥廷根大学授予季羡林“金质奖章”。

季羡林非常佩服德国老师们的工作态度，把他们当作自己的楷模。他叹服他们异常认真、严谨、细致的学风。他们治学的彻底性是名震寰宇的，写文章从来都是再三斟酌，多方讨论，然后才拿去发表。

在老师的感染下，季羡林下决心攻克这种新增加的语言。他当时工作很多，身体又不是太好，患着严重的神经衰弱，加上德国当时处于战争时期，物资供应奇缺，经常吃不饱饭。但是看到老人这样热心，他觉得无论如何也不能让老人伤心，所以加倍努力地学起来。

季羡林终于以惊人的毅力，读通了这门罕见的语言。

1946年回国以后，由于资料的限制，他有30多年没有机会接触吐火罗文。但是到1975年，在我国新疆吐鲁番地区出土一批吐火罗文甲种焉耆文《弥勒会见记剧本》残卷，从1981年又得以重新研究，在中国出版了中文繁体字版和简体字版，在英国出版了由他自己翻译成的英文版，粉碎了“吐火罗文发现在中国，研究在外国”的神话，为我国学术界争了光。

有这样一位恩师西克，季羡林自然经常到教授家里去。但对他的家世却始终是不十分清楚。只见过他的夫人，是一个又瘦又小但很慈祥的老人。至于子女或其他亲眷，季羡林从来没有见过。

有一次，是美国兵已经攻入哥廷根之后了，美军从城西往城东发射炮弹。西克教授住在城东，炮声一停，季羡林赶快跑到老师家里，看是否有什么危险。到了那里，教授夫人告诉他，炮弹爆炸之时，老头子正在伏案读有关吐火罗文的书籍。窗子玻璃随着爆炸声响，全成了碎片，落满了桌子。但老头子奇迹般地一点也没有受伤。

而教授对自己的弟子当然是非常满意。在季羡林拿到博士学位以后不久，在哥廷根城外的一片山林中，他在散步时遇到了西克教授和他的德国同事也在散步，西克教授忙向这些同事们介绍："他刚通过博士论文答辩，是最优等。"教授颇有得意之色，深为自己的弟子取得的优异成绩而自豪。而弟子则更为感激老师。

在回国以后的最初几年里，他一直和教授通信。1947 年 1 月教授来信告诉他西克灵教授去世，使他十分悲痛。但后来到建国以后，政治运动不断，海外关系成了忌讳，他不得不中断了这种联系。

3. 多才多艺的布劳恩教授

在哥廷根大学，还有一些德国老师与季羡林关系都是不错的。其中有阿拉伯语教授冯·素顿，英文教授勒德尔、怀尔德，哲学教授海泽，艺术史教授菲茨图姆侯爵，德文教授麦伊，伊朗语教授欣茨等等。而布劳恩教授是季羡林斯拉夫语言学的老师，是接触最多的一个。

季羡林选的副系是英语和斯拉夫语，讲课的教师是布劳恩，斯拉夫语研究所设在高斯一韦伯楼里。南斯拉夫语由他亲自讲授。他只让季羡林看了一本简单的语法，立即进入阅读原文的阶段。

在这以前，他已经有了学习俄语的经验。教俄文的老师是一个曾在俄国居住过的德国人，俄文等于是他的母语。他的教法同其他德国教员一样，是采用把学生推入游泳池的办法。俄文每周两次，每次两小时，德国的学期短，然而季羡林却在第一学期内，读完了一册俄文教科书，其中有单词、语法和简单的会话，又念完果戈里的小说《鼻子》。季羡林最初念《鼻子》的时候，俄文语法还没有学多少，只好硬着头皮翻字典。往往是一个字的前一半字典上能查到，后一半则不知所云，因为后一半是表变位或变格变化的。而这些东西，季羡林完全不清楚，往往一个上午只能查上两行，其痛苦可知。但是不知怎么一来，好像做梦一般，在一个学期内，竟把《鼻子》全念完了。下学期念契诃夫的剧本《万尼亚舅舅》的时候，季羡林就觉得轻松多了。

有了学习俄文的经验，他拼命翻字典。南斯拉夫语同俄文很相近，只在发音方面有自己的特点，有升调和降调之别。在欧洲语言中，这是很特殊的。季羡林之所以学南斯拉夫语，完全是为了应付考试，学习的兴趣并不大，可以说也没有学好。大概念了两个学期，就算结束了。任课时，当时布劳恩还不是讲座教授。

在哥廷根最后的两年里，季羡林几乎每周最少去一次他家。他家离季羡林的住处很近，两三分钟就能走到。

布劳恩的父亲是莱比锡大学的斯拉夫语言学教授，因此他有家学渊源，子承父业，能够流利地说斯拉夫语言中的许多种语言。季羡林见他时，他还非常年轻，还没有获得讲座教授的资格。因为年轻，和瓦尔德施米特教授一样被征从军。但是他没有上前线，而是在最高统帅部当翻译。苏联的一些高级将领被德国军队俘虏，希特勒有时候要亲自审问，以便从中挖出一些机密。给希特勒担任翻译的就是布劳恩。他每逢休假回家，总愿意给季羡林讲一些翻译时的花絮。透露一些苏军内部高层的真实情况。他甚至把苏军的一种大炮说得神乎其神，德国难以望其项背。这样的消息，显然是绝密的，但他也给季羡林说。

1941 年，季羡林在德国获哲学博士学位。

季羡林每周起码一次到布劳恩的家里去聊一次天，消磨一个晚上的时光。他有一个非常美丽年轻的太太，有两个可爱活泼又天真的男孩子，像小天使。大的叫安德烈亚斯，5 岁多，虽然还没有上小学，但是已经能看些书了。季羡林教给他一些中国字，他很快就记住了。很快，他们成了朋友。每天晚上睡觉以前，他总要缠着母亲，让她讲童话故事给他听。有一次，季羡林眼看着他瞪大了眼睛看着母亲嘴动的时候，一片童稚清晖的闪光。他每次都听个没够，直到母亲说第二天多讲一点，他才悻悻地去睡觉，仍然不满足的样子。小的叫斯蒂芬，特别喜欢季羡林。季羡林每次去他们家，他总要飞快地扑到季羡林的怀里。这时候，他的妈妈告诉季羡林，要抱住孩子转上几圈，这个孩子特别喜欢这玩意儿。教授的夫人很和气，说话不拐弯，但是有时候也愣头愣脑，说话没有谱儿。但不会有什么隔膜。季羡林和他们全家都成了好朋友。

布劳恩教授是一个多才多艺的人。他喜欢中国古代的刺绣，家里就藏着一幅。上面有 5 个大字：时有溪山兴。他让季羡林把这几个字翻译出来，从此喜欢上了中国字。自己去买了一本德汉词典，念起了唐诗。他靠词典把每个字都查出来，然后把句子连在一起，居然有时候也能讲出一些意思来。季羡林帮助他纠正语法的错误，再讲一些语法常识。汉语的语法结构，他在开始的时候非常不适应，觉得有点怪。但是学下去，发现也有道理。他认为汉语没有形态变化，可能是优点，使读者有极大的联想自由，不像印欧语系那样被形态变化捆住了手脚。

布劳恩教授还擅长画油画。有一次，他主动提出，要给季羡林画像。有一段时间，季羡林几乎每天到他家去，端坐在那里，当了好一阵子模特儿。在画画上，德国教授也非常认真。画完了征求季羡林的意见。季羡林对画自觉不是内行，但一看很像自己，就很满意了。

在学术研究方面，他不搞德国传统的语言考据之学，他擅长的是义理方面的学问。他自己有一本著作，是写 19 世纪沙俄文学的，把托尔斯泰和陀思妥也夫斯基作为两座高峰，开展论述，有许多精辟的见解。

这样的一个多才多艺的人，在哥廷根大学却是郁郁不得志的。他的升迁没有希望，院士更是不沾边，因此他一度想离开哥廷根到斯特拉斯堡大学，去补一个正教授的缺，而且表示把季羡林也带过去。但是后来没有实现。以后终于在哥廷根大学拿到了一个讲座正教授的职位。

1980 年，季羡林去德国访问，也拜访了布劳恩教授。那时夫人刚刚在一个月前去世，两个儿子在外工作，不在身边。老人成了一个寂寞的人，季羡林这时认识到在西方社会的学者，一旦失去了实用价值，只得如此。

五、生活万花筒

1. 房东欧朴尔夫妇

在德国的十年时间里，季羡林接触最多，几乎是朝夕相处的是房东欧朴尔夫妇。他把房东太太称为“像老母般的女房东”(《回忆汤用彤先生》)。从一到哥廷根开始，季羡林就住到欧朴尔的家里。是清华的老学长乐森玛到哥廷根火车站接他到欧朴尔夫妇家的。夫妇俩，还有一个儿子。但是儿子在外读书，所以有空房出租。全家人没有一个把他当外人看待，更没有把他当作外国人看待。法西斯头子对犹太人和中国人的歧视，在德国普通人中是少有响应的。就欧朴尔太太来说，季羡林就像她的亲生儿子，甚至比亲生儿子还要亲。因为对儿子不愿说的话，她都对季羡林说。

欧朴尔太太有德国妇女的一切优点，善良正直，能体贴人，有同情心。她也有一点小毛病，喜欢吃醋。她有一个寡妇朋友，平常两人的关系很好。但是有一次她买了一顶新帽子，她的朋友看她戴着好看，也喜欢得不得了，想照样也去买一顶。欧朴尔太太便大为不满，说了她不少坏话。原来德国人男女都有个习惯，自己穿的衣服，戴的帽子，不喜欢别人与自己的同样，一样了就感到自己的没有特点了。季羡林把这种习惯归之于市民习气。但从整体来说，她善良得像慈母一般，是季羡林见到的最好的女性之一。在这个家里，季羡林住了整整十年，没有搬过一次家。

初到哥廷根之时，季羡林睡的床与自己在国内的大不一样。德国的被子是鸭绒的，而鸭绒又不固定起来，在被套里享有自由活动的权利。季羡林睡在这样的被子里很不习惯。在睡觉时翻上两个身，鸭绒就都活动到被套的一头去了，一头是鸭绒

季羡林在德国留学期间学习簿。

堆积如山，另一头则只有两层布，不能正常御寒。他往往被冻醒。房东太太听了，笑得眼睛里直流泪，细心地告诉他怎么样使用鸭绒被。他自己觉得，就像一个小孩子一样，被她照顾着。

欧朴尔夫妇的儿子在达姆施塔特高级工科学校读书，离哥廷根挺远。夫妇俩爱子如明珠，惦记着在外的儿子，有一段时间，老头每月购买一些面包和香肠，打包寄给儿子。老头腿脚不好，走路一瘸一拐，拿着手杖也挺吃力。可为了儿子，他不辞辛劳，月月去邮局寄一次。

有一次，夫妇俩趁出去度假之时，去看望他们的儿子。到了大学生宿舍，他们看到面包和香肠干瘪瘪地躺在桌子下面，发了霉，已经不能食用。

回到家，太太絮絮叨叨地对季羡林诉苦，但是老头子却像是没有看到一样，每月照寄不误。这真是“可怜天下父母心”，古今中外都相同。

后来，儿子结了婚，搬到另一个城市，有了一个小女儿。有时候一家三口回家探父母。儿媳妇人长得漂亮，衣着也摩登入时，但就是不讨婆婆的喜欢。就连小孙女，祖母也不喜欢。原来儿媳妇有点马大哈，事事都不在意。一天，女房东忽然拉季羡林到卫生间，指着马桶给季羡林看，是儿媳妇使用卫生纸过多，把马桶给堵住了。老太太一边嘟囔着，一边露出许多怪物相，有愤怒，有轻蔑，有不满，也有憎怨。可这样的事偏偏不能对儿子讲，连丈夫也不敢讲。她心中的不平，茫茫宇宙间，只能对季羡林一个人吐露了。

女房东不仅有不平，而且有偏见，尤其是宗教偏见。他自己是基督教徒，对天主教怀有莫名其妙的仇恨，对天主教中的好人，也照样有偏见。有一个天主教老处女，每月要来欧朴尔夫妇家洗一次衣服，人很老实，但宗教信仰却很虔诚，每月的收入，除了少量维持生活，其他的都捐赠给教堂。女房东虽然承认她忠诚得像“黄金”一样，但一提及她信仰的宗教，就难免有微词了。

在政治上，女房东比较迟钝，既不赞扬希特勒，也不懂去反对他。

夫妇俩一生和睦相处，从来没有吵过架。丈夫饿死于战争之中，儿子平常不回家，老太太就把季羡林当作自己唯一的亲人，对季羡林的照顾真是无微不至。到晚上 10 点左右，女房东进屋来，把被子铺好，把床罩拿下来，放到沙发上。这是非常简单的，自己尽可以做。但是，女房东却非做不可，当年她儿子住这一间屋子时，她就是天天这样做的。铺好床之后，她就站在那里闲聊，把一天的经历，原原本本，详详细细，都向他“汇报”。她见了什么人，买了什么东西，碰到什么事情，到过什么地方，一一细说，有时还绘声绘色，说得眉飞色舞。但是，他初到德国时，听说德语的能力都不强。每天晚上上半小时的“听力课”，对他大有帮助。女房东实际上成了不收费的义务教员。“汇报”完了以后，照例说一句：“晚安！祝你愉快地安眠！”他也说同样的话，然后她退出，回到自己的房间里。他把皮鞋放在门外，第二天早晨，她把鞋擦亮。这一天的活动就算结束了，上床睡觉。(《留德十年》，东方出版社 1993 年版，第 108 页)

战争临近结束之时，物资供应更紧张了，食品缺，燃料也缺。哥廷根市政府只得让市民们到山上砍伐树木，代替燃料。在茫茫林海中，划出一片可砍伐地区，在这一地区内，又逐一检查，可砍伐者画上红圈，砍伐了没有红圈的树，受罚是自然的事情。女房东没有劳动力，季羡林就当仁不让，帮老太太上山砍树，再运回家来。

住在这样一个房东家里，季羡林从来没有把她当作小业主看待，自己也从来不以租房者自居，而是把自己当作这个家庭中的一分子，把女房东当作自己的母亲看待。在他即将回国之时，女房东简直是难分难舍：女房东对他放声大哭。她儿子在外地，丈夫已死，他这一走，房子里空空洞洞，只剩下她一个人。几年来她实际上是同他相依为命，而今以后，日子可怎样过呀！离开她时，他也是头也没有敢回，含泪登上美国吉普。他在心里套一首旧诗想成了一首诗：

留学德国已十霜，归心日夜忆旧邦，
无端越境入瑞士，客树回望成故乡。(《我的心是一面镜子》)

离开德国回国以后，季羡林一直惦记着女房东，和她保持了几年的书信联系。回到北京以后，季羡林费尽千辛万苦，弄到了一罐咖啡，大喜若狂地连忙跑到邮局，把包裹寄走。希望能越过千山万水，使这一罐咖啡能让老太太在孤苦伶仃的生活中获得一点喜悦。季羡林知道，同千千万万德国人一样，女房东嗜咖啡如命。到 20 世纪 50 年代以后，国内突出政治，海外关系“成为非常危险的东西”。季羡林从那时候开始，没有敢再跟她联系，从此便云天渺茫，互不相闻了。

女房东现在早已不在人世，季羡林每每回首的时候，总是百感交集，他在自己的内心里遥遥地祷祝老太太的在天之灵，永远安息。

2. 永远难忘的伊姆加德

伊姆加德小姐是季羡林在德国的老师、房东之外最为亲密的一个人。她不是季羡林房东的女儿，而是季羡林在德国的中国同学田德望的房东的女儿。最早是因为去她家看望田德望，也就认识了她的家。田德望本来在意大利留学，他拿到的奖学金没有用完，便投到季羡林那里，想在哥廷根大学进修一下波斯语，于是在1938年到了哥廷根大学，住在伊姆加德家里。

田德望的房东迈耶的家和季羡林的房东欧朴尔夫妇住在同一条街上，相距不远。伊姆加德的父亲迈耶先生和欧朴尔先生几乎一样，老实巴交，不善言谈。人多的时候，他总是呆在一边，一言不发，脸上则挂着憨厚的微笑，听着别人在天南地北地谈论。他的职业也与欧朴尔先生一样，是一个地位不高的小职员。他天天忙着上班、工作。退休以后，就呆在家里，不与外人交际，也不大出去活动。季羡林对他的第一印象，就是像他这样的人，一看就知道，绝不会撒谎、骗人。

丈夫老实，不善交际，家庭中对外交往的事情，就由迈耶太太一手操持了。他执掌大权，能说会道，善于应对进退，更擅长交际。她同欧朴尔太太的年龄相仿，性格却差别很大，是一个乐天派。她总是忙忙碌碌，里里外外，连轴转地忙个不停。不管什么时候，她都是喜笑颜开，没有愁眉苦脸的时候。她不像欧朴尔太太有那么多的不平和偏见。她们的家庭更为和美。

季羡林德国留学的好友伊姆加德

在她们家里，也住有中国留学生。他们家像欧朴尔太太家一样，也是善待中国留学生。迈耶太太为中国留学生做的事情，也和欧朴尔太太做的一样，房主和房客之间从来没有发生过摩擦，和中国人相处得非常好。当然这不是一方面的原因，而是双方面都好，中国留学生的素质较高，行动得体。不然有一方面不得体，就不可能处好关系。

季羡林开始在德国的时候，迈耶家里住的是河北人田德望，就是后来大名鼎鼎的但丁《神曲》的翻译者。他们在清华读书时就认识了，而且经常在一起，相交得不错。到了德国他们自然来往得更多了，这样就经常到迈耶家去。田德望1939年回国之后，住了另外的一些中国留学生。季羡林仍然常到他们家去。三来两往，季羡林和迈耶家熟悉起来。

迈耶夫妇有一对如花似玉的女儿，大女儿就是伊姆加德。伊姆加德是“一位非常美丽的女孩子”（《留德十年》，东方出版社1995年版，第114页）。但是伊姆加德非常含蓄，有点像东方人。而妹妹则非常坦率，当着季羡林的面，自夸说，我的美，你们看啊，我这条腿，有多美啊！

到1940年，季羡林的毕业论文接近尾声。他用德文手写成的稿子，在送给导师审阅以前，必须用打字机打印出来，成为清稿。而季羡林自己既没有打字机，又没有学会打字。这就需要找一个人帮忙。

正巧，迈耶家有一台打字机，而伊姆加德小姐会打字，还很愿意帮这个忙。德国对博士论文的要求极高，需要反复多次地修改，打字的量是很大的。

这样一来，有很长的一段时间，几乎是一整个秋天，季羡林必须天天晚上去她家，白天季羡林要到汉学研究所去上班，她则也要去上班，只有晚上才能安排打字。所以他们几乎是天天晚上在一起。原本只要伊姆加德小姐一个人打字就行了，但是季羡林的手写稿写得很草，有的地方改动很多，而且很乱，她根本就看不清楚。而且论文的内容又绝对不是她所熟悉的，稀奇古怪，像看天书一般。打字稍一不慎，就会出错。这样就需要季羡林坐在旁边，以备询问。为了赶进度，工作往往要进行到深夜。结束后，季羡林再摸黑回家。

打完了这篇博士论文，季羡林又写出了几篇分量很重的学术论文。为了在哥廷根大学研究院的院刊上发表，也需要把它用打字机打印出来。这些论文，也都是伊姆加德小姐帮忙打出来的。所以，一直到1945年季羡林离开德国以前，和伊姆加德小姐接触的机会是非常多的。

关系熟了，她们家里一有什么喜庆日子，或者是招待客人吃点心、吃茶，总一定要邀请季羡林参加。特别是在伊姆加德小姐生日的那天，季羡林一定去祝贺，肯定是她家那天的贵宾。迈耶太太在安排宴席的座位时，总是想方设法让季羡林坐在伊姆加德小姐的旁边。在伊姆加德的眼里，季羡林很显然，是一位骑士。

似乎用不着为贤者讳，他们彼此已经是很倾心了。不仅是伊姆加德一家把季羡林当作她的挚友，伊姆加德小姐本人，也已经爱上这位异国之子了。

本来，这时候季羡林已经被英国剑桥大学的哈隆教授邀请去当教授，如果选择弃家抛国之路，不仅可以过上幸福的物质生活，而且还可以实现和伊姆加德的结合。但季羡林知道，自己的国家是那么凋敝贫困，而山东老家的叔父和婶母俱已到了残烛之年，被包办婚姻的发妻彭德华，一个人带着两个孩子，含辛茹苦地侍奉着老人，在苦苦地盼他归来。所以如果季羡林不是齐鲁之子，没有中国传统文化的清规戒律，没有浓厚的家庭观念，他完全有可能实现与这位异国美女的结合。但是，事实不是这个样子。

季羡林当然不隐讳自己对伊姆加德的好感。仅在离开德国以前几天的日记里，他就反复地申明了自己对她的感情。季羡林那时的日记，上面明明白白记着他对伊姆加德的深情。他写道，自己是一个有妇之夫，不能有任何非分之想。即使只是想，也是对伊姆加德的亵渎。季羡林在1945年9月24日的日记中写道：

吃过晚饭，7点半到Meyer（迈耶）家去，同Irmgard（伊姆加德）打字。她劝我不要离开德国，她今天晚上特别活泼可爱。我真有点舍不得离开她。但又有什么办法？像我这样的一个人不配爱她这样美丽的女孩子。（《留德十年》，东方出版社1995年版，第114～115页）

10月2日的日记又写道：

回到家来，吃过午饭，校阅稿子。三点到Meyer家，把稿子打完。Irmgard只是依依不舍，令我不知怎样好。（同上）

在季先生家现在的客厅里，至今挂着两张照片：一张是风姿绰约的金发女郎，另一张是老态龙钟的德国老妇，两张照片那么鲜明地对比着。其中的深意，谁能理解？

20世纪80年代，季羡林回德国探望老师的时候，还打听过伊姆加德，结果是杳如黄鹤。

据说有热心的人，在德国找到了80高龄的伊姆加德女士，她还保存着青年时给季羡林打字用过的打字机和桌椅。当年，她帮季羡林打印过论文，两人就在这一张桌前一同工作。伊姆加德说，他们也曾一起散步和去看电影，但季羡林从来没有向她示爱，只是她知道季羡林心里对她很好。伊姆加德说，季羡林是那些中国留学生中最老实的人。

季羡林一生经常回忆到这位“宛宛婴婴的女孩子”，自己坦白地承认，说“不想她，那不是真话”，她的影子老是在他眼前活动。

伊姆加德小姐，是永远活在季羡林心中的普通德国人。

3. 知己朋友章用

1935年9月，季羡林到达德国。在柏林，和乔冠华同游。10月，抵哥廷根，入哥廷根大学。在哥廷根结识的中国留学生，除在柏林已经认识的乐森玥和清华同学田德望以外，还有章用、范禹（龙丕炎）、张维和陆士嘉夫妇等。张维1938年从英国到德国，在哥廷根学派的代表人物之一特尔克教授的指导下攻读博士学位，博士论文选题，内容是力学理论与工程实际紧密结合的。陆士嘉是普朗特的学生，主攻力学。季羡林和他们的关系也比较密切，但是毕竟不是一个行当，共同语言要少一些。其中交往最深和最知己的是章用和田德望。

在德国的留学生不乏达官贵人子弟，其中多是纨绔子弟，季羡林和他们基本没有来往。即使这样，他们所做的那些荒唐事，季羡林也知道或者碰到不少。

在柏林的时候，那些纨绔子弟在大街上招摇过市，每个人都是把眼睛安置在头顶上，根本看不到普通人。他们学些什么，谁也不知道。吃完早点，找一些同伙下一盘棋，闲谈一下，就到了中午。午饭吃完之后，又结队去逛马路，看电影。晚饭一般到中国餐馆吃。晚上他们的活动，可就诡秘了。每个人少不了三“机”，照相机、无线电收音机和野鸡。他们都不通德语，与不三不四的女人交流，他们也用不着说话，他们的嘴有另外的更为重要的用处。到哥廷根以后，季羡林自认很倒霉，竟然与其中的一个做了半年的同学。

他是一位什么院长的公子。季羡林与这位同学差不多每天在一起吃午饭，但一直到他离开的时候，季羡林也不知道他到底是学什么的。他自己说，听过耶稣教的神学、体育原理、微积分、流体力学、生理学、法律，但对这些凡学，他都不感兴趣。他最喜欢听的是医学院的产科讲演。常常向季羡林用生动的姿态表演在课堂上听到的女人生孩子的情形。他的教授说的话：“男人无论如何英雄，无论能征服多少国家，也没有女人生产时那种身体上和精神上的力量。”他会多次不厌其烦地学给季羡林听。他自己对女人也就赞不绝口。在街上只要看到漂亮的女人，他会紧追不舍，却往往得到的是一声声清脆的耳光。而他则面不改色，百折不挠，会不怕失败地永远追下去。

另一位是一个上海大商人的儿子，从小就在一个西方国家长期生活。后来又到了德国。到季羡林在的时候，在那里已经呆了七八年了。有一次他给一个老太太写信，拿到邮政局，邮政局的人看不懂。老太太拿给季羡林看，原来是他给造了一种新文字。后来他到了那个小时候呆的国家，又给老太太寄来一封中文的明信片，老太太又给季羡林看，结果发现他给中文也造了一些新字和新文法。他学的是航空工程，但代数和几何都不甚了了。外国同学奇怪，他居然告诉人家，中国逻辑和外国不同，数学也自成一个系统。住了十几年了，有一天，他突然告诉季羡林，他要回国了。他回国是要完成“组织飞机”的任务的。

一句话，纨绔子弟们不乏荒唐和低能之辈的。

但也有个别的例外。章用就是一个。他被季羡林当做在德国的知己和朋友。

初到哥廷根，对于季羡林来说，一切都是生疏的。哥廷根是个大学城，在一个生人看来如同迷宫。他需要一个在这里的老人，到多得是的机关里跑一跑，到学校的有关机构办理手续。章用就是在这样的时候闯入季羡林的世界的。是乐森璕介绍他认识了章用。

乐森璕带季羡林穿过哥廷根的长街，来到章用租住的一座小楼，小楼周围全是花园，当时虽然是落叶满地，但树头上还残留着几片叶子，在秋风中显得孤单而凄清。就在二楼，乐森璕介绍他们见面了。章伯母也见到了，她是一个特别善谈的人，话很多。她来这里完全是为了照顾自己的儿子。章用是教育总长章士钊的儿子，母亲吴弱男当过孙中山的英文秘书。这是一个显贵之家。但是章用却没有“衙内”的气质，一点纨绔习气也没有。虽然有点孤芳自赏，但更多的是书生气。他是来攻读数学的，但对哲学、古诗词和古典文献有很深的造诣。所以，他们有一见如故的感觉。

以后他们两人便经常往来，感到彼此谁也离不开谁了。

他们经常相约去城东面的一片山林去散步，被美丽的山色所陶醉。在这里，他们经常探讨哲学和宗教的问题，但谈得最多的还是中国旧诗。章用说话不多，总愿意静静地听季羡林滔滔不绝地说，脸上浮起神秘的微笑，目光总要从眼镜上边流出来，注视着眼前的空虚处。每次聚谈，章用几乎都是这个样子。只要是季羡林想见他，他都非常高兴。每次约他到小山去散步，他都立刻答应，而且是在非常仓促的情况下穿衣服，穿鞋子，仿佛穿慢了，季羡林会早走了一样。

章用对旧诗是很熟的，写了不少。有一首诗是章用随口吟出来的，其中的两句季羡林还记得：

频梦春池填秀句，每闻夜雨忆联床。

是章用为他们聚谈诗歌有感而发的。还有一首是写在硬纸片上的，章用把它装在一个黄色的信封里，交给季羡林。诗中把季羡林称为诗伯：

空谷足音一识君，相期诗伯苦相熏。
体裁新旧同尝试，胎息中西沐见闻。
胸宿赋才徕物与，气嘘史笔发清芬。
千金敝帚孰轻重？后世凭猜定小文。

尽管季羡林自己说没有作过诗，但是在济南上中学时，就有人把他叫诗人，这次章用又称他为诗伯，可见他对诗词的造诣确实是不浅的。

有了这样一个知心朋友，季羡林在初到哥廷根的时候，得到他不少热情的帮助。陪季羡林奔波全城的是他，到哥廷根大学教务处的是他，到研究所的是他，到市政府的是他，到医生家去的是他，就连帮助办理入学手续、注册选课的，也都是他。他们一块儿去听德国名诗人读诗，一块儿去咖啡馆喝咖啡，一块儿去饭馆吃午饭，一块儿去逛书店，一块儿出去散步，一块儿去参加很多活动。他还是季羡林有些事情的决策人。

后来，一个偶然的机会，季羡林认识了湖南的留学生范禹，他本来是主修自然科学的，但是却学过一年的梵文。当时，季羡林正在为到底学什么犯嘀咕，认识了范禹之后，范禹把自己用过的施滕茨勒所著的一本梵文语法书送给了季羡林。这时，季羡林同章用商量，谈了自己想学梵文的想法，章用听过之后，马上表示支持。在选课中，章用也是起了关键作用的。

可惜的是，到1936年，章用的经济出了问题。他在国内出租土地的收入不够负担他的学费，因为不堪留学费用，又不愿意接受德国朋友的帮助，不得不中辍学业回国。季羡林当时自己也是泥菩萨过河，自身难保，也无法帮助他。只得在市政府的地下餐厅，和田德望一起为他送别。在回国的途中，每到一个停船的地方，他就给季羡林寄一封信。还特意剪了许多报上有关梵文的材料寄过来。他先是在青岛的山东大学担任数学讲师，给季羡林寄来非常长的一封信。隔了些年，来到浙江大学任教，随着该校到了江西。这时给季羡林又寄来一封信，并且附上了他回国以后写的所有的诗，一大卷子。他仿佛预感到自己会不久于人世，赶快把诗抄好，托朋友永远地保存。没有想到，他真的在江西时患了病，去香港就医，不幸在香港病逝。

章用走后，章伯母临时留在这里，季羡林和范禹（龙丕炎）就负担起老太太的生活和照顾的责任。老太太有一种“官家”情结，张口闭口总忘不了说“我们官家如何，你们民家如何”。一次季羡林故意来一次恶作剧，说“你们官家也是用筷子吃饭，用茶杯喝茶吗?”老太太也没有听出来其中的恶意，继续官家民家地说个不休。

老太太回国的时候，季羡林和范禹帮她整理这，整理那，忙活了好一阵子，办理护照，买车票、船票，退房子，忙成一团。这时候，老太太仍然忘不了他的口头禅：“我要告诉你们一件大事！”季羡林在和她接触的一年多时间里，不知听过她说过多少次大事，最终往往老是离不开章士钊。她谈道：章士钊虽贵为总长，但对待妻子却以西方礼仪为准，上汽车为她开门，走路挽她的胳臂，而且满嘴用英文喊“亲爱的”不止。她自己也如同坐在云端里，认为自己是天下最幸福的人。没有想到后来章士钊下了台，他们家落了魄。大儿子章可去意大利就读，三儿子章因到英国就读，而自己和二儿子到了德国，一副惨兮兮的样子了。

他们走后不久，季羡林的经济出了问题。交换期满，没有了奖学金，生活没有着落了。这时章用给他介绍的古斯塔夫·哈隆教授起了关键作用。他是哥廷根大学里汉学研究所的所长。在走投无路的情况下，季羡林遇到了救星。他在《留德十年》中说：

所长是古斯塔夫·哈隆教授，是苏台德人，在感情上与其说他是德国人，毋宁说他是捷克人。他反对法西斯，自是意内事。我到格丁根后不久，章用就带我来看过哈隆。在过去二年内，我们有一些来往，但不很密切。我交换期满的消息，传到了他的耳朵里，他主动跟我谈这个问题，问我愿意不愿意留下。我已是有家归不得，正愁没有办法。他的建议自然使我喜出望外，于是交换期一满，我立即受命为汉文讲师。原来我到汉学研究所来是做客，现在我也算是这里的主人了。哈隆教授为人亲切和蔼，比我约长二十多岁。我到研究所后，我仍然是梵文研究所的博士生，我仍然天天到高斯—韦伯楼去学习，我的据点仍然在梵文研究所。但是，既然当了讲师，就有授课的任务，授课地点就在汉学研究所内，我到这里来的机会就多了起来，同哈隆和他夫人见面的机会也就多了起来。我们终于成了无话不谈的知心朋友，也可以说是忘年交吧。哈隆虽然不会说中国话，但汉学的基础是十分雄厚的。他对中国古代文献，比如《老子》《庄子》之类，是有很高的造诣的。甲骨文尤其是他的拿手好戏，讲起来头头是道，颇有一些极其精辟的见解。他对古代西域史地钻研很深，他的名作《月氏考》，蜚声国际士林。他非常关心图书室的建设。闻名欧洲的格丁根大学图书馆，不收藏汉文典籍。所有的汉文书都集中在汉学研究所内。购买汉文书籍的钱好像也由他来支配。我曾经替他写过不少的信，给中国北平琉璃厂和隆福寺的许多旧书店，订购中国古籍。中国古籍也确实源源不断地越过千山万水，寄到研究所内。我曾特别从国内订购虎皮宣纸，给这些线装书写好书签，贴在上面。结果是整架的蓝封套上都贴上了黄色小条，黄蓝相映，闪出了异样的光芒，给这个研究所增添了无量光彩。

1939年，哈隆教授受聘到英国剑桥大学当汉学教授，临行前，季羡林和田德望在市政府的地下餐厅为他饯行。他郁郁不得志，在学校里得不到重视，朋友也不多，在哥廷根大学这么多年，真正的朋友，只有季羡林和田德望两个中国人。

哈隆教授走后，季羡林一直在汉学研究所当讲师，直到后来回国。回国之前，哈隆教授把季羡林推荐给英国剑桥大学，该校准备聘请季羡林去那里当教授。只是回国以后因为家庭的问题，看到了家庭中的真实情况比自己在国外时想象得还要糟糕，便立即决定，没有忍心再去欧洲。

1936年章用离开德国先到设在青岛的山东大学当讲师，待遇极低。到德国后，给季羡林的明信片有一首诗，“八年未见海，一见心开怀”，表达自己的心情。后来章用给季羡林诗作表示：

越鸟南枝剧自伤，未能反哺累萱堂。
巢倾馀羽归飞日，客树回看成故乡。

羡林吾兄郢政，弟用未是草。

1937年经苏步青推荐，任浙江大学数学系教授。时抗战已经开始，浙江大学西迁，在建德，敌机轰炸，学生问章先生：“警报响了，老百姓都躲飞机去了，还上课吗?”章答道：“怎么不上课?”“黑板挂哪里?”“挂我的胸前!”章先生虽然过惯了优越的生活，可他随浙大西迁时，居然自己挑行李与学生步行。向达回忆说：有一次章用从俞大维那里借到一部1607年版的《几何原本》，在回杭州的路上，正碰上“八一三”淞沪之战日本飞机的轰炸，“他什么也顾不得了，手里只抱着那部借来的《几何原本》紧紧不放”。同样在哥廷根大学留学的力学专家刘先志教授在病危的情况下，在医生陪同并把氧气瓶放在桌上准备随时抢救的情况下，主持讲座开幕式并一再违背医嘱不准超过10分钟的规定作了一个小时的讲话，这都是与哥廷根大学学术彻底性影响有关。

如果用今天的标准，章士钊的二儿子章用可以确定为数学家。但是实际上，章用虽然英年早逝，死时不到而立之年，却是个通才，涉及的领域是跨学科的，而且相当有成就。数学家钱宝琮的一首长诗赞章用“食贫安澹泊，虚名等画饼。自识紫芝颜，三岁逝俄顷。学古有同调，焉用相汲引。”“胸中无俗尘，落笔宋人境。”

章用到浙大后，诗才也充分显露。1937年，在浙江大学中文系任教授的钱基博与浙大同仁创办《国命旬刊》。章用南来所遇，得诗四首，载《国命旬刊》第二期，其中《松江遇险》（民国廿六年九月八日十二时二十分）：

目击鲱来逃已非，胆寒鹰隼俯临威。
戴盆尺五杞人坠，斫地周三禹壤飞。
沟壑骨收尸待毙，云山鹿梦鬼先归。
无端铳响连珠发，猿鹤虫沙任一挥。

另外一首：

身分鲸鲵天独赦，绝缨子路予何人。
是非今昨殊疑信，夷险存亡迷幻真。
亲旧梦前无定骨，驿亭镜里乱离身。
动心忍性犹应及，斫鼻挥斤好敛神。

1938年春，浙大内迁到江西泰和，马一浮也一改过去拒绝的态度应邀来此任教，在西迁途中，马一浮和章用两先生十分投契。浙大同仁宴请马一浮，也邀请章用作陪。用张中行先生的话说，马一浮“与古人为伍”，“对于宋明理学、佛学，尤其禅宗，马先生在同行辈的学者中，造诣都是首屈一指。”（张中行《负暄琐话·马一浮》）这和章用“学古有同调，焉用相汲引”“胸中无俗尘，落笔宋人境”完全一致，所以马一浮和章用相差29岁，却与他一见如故，引为同调，成为至交。马一浮深慕章用的才学，书赠章用一联：

禽鱼各翔泳，文翰亦纵横。

可惜时间不长，章用患肺结核，不得不去香港治病。在香港时，章用与史学家向达有交往，向达对章用印象极深，说他数学之外，“对于明清之际天主教的历史也有很深的认识”。（《怀章俊之》）

章用1939年12月16日病故于香港九龙。

4. 职业翻译家田德望

田德望1909年7月生于河北省顺平县一个农民家庭，1931年清华大学西洋文学系毕业，1935年清华大学研究院外国语文研究所毕业。之后在1937年获意大利佛罗伦萨大学文学博士学位，1938年德国哥廷根大学进修德国文学，实际上是学波斯语。1939年回国。

在清华大学读书时，季羡林与田德望的来往就比较多。他们之间互相串门，经常在一起交谈。有一次在洗澡时遇到他，季羡林邀他到自己的室内一谈。后来在田德望屋里，他看到《荷马语法》，被吸引住，季羡林也想去买一本。他本来对希腊文就有很大的兴趣，以为希腊文学是人的文学。他们对艾克教授都很尊敬，经常一起去拜访艾克。还一起请艾克吃饭，也被艾克宴请。有一次，他们两人在校内的西北院请艾克，菜是东记做的，还不坏。吃完了饭，又到合作社去喝柠檬水。那时候，田德望正在准备出国留学。在他出国之前艾克在自己家里请他们两人吃饭，聊了好长时间。饭后，他们沿着什刹海到北海公园坐在五龙亭喝茶，一边观赏雨景。

在德国哥廷根大学时，田德望是季羡林的好朋友之一，和章用一样，是来往比较多的。而且他正好是在章用回国以后来到德国的，因此填补了因为离别章用而形成的朋友空缺。他们经常和哈隆教授在一起，哈隆教授到英国剑桥大学任教，离开哥廷根的时候，季羡林和他到市政府地下餐厅为哈隆教授饯行。哈隆教授以极其低沉的声调对他们说，他在哥廷根这么多年，真正的朋友只有季羡林和田德望两人。尤其是田德望的房东是迈耶家，而迈耶家的大小姐伊姆加德是季羡林在德国最亲密的朋友之一，如果没有他，季羡林很可能就没有机会和迈耶家相识。

在哈隆走后不久，田德望在德国进修完之后，也回国了。他先后在浙江大学、武汉大学任职，1948～1986年任北京大学西方语言文学系教授。1986年退休，2000年10月6日在京逝世。

学界泰斗

一、受聘北大

1. 北大校长胡适

胡适（1891～1962），字适之。祖籍安徽徽州地区，生于上海大东门外。他原名洪骍、嗣穈，因读严复译著的《天演论》而改名适，字适之。1910 年他考取官费留美学生资格，进入康奈尔大学读书，初学农学，后转入文学院，1915 年又到哥伦比亚大学研究院哲学系师从杜威攻读博士学位。

1917 年回国后，胡适在《新青年》上发表《文学改良刍议》一文，主张用白话文取代文言文，掀起了轰轰烈烈的白话文运动，并提出了一系列崭新的、系统的文学观念，这一运动不仅推动了中国文化向现代阶段的发展，而且对促进民族意识的觉醒、促进民族思维方式的转变起了极为重要的作用。“五四”运动爆发后，知识界出现了研究评价中国文化的新思潮，胡适在评估中华文明的同时也进行着他的“整理国故”的工作，既有对中国文化史的研究，也有大量对文献的考证、训诂、校勘等工作，并提出了后来被广为流传的治学方法“十字真言”：“大胆的假设，小心的求证”。

1917 年暑假后，北大校长蔡孑民先生请他到北大做教授。那时候，蔡先生虽然提出了兼容并包的办学方针，但实际上弥漫在北京大学的学术气氛仍然是以保守势力占优势。好多人对于从外国回来的留学生，特别对于提倡白话文、年仅 26 岁的胡适是抱着极大的怀疑态度，甚至是瞧不起的。

当时讲授中国古代文学史和文字、音韵等课程的刘师培和黄季刚等人，在教员休息室内造成一种气氛，总是对新派的学人和学说极尽非议和轻蔑之能事。胡适的白话诗中有两句是“黄蝴蝶，双双飞上天”，因此黄季刚等人就把胡戏称为“黄蝴蝶”。

据冯友兰回忆：当时中国文学门的名教授是黄侃（季刚）。那时桐城派古文已经不行了，代之而起的是章太炎一派的魏晋文（也可以称为“文选派”，不过和真正的“文选派”还是不同，因为他们不作四六骈体）。黄侃自命为风流人物，玩世不恭，在当时及后来的北大中传说他的轶闻轶事，我也不知道是真是假。比如说，他在北京，住在吴承仕（简斋）的一所房子中，他俩本来都是章太炎的学生，是很好的朋友，后来不知怎么闹翻了，吴承仕叫他搬家，黄侃在搬家的时候，爬到房梁上写了一行大字：“天下第一凶宅”。又比如说，他在堂上讲书，讲到一个要紧的地方，就说，这里有个秘密，专靠北大这几百块钱的薪水，我还不能讲，你们要我讲，得另外请我吃饭。又比方说，黄侃有个学生，在“同和居”请客，他听见黄侃在隔壁一个房间说话（原来黄侃也在请客）就赶紧过去问好，不料黄侃对他批评起来，这个学生所请的客已经到齐了，黄侃还不让这个学生走，这个学生心生一计，就把饭馆的人叫来交代说，今天黄先生在这里请客，无论花多少钱都上在我的账上，黄侃一听，就对那个学生说，好了，你走吧。冯友兰先生自己对这种传说也不知真假，但是从这里可以看出黄侃这样的老先生是不好对付的。

而据沈从文的回忆，辜鸿铭来北京大学讲学时，穿了件细色小袖绸袍，戴了顶青缎子加珊瑚顶瓜皮小帽，系了根蓝色腰带。最引人注意的是背后拖了一根细小焦黄的辫子。老先生一上堂，满座学生即哄堂大笑。辜先生却从容不迫地说，你们不要笑我这条小小尾巴，我留下这并不重要，剪下它极容易。至于你们精神上那根辫子，据我看，想去掉可很不容易！因此只有少数人继续发笑，多数可就沉默了。

面对这样的保守阵势，胡适不示弱，他自强不息，在他所担任的中国哲学史这一课堂上，能够吸引大量的具有深厚旧学根底的学生去选听这门课程，造成了能够与旧派人物相抗衡的气势。

北大校刊载登了一篇署名毛准（即毛子水）的文章，是从文字学、音韵学等方面解释《诗经》当中的某一篇。这篇文章深得胡适的赞赏，胡适打听出作者是一个数学系的学生，这使胡适感到十分惊诧。毛子水先生因此得到了胡适的赏识，此后，便经常出入于胡家，后来毛子水到德国留学，学习地理，回国后又到北大任教，并兼任图书馆长。这时胡适正做文学院长，他仍然经常是胡家的座上客，以至有人把毛子水戏称为“胡宅行走”。

当时还是学生的傅斯年和胡适的关系起初本来是有点对立的。傅斯年在北京大学原是国文部的学生，他对于文史哲具有深厚根底，本来是黄季刚先生的得意门生。其人才华横溢，知识渊博，对于留美归来的胡适先生居然讲授中国古代哲学史的课程，是以轻蔑的态度看待的。他是国文部的学生，但不去听胡适给哲学系学生开的课。而和他同住的顾颉刚听胡适的哲学史大纲课程之后，感到非常满意。因此，他就拉了傅斯年也去听课。同样是在听了几次讲课之后，也同样感到非常满意。于是后来渐服膺于胡适先生和陈独秀先生等新派人物的主张。在这之前，陈、胡也早已知道傅是黄季刚的得意门生，有一次国文部的学生上书给文科学长陈独秀，要驱走一位教师，文章写得很好。学生说是傅斯年所写，陈独秀则认为一定是另有教授在背后。因此，把傅叫来，当面命题，令其应度。傅把文章写成之后，很得陈的赏识。陈知道傅确是一个名副其实的高材生。然而当傅从黄门转到胡和他的门下时，经过缜密的观察，才深信傅的这一转变确乎是出于思想的转变。

再以后，傅斯年和罗家伦就成为学生中新派的代表人物，由他们主编的《新潮》杂志（主要作者是学生）得到了鲁迅和周作人等人的支持，与陈独秀主编的《新青年》成为五四时期传播新思潮的最风行的刊物。从此以后，胡、傅二人之间逐渐地突破了师生的关系而成为交谊至深的师友关系。

到了20世纪30年代初期，胡适、傅斯年、翁文灏、丁文江、蒋廷黻诸先生共同编刊了《独立评论》，印刷、出版、发行等费用全由他们个人出资支付。他们在这个刊物上随时发表各自的学术观点和政治观点。

在清华上学期间，季羡林就认识了胡适，听过胡适的演讲。那是在1932年10月3日，胡适讲的题目是文化冲突的问题。胡适说，中国文明是唯物的，不能胜过物质环境。西洋文明是精神的，能够胜过物质环境。普通所谓西洋物质、东洋精神是错的。西洋文明侵入中国，有的被接受了，有的不被接受，是部分的冲突。中国虽然享受西洋文明，但是总觉得自己背后的精神文明可以自傲，老是觉着自己足够好，其实并不是。这次讲演，胡适的态度和声音都是很好的。但是季羡林觉得他为时间所限，帽子太大，匆匆收场，没有系统。当时对胡适的感觉是觉得他浅，无论读他的文字，还是听他的说话。但是他也承认胡适的眼光远大，常常站在时代前面。学校图书馆里的《新月》杂志，上面有胡适的《四十自述·我怎样到外国去》。季羡林读了以后，改变了以前对胡适的认识。以前他觉得胡适的家庭一定很阔，但是读了这篇东西，才知道他做学生的时候，其家境也够他受的。

季羡林在胡适纪念馆前。

抗日战争爆发之后，胡适做了驻美大使，他在美国的一些外交活动，蒋介石政府许多上层人物是不满的。后来，蒋介石便派了宋子文去美国做特使，致使大使的职权被剥夺了大半。这时候，傅斯年是国民参政会的参政员，他经常在参政会上“放大炮”：时而弹劾孔祥熙，时而又和蒋介石的嫡系人物展开论辩。而对于胡适的声誉他却一直备加维护。绝不许别人作任何带有贬义的评论。他向人宣称：别人都不配斥责胡适之，只有我一个人有此资格。其实。他对胡先生也从无贬抑之词。

抗日战争胜利之后，宋子文任行政院长，把原任北大校长的蒋梦麟也拉进行政院去。教育部公布胡适继任北大校长。胡当时虽早已卸任驻美大使，但仍留居美国纽约，在华美协进社搞学术研究。所以教育部在公布胡任北大校长的同时，也公布了傅斯年做代校长。傅代理此职时，向人表示，只有做代理校长，等到胡回国之日，才能顺利地把校长职务交予胡先生。倘是别人，就怕要在代理期另作策划，由代理而转成正式校长。

傅斯年在代理期间，关于聘请教员，特别是文科各系教员的事，有时并不与胡相商，即自作主张，事后胡也从无异议。从《胡适往来书信集》看来，当时傅反对罗常培再任北大中文系主任，而胡后来果然就自己兼了中文系主任。所谓“心有灵犀一点通”者，用在他们两人身上，大概再切合不过了。

胡适 1946 年 7 月底飞回北平。在他任北大校长就职的欢迎会上，清华等校的代表也参加了。冯友兰先生在发言时说：“胡先生出任北大校长，是一件应乎天而顺乎人的事，就全国范围来讲，再没有比胡先生更合适的人选了。”这话在当时是很有代表性的。胡适在致词中曾说道：“我在抗日战争期间，对于国家的贡献，实甚微末，虽然做了几年的驻美大使，但是没有替国家借过一文钱，买到一枝枪，甚感惭愧。”在这种谦逊的措词背后，未尝不寓有自负清高之感。胡适对于北大文科各系的作风也有不满之处。他兼任了中文系主任之后，他曾向人表示，他很想把中文系某些教师的繁琐考证风气加以扭转，使他们能做到他所主张的“大处着眼，小处下手”。

他任校长后，碰到的第一次学潮，就是因为北大先修班的一位女生沈崇被美国大兵污辱而引起的抗暴运动。在北平的大学生为此举行第一次大游行时，胡适刚从南京回到北平，他这时一方面尽力安抚学生，劝说他们不要上街示威游行；另一方面，也作为受害女学生的代表人，亲自出席法庭，控拆美国大兵的野蛮行径。后来由司法部门应美方要求把这一案件转移到美国去审理。胡适当时曾向人说，这将是对美国司法部门的一次考验。但事实上，美国那个大兵后来被判定为“无罪释放”，胡先生也无可奈何了。

胡适兼任北大文学院长时期进行了几项改革。一项改革是规定文科诸系的新生都必须修习科学概论、哲学概论和中国通史。负责组织这 3 门公共必修课的系主任，都须先作一番通盘考虑，定出全年的教学计划，然后按照每次的课题邀请著名学者来校讲授。例如中国通史的安排是，第一次讲史学研究方法导论，是邀请傅斯年讲授的；第二次讲中国的考古学，是邀请李济讲授的。对于科学概论，也是分学科邀请著名教授来校讲授，请丁文江讲地质学的方法导论，请江泽涵讲数学的方法导论等。哲学概论则由张颐、贺麟、金岳霖诸先生讲授。

在胡适任北大校长期内，南京政府统治下的局势动荡不安，各地的学生运动风起云涌。胡出任北大校长以后，他认为凭借他自身的威望，可以起到坐镇北方教育界的作用。每当北大或北平的其他高校学生因从事学运而被捕时，他无不竭力加以营救。就他的立场来说，他当然不是为了要维护革命势力，而只是反对国民党政府的这种高压政策，认为这样做会适得其反，更要激起学生的愤怒，惹更大的乱子。但是，蒋介石对于这一点并不理解，所以前后有几次要把胡拉到南京去做官。例如，有一次是要他去做南京政府委员。在南京的傅斯年写信给胡，力主他应断然拒绝。不幸的是，胡之出任北大校长，真所谓“奉命于危难之间”，当时的南京政府军政大员对于北平之能否保得住，都已经失掉信心，怎还肯来赞助这一计划使之实现呢？胡在担任北大校长期间，曾屡次向人表示说：“蔡孑民任北大校长期内，修建了一座红楼；蒋梦麟任北大校长期内，修建了一座图书馆；我在做校长期内，总也应当为北大修建一座值得永远纪念的建筑物，我是想能修建一座礼堂。”可惜他的这个愿望没有实现。

当时的北大精兵简政，只有一个校长，没有副校长。在校长之下，设教务长统管全校的科研和教学；设一个秘书长，总管全校的行政，包括后勤。然后是六个学院的院长，总共才有九个人，就把全校的行政管理得有条不紊。胡适先生任命的秘书长是郑天挺，他是著名的清史专家，蜚声士林。沙滩孑民堂前的一个小院子，是北大的行政办公的地方。东屋西屋都是不过十几平方米的房间。东屋是校长办公室，西屋是秘书长办公室。平常校长胡适不在，校务就由郑天挺主持，担子相当重。上万名学生和众多的教职员工，吃、喝、拉、撒、睡，工作头绪非常繁杂，但郑天挺都是处理得头头是道。秘书长的衙门很高，但是郑天挺对师生从来都是满面春风，笑容可掬，从来不打官腔，不推委扯皮。

在胡适当校长期间，提倡自由的学术气氛，教师的学术观点可以自由表达，性情也可以自由发泄。在北大的教授中，很有一些有特性的学者。比如废名（冯文炳）和熊十力先生都是天真的性情中人，他们的喜怒哀乐有时候会非常淋漓地发泄，完全自然不加约束地发泄。季羡林特别注意了废名和熊十力先生的真性情的自然发泄。废名和熊十力都住在北大沙滩旁边，住在松公府后院。两家的门正好相对，两人常因对佛教的看法不同而争吵。有一次，两人吵得很厉害，可吵着吵着，忽然没有声音了。大家都很奇怪，阴法鲁走去一看，原来两个人互相卡住了对方的脖子而发不出声音了。

第二次世界大战结束后，陈寅恪先生把季羡林推荐给了当时的北大校长胡适之先生，于是一个30多岁的毛头小伙子，当上了北大教授兼东方语文系主任。作为系主任，季羡林要向校长请示汇报工作，所以接触就多了。1947年，《山东新报》的

《国学周刊》由胡适亲笔题词，而主编就是季羡林。最难能可贵的是，胡适待人亲切和蔼，见什么人都是典型的“我的朋友”式的笑容，对教授、职员、学生、工友都是这样。从来没见过他摆当时颇为流行的名人架子，教授架子。而且胡适还非常体贴、细心，季羡林到校不久，去领工资，恰恰忘记带印章。本来他自己有不少印章，自己还对治印非常感兴趣，刻过几枚印章，其中有自己的篆字印章，还有在1929年和彭德华结婚的时候，因为庄准卿先生给画了一幅牡丹和一对白头翁作贺礼，而季羡林则投桃报李，刻了一枚“老准”的印章回赠。胡适得知季羡林没带印章，悄悄派人到王府井给季羡林刻了一枚象牙印章。这枚印章，是季羡林一生中最喜欢的印章之一，使用的次数最多。

胡适是非常懂得幽默的，他绝不老气横秋，而是活泼有趣。有一次召开教授会，杨振声先生新收一幅名贵的古画，为了想让大家共同欣赏，他把画带到了会上，打开铺在一张极大的桌子上，大家都啧啧称赞。这时胡适猛然站起来，走到桌前，把画抢过去，卷了起来，作纳入袖中状，引得满堂大笑，喜气洋洋。

胡适作为一介书生，一生处于矛盾之中。他以青年暴得大名，誉满士林。但季羡林觉得他一生处在一个矛盾中，一个怪圈中：一方面是学术研究，一方面是政治活动和社会活动。他一生忙忙碌碌，倥偬奔波，作为一个“过河卒子”，勇往直前。不知道，他自己是否意识到身陷怪圈。季羡林觉得，不管胡适自己如何定位，他一生毕竟是一个书生，说不好听一点就是一个书呆子。

一次，在北京图书馆开评议会。会议开始时，胡适匆匆赶到，声明还有一个重要会议，他要早退席。没有想到，会议开着开着就走了题，有人忽然谈到《水经注》。一听到《水经注》，胡适立即精神抖擞，口若悬河。早就忘了另一个重要的会议了。一直到散会，他也没有退席，而且兴致极高，大有挑灯夜战之势。从这样一个小例子中不可以小中见大吗？

1948年前后年，季羡林得知老师陈寅恪冬无取暖费，欲卖藏书，但这么多珍贵的书籍流失在外却可惜。季羡林便去见北大校长胡适。胡适最尊重最爱护确有成就的知识分子。当年他介绍王静庵先生到清华国学研究院去任教，一时传为佳话。寅恪先生在《王观堂先生挽词》中有几句诗：“鲁连黄鹞绩溪胡，独为神州惜大儒。学院遂闻传绝业，园林差喜适幽居。”讲的就是这一件事。胡适对季羡林说：“陈先生的问题一定要解决。陈先生需要多少钱？”季羡林说：“两千大洋就够了。”胡适便叫季羡林乘上他的专车去陈家，将那些藏书拉到北大图书馆。陈先生做学问照样可以取用。这年过冬，也就付了取暖的钱。

在将近的三年的时间内，季羡林在适之先生和锡予（汤用彤）先生领导下学习和工作，度过了一段毕生难忘的岁月。他同胡适先生，虽然学术辈分不同，社会地位悬殊，想来接触是不会太多的。但是，实际上却不然，他们见面的机会非常多。

他那一间在孑民堂前东屋里的狭窄简陋的校长办公室，季羡林几乎是常客。作为系主任，他要向校长请示汇报工作，他主编报纸上的一个学术副刊，季羡林又是撰稿者，所以免不了也常谈学术问题，最难能可贵的是他待人亲切和蔼，见什么人都是笑容满面，对教授是这样，对职员是这样，对学生是这样，对工友也是这样。从来没见他摆当时颇为流行的名人架子、教授架子。此外，在教授会上，在北大文科研究所的导师会上，在北京图书馆的评议会上，他们也时常有见面的机会。季羡林作为一个年轻的后辈，在他面前，绝没有什么局促之感，经常如坐春风中。

这时候，印度总理尼赫鲁派印度著名学者师觉月博士来北大任访问教授，还派来了十几位印度男女学生来北大留学，这也算是中印两国间的一件大事。适之先生委托季羡林照管印度老少学者。他本人多次会见他们，并设宴为他们接风。师觉月作第一次演讲时，胡适亲自出席，并用英文致欢迎词，讲中印历史上的友好关系，介绍师觉月的学术成就，可见他对此事之重视。

胡适在美国留学时，忙于对西方，特别是对美国哲学与文化的学习，忙于钻研中国古代先秦的典籍，对印度文化以及佛教还没有进行过系统深入的研究。据说后来由于想写完《中国哲学史》，为了弥补自己的不足，开始认真研究中国佛教禅宗以及中印文化关系。季羡林自己在德国留学时，忙于同梵文、巴利文、吐火罗文以及佛典拼命，没有余裕来从事中印文化关系史的研究。回国以后，迫于没有书籍资料，在不得已的情况下，开始注意中印文化交流史的研究。在解放前的三年中，只写过两篇比较像样的学术论文：一篇是《浮屠与佛》，一篇是《列子与佛典》。第一篇讲的问题正是适之先生同陈援庵先生争吵到面红耳赤的问题。季羡林根据吐火罗文解决了这个问题。俩老他都不敢得罪，只采取了一个骑墙的态度。季羡林想，适之先生不会不读到这一篇论文的。季羡林到清华园读给老师陈寅恪先生听。蒙他首肯，介绍给地位极高的《中央研究院史语所集刊》发表。第二篇文章，写成后季羡林拿给适之先生看，第二天他就给季羡林写了一封信，信中说："《生经》一证，确凿之至!"可见他是连夜看完的。他承认了季羡林的结论，对季羡林无疑是一个极大的鼓舞。

1948年12月中旬，是北京大学建校50周年的纪念日。此时解放军已经包围了北平城，然而城内人心并不惶惶。季羡林记得作为校长的胡适满面含笑，作了简短的讲话，只有喜庆的内容，没有愁苦的调子。简短的仪式完毕后，胡适辞别大家，登上飞机，飞赴南京去了。从此以后，季羡林同胡适便天各一方，分道扬镳，"世事两茫茫"了。

胡适在南京也没能呆多久，"百万雄师过大江"以后，他也逃往台湾。后来又到美国去住了几年，并不得志，往日的辉煌犹如春梦一场，已不复存在。后来又回到台湾。最初也不为当局所礼重。往日总统候选人的迷梦，也只留下了一个话柄。日子过得并不顺心。他毕竟是一书生，一直迷恋于《水经注》的研究如醉如痴，此时又得以从容继续下去。他的晚年可以说是差强人意的。可惜仁者不寿，猝死于宴席之间，死后哀荣备至。中央研究院为他建立了纪念馆，包括他生前的居室在内，并建立了胡适陵园，遗骨埋葬在院内的陵内。

季羡林曾几次提起胡适的为人和贡献，说对其人的很多评价都是不公的。1999年到台湾，他专程去谒胡适之墓。十几年以前季羡林撰文为胡适辩解，是把尊师与重道结合在一起的。1999年到台湾以后，在大会上听到主席李亦园院士的讲话，中间他讲到，适之先生晚年任中央研究院院长时，在下午饮茶的时候，他经常同年轻的研究人员坐在一起聊天。有一次，他说：做学问应该像北京大学的季羡林那样。季羡林乍听之下，百感交集。适之先生这样说一定同上面两篇文章有关，也可能同他们分手后十几年中季羡林写的一些文章有关。这说明，适之先生一直到晚年还关注着自己的学术研究。知己之感，油然而生。

在政治方面，众所周知，适之先生是不赞成共产主义的。但是，也不应忘记，他同样也反对三民主义。季羡林认为，在他的心目中，世界上最好的政治就是美国政治，世界上最民主的国家就是美国。这同他的个人经历和哲学信念有关。他们实验主义者不主张什么“终极真理”。而世界上所有的“主义”都与“终极真理”相似，因此他反对。他同共产党并没有任何深仇大恨。他自己说，他一辈子没有写过批判共产主义的文章，而反对国民党的文章则是写过的。

有两件季羡林亲眼看到的小事。解放前夕，北平学生动不动就示威游行，比如“沈崇事件”、反饥饿反迫害等等，背后都有中共地下党在指挥发动，这一点是人所共知的，适之先生焉能不知！但是，每次北平国民党的宪兵和警察逮捕了学生，他都乘坐他那辆当时北平还极少见的汽车，奔走于各大衙门之间，逼迫国民党当局非释放学生不行。为了同样的目的，他还亲笔给南京驻北平的要人写信。据说这些信至今犹存。

季羡林个人觉得，这已经不能算是小事了。

另外一件事是，有一天季羡林到校长办公室去见适之先生。一个学生走进来对他说：昨夜延安广播电台曾对他专线广播，希望他不要走，北平解放后，将任命他为北大校长兼北京图书馆的馆长。他听了以后，含笑对那个学生说：“人家信任我吗?”谈话到此为止。这个学生的身份他不能不明白。但他不但没有拍案而起，怒发冲冠，态度却依然亲切和蔼。小中见大，这些小事都是能够发人深思的。

季羡林认为，最令自己钦佩，最使自己感动的是他毕生奖掖后进。“平生不解掩人善，到处逢人说项斯。”他正是这样一个人。这样的例子是举不胜举的。胡适对青年人一向鼓励提挈。上世纪40年代，他在美国哈佛大学遇到当时还是青年的学者周一良和杨联升等，对他们的天才和成就大为赞赏。后来周一良回到中国，倾向进步，参加革命，其结果是众所周知的。杨联升留在美国，在二三十年的长时间内，同适之先生通信论学，互相唱和。在学术成就上也是硕果累累，名扬海外。周的天才与功力，只能说是高于杨，虽然在学术上也有所表现，但是，格于形势，不免令人有未尽其才之感。

季羡林同适之先生在孑民堂庆祝会上分别，从此云天渺茫，天各一方，再没有能见面，也没有能互通音信。季羡林怀着绝对虔诚的心情，向往光明，向往进步。觉得自己真正站起来了，大有飘飘然羽化而登仙之感，有点忘乎所以了。最初从一个喊什么人万岁都有点忸怩的低级水平，一踏上“革命”之路，便步步登高，飞驰前进；再加上天纵睿智，虔诚无垠，全心全意，投入造神运动中。常言道：“众人拾柴火焰高。”大家群策群力，造出了神，又自己膜拜，完全自觉自愿，绝无半点勉强。对自己则认真进行思想改造。原来以为自己这个知识分子，虽有缺点，并无罪恶；但是，经不住社会上根红苗壮阶层的人士天天时时在你耳边聒噪：“你们知识分子身躯脏，思想臭！”西方人说：“谎言说上一千遍就成为真理。”此话就应在知识分子身上，积久而成为一种“原罪”感，怎样改造也没有用，只有心甘情愿地居于“老九”的地位，改造，再改造，直改造得懵懵懂懂，“两涘渚崖之间，不辨牛马。”然而涅槃难望，苦海无边，而自己却仍然是膜拜不息。通过无数次的运动，一直到十年浩劫，自己被关进牛棚，被打得一佛出世，二佛升天，皮开肉绽，仍然不停地膜拜，其精诚之心，真可以惊天地、泣鬼神。改革开放以后，自己脑袋里才裂开了一点缝，“觉今是而昨非”，然而自己已快到耄耋之年，垂垂老矣，离鲁迅在《过客》一文讲到的长满了百合花的地方不太远了。

至于适之先生，他离开北大后，到了1954年，从批判俞平伯先生的《红楼梦研究》的资产阶级唯心论起，批判之火终于烧到了适之先生身上。这是一场缺席批判。适之远在重洋之外，坐山观虎斗。即使被斗的是他自己，反正伤不了他一根毫毛，他乐得怡然观战。他的名字仿佛已经成一个稻草人，浑身是箭，一个不折不扣的“箭垛”，大陆上众家豪杰，个个义形于色，争先恐后，万箭齐发，适之先生兀自岿然不动。季羡林当时幻想，这一定是一个非常难得的景观。在浪费了许多纸张和笔墨、时间和精力之余，终成为“竹蓝子打水，一场空”，乱哄哄一场闹剧。

适之先生于1962年猝然逝世，享年已经过了古稀，在中国历代学术史上，这已可以算是高龄了，但以今天的标准来衡量，似乎还应该活得更长一点。中国古称“仁者寿”，但适之先生只能说是“仁者不寿”。当时在大陆上“左”风犹狂，一般人大概认为胡适已经是被打倒在地的人，身上被踏上了一千只脚，永世不得翻身了。这样一个人的死去，有何值得大惊小怪！所以报纸杂志上没有一点反应。季羡林自己当然是被蒙在鼓里，毫无所知。十几二十年以后，脑袋里开始透进点光的时候，季羡林越想越不是滋味，曾写了一篇短文：《为胡适说几句话》，但是连“先生”二字都没有勇气加上，可是还有人劝他以不发表为宜。文章终于发表了，反应还差强人意，至少没有人来追查他，他心里一块石头落了地。1999 年 3 月 26 日，应圣严法师邀请由郝斌等陪同到达台北，参加台湾法鼓人文社会学院召开的“人文关怀与社会实践系列——人的素质学术研讨会”，27 日直接到法鼓山参访。早晨，也来到台北故宫博物院山溪堂，眺望远山绿景环绕，与 83 岁的北京国家图书馆长任继愈，嗑起花生闲坐，寻人间一处静谧。29 日至 31 日一连三天在台北图书馆举行会议，29 日上午 9 时半举行开幕典礼，“法鼓大学校长曾济群一一介绍与会贵宾，其中当介绍来自大陆北京、中国人文学泰斗季羡林先生时，88 岁的季老神采奕奕地向大会挥手致意，一时之间现场响起温馨的掌声。”为大会主讲的题目是：《关于人的素质几点思考》，把人文关怀的层次分析成“人与自然”、“人与人”及“人自己的思想情感处理”等三种关系，并表示如果这三种关系处理得当，人就幸福愉快，否则就痛苦。会议间隙拜谒胡适墓、傅斯年墓，分赠蔡德贵著、山西古籍出版社出版的《季羡林传》给朋友们；在拜谒胡适墓时，郝斌跟在他后头。季老上前就恭敬地朝着胡先生的墓地三鞠躬，然后回头对跟在后面的郝斌说：“鞠躬。”语气很严厉，容不得半点商量。这在季是很少有的。郝斌于是也鞠躬完毕。回大陆以后，季羡林很快写出《站在胡适之墓前》的著名散文，表达了对这位并没有给他上过课的恩师的感激之情。

1999 年，季羡林在台湾为胡适扫墓。

改革开放之风吹绿了中华大地之后，知识分子的心态有了明显的转变，身上的枷锁除掉了，原罪之感也消逝了。被泼在身上的污泥浊水逐渐清除了，再也用不着天天夹着尾巴过日子了。这种思想感情上的解放，大大地提高了他们的积极性，愿意为祖国的繁荣富强贡献自己的力量。出版界也奋起直追，出版了几部《胡适文集》。安徽教育出版社雄心最强，准备出版一部超过两千万字的《胡适全集》。可是季羡林万万没有想到，主编这一非常重要的职位，出版社竟垂青于自己。他自谦不是胡适研究专家，因此诚惶诚恐，力辞不敢应允。但是出版社却说，现在北大曾经同适之先生共过事而过从又比较频繁的人，只剩下他一个人了。铁证如山，季羡林只能“仰”（不是“俯”）允了。他也想以此报知遇之恩于万一。他写了一篇长达一万七千字的总序，副标题是：《还胡适以本来面目》。意思不过是想拨乱反正，以正视听而已。不久，又有人邀他在《学林往事》中写一篇关于适之先生的文章，理由同前，他也应允而且从台湾回来后抱病写完。这一篇文章的副标题是：《毕竟一书生》。原因是，前一个副标题说得太满，但是哪里有能力还适之先生以本来面目呢？后一个副标题是说自己对适之先生的看法，是比较实事求是的。

2. “大炮”傅斯年

1946 年，季羡林经陈寅恪先生的推荐，胡适校长、傅斯年代校长、汤用彤文学院长联合聘请季羡林为北京大学东方语文系教授兼系主任。

季羡林得知了被北京大学聘用的消息，1946 年 5 月，从德国经过半年多的海上漂泊终于抵达上海。旋赴南京，与老同学李长之重逢，经李长之介绍，结识散文家和著名学者梁实秋，并见到了老乡、诗人臧克家。在南京拜谒了清华时期的恩师陈寅恪，后又拜见正在南京的北京大学代理校长傅斯年。这是位对自己有大恩大德的知名人物。

季羡林和傅斯年算是山东聊城老乡。在这次拜见以前，在清华时，季羡林见过他一面。后来知道了许多傅斯年的传说。

因为他长得胖，朋友们叫他“傅胖子”。又因为他在参政会上持续向皇亲国戚孔祥熙、宋子文们宣战，世人誉他“傅大炮”。傅斯年的信条是林则徐的两句诗：“苟利国家生死以，岂因祸福避趋之？”听说他是唯一敢在老蒋面前跷起二郎腿说话的人，甚至在一份蒋介石为孔祥熙说情的绝密件的“委座”名侧，大笔一挥批道：“不成话。”

傅斯年

傅斯年（1896～1950），初字梦簪，后以孟真为字。家世颇显赫，祖上傅以渐是清朝首位状元，荣登宰辅，故聊城的傅宅被称为“相府”。其父傅旭安系光绪二十年的举人，曾任山东东平县龙山书院山长，英年早逝。时傅斯年 9 岁，由祖父傅淦（李鸿章、丁宝桢出其门下）蓄意栽培。傅淦执意把传统的伦理观念、文人气节和做人的道理授之于孙辈傅斯年、傅斯岩兄弟。他们从祖父所得“尽是忠孝节义”。后来傅斯年给自己的儿子取名为“仁轨”，是因为他特别佩服中国唐朝时第一个在朝鲜对日本兵打歼灭战的刘仁轨。其民族精神之根深蒂固，可见一斑。

傅斯年5岁进私塾，10岁入聊城东昌府立小学堂，11岁读完十三经，成了当地出口成章、下笔成行的有名神童。他12岁离开故土，考入天津府立中学堂。1913年以优异成绩考入北大预科乙部（经史），与顾颉刚、沈雁冰、俞平伯、毛子水同窗。1916年升入本科国文门。在胡适的影响下，傅斯年投入到新文化运动中去。1918年傅斯年与罗家伦、毛子水创办《新潮》杂志，担纲主编，胡适做顾问。宗旨是批评精神、科学主义和革命的文词。蔡元培校长大力支持，月拨2000元作经费。1919年元旦创刊，傅斯年执笔的“发刊旨趣书”宣称今日的北京大学，已经“脱弃旧型入于轨道”，不再是培养“一般社会服务之人”，而是以“培植学业”发展学问为目的。《新潮》问世4个月后，傅斯年在《新潮》和《新青年》上发表的文章达50篇之多，涉及政治、经济、文学、历史、哲学和语言等门类，鼓吹伦理革命、文学革命，抨击封建礼教，宣扬个性解放，威名大震。

一次傅斯年进北大图书馆阅报，入室时按照规定签名，青年毛泽东时任该阅览室管理员，见他的签名，甚表钦佩，握手订交。由于他的知名度，自然地成为北大新文化运动中的学生领袖。

1919年5月3日晚上7点，傅斯年与“新潮社”社员参加北大千人集会，5月4日，他主持被推举的20名学生代表会议，商讨策划游行路线，下午两点半，示威开始，他扛着大旗走在前面，成为五四游行的总指挥。在东交民巷受到外国警察的阻拦，学生们认为在自己国土却让洋人管着这是耻辱，遂奔向赵家楼找曹汝霖“算账”。傅斯年劝大家不要太激动，但局势已无法控制，学生们擎着大旗，去痛打章宗祥、火烧赵家楼了。傅斯年一直主张用和平请愿的方式解决政治问题，不主张暴力行动。

1919年6月，傅斯年在北京大学毕业，参加官费出国考试。成绩虽然名列前茅，但主考官不想录取，因为他是《新潮》主编、五四游行的总指挥。后经任人唯贤的山东教育厅陈雪南科长据理力争，才被录取为山东省官费留学生。先入英国爱丁堡大学，后转入伦敦大学，研究实验心理学、物理、化学和高等数学。1923年入柏林大学哲学院，学习比较语言学等。6年后，学成归国。

傅斯年1926年冬应中山大学之聘回国，1927年任该校教授、文学院长，兼任中国文学和史学两系主任，同年在中山大学创立历史语言研究所，任所长。1928年受蔡元培先生之聘，筹立中央研究院历史语言研究所。同年底历史语言所成立，任专职研究员兼所长，1929年兼任北京大学教授，讲授“中国上古史专题研究”及“中国古代文学史”。其间先后兼任社会科学研究所所长、中央博物院筹备主任、国民参政会参政员、中央研究院总干事、政治协商会议委员、北京大学代理校长等职。1948年当选为中央研究院院士。1949年任台湾大学校长。1950年12月20日因脑溢血病逝。

傅斯年是一个典型的敢爱敢恨的人。抗战时期，将北大、清华、南开三校联合组成“西南联大”的方案是傅斯年提出的。抗战胜利的消息传到重庆，傅斯年高兴得像个疯子，在大街上一手拎酒瓶喝酒，一手把帽子挑在拐杖上乱舞。抗战胜利后，胡适被任命为北大校长，时胡在美未归，由傅斯年代理。傅斯年一再表示：凡做了伪北大教员的，复元的北大一律不聘。周作人、容庚即在此列，曾遭到傅的大骂。《新民报》以此大做文章，题为《傅孟真拍案大骂，声震屋瓦》。曾在伪北大任过职的人员，采用多种方式向傅施加压力，组织请愿并以罢课相挟。傅斯年毫不示弱：“就是杀了我也要说上面的话！决不为北大留此劣迹！”

傅斯年不喜欢从政，认为“我们是要奋斗的，惟其如此，应永久在野，盖一人政府，无法奋斗也”。

1938年傅斯年连续4届被推选国民党的参政会参政员，并多次担任“驻会委员”。1945年，蒋介石打算在北方知名人士中补选一名国府委员，他钦点傅斯年。陈布雷知傅的禀性，说他不会干。蒋作礼贤下士状，亲自召见傅，面提此事，傅力辞不允。事后，傅斯年致长信于蒋，再表绝不从政的志向。

傅斯年这门“大炮”，令人拍手称快的是“炮轰”孔祥熙与宋子文。

孔祥熙与蒋介石关系渊深，孔任国民党财政部长、行政院长长达十年之久，政绩无有，劣迹昭著，世人敢怒不敢言。傅斯年第一个把“炮口”对准孔祥熙。傅斯年从孔氏的人品、才干、政务诸方面列举多条劣迹，上书蒋介石，强言抗战爆发、民族危难之时，用人要“尽职奉公”、“其直如矢”，要求罢免贪污腐败分子孔祥熙。信发出，如泥牛入海。

傅斯年多次质询孔，并督请政府“整饬政风”。1938年7月12日，傅又写信呈蒋，从才能、用人，从纵容夫人、儿子与不法商人勾结、发国难财等6个方面，全方位地抨击孔，言据凿凿。可蒋介石仍不动声色，这更激怒了“傅大炮”。他殚精竭虑，千方百计搜集孔氏贪赃枉法、以权谋私的材料，准备在参政会一一公开揭露，弹劾孔祥熙。中央银行国库局正直人士，揭露孔祥熙、吕咸一伙营私舞弊的内幕，并将有关“炮弹”提供给傅斯年。傅拟成提案，交大会秘书处。时大会主席团成员、外交部长王世杰担心事态扩大，怕被人作为借口“攻击政府，影响抗日”，弄得左右不是，劝他歇手为妥，傅斯年不以为然。陈布雷获知，向蒋介石进言，说明孔趁火打劫，实在太混，傅要揭露的事怕也拦不下来。蒋介石也感到棘手，一面尽力偏遮，一面以避免造成国际影响为由，制止傅在参政会上提出此案，建议可改成书面检举交蒋处理。蒋托陈布雷说情，陈布雷深知傅斯年的耿直，不会罢手，遂建议蒋再以争取世界各国对抗战的支持，以国家利益为重为由，请傅改变解决问题的方式。此招果然灵验。一提国事为重，傅斯年答应退让一步，决定将提案改为质询案公之于众，以求有果。

1944 年 9 月 7 日，张群向参政会作完施政报告后，傅立身发难。他责问：国家法律规定政府官员不能经商，但孔祥熙为什么却办祥记公司、广茂新商号？黄金债券过去很少有人买，后来为何买不到？央行应该国家化、机关化，为何成了孔氏山西同乡“私人的结合”？裕华银行低价买进黄金，高价卖出，美国借给的黄金怎能供私人发财之用？孔氏在开秘密会议时当场给大家发黄金债券，是不是行贿？“傅大炮”一开口，朝野大哗。蒋介石也慌了手脚，马上取走质询书原稿，会后亲自宴请傅斯年。

席间，蒋问傅：“你信任我吗?”傅答：“我绝对信任。”蒋说：“你既然信任我，那么，就应该信任我所任用的人。”傅一听，十分激动：“委员长我是信任的，至于说因为信任你也就该信任你所任用的人，那么，砍掉我的脑袋，我也不能这样说!”

时已骑虎难下的蒋介石，不得不派财政部长俞鸿钧调查。众人拍手称快，最高法院院长郑烈致函傅斯年，恳求他提供秘密证据，信云：“满腔热血，不知洒向何地。此事若得公助，巨憝就擒，国法获伸，为公为私，当泥首雷门以谢也。”

令人扼腕的是蒋介石并没有对孔案公开查处；不过迫于强大的社会舆论压力，终罢免了孔祥熙。

一炮轰走了大瘟神，国人兴奋，“傅大炮”遂名震天下。

令傅斯年失望的是，虎前走，狼后来。蒋介石安排他的妻舅宋子文接任行政院长。宋子文上台后，以行政院名义颁发《黄金买卖细则》《管理外汇暂行办法》等文件，他打着抗日救国的幌子，牺牲中产阶级利益，他与孔祥熙等借外汇市场开放之机，利用只有他们才拥有的官僚企业进口许可证，大肆进行非法进口倒卖活动，且越演越烈，致使国民党政府的财政、金融，乃至国民经济陷入一片混乱，最后酿成 1947 年以上海为中心的席卷国民党统治区的“黄金风潮”。

傅斯年忍无可忍，在《世纪评论》发表《这个样子的宋子文非走开不可》，再次宣战。文中，他从历史的经验教训人手，分析得力透纸背。开首第一段便写道：

古今中外有一个公例，凡一个朝代，一个政权，要垮台，并不由于革命的势力，而由于他自己的崩溃！有时是自身的矛盾分裂，有时是有些人专心致力，加速自蚀运动，惟恐其不乱，如秦朝“指鹿为马”的赵高，明朝的魏忠贤，真好比一个人身体中的寄生虫，加紧繁殖，使这个人的身体迅速死掉。

文末他又写道：“我真愤慨极了，一如当年我在参政会要与孔祥熙在法院见面一样，国家吃不消他了，人民吃不消他了，他真该走了，不走一切都垮了。”

文章面世后，各报纷纷转载，全国上下群情激奋，这一炮又把宋子文轰成过街老鼠，灰溜溜地辞职。

季羡林和这位“大炮”老乡在以前并没有多少交往。在清华上学的时候，听过他的一次讲座。大约在大一或大二的时候，清华的一个团体，邀请一些著名学者举办系列讲座，傅斯年应邀在一个晚上到三院的一间教室里去发表过演说。他演说的姿势，给季羡林留下了深刻的印象。他那天西装笔挺，革履锃亮，老是把手插在西装坎肩的口袋里。这种姿势，季羡林过去很少见到，所以觉得很奇特。

以后的很长时间里季羡林很少见到傅斯年，当然跟他也没有来往。

到 1946 年，季羡林回国到了南京，恰巧，陈寅恪先生也从英国回来住在南京。其时季羡林已经被陈寅恪推荐给北大的胡适、傅斯年和汤用彤先生，北大也答应聘任季羡林。季羡林去拜谒陈寅恪，他让季羡林带上在德国发表的几篇学术论文，到鸡鸣寺下边的中央研究院拜见北大代校长傅斯年。当时胡适还在美国，由傅斯年代理北大校务。季羡林遵命而去。傅斯年告诉他，按照北大的规定，在国外拿了学位回国的人，只能给一个副教授的职称。季羡林当然不在意，他知道，北大能够聘任他，如果没有几位老师的面子，也是不行的，自己哪里敢抱奢望呢？能进北大，他已经感到是登龙门了。季羡林是个内向的人，见面的时候，也没有说几句话，就匆匆告辞了。

季羡林深知，傅斯年把山东人特有的直率性格发挥到了淋漓尽致的水平。他听说，在傅斯年任职的中央研究院，本来是国民党政府下属的一个机构，但是他不但不加入国民党，而且专门揭国民党的疮疤，找国民党的别扭。他是地位很高的参政员，代表的是一群社会贤达。他坚持正义，直言无讳，深得社会舆论关注。而且傅斯年在用人问题上是非常严格甚至是很挑剔的，他打破人情、地域观念，不讲背景，唯才是举。他有句名言：“总统介绍的人，如果有问题，我照样随时可以开除。”因此对于傅斯年和胡适、汤用彤联合聘用自己为北京大学教授，知道陈寅恪先生是出了大力的，但没有代校长傅斯年的同意也是万万不行的。

季羡林听说，傅斯年在南京开始担任中央研究院历史语言研究所所长的时候，虽然待人宽厚，但对业务的要求极严。有一广东籍的研究员，脾气古怪，双耳重听，形单影只，独往独来。他有学问，读书多，著述丰。隋唐史和黄河史都有著述，历史地理也很有造诣。而且据说对对音也很有研究。但是学问做起来却自以为是，往往在所里上班的时候，用铅笔在稿纸上写上两千字，便算完成了一天的任务，就打道回府了。他没有梵文的知识，甚至连印度的天城体字母也不认识。然而他却愿意拿着字母玩耍，把字母当成积木挪动，前面不行，就放在后面。这种对音的荒诞离奇，就在所难免了。

有一次，老先生在所里做对音的学术报告，把《史记》中的“禁不得祠明星出西方”的“不得”二字，硬说是“佛陀”的对音，因此结论是佛教在秦朝就传入中国了。他不知道，“禁不得”在汉代是通用的。他演讲完了，自我感觉颇好，别人也无可奈何。但有好事者，把这个消息告诉了当时不在南京而是远在美国的傅斯年，傅斯年大为震怒，立即打电话给所里，命令这位老先生作检讨，否则就炒他的鱿鱼。而老先生倔脾气来了，就是不作检讨，于是卷铺盖走了。后来傅斯年代理北大校长，正是日寇投降之时，他接收北大的时候，下令凡是对日本人认贼作父的一律不聘，为的是给过于厚道的胡适铺平道路，清除垃圾，还北大一片净土。一批丧失国格和人格的学者，都被拒之北大门外。

傅斯年严于律己，南京夏天燠热，他人胖，烟瘾又大，在阅读北宋刊的《史记》《敦煌卷子》等珍贵资料时，坚持不开电扇，不抽烟，精心保护。他对下属生活十分关心，事必躬亲。尤其是对年轻人，他奖掖有加，不遗余力。抗战时，史语所迁到四川李庄山坳里，供给困难。他亲自给专员写信，“请您不要忘记我们在李庄山坳里尚有一批以研究为职业的朋友们，期待着食米……”

有人说他脾气来了是炮，温柔起来像猫。

有个半真半假的笑话，在南京史语所时，工友老裴，最希望傅先生发脾气。说他上午发了脾气，下午某杂志送来一笔稿费，他就一股脑儿送给老裴买酒，人情味很浓。在台大当校长，他常去光顾夜市馄饨摊子；蹲在马路边上研究地摊上的象棋残局；给小书店写招牌。他给台湾大陆书店写条幅：“读书最乐，鬻书亦乐；既读且鬻，乐其所乐！”谐趣百出。日常生活与布衣无二。

在西南联大时，傅斯年和陈寅恪先生住在靛花巷的同一座宿舍楼上，他住楼下，陈寅恪住楼上。有一天的晚上，在傅斯年的屋里聚集了几位年轻学者，他们一起聊天闲谈，兴会淋漓，得意忘形，聊到高兴处，情不自禁发出纵声大笑。猛然间，楼上手杖捣起地板来。傅斯年这时候赶快对大家小声说：“楼上的老先生发火了。”从此天下太平。抗战时在昆明，每次警报一响，大家“闻机而坐，入土为安”，往楼下防空洞跑。而他却上楼把患眼疾的陈寅恪扶下楼来，一起进洞。据说傅斯年所里的人说，傅斯年谁都不怕，蒋介石他都不怕，但是就怕陈寅恪。季羡林觉得，对陈寅恪，他不是怕，而是尊敬。

1948 年 11 月，傅斯年在坚辞未果的境况下，接任台大校长职务，仍然兼任中央研究院历史语言所所长。台大本是台北帝国大学前身，国民党军政人员的家属子女大量拥入，要在台大就读，人员关系复杂，经费短缺，一个烂摊子。但傅斯年精心筹划，锐意革新，使学校很快走上正轨。他将“敦品、励学、爱国、爱人”立为校训。当时，岛上反蒋情绪高涨，学潮不断。有人在报上发文章指控台大“优容共产党”，说某某把院系变成亲共势力的温床。傅斯年不怕，针锋相对，在报上批驳说：“我不是警察，也不兼办特工”，反对肆意在师生中搜捕共产党。蒋介石不得不对自己的亲信说：“那里的事，我们管不了。”

1950年12月20日，在蒋梦麟主持的农复会会议上，“参政员”郭国基质询台湾大学一些问题。作为台大校长的傅斯年侃侃答完后，又大谈办学方针理想，言毕，突然昏倒，不再醒来。

傅斯年逝世后，省“议会”“副议长”李万居向记者宣布，傅斯年校长于20日夜“弃世”。有位记者错把“弃世”听成“气死”，消息传出去，不明真相的青年学生要求郭国基说明事情的经过，郭逃之夭夭，学生紧追不放，引来百名警察，后经多方劝说，风波才平息。

20世纪50年代末，季羡林在北大校园。

为纪念校长傅斯年，台大在实验植物园内建造一座罗马式纪念亭，墓前立有无字碑。并将此园命名为“傅园”。

傅斯年先生学贯中西，博古通今，对历史学、考古学、语言学、教育学等造诣精深、贡献巨大，被誉为学术界的“通才”。

傅斯年任历史语言所所长23年，培养了大批历史、语言、考古、人类学等专门人才，组织出版学术著作70余种，在经费、设备、制度等方面都为历史语言所的发展作出了重要贡献。组织第一次有计划、有组织的殷墟甲骨发掘，其后先后发掘15次，大大推动了中国考古学的发展和商代历史的研究。傅斯年还将明清大库档案资料争取到历史语言研究所，组织进行专门整理，使明清史研究取得了突破性的进展。傅斯年在历史学研究方面，主张“上穷碧落下黄泉，动手动脚找材料”，重视考古材料在历史研究中的作用，摆脱故纸堆的束缚，同时注意将语言学等其他学科的观点方法运用到历史研究中，取得较高的学术成就，在现代历史学上具有很高的地位。

人们形容他是“一个肥头胖耳的大块头，他有一头蓬松的乱发，一副玳瑁的罗克式的大眼镜。他经常穿着那时最流行的大翻领ABC衬衫，不打领带，外面罩上一套哔叽西装，那副容貌，说起来就是那类不修边幅的典型，但却显示了与众不同的风度。他似乎永远是那么满头大汗，跟你说不上三句话，便要掏出一方洁白的手巾，揩抹他的汗珠”——这就是傅斯年。

3. 不能超越的国学大师汤用彤

汤用彤是现代中国学术史上少数几位能会通中西、接通华梵、熔铸古今的国学大师之一。1993年，为纪念汤用彤先生诞辰100周年，北京大学出版了专门的纪念文集，季羡林在序中这样评价——“……太炎先生以后，比如梁启超、王国维、陈寅恪、陈垣、胡适等，都是既能熔铸今古，又能会贯中西的。……我认为，汤用彤（锡予）先生就属于这一些国学大师之列。这实际是国内外学者之公言，决非我一个人之私言。在锡予身上，熔铸今古，会通中西的特点是非常明显的。他对中国古代典籍的研读造诣很高，对汉译佛典以及僧传又都进行过深刻彻底的探讨，使用起来得心应手，如数家珍。又远涉重洋，赴美国哈佛大学研习梵文，攻读西方和印度哲学。再济之以个人天资与勤奋，岂偶然哉!”

汤用彤，字锡予，原籍湖北黄梅。1893 年（清光绪十九年）生于甘肃通渭。其父汤霖，字雨三，晚年号颐园老人。光绪十五年（1889 年）进士，是一位道德学问兼备、很有修养的知识分子。汤用彤出世时，他正在甘肃通渭做知县。但不谙官场，时间很短。1898 年（光绪二十四年）丢官后，曾在兰州、北京等地设立教馆，教授学生。雨三素喜汉易，亦喜吟诗诵词。平时最爱吟诵《桃花扇》中的《哀江南》和庾信的《哀江南赋》。汤用彤三岁的那一年，有一天突然一字不差地背出了《哀江南》，雨三公非常惊异。由此他很早就在父亲的教馆中接受教育。“幼承庭训，早览乙部”，从小就对历史产生了浓厚的兴趣。1911 年（宣统三年）盛夏，雨三弟子二十多人及汤用彤、其兄汤用彬，在北京万生园（今动物园），为雨三庆祝 61 岁寿辰。当时距武昌起义已没有几个月，雨三对时变似有预感，诏示弟子们“事不避难，义不逃责，素位而行，随适而安”，“毋戚戚于功名，毋孜孜于逸乐”。

50 年代末季羡林（左一）与北大同事合影。

汤用彤后来回忆父亲对他的影响时说：“先父雨公教人，虽谆谆于立身行己之大端，而启发愚蒙则常述前言往行以相告诫。彤稍长，寄心于玄远之学，居恒爱读内典（佛学）。顾亦颇喜疏寻往古思想之脉络（佛教）宗派之变迁。”

辛亥革命前，汤用彤便离开父亲的教馆，求学于北京顺天学堂，开始接受新式教育，与梁漱溟共读印度哲学与佛教典籍。1912 年考人清华学校，与同学吴宓、柳诒徵志趣相投，结为契友，“互相督促、切磋”。1917 年毕业，考取官费留美。后因治沙眼而未成行，留在清华教国文，并兼任《清华周刊》总编辑。

1918年与吴宓一起，用庚子赔款留学美国。先在明尼苏达州汉姆林大学哲学系，主要选修哲学、普通心理学、发生心理学。1919年入哈佛大学研究院，与陈寅恪同时学习梵文、巴利文及佛学，仍进修西方哲学。后经吴宓、梅光迪引见白璧德(Babbit)教授。白氏是美国当时著名的新人文主义者，认为中西文化传统在人文方面"互为表里"，对孔子尤为称赞，并希望中国学人能撷采中西文化之精华，以求救亡图存，而不蹈西方之覆辙。汤用彤后来的文化观和治学态度，很多与白氏契合。哈佛期间，他与吴宓、梅光迪被誉为"哈佛三杰"。

1922年汤用彤在哈佛获得哲学硕士学位回国，先在东南大学（中央大学前身）哲学系任教授。其时南开大学成立不久，校长张伯苓和大学部主任凌冰在海内外到处延揽人才，尤其注意学有成就的归国新秀。于是，1926年汤用彤受聘转任南开大学文科哲学系教授、系主任。在现存南开大学"文科课程纲要（1925～1926)"中，可以看出，当时有关哲学的主要课程大都由他亲自担任。其中包括逻辑学（形式论理学)、西洋哲学史、现今哲学、印度哲学史、实用主义、社会学纲要。这些课程不单纯是他在美国所学，还包括他自己的许多研究心得。

他回国后，有关印度哲学方面曾发表《印度哲学之起源》，有关佛教方面曾发表《释迦时代之外道》《佛教上座部九心论略释》，有关西方哲学方面曾发表译文《亚里士多德哲学大纲》和论文《叔本华之天才主义》等，多见于《学衡》杂志。对于现代哲学，他最关注实用主义，但和胡适等人的态度不同。课程纲要关于"实用主义"的介绍说："本学程初陈反理智主义，以测（察）源流；中言詹姆斯等心理伦理学，以探其基本；后析实用主义各派之学说，并推求其宣张中国之利害"。此前，杜威曾在各地讲学，并应邀来南开大学讲演《讲授科学的方法》，一时名声很大。汤用彤对实用主义则一直采取分析的态度。

南开大学根据国际国内著名大学的办学经验，当时极为重视教师和学生的科学研究。学校成立了专门委员会，由校长和各科主任，经常邀请校外著名学者来校公开讲演。在哲学社会科学方面，如胡适、李大钊、马寅初、梁启超、范文澜、陶行知、贺麟等都曾先后来过南开。胡适的讲演有《新思潮主义》、《中国今日之思想界》。梁漱溟的讲演为《孔子的真面目》。汤用彤亦作过《气候与社会之影响》的讲演。由于他在学术上的造诣和成就，南开学生学术刊物《南开大学周刊》在20年代后期，特邀请他和范文澜、蒋廷黻、黄钰生等人担任顾问。

1927年5月，汤用彤离开南开大学赴南京，任中央大学哲学系教授、系主任。离校前，南开师生为他举行欢送会，依依惜别。1930年夏，又至北京大学哲学系任教。在北大除讲授中国佛教史、印度哲学史、魏晋玄学等课程外，主要致力于中国佛教史讲义的修改、补充。自1933年始，花了近4年的时间，才完成了《汉魏两晋南北朝佛教史》的定稿。

1937 年芦沟桥事变发生，抗战爆发，北大南迁。同年 10 月，汤用彤与钱穆、贺麟一行 3 人经天津，乘船南下直抵香港。然后转程北上广州、长沙。最后到达设在南岳圣经书院的文学院。于南岳将《汉魏两晋南北朝佛教史》最后定稿付梓，1938 年元旦由商务印书馆在长沙印行。同年，学校决定转赴昆明，从此，汤用彤开始了西南联大 8 个年头的艰辛岁月。

汤用彤先任联大哲学系主任，后又任文学院院长。在抗战期间，又同南开师生在一起，对南开大学哲学系的建设作出了不可磨灭的贡献。西南联大精英荟萃，人材济济，但教授们却入不敷出，生活非常艰苦。此时汤用彤岁数并不大，头发却已近全白。在贫困中含辛茹苦的他，忍受着失长子一雄、爱女一平的巨大创伤，以民族文化的继承、弘扬为使命，教学、著述从未间断。他对学生教诲不倦，面无忧容，从不戚戚于贫贱，也不汲汲于富贵，既有着超脱玄远的境界，也时刻关心国事，对当时的贪官污吏，发国难财者深恶痛绝。在一次哲学系的大会上，他和金岳霖先生大骂以学问为进身阶梯的文人。他为人诚恳和蔼，“蔼然仁者，即之也温”。

汤用彤既有家学渊源和国学根底，又对西方哲学和印度哲学作过深入的探讨，其教学和研究均能“熔铸古今，会通中西”。1922 年他曾在《学衡》杂志著文《评近人文化之研究》，有针对性地批评了当时 3 种不良倾向：第一种是“诽薄国学者”，第二种是“输入欧化者”，第三种是“主张保守旧文化者”。他积极参与《学衡》杂志及其思潮讨论，并与柳诒徵、王国维、梅光迪、吴宓等组成《学衡》的固定学人作者，把《学衡》的座右铭“昌明国粹，融化新知”贯穿于毕生的学术探索和实践。他先后开设的课程有魏晋玄学、中国佛教史、印度哲学史。

1947 年汤用彤休假赴美国加州柏克莱大学讲中国佛教史一年，次年婉拒哥伦比亚大学讲学之邀，决定回国。1949 年 1 月北京解放，汤用彤任北京大学校务委员会主席。这一年，周恩来曾来北大孑民堂与他及北大诸教授座谈，总理的气度与学识让他深感敬佩。1951 年后汤用彤任北大副校长，1953 年中国科学院成立，兼任历史考古委员会委员。1956 年哲学社会科学学部成立，又任学部委员，并任《哲学研究》《历史研究》杂志编委。同时任第一届全国政协委员，第三届常委，第一、二、三届全国人大代表。

汤用彤在学术上的成就主要集中在印度哲学、中国佛教和魏晋玄学，这 3 个领域密切联系，而尤以中国佛教的成果最为突出。他回国后在各大学一直讲授印度哲学，1929 年编成讲义，1945 年修改后以《印度哲学史略》为书名，由重庆独立出版社印行（1960 年、1988 年两次再版）。这是用现代科学方法研究印度哲学史的一部极重要的著作，其内容恰为他研究中国佛教史提供了必要和丰富的印度历史知识。此外还有遗稿两部：《汉文佛经中的印度哲学史料》《汉文印度佛教史料选编》。

印度古代哲学相当丰富，但资料多已散失。公元一世纪后佛教传人中国，以后译经不断，其数量之多和时间之长是少有的，特别是我国所译佛经大部分都保存下来。这些史料多为欧美学者所未见，因此使汤用彤的印度哲学研究具有自己的特色。

汤用彤在中国佛教方面最著名的成果是《汉魏两晋南北朝佛教史》。其《跋》中自云："十余年来，教学南北，常以中国佛教史授学者，讲义积年，汇成卷秩"。但他每次讲课都要对原来的讲义作出修改。从20年代初就开始撰写，20年代末完成初稿，30年代又全部修改和补充了一次，再花了近四年的时间才完成。其原因正如他对钱穆先生所说，总是心感不满。直到芦沟桥事变，由于担心手稿遗失，才考虑将其中一部交付出版。因此本书于1938年由商务印书馆印行。这部著作，开辟了中国佛教史研究的新纪元，受到学术界的广泛称赞。胡适在校阅该书稿本第一册时，称赞此书极好，"锡予训练极精，工具也好，方法又细密，故此书为最有权威之作"。贺麟评论现代中国哲学亦有云："汤用彤得到西洋人治哲学史的方法，再参以乾嘉诸老的考证方法。所以他采取蔡勒尔（zeller）治希腊哲学史一书的方法，所著《汉魏两晋南北朝佛教史》一书，材料丰富，方法严谨，考证方面的新发现，义理方面的新解释，均胜过别人。"季羡林说：《汉魏两晋南北朝佛教史》，"规模之恢宏，结构之谨严，材料之丰富，考证之精确，问题提出之深刻，剖析解释之周密，实在可以为中外学者之楷模。"抗战期间，此书与陈寅恪的《唐代政治史述论稿》同获国民政府教育部学术研究评奖哲学类一等奖。1955年中华书局又重印上下册。此外，还有遗著《隋唐佛教史稿》讲义、《五代宋元明佛教史略》稿本和《校点高僧传》稿本，生前未曾刊印。1981年其子汤一介将前两部整理，在《中国哲学》第四辑和第五辑发表。

汤用彤认为外来佛教在中国之流传，先是依托汉代流行的道术，而为佛道；进而又附属于魏晋玄学，而为"佛玄"；至南北朝后期佛教经论讲习之风大盛，到隋唐出现了中国式的佛教。由于佛教同玄学的历史联系，在西南联大期间，他一度对玄学用力较多，并想"采取文德尔班（Windelband）写西洋哲学史的方法，以问题为中心，写一部《魏晋玄学》"。当时生活极不安定，自然难以完成，但发表了许多有创见的论文，勾画出了魏晋玄学演变的比较可信的轮廓，对许多玄学问题进行了深入的分析。这些论文后来汇成《魏晋玄学论稿》，1957年由人民出版社印行，1962年中华书局再版。

由于佛、道二教长期争执，汤用彤在研究佛教史时还注意了道教史的有关问题。并在西南联大期间指导王明研究道教。王明的《〈太平经〉合校》，后来成为研究道教的必读资料。

汤用彤自1954年患脑溢血，长期卧床。但稍能所及，仍谆谆教导后学，在学术上耕耘不辍。其间，1961年撰写《何谓"俗讲"》一文，谓"僧讲"与"俗讲"在其听讲对象各为僧俗所不同，俗人不得听"僧讲"，出家者不得听"俗讲"，"违者当受官责”。1962年《论中国佛教无“十宗”》一文，谓“十宗”之说是把某种学派之称为“宗”和某种教派之称为“宗”混同为一。由于考证精详，纠正了国内外学人长期所执之谬误，一时间脍炙人口。

1963年5月1日晚，汤用彤上天安门城楼观赏焰火，由周恩来导见毛泽东。“毛询问公之身体状况，嘱公写短文，并言其阅读过公所撰全部文章。”

1964年5月1日汤用彤病逝。1993年8月，海内外近百名学者在北京隆重召开纪念汤用彤先生诞辰百周年学术座谈会，并筹资设立汤用彤学术基金，奖励研究佛教、魏晋玄学和汤用彤学术思想卓有建树的青年学者。

汤先生平日除读书、写作外，几乎无他嗜好，琴棋书画全不通，不听戏，不饮酒，不喜美食，不听西洋音乐，也不看电影，更不跳舞。生活非常节俭，常常穿着一件布大褂、一双布鞋，提着夫人为他做的一布书包去上课。汤先生一生耿直爱国，他的大半辈子是生活在解放前，那时先生最喜欢用黄梅乡音吟诵具有浓郁的忧国忧民意味的《桃花扇》中的《哀江南》和庾信的《哀江南赋》。相传他3岁时，就能背诵《哀江南》。他还经常告诫子女，“潘岳之文彩，始述家风；陆机之词赋，先陈世德”，一个诗书之家应有其“家风”，以致于汤家的子孙后代都能吟诵这两首词赋。

据季羡林称：“过去汤用彤先生掌文学院，聘教授，他提出来就决定了，无人有异议。”

季羡林从1946年回国以后，有很多事情都是和汤用彤联系在一起的。他被聘为北大教授，是汤用彤和胡适、傅斯年三位先生联合下的聘书。季羡林到北京的时候，汤用彤派阴法鲁到西直门火车站迎接。第二天，阴法鲁就陪同季羡林到北楼的文学院院长办公室，去拜见文学院院长汤用彤。季羡林发现，汤用彤与自己平时想象的大不一样，面容端严慈祥，不苟言笑，却是即之也温，观之也诚，真正的蔼然长者。他虽然留美多年，学贯中西，但是一身的灰布长衫，脚上穿的是圆口布鞋。没有一点教授的架子和大师的威风。季羡林的心中自然地生出幸福之感，浑身感到温暖。晚上，汤用彤设家宴款待季羡林。

到了北大以后，季羡林先住在沙滩红楼。一开始的时候，几乎是空无一人。后来住进了几个人，整个红楼上下五层，只住着四五个人，整天寥寥落落。电灯也不亮，有时候走在长长的走廊里，感觉空空荡荡的。后来，住在红楼的人多起来了。但是也乱起来了。

邻人里什么样的人都有，男高音、男低音、男不高不低音一应俱全。有时候是左边的屋子里先摇出一段二簧摇板来，别的屋子里也不甘示弱，立刻会挤出几支洋歌来。其声呜呜然，像是冬天深山里的狼嗥。这时候，吃到肚子里的肉，只是想吐出来。然后，高跟鞋撞击地板的声音，无线电收音机的声音，吵架的声音，总是不绝于耳。这种环境是无法作学问了。

这时候，汤用彤让季羡林搬进文科研究所的大院子里去住。研究所坐落在东城的一条小胡同——翠花胡同里。他住的地方，前门在东厂胡同，后门在翠花胡同。季羡林的住处地跨两个大胡同，里面重楼复阁，回廊盘曲，院落错落，花园重叠，一个陌生人进去，必然是如入迷宫，不分东西。季羡林住在最深一层的东房里，院子里摆满了汉代的砖棺。这按照北京人的说法，显然是一处凶宅。黄昏以后，总有鬼影憧憧、毛骨悚然的感觉。晚上的时间，是没有人敢去拜访季羡林的。就这样，他整日与鬼为邻，非常安静，终于找到了一个做学问的好地方。

每天早晨，他走到沙滩北楼的系办公室上班。在红楼的门口，买一些烤白薯，拿着它当早点，去北楼上班。

文化大革命后的季羡林

季羡林非常遗憾没有成为汤用彤的及门弟子。到 1947 年，汤用彤在北大开“魏晋玄学”，课堂就设在北楼的系办公室楼上。季羡林觉得天赐良机来了。请示了汤用彤，成为课堂上最忠实的学生之一。这样的事情在北大是绝无仅有的，在全国恐怕也是不多见的。一个正教授去听另一个正教授的课，没有放下架子的决心，是万万做不到的。一整年的课，季羡林没有缺过一次，笔记记了厚厚的一大本，成为他的巨大精神财富。直到今天，这个笔记本仍然保存着。它记录了季羡林成为汤用彤私淑弟子的历史。

担任系主任的工作，季羡林也会遇到一些事情。季羡林经常去找汤用彤汇报系里的工作，有些麻烦的事情，汤用彤不动声色地帮助他解决。汤用彤还和图书馆馆长毛子水决定，特意给季羡林在校图书馆中要了一间教授研究室，他能够从图书馆的书库里随时提出自己要用的书，有些还可以放在教授研究室里。派一位研究生马理女士当助手，帮他整理书籍。马理是已故的北大教授马裕藻的女公子，她的姐姐是赫赫有名的马珏。可惜的是当时的北大图书馆东方学的著作还真不多。

有了这样好的研究条件，季羡林写了几篇学术论文。文章写出后，他总是拿给汤用彤，请求指正。他当时能够写出几篇有新观点的论文，汤用彤功不可没。

1952 年，北大从沙滩搬到西郊海淀。出城以后，季羡林的待遇进一步得到提高，每月的工资几乎是最高的。马寅初的工资是第一，相当于副总理。以下就是汤用彤、翦伯赞、曹靖华，再下就是季羡林和其他几个老牌或名牌教授了。1956 年，教授定级，季羡林被确定为一级，是北大文科七个一级教授中最年轻的一位。而他的同学吴组缃被定为二级。以至于在同一个餐厅吃饭的几位教授，在背后给季羡林起了个善意的外号“一级”，季羡林去吃饭的时候，有人就会窃窃私语：“‘一级’来了!”这种介乎可理解和不可理解之间的心理，说明一级教授的取得确实是难于上青天的。也在这一年，季羡林还有一个同样的大喜事，他被选为中国科学院哲学社会科学学部委员（即今天的院士）。季羡林知道这些事情的确定，都是汤用彤在不声不响提携的结果。季羡林深情地说：

所以，我现在只能这样说，我之所以崇敬锡予先生，忆念锡予先生，除了那一些冠冕堂皇的表面理由以外，还有我内心深处从来没有对别人说起过的动机。古人说：“人生得一知己足矣。”我不敢谬托自己是锡予先生的知己，我只能说锡予先生是我的知己。我平生要感谢的师辈和友辈，颇有几位，尽管我对我这一生并不完全满意，但是有了这样的师友，我可以说是不虚此生了。”（《回忆汤用彤先生》，《光明日报》1997 年 5 月 28 日）

汤用彤先生是伟大的学者。后来年纪大了，坐着轮椅，季羡林有时候见着他，他给别人说话，总讲共产党救了自己，自己感谢党的改造、培养；他说：现在我病了，党又关怀，所以我感谢党的改造、培养、关怀，他也是非常真诚的。

二、组建东语系

1. 固执倔强的金克木

叶稚珊笔下的金克木先生是一个怪人：“遇有人来约稿，金克木先生总是双手抱拳，不住摇头说：‘我的眼睛不好，牙不好，耳朵不好，头晕血压高，年纪大了，身体不行了，已不久于人世了。’同楼的季羡林先生说：他 20 年前就这么说了，估计起码还能说 20 年。”（谢宁《哲人风范——怀念一代智哲金克木先生》）

2000 年 8 月 5 日，北京大学外国语学院东方语言文化系教授金克木先生以 88 岁的高龄仙逝。消息传开，学术界人士无不为失去一位大师而叹惋哀恸。金克木先生的一生可以说是丰富多彩。他 1912 年 8 月生于江西，祖籍安徽寿县，只上了一年中学就因各种原因而失学，其最高学历不过是小学毕业。30 年代后到北京求学，曾在北京大学图书馆任职员，他利用一切机会博览群书，广为拜师，勤奋自学，同时还掌握了英语、法语、德语、世界语等多种语言。1941 年先经缅甸到印度，任一家中文报纸编辑，同时学习印地语和梵语，后到印度佛教圣地鹿野苑钻研佛学，同时跟随印度著名学者学习梵文和巴利文，走上梵学研究之路。

1962年，在埃及。右二季羡林，中为吴晗。

1946年金克木回国，应聘任武汉大学哲学系教授，1948年后任北京大学东语系教授。金克木博学精深，在印度文化各个领域的研究中纵横驰骋，称得上是真正懂得印度文化的为数极少的人之一。新中国成立以后，他和季羡林一道，培养出新中国第一批梵、巴语学者，现在我国年轻一代的梵语学者，都曾受惠于季羡林和金克木。金克木写作的专著《梵语文学史》是学习印度文学的必读课本，他不仅研究印度文化最古老的经典，对印度古代文化有深厚的功底，而且对于印度近现代的论述也不落俗套，独具慧眼。他论述泰戈尔，不是把泰戈尔与印度文化隔离开来，作为孤立的人来研究，而是把这颗印度文化的璀璨的明珠放到印度文明的长河之中，他能真正懂得并欣赏泰戈尔；他的《略论甘地在南非早期政治思想》《略论甘地之死》等文章，运用他对印度社会的了解，分析了印度近现代的社会状况，历史地、客观地对甘地作出了评述。读金克木的文章，令人感到他对于印度社会和文化的谙熟与深刻理解。金克木在其他领域也同样是多才多艺，他的诗、文，文笔清秀，充满美感，寓意深刻，颇有韵味，有《旧巢痕》《难忘的影子》等文学作品传世，一本《天竺旧事》把人们带回到20世纪40年代的印度，不但给人以美的享受，使人增长见识，而且给人们留下了印度文化方面的宝贵资料。

凡是和金克木有过接触的人无不对他的健谈、博学、多闻、敏锐留下深刻的印象。据金克木早年的学生回忆：1949年他们进北大学习时，作为梵语教授的金先生却给学生们上政治课，讲辩证唯物主义和历史唯物主义，他还深入地钻研过政治经济学，有的学生至今还能记得金克木当时对资本主义社会主要矛盾所作的深刻阐述。其实不光是社会科学，举凡数学、天文、地理、生物等自然科学领域，他也广泛涉猎，他很有兴趣地钻研过费尔马大定理等数学问题，他在临终前不久写的一篇文章中就涉及到高等数学的问题，为此还和北大数学系读博士学位的一位亲属的孩子进行了认真的探讨。他早年即同数学大家华罗庚先生很谈得来，华先生也是文理兼通。他还曾就具体的数学问题请教过丁石孙先生，并能从丁先生的解释中判断出他所擅长的数学研究领域。

金克木晚年虽出行不便，但他对新思想、新事物的了解和接受程度，对社会和

季羡林在伏案工作

时代的变革无不具有深入的了解，对许多社会现象、社会时尚都有深刻、绝妙的评论。比如他对电脑即很有兴趣，他向许多人了解这方面的情况，甚至家中来了幼童他也会与其探讨电脑知识。前几年家里买了电脑，金克木以80多岁的高龄开始使用电脑进行写作。外语学院的领导去给他拜年，金克木谈论天下事滔滔不绝，对北大正在进行的改革和北大外国语学院的成立也提出许多有针对性的意见，一针见血地指出改革应该达到什么样的目的，成立外国语学院应该怎样形成自己的特色。

金克木临终前还注意到目前正在进行的人类基因组研究计划，他以一位饱学之士和哲人的眼光不无忧虑地指出：人类在改造自然、改造世界的过程中出现了很大的麻烦，如不慎重从事，在改造自身的过程中也可能会出现更大的麻烦，但是我已经看不到了。金克木一生淡泊名利。80岁生日时人们要给他祝寿，他坚决拒绝，并风趣地说，我可不希望提前听到给我致悼词，他认为祝寿时和悼念时都会对人充满溢美之词，其实质是一样的，没有多大意义。

金克木的学生还记得1956年召开知识分子会议后，一时社会上对知识分子十分照顾，公共汽车上甚至还专设了高知席，给高级知识分子留出座位。金克木看到这种情况幽默地说："孕妇在车上没位子坐，受到摇晃可能要呕吐，高级知识分子知识多，但总不会摇晃得吐出来吧。"即使是在"文革"时期，金克木受到迫害，全家被挤到一间半屋子里，家具没有地方可放，只好把桌子、茶几等摞上好几层，他仍不失幽默，套用当时一切都要加上"革命"的名义，戏称之为"革命杂技"。

金克木晚年不愿意参加各种社会活动，不接受新闻界的采访，但他始终关注着天下大事和其学术事业的继承和发展，仍笔耕不辍，每年都有学术专著、随笔、翻译作品、散文集等出版，并在《读书》等报刊上发表了大量文章，讨论各种学术文化问题，影响很大。金克木喜欢有才能的学生，他有许多学术方面的探索由于受到种种影响而没有展开，希望能够有学生继承下去。他也很乐于指导学生，学生们拿来一本厚厚的书，一篇十几万字的博士论文，他随意翻阅一遍，立刻就能告诉你问题所在，毛病所在。其机敏不减当年，许多学问都很不错的学生，在他的面前经常被问得张口结舌，感到和老师相比实在是孤陋寡闻，难以望其项背。

金克木虽体弱多病，但他从不愿过多地麻烦别人，生了病也不让家人告诉系里。不愿让人来家中看望。多次到医院看病都是子女用自行车、三轮车推去的，这次临终前最后一次去医院，也是由儿子背下楼，用三轮车送到校医院的，后来还是家人看到病情严重，才不得不告诉系里，金克木的学生们说：先生以往生病住院，我们都不知道，没有能去照顾，为先生略尽心意，现在先生已经走了，只能留下不尽的遗憾和思念。金克木先生静静地离开了我们，临终遗言不举行遗体告别仪式，然而，许多得到噩耗的人还是自发地前来为先生送行，但是人们并没有看到他的遗容。先生深通印度文化，对死亡问题更为从容，所以不愿意以遗容示人。斯人已逝，一代智哲、大师的风范却长留在后人的心间！（《人民日报·海外版》2000 年 9 月 13 日第 9 版）

1962 **年，季羡林与白寿彝合影。**

据程千帆口述、张伯伟整理《劳生志略》说，20 世纪 40 年代，武汉大学哲学系聘请了刚从印度回来的金克木先生，历史系有唐长孺。唐长孺先生不仅是史学很好，文学也很好。他的文章、诗词都作得很好。要是拿中国的传统来说，在文学方面，他是金松岑的学生；在历史方面，他是吕思勉的学生。金克木先生我原先不认识，最初是看到他写的新诗，觉得很好。抗战胜利以后，哲学系聘请了金先生，他刚从印度回来，哲学系需要有个人讲印度哲学，就把他聘来了，那时他还没有结婚。隔了两三年，胡适希望金克木到北大去，当时北大有季羡林，还有一些懂梵文、印度文、乌尔都文的先生，金克木在武汉大学如果讲中国哲学还有朋友，如果讲印度哲学，就他一人，所以他也很想去北大。唐长孺的妹妹唐季雍在北大哲学系读书，金克木要调到北大去的时候，唐长孺就对他说：我有个妹妹，还没有结婚，如果你们见了面，觉得很好，也可以谈。后来金克木到了北大，一谈就觉得很好，就要胡适给他们证婚，他们就结婚了。这样，唐长孺和金克木就成了亲戚。金克木是无师自通，外文特别好。他的法文非常好，他最初在湖南大学就是教法文，他去看杨树达先生，杨先生看他很年轻，还以为是个学生。后来他去了印度，在印度的一所大学里教书，他的职称是在印度定的。他这个人非常聪明，他在北大先是教梵文，后来北大希望印度文化的内容近代化一些，不要讲太古老的，他就教乌尔都文。乌尔都文大概是印度多种语言中

北大东语系庆祝季老执教 40 年时合影。前排左六为季羡林。

流行得最广泛的一种语言。他写过一本《梵语文学史》，还翻译了一些印度的书。他对于中国的佛学也知道得很多。他想买一部《大藏经》。因为拆零了，不完全，他就把自己感兴趣的部分都买了。买回来以后，家里的房子太小，没地方放，只好又退还给书店。他又懂天文学，所以解释《古诗十九首》中“玉衡指孟冬”就解释得很好。

金克木与季羡林住同一幢楼，但早上散步，他见季羡林却不打招呼。他的理论是：打招呼是说废话。他把这种理论再推进一步，甚至读者想请他在书上签名他都不干。有一回几位读书人买了他和张中行的书，想求签名，先到张中行家，张老签了，但几位拿了签名本却还不走，说还想请金克木签名，只怕金克木不答应。张老一听，说：“我带你们去。”率先下楼，后面跟着几个手捧小本本的人，向西百米，二楼，敲开金克木家的门。几位说明来意，金克木果然摇头：“不签不签。”张中行不吃这套，转身问：“谁带钢笔，拿来。”把笔塞到金克木手里：“签！”金克木虽然不情愿，但只好签了。事后，张中行说：“我在金先生面前还是有面子的。”

2. 伊斯兰教权威马坚

1946 年马坚在季羡林之前，应聘到北京大学任教授，参加北大东方语言文学系的组建，并亲自在该系建立阿拉伯语专业。马坚先生的夫人马存真回忆说：“当时是既无教材，也无前例可循，一切都要从零开始。他肩负重任，独自一人给首批中国自己培养的阿拉伯语大学生开出了阿拉伯语、高级阿拉伯语、伊斯兰宗教史、伊斯兰教育史和《古兰经》研究这 5 门专业基础课和专业课，为专业的发展打开了局面。他重视教材建设，积极编写阿拉伯语教材，系统归纳了阿拉伯语语法规律。他所确立的一整套阿拉伯语语法概念和术语，一直为国内各高等院校阿语专业沿用至今。”“他奠定了中国阿拉伯语教学的基础，开辟了阿拉伯语教学的新时代，使阿拉伯语在中国教育史上首次进入高等学校。”“他还付出大量心血，主编了《阿拉伯语汉语词典》。甚至在糖尿病

季羡林与马坚在一起

加重而住院治疗期间，仍然耐着盛夏酷暑，挥扇坚持工作，使医生、护士和病友为之感动。为了把住质量关，他在定稿时对每一个词条都要反复研究，博采众长，斟酌再三。经过多年的辛勤劳动，终于使这部具有重要意义的词典得以问世，为中国人学习、使用阿拉伯语提供了最基本的工具书，也为以后编写各种类型的阿汉词典和汉阿词典奠定了基础。”

北大阿拉伯语专业英年早逝的邬裕池老师在《平生风仪兼师友——忆马坚先生》一文中写道：“马坚先生对自己是勤奋刻苦，学而不厌；对学生则是循循善诱，诲人不倦。尽可能地把自己的知识传授给年轻一代，直到他生命的最后阶段。虽然身染沉疴，长期缠绵病榻，然而只要有人前来请教，他总要挣扎着起来不辞辛苦地介绍有关资料，或反复思考作出详尽的答复。”又写道：“马坚先生在努力培养和造就大批大学生的同时，还非常重视提高教师的业务水平……非常难能可贵的是他还用很大力气指导青年教师阅读原著，如语法原著《克里莱和笛木乃》和《一千零一夜》。”

马坚从1946年到北大任教直到1978年病逝，共在北大工作了32个春秋。他以自己辛勤的工作开辟了中国阿拉伯语教学的新时代，迎来了中国阿拉伯语教学的巨大变革。他为我国外事、文教、出版、科研、宣传等部门培养了一代又一代阿拉伯语言文化人才，成为发展中阿关系和阿拉伯伊斯兰文化研究事业的骨干力量，有的还是国家重要的领导干部。在北大阿语教研室中，他的学生已是四世同堂，真可谓桃李满天下。

1949年以后，中国各民族的关系得到了根本的改善，回汉关系也进入了一个前所未有的良好的时代。从根本上说，这是中央政府实行正确民族政策和宗教政策的结果，但马坚先生作为一个有重要影响的穆斯林学者，也为消除民族隔阂、推动这一政策的顺利实施，作过许多积极的努力和有益的工作。马坚先生认为，民族隔阂除了历史上反动政府鼓吹民族沙文主义、推行民族歧视政策的原因之外，民族之间缺少充分了解也是一个重要原因。为此，他运用自己丰富的伊斯兰学识，撰写了大量文章，一方面解除回族有些人在参与全民共同活动的某些疑虑，一方面又从维护民族大家庭团结的真诚愿望出发，对某些无知现象提出了坦诚的批评。1951年1月10日，《光明日报》在发表卢洪基的文章中，将穆斯林的先知穆罕默德与美国强盗（时称美帝国主义）相提并论，引起北京穆斯林强烈不满。

1991年6月，季羡林（中）访问韩国。

16 日，各界穆斯林代表汇集中山公园，召开声讨大会，表达对作者及报社的义愤。会上，《光明日报》代表作了诚恳的检讨。19 日，为澄清事实真相，《光明日报》发表了穆斯林学者马坚教授的长文《穆罕默德的宝剑》，批评了作者的无知，从而达到了促进民族之间的相互了解，维护国家安定团结的目的。20 日，《人民日报》全文转载，新华社也全文播发。

马坚（1906～1978），字子实。云南省个旧市沙甸人。在家乡上小学、高小，1922 年，考入昆明成德中学。1925 年，成德中学毕业。1929 年，来到上海伊斯兰师范学校阿文班就读。1931 年 12 月 29 日，抵达埃及开罗，在爱资哈尔大学宗教学院读书。读书期间开始翻译埃及著名学者穆罕默德·阿布笃的《回教哲学》，1934 年由上海商务印书馆出版。将《论语》翻译成阿文，1935 年，开罗古籍出版社出版。1935 年下半年，转到爱资哈尔大学阿拉伯语言师范学院继续深造。1936 年翻译侯赛因·吉斯尔的《伊斯兰教真相论文集》，中文译名是《回教真相》，1937 年在上海出版。1939 年结束了埃及 8 年留学生涯，1940 年赴上海参加中国回教学会的译经委员会，利用空闲时间翻译白话文《古兰经》。1941 年《伊斯兰教育史》在重庆出版。1942 年，受聘于云南大学，开设伊斯兰文化讲座，《回教哲学史》在重庆出版。1945 年，白话文汉译《古兰经》初稿完成。

1945 年底 1946 年初，北京大学因为有清华大学陈寅恪教授的推动，经胡适校长、傅斯年代校长、汤用彤文学院院长批准，准备筹建东方语言文学系。经向达和白寿彝教授推荐，北大文学院院长汤用彤教授代表北大聘请马坚到北大任教。1946 年 10 月，马坚偕夫人马存真到北京，在北京大学东语系开设阿语专业。季羡林也于稍晚一些时间到系，从此马坚与季羡林成为同事，一直在北京大学任教，直至 1978 年去世。

当时的东语系全名叫东方语言文学系，是北京大学最小的系，教员除了季羡林、金克木、马坚，还有教藏语的于道泉。当时的条件极差，几乎是白手起家。他们共同闯过了很多难关，终于把东语系办起来了。后来又增加了两位教师，但是学生的数目很少，学生要少于老师。全系开会的时候，一小间十几平方米的教室还坐不满。到了解放前夕，胡适批准了马松亭大阿訇推荐的十几名阿拉伯语的学生入系，才壮大了系的队伍。而马坚当时成了学生最多的教授。后来在建国前夕，胡乔木到季羡林住的翠花胡同，征求季羡林的意见，想把南京的东方语专、中央大学边政系的一部分、南京边疆学院的一部分合并到东语系，这时候，东语系从最小变成了当时北大最大的系。

1951 年 1 月 19 日，在《光明日报》发表《穆罕默德的宝剑》，3 月 20 日，在《人民日报》发表《回民为什么不吃猪肉?》。有一天，季羡林的清华老同学胡乔木同志去看季羡林。告诉季羡林说："请你转告马坚先生，毛泽东先生认为他那两篇文章：《回民为什么不吃猪肉?》和《穆罕默德的宝剑》写得很好，增强回汉两族人民的团结。请你向他表示谢意!”1959 年，中国文化代表团访问伊拉克，马坚、白寿彝系团员，季羡林为团长。

到 50 年代以后，阶级斗争无所不在的思想已经深入人心。这种思想甚至在教材编写的时候也表现出来了。有一年，阿拉伯语教研室选了一篇阿拉伯国家的一个著名作家写的尼亚加拉大瀑布的文章，语言生动流畅，描绘得色彩绚烂，是一篇非常好的文章。但是这样的文章，不可能涉及到政治的内容，学生读了，不仅可以学到地地道道的阿拉伯语，而且还能够领略美好的自然风光。然而就是这样一篇课文，有人提出异议，硬把一个资本主义国家的风光写得如此美丽，岂不是长资本主义的威风？季羡林作为系主任也不得不出面调停，他特意让人把它翻译成中文，供大家讨论。像这样的事情在现在看来都是笑话，但那时候谁也不敢掉以轻心。马坚先生在“文革”中被批斗，也是与所谓的白专道路有关系的。

1960 年，毛泽东在一次接见各国青年代表时，马坚任翻译，毛泽东向众人介绍中国共产党的统一战线政策时，举例说：“马坚先生是信仰伊斯兰教的，不是共产党员，我是信仰马列主义的，是共产党员，但这不妨碍我们一起工作和合作呀！如果没有他，你们讲阿拉伯语我听不懂，我讲的汉语你们也就不懂，现在我们彼此都沟通了，这就是说我与马先生合作得很好嘛!”

1973 年工宣队搞了一些麸子，做成糠窝窝，又蒸了一些糖三角，每人各发一个，要求先吃糠窝窝，后吃糖三角，算是“忆苦思甜”。马坚不知道吃的要求，把二者合在一起吃了，结果招致现场批判，被勒令写出书面检查。第二天，马坚的检查贴在东语系一楼东头楼梯口：“昨日我没有先吃糠窝窝，后吃糖三角，而是一起吃了，这不符合工宣队的要求，因此我作检查。——人老心红战斗队，67 岁队员马坚。”落款的“人老心红战斗队”纯属政治幽默。

1978 年 8 月 16 日凌晨，马坚因病情恶化，抢救无效，顺命归真。有译作《阿拉伯半岛》《古兰经》《阿拉伯通史》，组织东语系阿拉伯语教研室教师集体编写《阿汉词典》。1984 年，经中国伊斯兰教协会认可和伊斯兰教世界联盟同意，伊斯兰世界最高权威出版机构——沙特阿拉伯王国法赫德国王《古兰经》出版社出版了马坚《古兰经》译文中阿对照本，这是对马坚毕生致力于译经工作的最好肯定，也是给予一个穆斯林无比崇高的荣誉。

3. 藏文专家于道泉

于道泉（1901～1992），山东临淄（今淄博）人。据他的妹妹、陈云的夫人于若木说，在她出生之前，她家已迁往济南。父亲于丹绂，又名于丹甫，是中国第一批派往日本的留学生之一，毕业于日本著名的早稻田大学。回国后担任山东第一师范校长，是山东教育界的老前辈，山东近代教育的奠基人。（叶永烈《陈云夫人于若木》）这样看来，于道泉也是生于济南。他早年就读齐鲁大学、北京大学，攻数学。齐鲁大学肄业。1934 年赴法国巴黎索邦大学留学，师从巴考（J. Bacot，1890～1967）研修藏文。1938 年至 1947 年任英国伦敦大学东方非洲研究院高级讲师。后来在北平中央研究院历史语言研究所工作过，历任北京大学讲师、中央民族学院教授，中国民主同盟盟员。从事藏学研究，研究运用拉丁字母拼写拉萨话全部声韵调的符号系统。与赵元任合译《第六代达赖喇嘛仓央嘉措情歌》，主持编纂《藏汉对照拉萨口语词典》。他著有《藏语口语字典》《北京图书馆馆藏满文目录》《四角号码索引》，并指导汉译《四部医典》等，为中国藏学研究的走向世界作出了卓越的贡献。

于道泉

于道泉是我国学术界从事藏学研究之先驱、藏学奠基人。有语言天才，精通藏语、蒙语、满语、英语、法语、德语、土耳其语和梵文等。当然，于道泉精通多种语言，主要由于他的勤奋好学。他为了学习藏语，曾到雍和宫自愿服杂役。

新中国成立后，在 1952 年进行院系调整，北京大学东语系把属于国内少数民族的语言统统划归中央民族学院，国内外都有的民族和语言，如朝鲜语和蒙古语，与中央民族学院分工培养，北大东语系主外，中央民族学院主内。这样，于道泉与马学良先生等一起创建了中央民族学院少数民族语言文学系，开拓了一批学科，培养了大批人才。他自己也成为国内外著名的藏学泰斗。

后来，于道泉和赵元任合作翻译的《仓央嘉措情歌》，季羡林早就读过。在于道泉回国在北大工作以后，季羡林经常从他那里听到赵元任的一些情况，他们都很佩服赵元任的语言天才，学说方言的本领令人称奇。

在季羡林的心目中，于道泉是一个有天才的人，也是行动有点“怪”的人。他自己对此似乎有所感。有一次，于道泉亲口对季羡林说：“我的脑筋大概是有点问题。”他的“怪”表现特多，如为了学习藏文和蒙古文，他干脆搬到雍和宫去，和蒙古喇嘛住在一起，因此有了个“于喇嘛”的绰号。他在巴黎留学时，听说西红柿极有营养，于是天天只吃西红柿，结果一天竟然能吃五六斤之多，把肚子给吃坏了。在伦敦时，恰巧陈寅恪先生在那里治眼疾，他天天去给陈先生解闷，给陈先生读书读报。读的书中，就有马克思的《资本论》。奇怪的是，他相信有鬼，却又喜欢马克思的著作。到中央民族大学以后，他还研究无土栽培，后来又研究号码代字音的问题，而且都取得了成就。这些行动无不显示其怪。

季羡林说：

为什么这样的“怪”会同天才联系在一起呢？一个有天才的人，认准了一个问题，于是心无旁骛，精神专注，此时此刻，世界万有不存在了，是非得失不在了，飞黄腾达不存在了，在茫茫的宇宙中，只有他眼前的这一个问题，这一件事物。在这样的情况下，他焉能不发古人未发之覆，焉能不向绝对真理走近一步呢？

但是在平凡的人眼中，这就叫“怪”，于道泉就是这样一个怪人。

对于于道泉，还必须进一步更深入更彻底地挖掘一下。我们平常赞美一个人，说他“淡泊名利”，这已经是很高的赞誉了。然而，放在于道泉先生身上，这是远远不够的。他早已超越了“淡泊名利”的境界，依我看，他是根本不知道，或者没有意识到，世界上还有名利二字。他的这种超越，同尘世间庸俗之辈的蝇营狗苟的争名夺利的行径比较起来，有如天渊。于道泉是我们的楷模。(《千禧文存》，新世界出版社 2001 年版，第 178 页)

1946 年 8 月 3 日，北京大学校长胡适先生致函伦敦大学，欢迎于道泉先生回国，到北京大学东方语文系担任蒙、藏文教授。胡适先生诚恳的态度，促使于道泉先生下了归国服务的决心。

1949 年 4 月来到北京。在极短的休息之后，于道泉迫不及待地与当时担任东方语文系主任的季羡林见面、磋商，确定在东方语言文学系开设藏语专业，季羡林推请于道泉先生担任组长。组内还有王森、金鹏、韩镜清几位同事，并立即开始招生。第一期虽然只有两名学生，却使藏学这一专业在高等学府内正式立足，开始了万里长征的第一步。新成立的东方语言文学最初分设为三个组。第一组包括蒙文、藏文、满文；第二组包括梵文、巴利文、龟兹文（吐火罗文 A）、焉耆文（吐火罗文 B）；第三组是阿拉伯文。三个组的具体负责人，第一组应该是稍后从英国回来的于道泉，第二组是季羡林本人，第三组是马坚。50 年代以后，东方语言文学系，后来改称东方语言系，再改名东方语言文学系，一度称为东语系，后来改为东方学系，现在则分为东方语言文化、日本语言文化和阿拉伯语言文化三个系。

担任新闻出版总署第一任署长的胡乔木听说了于道泉的轶闻故事，也知道他通晓多种语言，而且是欧洲留学多年的专家。于是把筹办藏语广播这一重要工作交给了他，请他协助中央人民广播电台设立藏语翻译和播音小组。

经过努力，中央人民广播电台聘请了于道泉，以及由他推荐的李永年、李春先

（曲吉洛卓，拉萨藏族旅京人士）和图丹尼玛喇嘛等人作为藏语广播组第一批成员，1950 年 4 月 10 日开始工作，做好各项准备，5 月 22 日晚上正式播音。

负责筹备中央民族学院工作的刘春——一位资深的从事民族工作的老革命，与费孝通教授合作共事，邀请了季羡林和于道泉共同商量，如何能尽早、尽快地培养一批藏语人才以适应紧迫的需要。经季、于两位教授建议，从国内若干高校文科中抽调一些在校学生集中到北京，用速成的方法，突击学习藏语，以应当前工作的紧迫需要。说来令人惊叹：这个藏语学习班，居然能在中央民族学院成立之前开班上课。这批来自北京大学、复旦大学、湖南大学、广西大学、山东大学、安徽大学、南京大学等校的青年学子，云集北京，在于道泉教授门下，开始了藏语的学习。

“文革”中于道泉在劫难逃，他成为第一批住进“牛棚”的“座上客”，白天于道泉在一座楼前浇灌花木，晚上到“牛棚”受训。在一次对他的批判会上，全系教师及部分学生共有 200 多人，主持会议的党总支副书记先作了简短发言，要全系师生批判相信有灵魂的迷信思想，帮助于道泉。发言者一个接一个踊跃举手，慷慨陈词，有的声色俱厉，有的甚为惋惜其落后，有的十分鄙夷其陈腐，有的引经据典指陈其谬误，总之五花八门，不一而足，闹腾了 3 个小时。而于道泉老先生却端坐在一根柱子后面，一手抚摸下巴，一手一根一根地拔自己的络腮胡子，全神贯注，神情肃穆，已进入了沉思状态。主持人叫道：“于先生！于先生！”他完全没听见。主持人急了，提高八度厉声喝叫：“于道泉！”他这才惊醒，茫然地问：“什么事？”主持人说：“刚才大家帮助你 3 个钟头了，你也表个态，说几句嘛！”于道泉老先生颇感惊讶：“什么？帮助我？3 个钟头了？对不起，我一句也没听见！”引得哄堂大笑！这是真话，他的确没听别人在说什么。于道泉老先生早已置身事外，进入自己的冥想王国。原来他在琢磨“一对多”的翻译机械化问题。

说怪也不怪，于道泉对于这一工作醉心已久，早在 1956 年就在中央民族学院周报上发表过议论，但当时没有人理会，还有人认为是“幻想”，说他不务正业。这下子可好了，一切繁琐事务都摆脱得干干净净，他倒可以在“牛棚”中冥想苦思。有志者事竟成，他终于发明了一套“数码代音字”，卓有远见地认为，这一套数码代音字可以供翻译机械化使用，就是说他早在 20 世纪 60 年代后期就思考出一套可以在电脑（当时人称电子计算机）上使用的汉文和藏文的软件系统了。可惜他的这种超前思维在学院、在社会无人理解，也没有人接受。直到 1982 年 8 月，在北京召开的第五十届国际汉藏语言学学会上，于道泉提交的一篇论文“Numerical Script for plain Texts Numerilised Script Versus Romanised Script”（数码字简表：数码字与罗马字对照表），文中列举了他所设计的数码代音字用来拼读汉字和拼读藏文的规则。热心学习应用这种数码代音字的张默生教授，于 1977 年 3 月 1 日用这一体例的数码代音字给于道泉写来一封信。信除了用数码代音体系写出，还用汉字逐字对照一并写就，请于道泉验看。张默生就是季羡林在济南高中上学时的校长，当时任四川大学中文系主任，与于道泉既是世交，又有戚谊，同为山东临淄的著名奇人，这一文件堪称双绝。

4. 东语系的大发展

解放以后，北京大学东语系发生了翻天覆地的变化，员工人数增加了10倍，学生人数增加了200倍，从北大最小的系忽然变成了北大最大的系，这是季羡林做梦也想不到的事情。这个巨变是怎样发生的呢？

1949年春夏之交，季羡林接到一封从中南海寄来的信，寄信人是他当年在清华大学读书时的同学胡鼎新，这令他感到非常吃惊。信的开头说："你还记得当年在清华时一个叫胡鼎新的同学吗？那就是我，今天的胡乔木。"胡乔木在信中告诉季羡林说：现在形势顿变，国家需要大量的研究东方问题、通晓东方语言的人材。他问季羡林是否同意把南京东方语言专科学校、中央大学边政系的一部分和边疆学院合并到北大东语系来。季羡林看完了信激动不已，简直不敢相信自己的眼睛。当时季羡林正为自己作为一介书生，满腔热血，报国无门而苦恼。这样好的机会从天而降，可是大好事，岂有拒绝之理？他立即给胡乔木回信，表示完全同意。

在季羡林给胡乔木发出回信后不久，一天，胡乔木亲自来到翠花胡同拜访季羡林。两个老朋友久别重逢，备感亲切，肚子里有说不完的话。两人在详细商谈了东语系扩大的问题后，胡乔木特意告诉季羡林："东语系马坚教授写的几篇文章《穆罕默德的宝剑》《回族为什么不吃猪肉？》等，毛先生很喜欢，请转告马教授。"

胡乔木拜访季羡林后不久，这三所大学的师生合并到北大东语系来了。1951年1月26日，教育部通知北京大学："教育部决定在全国范围内选送100名青年到北京大学学习印地、蒙古、维吾尔、阿拉伯、越南、暹罗、缅甸、日本、朝鲜及西南少数民族语文，以培养少数民族及东方语文方面的革命工作干部，学习期限4年，学习期间按学生供给制待遇，毕业后由中央统一分配。这批学生预计今年2月底以前报到，请北大做好学生入学准备工作。"这

1986年6月，在日本早稻田大学作演讲。

批学生进入东语系学习，东语系得到大发展。

1952年院系调整以后，东语系定名为东方语言学系，成为北大当时最大的系。包括的专业有：梵巴语、蒙古语、朝鲜语、日本语、暹罗语（后来改为泰国语）、印尼语、缅甸语、印地语、阿拉伯语。1954年以后又增加了乌尔都语，1957年增加了波斯语。师生总数最高时为516人，位居全校之首。东语系是北大当时最大的系，成为全国惟一培养东方语言人才的最高教学机构。

院系调整以后，季羡林从北京市内搬到了中关村的蓝旗营一所公寓居住。在这里，他一住就是10年。和他住对门的是杨通方、李玉洁夫妇。按资格，他当时可以住进燕南园或者燕东园别墅式的小楼里，如冯友兰在燕南园，马坚在燕东园住的都是别墅式的小楼。但当时他只身一人，还是选择了在蓝旗营住公寓。

作为系主任的季羡林，政务活动繁多。他要处理系里日常的教学工作，参加各种会议，接待内外宾客，安排全系教师和学生的食宿问题，新生入学时他有时候还要去前门车站亲自迎接。他每天从早忙到晚，感到时间远远不够用。过去还能够得闲在红楼前长板凳上吃碗豆腐脑，而现在，连这样的时间都没有了。每天早晨，他匆匆忙忙来到学校，在校门口买一块烤白薯，边走边吃，烤白薯在很长时间内竟然成为他最方便的早餐。中午或者去食堂吃饭，或者为了省时间，趁早买两个烧饼放在办公室，中午两个烧饼加一杯热茶，午饭也对付了。节省下来的时间全部用来工作。这时候他的女儿婉如在天津、儿子季承在北京上了大学，济南的家里有婶母（后来称为老祖）和妻子照顾。他一门心思投入到工作中。

后来，他的女儿在天津大学毕业后也分配到北京工作，儿子大学毕业也分配在中国科学院工作。当时他们工作的地点都在市里，没有办法照顾父亲。有一次，季羡林生了病，发烧到摄氏40度，起不了床。那时候家里还没有电话，系里发觉他没有上班，当时不知道什么原因。住在城里的孩子星期天回家看他，差一点连门都没有敲开。

1996年，季羡林参加北大东方学系建系50周年活动。

北大工会终于成立以后，季羡林先后担任过北大工会的组织部长、秘书长、沙滩分会主席。在解放初，季羡林对工会活动非常积极，和钱端升一起到北大的各个单位去游说，他自己到当时的国会街北大出版社去游说。

当选为沙滩分会主席之后，季羡林主持过两次比较重要的活动，一次是解放初的陈毅返校，一次是空军英雄张积慧和音乐家时乐濛到校作报告。陈毅不是北大校友，他上的是中法大学，但是因为他经常到北大去旁听，所以也算是北大的学生。所以就有了所谓的陈毅返校的活动。

1952年北大由沙滩迁往西郊燕园后，他一度担任过北大工会主席。从此季羡林陷入了文山会海的漩涡之中，他在《学海泛槎——季羡林自述》中说："我本来是个性格内向的人，最怕同人交际；又是一个上不得台面的人。在大庭广众中、在盛大的宴会或招待会中，处在衣装整洁、珠光宝气的男女社交家或什么交际花包围之中，浑身紧张，局促不安，恨不得找一个缝钻入地中。看见有一些人应对进退，如鱼得水，真让我羡煞。但是命运或者机遇却偏偏把我推到了行政工作的舞台上；又把我推进了社会活动的中心，甚至国际活动的领域。"他曾对人说过：我现在的专业是开会，专门化也是开会。可惜大学里没有开设"开会学"这一门课，如果开的话，我是最理想的教授。季羡林参加会议一般是提前十分钟到会场，决不迟到；发言不说空话、套话，言简意赅，说完就完，绝不拖泥带水；语言生动有趣，偶尔说几句诙谐幽默的话，引得人们哄堂大笑，使会议气氛十分活跃。他主持会议，是到点散会，决不拖泥带水、推迟时间，让与会者都能准时吃上饭。

管理一个500人的大系，季羡林整日忙忙碌碌，处理各种事务性工作和会议。但是就是在这样忙碌的情况下，他还抽时间和曹葆华先生一起翻译了马克思的《不列颠在印度的统治》《不列颠在印度统治的未来结果》两篇论文，在《新建设》杂志上发表。在季羡林的领导下，该系以团结向上、艰苦奋斗的作风享誉燕园。他的领导作用、垂范作用，无时不在东语系发挥影响。

季羡林精心设计系里的课程。对梵巴语专业，他更是倾注了大量心血。他的指导思想，是把学生培养成印度学的研究人才。只有学好梵巴语，掌握好这把金钥匙，才能打开印度文化宝库的大门。而打开宝库之后，会不会鉴别库里的收藏品，则要看研究能力。季羡林十分注意培养和激发学生们的研究兴趣，鼓励学生们广泛涉猎文史哲各门基础课程。

东语系重视教学法的探讨，也重视教材建设。几乎每改一次教学法，就必然产生出一批新教材。每一种教材都凝结着教师"焚膏油以继晷，恒兀兀以穷年"的心血。教学和科研还要齐头并进，互相促进，互相补充。在季羡林影响下，东语系教师们在进行教学工作的同时，进行了大量的科研工作。各种词典和大型工具书被编撰出来，出版的数量多，质量高，有些著作至今在广泛地使用着。

季羡林在北大的待遇一直很高，除了在胡适当校长期间，是拿大洋之外，解放初，他作为正教授，拿1100斤小米，而副教授当时是400斤小米。在院系调整以后，全国高校教师开始评级，施行按行政级别的新工资标准。据智效民《1955：著

名文化人收入知多少》(《同舟共进》杂志2008年第10期)透露:

在教育系统中,北京大学校长马寅初为行政二级,工资500元。中国人民大学校长吴玉章为行政三级,440元。教育部副部长叶圣陶为行政七级,工资260元。除此之外,其他人大多享受教授待遇。有意思的是,鲜为人知的山东工学院刘先志为特级教授,工资350元,尽人皆知的陈寅恪、李达、陈垣为二级教授,工资253元(该名单没有一级教授)。这反映出当时重理轻文的政策倾向。

在三级教授中,有北京大学副校长汤用彤、厦门大学校长王亚南、清华大学副校长刘仙洲、南京大学校长潘菽、复旦大学校长陈望道、中山大学校长许崇清、华南农学院院长丁颖、华东师范大学校长孟宪承等,工资235元。四级教授有北京大学周培源、翦伯赞、曹靖华,复旦大学苏步青、陈建功,中山大学姜立夫,北京政法学院钱端升(院长)等,工资217.8元。五级教授有北京大学饶毓泰、叶企荪、向达,清华大学梁思成、钱伟长、张子高、马约翰,中央民族学院费孝通(院长)等,工资200.2元。六级教授有北京大学冯友兰、唐钺、江泽涵、冯至、魏建功、游国恩、王力、季羡林,清华大学陶宝楷、施家炀、张光斗、孟昭英,复旦大学郭绍虞、谈家桢,云南大学刘文典,北京师范大学黄药眠等,工资184.8元。七级教授有北京大学朱光潜等,工资169.4元。八级教授有北京师范大学陶大镛、南京师范学院傅抱石等,工资156.2元。

1952年的评级,季羡林被评为一级教授,而他的老师冯友兰因为过去的政治关系而被评为四级教授。到1954年再次评级,季羡林仍然是一级教授,冯友兰也进入一级教授。同时被评为一级教授的还有陈岱孙、翦伯赞、王力(刚刚从中山大学调整到北大)、郑昕、冯定等人,加上理科的教授,北大一共有28位之多,占全国56位一级教授的正好一半。这足以看出北京大学的师资力量在全国所占有的重要地位。稍后,国务院在中国科学院设立学部委员,季羡林、冯友兰、翦伯赞、陈岱孙被选为哲学社会科学部学部委员。他们除了拿一级教授的工资以外,还享受每月120元的学部委员补贴。

5. 成为不可接触者

不知道什么偶然性,使季羡林一下子从巅峰跌入了人生的低谷,在空前的浩劫中成为不可接触者。其实,这恐怕不是一个人的偶然性,而是全民族的偶然性。那是全民族跌入低谷的时代。

公元前2000年，雅利安人征服了印度河流域。雅利安人把达罗毗荼人变成了奴隶。他们残酷地压迫被征服的民族，在印度建立了严格的等级制度。印度人被分成四个界线分明的等级，叫种姓。僧侣是第一级，叫“婆罗门”，他们掌握着印度的古代宗教——婆罗门教，享有种种特权。第二级是武士，叫“刹帝利”，他们的地位比婆罗门低，但是掌握着政治和军事实权。婆罗门和刹帝利都是不劳而获的奴隶主阶级。第三级是一般平民，叫“吠舍”。第四级是被征服的本地居民，成为奴隶，叫“首陀罗”。四个等级在法律面前不平等。除了以上四个种姓外，还有所谓“不可接触者”，被认为是最下等的人。他们必须穿死人的衣服，用人家扔掉了的破碗钵吃饭。晚上不得在村落和城市周围走动。白天工作的时候，要带上特殊标志。他们的工作是搬运无主死尸，当刽子手或屠夫。这种种姓制度一直延续到现代。这种极为荒谬的不合理的等级制度，得到了婆罗门的拥护。他们用经典、法律来维护这种制度。但是遭到了其他种姓人们的反对。

季羡林自认为出身好，经历简单，虽是知识分子，有缺点，自问并无罪恶。但没有想到，一场浩劫使自己成为印度种姓制度下那种“不可接触者”。“文化大革命”中，知识分子被定性为“臭老九”，季羡林背上了“原罪”十字架，自觉地认为应当改造。“文革”初期时，季羡林最初是“逍遥”过一阵子的，后来由于看不惯北大“老佛爷”的倒行逆施，于是发了牛脾气，“自己跳出来”，反对“老佛爷”，结果被抄家、批斗，被打得头破血流……当他把积攒多时的安眠药片和药水都装到口袋里，最后看一眼共患难的婶母和老伴，准备越墙而出到圆明园去的时候，红卫兵突然来敲门了。他被押出去，挨了一场十分激烈、十分野蛮的批斗，被打得躺在地上站不起来。痛苦中他一下子得到“顿悟”：“一个人忍受挨打折磨的能力，是没有极限的。我能够忍受下去的！我不死了！我要活下去！”他忍受住了，像凤凰涅槃一样，活了过来。后来，季羡林被长期关进了“牛棚”，时间达八九个月。从“牛棚”出来后，季老被命令看楼门，守电话，仍然是一个“不可接触者”。他琢磨着找一件会拖得很长、“但又绝对没有什么结果的工作，以消磨时光”。东语系办公室搬到学生35楼。35楼共有四层。三四层

20世纪60年代初的季羡林

住女生，一二层住男生。在二层中间腾出若干间屋子，是系党政办公室。季羡林被分配在一楼进口处左边一间极小的房子里，作为该楼传达室。季羡林的差事就是当门房，任务有三：第一看守门户；第二传呼电话；第三收发信件和报纸。看守门户对于他来说，又难又不难。季羡林与本系教职员都是“老相识”，都认识。本系的学生，他也能认个八九不离十。可是新来的工农兵学员他一个也不认识，怎么知道谁是闲杂人员呢？既然不认识，也无能为力，索性一概不管，听之任之，这不是又难又不难吗？传呼电话也是又难又不难。有电话就接，没有电话就闲坐。住在三四层的女生电话特别多，每次传呼，季羡林都要爬上三四层楼。已经60岁的季羡林，一天爬上十次二十次，也真有点吃不消。他觉得这样不行，就改到楼外向上高呼：“某某某，电话!”这个办法有点效果。但是住在朝北房间里的女同学就不大容易听到，也颇引起了一些麻烦。可是，季羡林能力有限，有麻烦也就只好让它有麻烦了。收发信件和报纸是比较容易的。来了报纸，他就上楼送到办公室。来了信，他就收下，放在玻璃窗外面的窗台上，让接信者自己挑取。

很长时间里，季羡林每天早晨8点就到35楼，12点离开回家吃午饭；下午2点再去，6点回家。每天往返步行十几里路。后来又恢复了他原来的工资，吃饭再也不用发愁。但是仍然很孤独。他说：“当时没有哪一个人敢给我写信，也没有哪一个人敢来拜访我。外来的干扰一点也没有，我真是十分欣赏这种‘不可接触者’的生活，其乐也陶陶。”他想到不能这样浪费时间，就想到了印度两大史诗之一的梵文《罗摩衍那》。他就晚上把梵文译成汉文散文体，写成小纸条装在口袋里，白天守楼时，脑袋不停止思考，把散文改为有韵的诗。季羡林后来说，如果没有“文革”，如果自己不跳出来反对那臭名昭著的“老佛爷”，如果当时没有成为“不可接触者”，两万多颂、8卷本的《罗摩衍那》是绝对翻译不出来的。

三、笔耕丰收

1. 忠实助手李铮

李铮是季羡林的助手。他1933年9月生于北京的一个满族之家，1998年12月不幸去世。李铮从刚满17岁的时候，经人介绍到北京大学东方语言文学系系主任季羡林的办公室工作，后来一直在季羡林身边工作。季羡林的一言一行，一举一动，都对他有很大的影响。

李铮初到系里，就被安排在系办公室工作。当时王森担任系秘书，王森是汤用彤先生介绍过来的。季羡林的书架就放在办公室里，上面摆放着一卷卷的名人字画，旧书店不断有人送一些旧书供季羡林选购。李铮的工作环境是很不错的，如在芝兰之室。但是李铮作为当时“一个极端无知的孩子，跻身于知识分子圈子里，有时并不自在”。到系办公室拜访季羡林的人很多，郑振铎、向达、曹葆华、肖离、金凤女士、德国籍专家傅吾康……

季羡林很佩服傅吾康身上所具有的德国学者的那种彻底性。傅吾康的父亲是清代末年的德国汉学家福兰阁，担任过德国驻清朝的外交官，经常“上山”。季羡林从他儿子傅吾康嘴里经常听到“上山”这个词儿。上哪个山呢？他从来没有问过，反正他每次来北京，总有一半时间“上山”。最近他才知道，他们父子俩上的山就是大觉寺，德国人毕竟是热爱自然的民族。傅吾康是研究过东南亚华侨史的，为了调查华侨的历史情况和现状，他跑遍了印度尼西亚、新加坡、马来西亚等国家的城市和农村，市场与学校，古庙与墓地，只要有有关华侨的资料，不管是匾额，还是碑铭，活资料，死资料，全都收集起来。即使冒险，也无所顾忌。

1988 年，季羡林与助手李铮在香港中文大学。

接触这些学者，对于提高李铮的境界大有益处。李铮那时在办公室的事情不多，做完了他就看书、学习、打字，或者去听课。季羡林和陈玉龙都对他进行鼓励，从来没有责备过他。尽管这样，他仍然感到不自在。系里的毕业生离校前，照毕业合影像，他犯了难。合影的地点在沙滩的孑民堂前，放了一排椅子，是让教师坐的，后边是一排比一排高的凳子，是让学生站的。李铮本来就不想参加这类活动，一见这一场面，更是不想参加了。站在哪里呢？这成了他犹豫难定的难题。当学生吗？自己觉得不够格。万一有人让自己到教师队伍里，那就更没有办法处理了。这样他就决定不参加照相。季羡林找到他，劝说了半天未果，最后叹了口气，说：“唉，你这个人！”只得和陈玉龙走开了。1951 年，陈玉龙被调到马寅初、江隆基、汤用彤的身边工作，李铮的工作基本不变。

有一次系里进行政治学习，讨论毛泽东的《实践论》。讨论了很长时间，他一直在那里傻听。几位老师见他一言不发，就一再鼓励他发言，哪怕提提问题。他当时根本看不懂这种深奥的哲学著作，能提什么问题呢？碍于老师们的一再催促，他大着胆，问了一句：“什么是‘道听途说’？”他当时不知道老师们的表情如何，但给他印象最深的是季羡林笑眯眯地给他讲了这个成语的含义。听罢，他若有所悟，知道自己跑题了。

搬到西郊以后，李铮在1958年下放到农村劳动锻炼，种地、养猪、修公路，什么活都干。他给季羡林写了一封信，汇报在农村的情况。季羡林很快就回了信，信中表达了前辈对后辈的殷殷之情。

1978年开始，李铮做了季羡林的专职助手。北大的有些教授，配备有助手，但是都是本系的助教、讲师或研究生兼任。而季羡林是学校给配备专职的助手的教授。没有人给李铮谈该干什么，不该干什么。他根据自己的情况，确定了一个原则：凡是先生需要做而自己也能做好的，只要做了不给先生添乱，只要能节省先生的时间，就是自己该做的工作。80年代初，学校考虑到先生的书太多，怕把楼压坏，让先生从二楼搬到一楼，给了两套单元，大小7间。季羡林的子女不在北大，家中只有三位老人，先生、老伴和婶母，这样就难以照顾另一个单元。这时候，李铮主动提出他可以晚上过来住。从那一年起，他一住就是七八年，直到外孙大学毕业留京工作，每天可以回家住宿了，他才回家住了。

谁都知道，季羡林爱猫。他把对猫的态度分为三类：不爱猫，假爱猫，真爱猫。而李铮偏偏不喜欢猫。在季羡林家里，他从来没有抱过猫。有时，他不注意，坐到季羡林常坐的藤椅上，猫们也跳到他的身上，他赶忙把它们推开。猫喜欢在人的裤腿上蹭痒，他从来不让它们靠近。有时候，他请示工作的时候，需要把书刊、文稿或信件摊到桌面上。常常有猫女士会跳上桌来，端坐中央，一副目中无人的样子。他知道，它经常在桌子上的文稿上静卧，有时候也小解一下，先生从来也不动怒。而李铮则要把猫推开，他的理由是，这样才能工作。遇到这种情况，他轻手轻脚把它们抱到屋外去。李铮为自己被划在不爱猫的一类感到遗憾，但又感到自得自慰，因为他的不爱猫是坦荡荡的，没有一点假，比那种假爱猫的，要好多了。

季羡林全家和睦在北大是有名的。有一次，晚间停水，忘了关水龙头，结果夜里水来了，水漫金山。早晨，李铮接到电话赶过来，看到先生站在水中间，一簸箕一簸箕地往脸盆里舀水。就是这样季羡林也从来不发火，没有一句怨言。李铮赶快帮忙把水处理干净。

李铮多年来一直和季羡林的一家和睦相处，彼此如同家人。季羡林的家人给李铮写信赞扬他们夫妇说："我对你们二位兢兢业业为老人工作一生，由衷敬佩。应该说，你们是最了解老人、也最了解我们家的朋友了。尤其可贵的是没有其他'图谋'。"

李铮老师一家三口，多少年来一直挤在北大西门外蔚秀园一套一室半（美其名曰两室一厅）的房子里，退休前不久，或者竟是在退休以后，方才分配到一套西三旗的三居室，高兴是不必说的。他的祖上本是满洲贵族，老夫人或老太夫人是康熙后裔，老太爷是不多见的满文专家。李铮从中学毕业后，就一直追随季羡林，担任季羡林的助手。文化大革命期间，季羡林既然被打成反动学术权威，在“牛棚”里饱受非人折磨，以后又被指派到学生宿舍看门、打铃、扫厕所，当然也就不再需要什么助手了。李铮于是就沾光下放，到北大附小当教员，颇当了几年孩儿王。“文革”一结束，季羡林刚从“牛”变回人，就马上又将李铮调回身边。

李铮是家中长子，满人家中长子地位很高，长子也自律很严，自小就一般不参与弟妹之间的嬉戏。李铮因此也就给人以非常严肃、不苟言笑，甚至略显拘谨的感觉。虽然李铮家住蔚秀园，和季先生朗润园的住处相距甚近，步行不过20分钟，但为了便于协助先生研究工作，李铮却在季先生东面那套书房里搭了一个铺，平时不常回家。搭铺的那间房子里存放着先生解放前后用一两黄金从上虞罗氏买下的日文原版《大正新修大藏经》，个子高高的李铮总是佝偻着身子，戴着发白的套袖和老花镜，静静地伏案工作，白天的阳光、夜间的灯光映照着他的丝丝白发。季先生的事，无论巨细，李铮都要管。他和夫人就一如先生的儿、媳，视先生如父，确实有不少前来拜见先生的人搞不清楚。季先生的经济也基本上由李铮管理，虽然说起来不过是工资和稿费，但是，季先生的稿费奇多，数额大小不一，来处四面八方，跑邮局、取款、核对、登记、联系，总之，是一件非常琐碎麻烦的事情。大概也只有李铮能够应付裕如、锱珠不差。季先生不止一次赞叹：“交给李铮，肯定错不了！”先生当然也视李铮一家如家人，且不说例开两桌的每年团圆饭必有李铮一家同吃胡萝卜羊肉馅饺子；李铮和夫人平时要上班，他们的公子晓军小时候也和先生的孙辈一同玩耍，病了也由季师母（弟子们都称季奶奶）和季先生的婶婶（弟子们都称老祖）照料。两位老人家对偶或患病的孙辈信奉饥饿疗法，弄得晓军长大后回想起来依然叫苦不迭。

当然，作为季先生的助手，需要承担的主要是学术方面的工作。季先生的文稿的中文字迹非常清楚，外文则习惯写手写体，虽然很是规范而且美观，但是季先生掌握并用于研究的外语实在太多且怪，不要说是一般编辑，就是连弟子，有时也未必能够分辨。李铮却仿佛有特异功能，能用一台老式打字机在文稿上，把印刷体的外文在上面打印出来，再用笔标上长短音和各种稀奇古怪的符号，省去编辑很多麻烦。季先生的绝大多数著作，倘若不是全部的话，都由李铮阅读校样。先生对李铮找错字的本事在在表示惊叹。北大出版社

季羡林任北大副校长时在办公楼前

出版的《季羡林散文集》40余万字，居然连标点符号在内只有四处错误，差错率十万分之一！李铮一向有书出版之后再核对一遍的习惯，一对之下，连这四个错误还是他早就校出来的！这样的工作成绩是要有不同一般的敬业精神为前提的，李铮用一把尺子一行一行地比着审读校样。

季先生的日常学术事务，李铮差不多都一人担当了。先生著作繁多，而且每每被一些非常冷僻的杂志转载，其中的情况只有李铮搞得清楚；季先生书一出，就会寄赠国内外同行友好，李铮就有一份用铅笔蝇头小字多年来写就的名单，谁在什么时候收到了第几册，一清二楚；先生有时送书会将手头最后一本自存本也送掉，不用急，李铮早就预留一本；先生半个多世纪以前发表的文章连自己也早就忘了，不要紧，李铮会到图书馆找出来，复印甚至手抄一份，以备编集。这类的事情数不胜数。李铮连编辑都不是，他的名字只有出现在季先生几乎每一本书的感谢名单中。先生一再说，李铮的工作节省了他的生命。这是一种至高的赞誉。

李铮连大学教育都没有受过，但是，他的汉语水平恐怕要高于很多所谓的大学教授。这是季先生的话。而且这也不是季先生一人之私言，是相当多的一流学者的公论。季先生曾经主持《大唐西域记》的校注，后来又出版了《大唐西域记今译》，许多著名学者参加了这项工作，李铮也负责其中一部分的今译。稍有学术常识的人就会知道，这绝不是一项轻而易举的工作。李铮的译文精确流畅，如今铺天盖地的所谓“今译”恐怕今人看不明白，古人也不知所云，实在不足与李铮的译文同日而语。李铮对汉语是下过功夫的，而且从很早起就有兴趣，据他的夫人徐老师讲，他在“文革”下放干校时，曾经写过一个相声段子“老李识字”，讽刺不仅当时而且现在也举目皆是的白字先生。可惜，连这份惟一的作品也没能留存下来。

不过，留存下来又怎样呢？如今著作等身者比比皆是，有教授头衔者如过河之鲫，用季先生的话来讲，正是“讲师不如狗，教授满街走”。和他熟悉的钱文忠经常看到李铮的身影：高高的个子，白的短发直立着，低着头，微驼着背，左肩略倾，手拎老掉牙的塑料包，脚蹬布鞋，在从西门外文楼通向朗润园的路上伛伛独行……他的著作就是他的背影，投射在地上的只有四个字：“认真的人。”

李铮陪季羡林西去泰国，在曼谷停留十余天，东渡日本。李铮对季羡林付出的实在很多，而且如果他健在的话，还可以付出得更多……然而，他过早地走了！李铮的早逝是季羡林的一大损失。

2.“301编外”的工作

2001年的10月，季羡林到山东老家转了一圈，回来以后身体不适，但是一直没有告诉任何人。到11月12日，助手发现棉裤有尿湿变硬，接着发现开始尿血，到解放军总医院看急诊，第一次住进解放军总医院，共两星期。2002年8月15日，第二次入住解放军总医院；12月30日出院。2003年2月21日，因心肌衰竭第三次入住解放军总医院，发现左腿患骨髓炎，请擅长高龄老人骨科手术的梁雨田教授做了手术，手术很成功，不再疼痛，能自行站立、走路。刚好一点，又因指甲发炎，造成血液感染，加重了病情。

季羡林自2003年2月底住进了解放军总医院，一直住到2009年7月11日上午9点去世。301医院实际上成为他的家。除了很特殊的情况，要回北大参加一些不得不参加的重要活动以外，他全部时间都住在医院里。我很长时间没有机会去看他老人家了。2004年12月12日我因为要去北京参加2004年度宗教研究和教学机构的联席会议，特地从济南买了5斤油旋，准备去看季老。经过和院方提前联系，答应让我和甘肃省委宣传部前部长和其夫人一起进病房。临去的时候，我又给先生带上了一罐我刚刚从夏威夷带来的当地特产夏果和一个磨胡椒面的小玩意儿。但是那天下午我按照规定时间到了医院，护士长有命令，今天早晨，季羡老体温偏高一点，不能进去探视。

自2003年2月底以来，除了部长以上的，因为车子可以自由进出医院，其他人很少能够有机会混进去的。

1989年3月1日，婶母老祖陈绍泽患肾功能衰竭去世；1992年6月23日，女儿婉如因患直肠癌去世；1994年12月6日，夫人彭德华去世，陷于悲痛之中；1996年7月7日，女婿何颐华去世。

季羡林先后失去了自己的亲人，女儿、老祖和老伴相继离世。近几年，季羡林先生因醉心创作，对身体状况和生活起居并不很在意，如今的他，继几近失明以后，又连连受着多种疾病的困扰。

2002年夏季，由于皮肤病导致的并发症，季羡林曾一度病重，被送进解放军总医院。长期以来，慕名找季老写文章、采访、题字的人络绎不绝，每天都有好几拨。季老此次病后，像换了个人似的。原本话就不多，现在好几天都不说一句话。每天除了例行的吃药打针，就是看书写字，即使病危期间也依然乐观。那时季老想到了死，他很风趣地说："人总是要死的，在这方面谁也没有豁免权。人们有了忧愁痛苦，如不渐渐淡化，则一定会活不下去。人逢喜事，倘若不渐渐恢复平静，也必然会忘乎所以，甚至发狂。人们进入老境也是逐渐感觉到的。能够感觉到老，其妙无穷。从积极方面讲，它能够提醒你：一个人的岁月绝不是取之不尽、用之不竭的，应抓紧时间把想做的事做完做好。免得时辰一到，后悔莫及。"季老用陶渊明的一首诗《神释》中的四句，作为人生的座右铭：

纵浪大化中，不喜亦不惧。

应尽便须尽，无复独多虑。

在301医院住了46天的季老于2002年9月底回家了。回到家的季老百感交集。2002年10月14日那天笔者没有经过特别注意，却恰巧碰上重阳节这个中国传统的敬老节，我去探拜了季老。其实我还另外有一个任务，就是从先生这里取回给济南社会科学院副院长荣斌先生请先生为《济南名士评传》题写的书名，和为济南大观园西边纬三路做油旋的张师傅字号题写的“软酥香油旋张”匾额。

一进门，迎面看到季老正坐在客厅的沙发上，见我进去，先生忙不迭从沙发上站起来，和我握手。先生老是这样，晚辈的人就连我这样的学生去看他，他也从不失礼。刚坐下，写过《亮点：香港记者眼中的中国》和《新闻第3只眼》的《大公报》著名记者马小姐，捧着一大盆名贵鲜花，紧随身后也到了季老的家。先生又一次从沙发上站起来，迎接马玲小姐。过了91岁生日的季老，仍然这样谦和待人，对学生也不摆老师的架子。我们落座后，发现先生比我8月5日见他那次胖了些，先生说是吃激素的结果，不是真胖，是虚胖。

季羡林在301医院

季老在医院度过了漫长的寂寞和难熬，向我们倾诉了想家和回家的感觉。

那是在2002年8月5日那天，我和夫人刘宗贤去先生家拜访，看到先生的手上有红斑，临别时与先生握手，先生怕传染，不想跟我握，我还是握了先生的手。当时以为是过敏，也没有怎么当回事。没有想到我们回到济南不久，先生就住进了医院。一住就是46天。

这次去拜访先生，特意为先生带去一点儿济南名吃油旋。在先生吃过的食品里，好吃的东西有两种，一是台湾抓饼，一是济南油旋，而油旋是先生最愿意吃的。我问先生，是不是有一种情感的因素在里边？小时候因为取得了好成绩，叔父奖励他的，就是这种食品。给一个油旋，先生就非常知足了。先生笑笑说，油旋就是好吃，那股葱花的香味，再加上又软又酥又香，确实是好吃，可惜北京没有卖的，如果有，肯定畅销。现在回家了，又可以吃到油旋了。

季羡林说，在医院里的滋味可不好受了，老是想回来。其实最挂念的还是这只猫。猫眯有一次从冰箱上下来，不小心把前爪搭在先生的头上，先生的头立即起了五个血印。猫眯不管犯什么错，先生都能忍受。简直到了宠爱的地步。一次猫眯趴在先生身上睡着了。为了不打扰它，先生竟然坚持了老长时间没有去洗手间。这么大年纪，前列腺都有点问题。时间长了，还不得出毛病？可先生就只管猫眯，不管自己。猫眯和人似乎能感应，先生住院这些天，猫眯一直烦躁不安。先生回来了，它也不烦躁了。

就说季荷吧，今年人们都说因为换水可能不会开花了。可是到 8 月 5 日那天冒出一个骨朵，8 月 6 日这个骨朵就全开了，之后又开了 100 多朵。先生住院后，这些花也接着谢了。

8 月 5 日那天我确实看到有一个荷花骨朵。这真有点奇怪，让人很难解释。

先生笑笑说天人感应没法说，但是植物也有生命。

正说着，不知不觉一位穿着非常朴素的中年妇女进来了。先生又站起身迎接，忙向我介绍，这是外文楼传达室的冯师傅，包饺子很好吃。冯师傅笑着，一脸的兴奋，对先生说，您的一个快件，我给您送来，也好趁机看看您。我一下子想起来了，先生在一篇文章中曾经提到她，吃过她包的饺子，是一种香喷喷的大馅饺子。

冯师傅一脸满足地告别了先生。她走后，我发现猫眯在先生身上那种怡然自得的样子。赶快抓出照相机，猫眯很会做秀，一副高傲的样子，满脸的自豪感。我抢拍了一个镜头。

这时候《清华园日记》出版不久，两本书，一本是排印本，一本是照相本。《清华园日记》记录了先生在清华大学就读时后来两学年的学生生活，时间跨度为 1932 年 8 月 22 日至 1934 年 8 月 11 日。据说由清华学子出版日记，描述自己的求学生活，在清华大学的历史上，还属于首次。在那些文字里弥漫着一种特殊的文化气息。日记拿出来公开发表以前，有人建议是否作些修改。而先生坚持一字不动——不作任何删改，不加稍微粉饰。就这样原样公之于世，以示当时的真我，这当然需要豁达的心胸和相当的勇气。二十一二岁时写的东西，是什么样子，就是什么样子。文饰它，还是当时的真东西吗？一向坚持求真的先生终于没有改动一个字。而另外一部则是原样照排，真实再现了先生在清华时的笔迹。两本合在一起真是相得益彰，弥足珍贵。先生曾经说，自己的这段日记没什么大价值，但也有点价值，真正是在清华念过四年书的一个学生的真实感受，看看当时的清华，究竟是怎么回事儿。

《清华园日记》引言说："我想就把我的日记原文奉献给读者，让读者看一看我写文章的另一面。这样会更能加深读者对我的了解，对读者，甚至对我自己都是有好处的。"

我一看，呆的时间已经不短了。怕先生劳累，我和马小姐起身告辞。老人又一次站起来，并执意把我们送出门口。马小姐非常高兴，她恭恭敬敬地拿着两本书，又拿到一篇《大公报》即将发表的好稿，是先生在 2002 年 10 月 14 日重阳节这天清晨刚刚写出的——《回家》，当天写的，当天拿到，这是非常难得的。我们很快就可以在《大公报》办的专栏《大公园》上读到先生这篇有独特感受的妙文。而我自然也非常满足，拿到了先生题写的两幅字。

季羡林

2001年季羡林在山东大学参加完百年校庆回去之后，身体感到不适。当时的保姆发现季羡林的裤子有点发硬，一问才知道是尿的，这才知道他的身体有不适之感，他们就逼着他去医院检查。季羡林坚持不去，众人好歹把他“绑架”到了医院，发现身体的问题还不小。医生动员他做检查，他也不愿意做。拖了好长一段时间，他们动用了学校的行政命令，才强迫他去了医院。在《新世纪文存·自序》中，老人叙述了自己做膀胱镜检查的前前后后。最初，他执意不做镜检，而且，编出了一通理由，说什么：“自己已经活到九十一岁，离划句号的时间不太长了……不管怎样，胡乱对付几年，不就可以涅槃了吗？我现在又何必忍受极大的痛苦搞什么劳什子膀胱镜呢？”可是，听众人这三说两说，他又悠回来了——同意镜检了。他颇为悲壮地写道：“当我坐上轮椅被推到手术室去的时候，心里面大有‘风萧萧兮易水寒，壮士一去兮不复还’的气概。”

2003年3月在解放军总医院做手术。季羡林先生自谓早已达到“悲欢离合总无情”的境界，平静地接受了住院治疗这一事实。并且，很快在医院建立起了新的大家庭。这个家庭的成员可真多，从医生、护士、护工，到清洁工，再到其他病友及其家属，热热闹闹，亲密无间。最初医护人员称呼季羡林为“首长”，着实让他感到浑身不舒服，后来她们改称“爷爷”或“老爷子”，季羡林高兴了。三天两日，不是护士们给他买来个毛绒猫咪，就是小保安又送来几个柿子，再几天不见，传达室的老门卫就带话来问安了。住院以来，老爷子每天清晨6点起床，这对于勤奋了一辈子的季先生来说，内心总有些不安，因为在家他从来都是4点即起，或读书，或著述，孜孜矻矻，从不敢懈怠。可是季羡林先生身边的人心里高兴了：好，医院有纪律，不许4点起床。谢天谢地，可有人管住老爷子了！季羡林今年就要迎来95岁大寿，外人看来先生确实年老体弱了。他腿部动了手术，举步极为困难，疼痛程度只有他自己最清楚。可是他一点儿都不认为自己是重病号，相反觉得自己正常极了呢。他老是说“只要有一口气就得干活”，所以从入院第一天起，就把办公室搬到医院来了。每天上午，在医院的日志上是治疗时间，在季先生的闹钟上却是“干活”的时间。为此，凡输液，必伸左手，留下右手写东西。于是，滴水石穿，一部新作《病

1997 年，季羡林与友人在山东临清舍利宝塔前合影。

榻杂忆》已写了一多半。而下午，又是雷打不动的读书读报时间，由于眼睛必须保护不再看电视，季先生就特别重视读报，他认为这是自己通往世界的窗口。护士来换药了。这可不是玩的，老爷子的腿上打了两个洞，把塑料小管子生生地杵进去，才能打药，有时还得在肉上动刀子、剪子。身边的人，心“嗵嗵”直跳，连护工都跟着直冒汗，可是每回老爷子都谈笑风生。等医生们走了，有人颤声问：“先生您真不疼?”先生回答：“不疼是假的，但又何必给大夫增加思想负担哪?”老爷子还老对医护人员说：“别再给我用好药了，差不多就行了。”“我是光消费不生产的人了，我看就别治了。”季先生从来都是为别人着想，只是不关心自己。河南来的护工小王也是家庭成员，不但照付工资，不但和颜悦色，还额外管吃管喝管水果。半夜有了尿，老爷子把两次三次憋成一次，宁愿自己睡不好也不叫醒护工。有一天，一位年轻护士说起某报正在连载季先生的著作《留德十年》，表示很爱看。老爷子马上吩咐叫人去买，说：“书是给人看的，哪怕有几句话对年轻人有用了，也值得。”这一来轰动了301医院全康复医院，大家都来伸手，还索要签名本。“都给。”“买去。”季先生发话说：“钱是有价之宝，人家有收益是无价之宝。”最后，一趟一趟买了600本，先生也一笔一画地签名600本。

季羡林的老朋友中有臧克家。季羡林和臧克家两位老人相知70年，为友70年。臧老逝世时，季羡林仍然住在301医院里。为了不让季老过于悲伤，身边的人没有把这个消息告诉他。季老也装作不知道。其实他已经从上海《社会科学报》上，看到了臧老的侄子写的一篇《追忆伯父》的文章，知道臧老已经去世的消息了。季老说，都是活到99岁的人了，这是大喜呀，还有什么不可以告诉我的呢。季羡林在《人民日报》发表的《回忆终身挚友臧克家》中说：一个老肺病，能活到99岁，才撒手人寰，不能不算是一个奇迹。

宋朝大文学家范仲淹在《严先生祠堂记》的结尾曾歌颂老师说：“云山苍苍，江水泱泱。先生之风，山高水长。”学生们对季羡林正是这种态度。

到301医院以后的几年里，季羡林始终把工作放在第一位，我们仅从季羡林去世前半年的大事，就足以看出，他是多么珍惜时间的一分一秒。

2009年（98岁）年初，为SMG艺术人文频道题词：“艺术人文、和谐追求”。

1月17日，为山东举办“盛世花开丝绸路”全国行活动题词。

1月18日，凤凰卫视为制作《芰荷映水》到301医院采访。

1月20日上午，刘延东拜年，下午李克强拜年；

1月21日，李冰拜访；

1月25日，除夕夜。301医院护士长和警卫战士，在季老病房里挂“福”字，季老桌上摆着为孙子准备的红包“压岁钱”。海司招待所大厨张春生，到季老病房里做山东风味年夜饭。季老与大厨聊天说，中国的饮食文化与西方不同，随意性很大。清朝有个大翰林袁枚，是美食家。在南京老家写过一本《随园食谱》，被赵元任的夫人翻译成英文。由于与中国文化密切联系，思维方式不一样，外国人做不出。中国饭不靠定量配置，无法照菜谱按图索骥。中国菜靠实践，个人发挥余地很大，同一个菜，同样配料、火候，不同人做出来，口味大为不同。艺术品，不能工业化生产。季老最爱吃胡萝卜羊肉馅饺子。季老说，山东老家管“吃醋”不叫“吃醋”，忌讳，叫吃“忌口”。管“饺子”不叫“饺子”，叫“包子”。季老舀起碗里的鸽子蛋，开玩笑说：《红楼梦》，当初刘姥姥进大观园，鸽子蛋，一两银子一个。季老的独子季承，服侍季老吃了4个胡萝卜羊肉馅饺子。季老说，中国文化受西方影响最大的是戏剧，主要受易卜生戏剧影响。季老说：我年轻的时候，不是挽救京剧，是挽救昆曲。当时京剧还有点市场。中国传统戏曲，曲高和寡，如昆曲已经不大流行了。现在年轻人讲究速度，与传统戏剧有代沟。从历史看，三十年河东，三十年河西。世界的中心依次是欧洲大陆，英国、美国，现在已经转向中国。真有写诗写得好的，有位李希存（音）就写得好“对月推汉历，苦为译秦名……”这样的佳句外文翻不出来。

2月5日下午，在蔡德贵去做口述历史时，季老为老友的圆寂坚持亲自撰文，发送唁电：

惊悉老友圣严法师圆寂，实深悲悼，谨电致唁。

季羡林，2009年2月5日下午4点，于北京。

2月10日，潘石屹、楼叙坡和李楠三位拜访，给潘石屹题写“爱国、孝亲、尊师、重友”、“和谐”和“和为贵”；

2月20日下午，韩国国际学生联合会代表、中国留学生李巧薇代表在韩国的5万中国留学生，到301医院拜访，献花；季承把流失市场的季老书信通过荣宏君收回，其中有吴组缃、饶宗颐、臧克家、周汝昌等给季羡林的书信。其中有季羡林草写的，据说是陈抟的一副对子：开张天岸马，奇异人中龙。

2月23日下午，许光达之子许延滨送其夫人所撰写的《父亲许光达将军》，书中有先生的题词“光被四表，誉达三江”。

3月11日下午，《济南时报》特派记者专程赶往北京301医院，代表本报读者和家乡人民探望了这位德高望重的世纪老人，亲身感受到了季老超然淡定的大家风范和人格魅力。采访结束时，季老欣然命笔给本报题写了“和谐之声”的题词，并请本报记者转达对泉城市民的谢意，祝福大家“吉祥如意”。

3月14日下午，山东殷昭利拜访。

3月15日下午，无锡灵山书院邱嘉伦、金阳秀拜访，带来当地特产无锡排骨。

3月16日下午，刘梦溪和陈祖芬夫妇拜访，给季老带来德国奶酪、巧克力，陈祖芬给季老带来一个出口欧洲绝对没有污染的小白象。谈到中国的长生不老和士是中国文化的特殊组成部分。

3月18日下午，《人民日报·大地版》罗雪村、徐怀谦、王玉芳拜访，为人民日报题词“祖国繁荣昌盛”。

4月9日，中华书局礼聘季羡林、任继愈、何兹全、饶宗颐、冯其庸、袁行霈六位海内外学界泰斗担任学术顾问。

4月25日下午，甘肃来人拜访，送来手工艺品绣花鞋，给甘肃人大洛桑的代表题词：保护生态，造福人类。

5月15日，山东省苍山老乡拜访先生，为苍山县文峰山题字题写“季文子庙”、“鲁大夫季文子之墓”。

6月10日下午，济南季羡林文化研究院田桂芳拜访，钱文忠和妹妹、妹夫、文忠文化发展基金会（筹）张倩4人拜访；中央电视台王小丫拜访，受聘成为央视经济频道“开心学国学”学术顾问，并现场挥笔题字“为世界和平，为人类幸福，要学习宣传国学”和“祝国学节目成功”赠予“开心学国学”节目组。

6月11日下午，蔡德贵偕同《文史哲》主编王学典教授拜访，送去祝贺白寿的生日蛋糕。

7月9日上午，孔庙和国子监博物馆首届“成人传统礼仪”举行，2009年北京高考文理科状元刘庭梅、宁少阳和160多名学生参加活动，成人礼仪式过程当中，两位状元不仅得到现场媒体的高度关注，还意外收到一份珍贵的贺礼：99岁高龄的国学大师季羡林以“高考状元”为抬头，亲笔题词的两块牌匾“天道酬勤”和“至德要道”。

7月10日上午，牟洁拜访；下午，用毛笔为有关方面题写“弘扬国学，世界和谐”（孔子卫视）、“臧克家故居”等。其中，包括为汶川震区某学校题写了“抗震救灾，发扬中国优秀传统”。5时，为山东大厦题写“孔孟之乡，礼义之邦——山东大厦存，季羡林时年百岁”。

7月11日上午8时50分左右，在301医院因突发心脏病去世。

四、新论迭出

1. 学术研究的范围和特点

季羡林学术研究的范围十分驳杂，涉及的范围约有以下几项：印度古代语言，特别是佛教梵文、吐火罗文、印度古代文学、印度佛教史、中国佛教史、中亚佛教史、糖史、中印文化交流史、中外文化交流史、中西文化之差异和共性、美学和中国古代文艺理论、德国及西方文学、比较文学及民间文学、散文及杂文创作。从这些驳杂的内容可以看出，他学术研究的特点是一个字：杂。季羡林认为纵观中外几千年的学术史，学问家中真正杂而精的人极少。这种人往往出在学艺昌明繁荣的时期，比如古希腊的亚里士多德、文艺复兴时期的达·芬奇，以及后来德国古典哲学家中几个大哲学家。他们是门门通，门门精。他认为自己在“杂”中还有重点。所谓重点，就是毕生倾全力以赴、锲而不舍地研究的课题。他在研究这些课题之余，为了换一换脑筋，涉猎一些重点课题以外的领域。间有所获，也写成了文章。季羡林认为清儒分学问为三门：义理、辞章、考据。最理想的是三者集于一人之身，但这很难。桐城派虽然如此主张，但是，他们真正的成就多半在辞章一门，其他两门是谈不上的。他自己最不喜欢义理，用现在的说法或者可以称为哲学。哲学家讲的道理恍兮惚兮，他认为自己愚钝，看不出其中有什么象。哲学家公说公有理，婆说婆有理，天底下没有哪两个哲学家的学说是完全一样的。他喜欢实打实、摸得着、看得见的东西。这是由其禀赋所决定的，难以改变。所以，他在三门学问中最喜爱考证，亦称考据。考据，严格说来，只能算是一个研究方法，其精髓就是：无证不信，“拿证据来”，不容你胡思乱想，毫无根据。德国实证主义的研究方法，其精神与中国考据并无二致，其目的在拿出证据，追求真实，然后在确凿可靠的证据的基础上，抽绎出实事求是的结论。德国学术以其“彻底性”(Gründlichkeit) 蜚声世界。这与他们的民族性不无联系。季羡林在学术探讨中在潜移默化中受到了中德两方面的影响。在中国，其师陈寅恪先生和汤用彤先生都是考据名手。在德国，其师 Prof. Sieg 和 Prof. Waldschmidt 和后者的老师 Prof. H.

1979 年，季羡林访问印度。

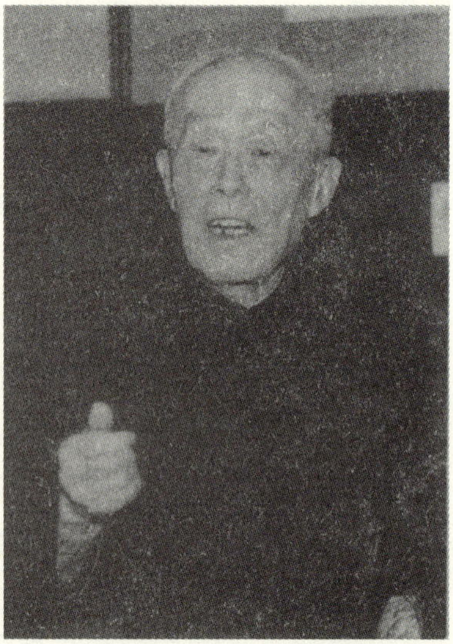

1998 年 3 月，季羡林在全国政协座谈会上。

Lüders，也都是考证巨匠。他一生小心翼翼地跟在他们后面行走。可是，到了晚年，他的学术研究，由考证到兼顾义理。他“老年忽发少年狂”，竟对义理产生了兴趣，发表了许多有关义理的怪论。

他认为自己所发的怪论中最重要的是谈中西文化同异问题的。经过多年的观察与思考，他处处发现中西文化是不同的。他的基本论点是东西方思维模式不同：东综合而西分析。这种不同的思维模式表现在许多方面。举其荦荦大者，比如在处理人与大自然的关系问题上，西方对自然分析再分析，征服再征服。东方则主张“天人合一”，用张载的话来说就是：“民，吾同胞；物，吾与也。”结果是由西方文化产生出来的科学技术，在辉煌了二三百年，主宰了世界，为人类谋了很大的福利之后，到了今天，其弊端日益暴露，比如大气污染、臭氧层出洞、环境污染、淡水资源匮乏、生态平衡破坏、新疾病层出不穷，如此等等，哪一个问题不解决都能影响人类生存的前途。这些弊端将近 200 年前英国浪漫诗人雪莱就曾预言过，如今不幸而言中。这些东西难道能同西方科技的发展分得开吗？令人吃惊的是，到了今天，竟还有少数学者，怀抱“科学”的尚方宝剑，时不时祭起了“科学”的法宝，说他的说法不“科学”，没有经过“科学”的分析。另外还有个别学者，张口“这是科学”，闭口“这是科学”，来反对中国的气功，甚至中国的医学，针灸、拔罐子等等传统医疗方法。当然，把气功说得太神，他也无法接受。

其次是他认为中国通史必须重写。近代以来，一些学者颇写了一些《中国通史》之类的著作。根据丰富的历史资料，观点则见仁见智，各不相同。这是很自然的事。这些书不同程度地受到了读者的欢迎。建国以后，大肆提倡学习马克思主义。可惜的是，马克思主义是前苏联版的，带有斯大林的印记。在“一边倒”的影响下，人文社会科学研究，其中当然包括历史研究，都受到了感染。专以中国通史而论，历史分期问题议论蜂起，异说纷纭，仅“封建社会起源于何时”这一个问题，就争论不休，意见差距超过千年，至今也没有大家比较公认的意见，只好不了了之。他怀疑，这样的争论究竟有什么意义。再如农民革命战争问题。史学家们窥伺上意，纷纷赞颂不休，说什么农民战争是推动社会前进的动力。历史事实证明，农民战争即使是胜利了，也不过是以暴易暴，哪里谈到什么推动社会前进。如果不胜利，则不

1985 年，季羡林在慕尼黑。

过破坏生产，破坏经济，使生民涂炭而已。假如一定要说它有进步意义，则只有肯定翦伯赞的“让步政策”的主张。唐太宗说得再清楚不过了：“民能载舟，亦能覆舟。”可是这个主张被认作“修正主义”，议论者谈虎色变。再如一些书对佛教的谩骂，语无伦次，连起码的常识和逻辑都不讲。在这样“极左”思想的指导下，颇写出了几本当时极为流行的《中国通史》，大中小学生学习的就是这样的历史。不管作者学问多么大，名气多么高，在死守教条的基础上，在迎合上意的前提下，写出来的绝不会是好书，有时是违反作者本意的产品。有人称之为“以论代史”，而不是“以论带史”。关键在于一个“论”字。历史研究，贵在求真，绝不容许歪曲历史事实，削足适履，以求得适合他们的“论”。近年来，由于考古工作的飞速进步，夏代的存在已经完全可以肯定，也给禹平了反，还他以人形。即以文字发展而论，被称为最古的文字的甲骨文已经相当成熟，其背后还必有一段相当长的发展的历史。随着考古发掘工作进一步的发展，中国的历史必将更会向前推进，换句话说，必将会更长。至于中国文化发源地的广袤问题，过去一般的意见是在黄河流域。现在考古发掘工作告诉我们，长江流域的文化发展绝不可轻视。有的人甚至主张，长江早于黄河。不管怎样，长江流域也是中国文化发源地之一。这只要看一看《楚辞》便可明白。没有一个比较长期的文化积淀，《楚辞》这样水平高的作品是产生不出来的。长江流域以外，考古工作者还在南方许多地区发现了一些文化遗址。这一切都说明，过去只看到黄河流域一个地方，是不够的。今天再写历史，绝不能再走这一条老路。因此，他主张，《中国通史》必须重写。

季羡林与赵朴初先生

再次，他认为中国文学史必须重写。同《中国通史》一样，《中国文学史》的撰写也受到了极左思潮的影响。中国的极左思潮一向是同教条主义、僵化、简单化分不开的。在“一边倒”的指导方针下，中国的文学史和文艺理论研究，也唯前苏联的马首是瞻。上世纪 50 年代，聘请了一些苏联文艺理论专家来华讲学。他们带来的当然是贴着马克思主义标签的那一套苏联教条，我们却奉为金科玉律，连腹诽都不敢。前苏联一个权威讲的，一部哲学史就是唯物主义与唯心主义斗争的历史，把极端复杂、花样繁多，然而却又是生动活泼的哲学史上哲学家的学说，一下子化为僵死、呆板、极端简单化了的教条。可在一段相当长的时期内，这就是我们研究中国文学史以及中国历史上文艺理论的唯一的指针。在这样的重压下，文学史和文艺理论的研究焉能生动活泼、繁荣昌盛呢？在外来的重压之外，还有自己土产的，同样贴上了马克思主义标签的重压。权威人士说，文学作品有两个标准：政治标准和艺术标准。政治标准内涵极丰，其中有“人民性”一种东西。什么叫“人民性”呢？一看就明白，一追问就糊涂。对一些人来说，它是恍兮惚兮，其中无象，只可意会，不能言传。于是一些文学史家就在“人民”二字上下功夫。遍搜古籍，如果侥幸能找到“人民”——不管这两个字古今是否同义——或与“人民”相近的字眼，就如金榜题名，洞房花烛一般，狂喜不已。这样怎能写出好的文学史来呢？另一个标准叫做“艺术性”，这个标准比较具体，比较平易近人，理解起来比较容易。但是，既然它被搁置在第二的位置上，也就是次要的位置上，又因为第一条政治标准被强调得天一般高，这个老二根本不能与老大平起平坐。于是一般的中国文学史家，为了趋吉避凶，息事宁人，就拼命在第一条标准上做文章，而忽视了这个第二条艺术性标准。翻看近四五十年来所出版的几部部头比较大、影响比较大的《中国文学史》或者有类似名称的书，不难发现，论述一个作家作品的政治性或思想性时，往往不惜工本，连篇累牍地侃侃而谈，主要是根据政治教条，包括从原苏联贩来的洋教条在内，论述这位作家的思想性，有时候难免牵强附会，削足适履。而一旦谈到艺术性，则缩手缩脚，甚至噤若寒蝉，潦潦草草，敷敷衍衍，写上几句着三不着两的话，好像是在应付差事，不得不写。他觉得，衡量一部文学作品的标准，艺术性应该放到第一位，因为艺术性是文学作品的灵魂。如果缺乏艺术性，思想性即使再高，也毫无用处，这样的作品绝不会为读者所接受。有一些文学作品，思想性十分模糊，但艺术性极高，照样会成为名作而流传千古，李义山的许多无题诗就属于这一类。可惜的是，近几十年来几乎所有的文学史，都忽视了作品艺术性的分析。连李白和杜甫这样伟大的诗人，文学史的作者对他们的艺术风格的差异也只能潦草地说上几句话，很少言之

1987 年 6 月，季羡林参加香港国际敦煌学研讨会，与台湾学者林聪明等人合影。

有物切中肯綮的分析，遑论其他诗人。这样的文学史是不行的。因此，他主张，中国文学史必须改写。

2. 四大文化体系论和东西文化互补论

说来也怪，季羡林本来是一个喜欢考据不喜欢义理的学者，到80多岁时，却“老年忽发义理狂”，突然喜欢起义理来，而且一发不可收拾，连续十多年来发表了多篇谈义理的文章，其观点在学术界引起了很大的反响和争论。1989年，他发表了《从宏观上看中国文化》的文章，引述了汤因比和池田大作的对话，针对国内一些人贬低中国文化的情绪，提出东西文化的关系从几千年的历史上来看是“三十年河东，三十年河西”。现在球已经快踢到东方文化的场地上来了。（《季羡林文集》第6卷，江西教育出版社1996年版，第352页）1990年，他发表了一篇《21世纪：东西文化的转折点》，提出：专就东、西文化而论，他主张“三十年河东，三十年河西”，认为辉煌了二三百年的西方文化已经是强弩之末，它产生的弊端贻害全球，并将影响人类的生存前途，20世纪末可能是由西向东的转折点。他在1992年发表的一篇谈义理的文章是《作诗与参禅》，据季先生自己说，这可以算是一篇想入非非的文章，因为他对作诗和参禅都不是内行里手，而且他对义理有不少偏见，不喜欢这种公说公有理、婆说婆有理的玩意儿，可是现在忽然搞起义理来，是什么原因他自己也说不清楚。自己解释说是因为好奇思怪想，又看别人总说不到点子上，所以就自己下了海动起手来。（《学海泛槎——季羡林自述》，山西人民出版社2000年版，第257页）也在1992年11月22日，他写成《“天人合一”新解》的长篇谈义理的文章，发表在《传统文化与现代化》1993年创刊号上。文章发表后，支持者有之，反对者亦有之。这时，他对义理是想法多于喜悦，“爱好胡思乱想”，有些想法，自己觉得颇有道理，别人越是反对，他越是反思，越觉得自己颇有道理，有时认为这类谈义理的文章，对自己一生的学术研究是重要的，“甚至狂妄地想到，有朝一日，我这些想法的意义和价值甚至会超过我在考证方面所做出的贡献”。（《学海

1985年，季羡林在印度新德里举行“印度与世界文学”国际会议，主持并发言。

泛槎》，第 263 页）从这篇文章之后，季先生至今已经发表了多篇涉及到中国文化、东方文化内容的谈义理的文章，其中重要的有《关于“天人合一”思想的再思考》《〈关于“天人合一”思想的再思考〉的一点补充》《漫谈东西文化》……这些文章的主旨是在“上下五千年，纵横十万里”的大背景下，提出了“不薄西方爱东方”、“三十年河东，三十年河西”，东方文化将再现辉煌的“河东河西论”。

季羡林“老年忽发义理狂”的动机其实很简单。在他看来，义理这玩意儿，非常悬乎，谈义理就跟作诗一样，往往是各人谈各人的，公说公有理，婆说婆有理。一个问题争论起来，或者是不知有多少结论，或者是没有结论。季羡林先生因此在过去很少涉及哲学。但是有些人认为，季羡林先生不涉及哲学，是因为他不懂哲学。这恐怕是大错而特错了。他从小对中国传统文化就特别喜欢，《百家姓》《千字文》是 6 岁以后在私塾里跟老师学到的。既长，阅读和背诵了大量儒家、道家的哲学著作。上初中时，他的叔父季嗣诚亲自给他编选了宋明理学的文章，集成《课侄文选》，教给他。到现在，他在写文章时，还经常大段地引用传统文化的经典和古典诗词，《老子》《论语》《庄子》《孟子》《易经》《书经》《诗经》都是经常引用的。至于唐宋八大家的散文，几乎能大段背诵。在到北京大学任教授以后，他还完整地听完了汤用彤先生开设的魏晋玄学的课，作了系统的笔记，因此他有非常深的传统文化造诣。不但我们经常用的典籍季羡林先生都系统读过，如《二十四史》《文心雕龙》《梦溪笔谈》《诗品》《宋高僧传》《四十二章经》《一切经音义》《般若经》等，我们不经常用的，有的甚至是我们不熟悉的书籍，如《宝德藏》念常集的《佛祖历代通载》《佛祖统纪》《集古今佛道论衡》《续高僧传》，范温的《潜溪诗眼》《壬辰录》刘献廷的《广阳杂记》，更不熟悉的，如《梅磵诗话》《说郛》（包括刘元卿的《应谐录》）《清平山堂话本》《外台密要》《南海寄归内法传》等古书，他也都经常提到。在德国留学期间，他阅读了不少德国哲学家的原著，其中包括康德、黑格尔等人的著作。所以对于哲学，他是不喜欢，并不是不懂哲学。

季先生读过不少西方哲学史和中国哲学史的著作，但是读这些著作的结果是有一千个哲学家，就有一千种哲学，有的哲学家竟沦为修辞学家。他非常赞赏伊壁鸠鲁这样的观点：哲学应当在某种方式上帮助人们生活得更好，如果不关怀人类的痛苦，不能祛除人类精神上的痛苦，那么，无论哪一种哲学家的论点都毫无价值。在西方哲学发展的早期，像伊壁鸠鲁这样的哲学家，都比较淳朴，讲出来的道理，也比较明白易懂。随着时间的推移，世界变化越来越复杂，哲学家们分析概念也越来越细致，越来越艰深，玄之又玄，众妙之门，最后达到了让一般人望而却步的程度。（季羡林《漫谈人生》，第 143 页）从季先生这个看法，我们可以非常清楚，他不喜欢无用空谈的哲学，喜欢有用的哲学。

只有这样，才能理解，一向不喜欢哲学的季羡林先生，为什么突然喜欢起义理来，从1992年开始发表《“天人合一”新解》第一篇谈义理的文章，自此之后越发不可收拾，至今发表了多篇哲学文章呢？他在使自己的哲学能够有利于人生、有利于社会。季羡林先生自己对突然喜欢起义理来解释说：

对这个问题，我自己也说不清楚。毋宁说，我对义理，想法多于喜悦。我爱好胡思乱想，有些想法实在是想入非非，我自己也不敢喜欢；有些想法，则自己也觉得颇有道理。别人越是反对，我越是反思，却觉得自己越来越正确。报刊杂志上的一些文章和一些消息，别人也许不屑一顾，有的我却视如珙璧，因为他证明了我的看法和想法路子是正确的。“老年忽发义理狂”，对我一生的学术研究是重要的。我甚至狂妄地想到，有朝一日，我这些想法的意义和价值甚至会超过我在考证方面所做出的贡献。至于究竟怎样，只有等待未来事态的发展来证实了。（《学海泛槎》第262～263页）

在义理方面，季羡林先生首先接触的是“文化”这一概念。他听说文化这一概念全世界有好几百个。而他认为所谓文化就是包括人类通过自己的劳动，这劳动包括脑力劳动和体力劳动所创造的一切精神的和物质的有积极意义的东西。或者说，凡人类在历史上所创造的精神、物质两个方面，并对人类有用的东西，就叫“文化”。文化与文明既有相同的一面，又有不同的一面。文明指的是从一个野蛮状态，随着社会的进步往前发展，人类的智慧增加了，这叫“文明”。文化就是人类力量的往前进一步发展，人类社会中的艺术、科学等的智力的发展。文明是对野蛮而言，文化是对愚昧而言。这两个词，有时候能通用，如“东方文化史”也可以叫“东方文明史”；但有时候不能通用，如“文明礼貌”不能说“文化礼貌”；“学文化”不能说“学文明”。“文明”的对立面是“野蛮”，“文化”的对立面是“愚昧”。但“野蛮”和“愚昧”又有联系，“野蛮”中“愚昧”成分居多，也有不愚昧的“野蛮”。学文化是因为过去没有文化，学了文化把“愚昧”去掉了。讲文明礼貌是过去不文明，有一些野蛮。提倡文明礼貌，把“野蛮”的成分去掉了。

季羡林先生特别欣赏庞朴先生在《文化结构与近代中国》一文中提出的一个观点，即认为文化可以包括人的一切生活方式和为满足这些方式所创造的事事物物，以及基于这些方式所形成的心理和行为，它包括着物的部分，心、物结合的部分和心的部分。他认为庞朴先生是搔着了“文化”的“痒处”。

季羡林先生研究文化，其实就是为了搔着“文化”的痒处。

季羡林先生的文化理论主要是多元文化观，它涉及到国内的文化，主要有齐文化、鲁文化、楚文化、长江文化、少数民族文化、在新疆汇合的多元文化，他认为希腊罗马文化、印度文化、伊斯兰阿拉伯文化、中国文化汇合的唯一的地方，就是在新疆。在季羡林先生看来，过去我们只重视汉族的文化，这是不对的。而且汉族文化过去只重视黄河文化，而不重视长江文化和其他地域文化，这也是不对的。中国传统文化我们过去只重视鲁文化，重视儒家文化，同样是不对的。

季羡林先生认为，在中国传统文化中，鲁文化起过非常大的作用，这是毋庸置疑的。比方说，在鲁文化中确实有一些好东西。过去在宋代有人说半部《论语》治天下，季先生说，我看用不了半部，一句话就能治天下。“己所不欲，勿施于人”，到共产主义也不过这个水平。(《季羡林文集》14 卷，第 497 页）但其他地域文化中也有许多好东西。专就山东一省而论，过去笼统称之为齐鲁文化，实则齐文化和鲁文化并不完全是一码事。无论是历史文献记载，还是考古发掘，都证明齐文化有丰富的资源。(《季羡林文集》13 卷，第 594 页）

季羡林先生注意到过去的中国历史，只偏重于写黄河文化，认为黄河文化是中国文化的主流，而忽视了其他地域文化。如对长江文化，古代的楚国是一个文化辉煌之邦，甚至泛泛地说中国的南方，在中国过去的历史著作中没有占到应有的地位。过去的中国古代史统统都是文化北方中心论。他认为黄河流域确实是中国文化的发源地，但是最晚到了周代，楚文化和南方文化已经达到了相当高的水平，至少可以和北方文化并驾齐驱，而且与域外的交流也有了一些。“像屈原这样伟大的诗人，如果没有丰厚的、肥沃的，而且又是历史悠久的文化土壤，是绝难以出现的。屈原的著作幻想瑰丽，描绘奇诡，同代表北方文化的《诗经》，文风迥乎不同。勉强打一个比方，北方接近现实主义，而《楚辞》则多浪漫主义色彩”。(《季羡林文集》第 14 卷，第 327～328 页）季羡林先生注意到最近的考古发掘在南方各地发现了许多新东西，这证明南方文化、长江文化当年水平相当高。楚文化、长江文化有很长的发展历史，因此才能产生像屈原这样伟大的作家。如果北方文化、黄河文化和长江文化能够结合起来研究，中国古代文化史写起来就全面了。(《研究楚辞应该注意文化交流》，《淮阴师范学院学报》2000 年 5 期）季羡林先生认为其他地域文化同样应该加强研究，对文化分地区来加以论证和探讨成为他近年来经常考虑的问题。他看到这些年出版了一些专书，对巴蜀文化、楚文化、云南一些少数民族的文化进行了研究，他非常欣赏，觉得“这样做，自有其优点：容易细致和深入。本地人了解本地文化，真是近水楼台。如果每一个地区都这样做了，整个的中华文化的研究水平，必然会大大提高”。(《季羡林文集》第 14 卷，第 402 页）

中国是一个有 56 个民族的多民族国家，每一个民族都参与了中国文化的创造，因此每一个民族的文化都应该得到尊重和研究。过去中国出版的许多中国通史，实际上都是汉民族的通史，真正的中国通史应该包括各少数民族在内的中国多民族的历史。从这一立场出发，季羡林先生对李有义先生提出的史学界的一个新任务是写少数民族史，非常赞赏。他虽然说自己对于少数民族的哲学思想很少涉猎，但是他一旦有机会，就会去读少数民族哲学的著作，如李国文先生所著《东巴文化与纳西哲学》，他读后眼界大开。（《季羡林文集》第14卷，第367页）

宗教文化同样是季羡林先生非常关注的领域，多有精彩论断。他对宗教总的态度是：

我们信仰马克思主义，我们是唯物主义者。宣传、坚持唯物主义是我们的天职，这一点决不能动摇。我们决不能宣传有神论，为宗教张目。但是，惟其我们是唯物主义者，我们就必须承认客观实际，一个是历史的客观实际，一个是眼前的客观实际。

在历史上确实有宗教消灭的现象，消灭的原因异常复杂。总起来看，小的宗教，比如会道门一类，是容易消灭的。成为燎原之势的大宗教则几乎无法消灭。即使消灭，也必然有其替代品。……在人类历史上，靠行政命令的办法消灭宗教，即使不是绝无仅有，也是十分罕见的。（《季羡林文集》第7卷，第272页）

他认为宗教会适应社会的发展、生产力的发展而随时改造自己，改变自己。宗教，当然也包括佛教，不管是以什么形式存在，一方面能满足人们对宗教的需要，一方面又不妨碍生产力的发展，所以才能在社会上保持活力。因此，他认为宗教的消灭是一个非常漫长的过程，甚至可以说，国家、阶级先消灭，宗教后消灭，即使人类进入共产主义以后，在一定时期内，宗教或者类似宗教的想法，还会以某种形式存在着。从这样的观点出发，他认为对任何宗教，一方面不能去提倡，另一方面也用不着故意去消灭。如果有什么地方宗教势力抬头了，一不张皇失措，二不忧心忡忡。宗教是人生的一种需要。宗教需要有多种含义：真正的需要、虚幻的需要，甚至麻醉的需要，都属于需要的范畴。（参见蔡德贵：《季羡林传》，第543～545页）

季先生虽然自己不是任何宗教的信徒，但他对世界上所有正大光明的宗教都十分尊重，因为各大宗教都劝人做好事，不做坏事。这正是正直的人类所需要的。但任何宗教都应该认识到，自己的宗教教义只是相对真理，绝对真理只有“最高神灵”才能掌握。所以不同宗教的信徒要互相尊重，互不相妨，你好我好，大家好，大家以各自喜爱的方式来满足宗教的需要。同样，也应该承认，世界上有有宗教需要的人，也有没有宗教需要的人。应该是敲锣吹号，各有一套，自己生存，也让别人生存。有宗教需要的人和没有宗教需要的人，有宗教需要的人中信这种教的和信那种教的，都应该共同携手，齐心协力，为改善人类的生存条件而努力奋斗。（《漫谈人生》，百花文艺出版社2000年版，第49～50页）

从世界范围来说，有有国教的国家，也有没有国教的国家。有宗教和民族一致的国家，也有宗教和民族不一致的国家。中国是一个没有国教的国家。在中华民族中，汉族不能算是一个宗教性很强的民族。汉族历史上信仰的宗教最大最古的有两个，一个是土生土长的道教，一个是从外面传来的佛教。但是对于道教和佛教，除了道士和尼姑、和尚之外，老百姓对这两种宗教，都信得马马虎虎，佛教庙里有时有道教的神，而且佛道两种庙里，有时竟会出现孔子和关圣帝君文武两圣人。有钱人家办丧事，既请道士，也请和尚，各唱各的调，各吹各的号，一团和气，处之泰然。因此整个中国历史上没有一次宗教战争。如果不同宗教的信徒都能互相尊重，则中国社会必能安定团结，世界人民也必能安定团结。(《漫谈人生》，第49～50页)

为什么季羡林先生会有这样的文化多元观呢？

这可能与他一生的经历有关。他生于山东临清，这里是运河文化的代表性地方，本来就是多元文化汇合的地方。“临清地傍运河，历代为历史文化和经济名城。在铁路修通以前，实为南北交通枢纽。中国典籍中，有大量关于临清的记载”(《季羡林文集》第14卷，第370页)“在过去漫长的历史时期内，西倚黄河，东连德、济，北通京、津，南达苏、杭，是南北交通的枢纽，人文学艺的渊薮。”“当年运河繁盛时期，航船如梭，帆影入画，文人、学士、武将、巨商，联翩驶过，留下了多少流风余韵。”(《季羡林文集》第14卷，第13页)这里有中国传统文化包括齐鲁文化，有伊斯兰教文化，有基督教文化，有佛教文化。到济南以后，他受到叔父很大的影响，接触了不少中国传统文化的教育。他在山东大学附中时，受到王寿彭的一定影响。王寿彭是典型的鲁文化代表，尊孔读经。在每年的祭孔典礼上，穿长袍马褂礼拜孔子，给季羡林先生留下深刻的印象。王寿彭给季羡林先生题写的对联，对季羡林先生是有影响的。年轻时从穿长袍改穿中山服，费很大的劲，才改过来。在思想上，有一定的保守性。后来，他考到清华大学，又受到陈寅恪、吴宓等大师的影响，开始接受新的学问，增加了不少新文化的知识。但对传统的东西，他依然是情有独钟。再后来，他又负笈赴德国，在哥廷根大学既接受了西方文化，又接受了印度文化、阿拉伯伊斯兰文化等东方文化，把自己的研究方向，确定在东方学方面。正是有了这样深厚的文化积累和丰富的人生阅历，他才形成了这样的大文化观，形成了这样系统的多元文化观。

另一个方面，应该说，季先生接受的是东方的综合思维方式，这种思维方式教给他的是从多种角度看问题，这也是他形成多元文化观的一个原因。

总之，季羡林先生认为，应该特别注意文化的起源问题。他主张，文化、文明的起源是多元的，不能说世界上的文化是一个民族创造的，文化的产生不是一元的，不能说一个地方产生文化。否定文化一元论，并不是否定文化体系的存在。所谓文化体系是指具备“有特色、能独立、影响大”这三个基本条件的文化。

从这一前提出发，他认为世界文化共分为四个大的文化体系：中国文化、印度文化、伊斯兰阿拉伯文化、希腊罗马欧美文化。希伯莱文化很难成体系，不是属于伊斯兰文化的先驱归入伊斯兰文化，就是和希腊文化合在一起，所以不是独立的文化体系。这四个文化圈内各有一个占主导地位的影响大的文化，同时各文化圈内各个国家和民族之间又都是互相学习的，各大文化圈之间也有一个互相学习的关系。承认文化的产生是多元的，和承认有文化体系是不矛盾的。

文化一旦产生，其交流就是必然的。他一向主张，文化交流能促进交流双方文学、艺术、哲学的发展，能增进双方科学技术的兴盛。总之，能推动双方社会的前进。就华夏文明而言，黄河流域与长江流域的文化交流，全中国56个民族之间的文化交流，以及中国文化与外国文化的交流，从古至今，真是绵延不绝呀。再说京剧原来并不姓“京”，是由地方戏徽剧逐渐改造成的。徽剧进京以后，经过几代大师的锤炼和改进，去粗取精，去土增“京”，终于形成了后来的京剧。后来梅兰芳又赴苏联和美国演出，获得了成功，连苏联的戏剧大师斯坦尼斯拉夫斯基都倍加赞赏。于是民族的一变而成为世界的了。这就是文化的交流。一个民族创造了文化，同时在发展过程中它又必然接受别的民族的文化，要进行文化交流，这就是文化的时代性。民族性与时代性有矛盾，但又统一，缺一不可。继承传统文化，就是保持文化的民族性；吸收外国文化，进行文化交流，就是保持文化的时代性。文化的民族性与时代性是贯彻始终的。他指出：在全人类历史上，影响深远、历史悠久的这四大文化体系汇流的地方只有一个，这就是中国的新疆地区。其所以能够在这里汇流，要归功于贯穿全区的丝绸之路。”

1996年9月，季羡林身披韩素音女士赠送的印度披肩。

这四大文化体系中的中国文化、印度文化，从古代希伯来起经过古代埃及、巴比伦以至伊斯兰阿拉伯文化的闪族文化，属于东方文化。肇端于古代希腊、罗马的西方文化，属于西方文化。季羡林认为，两大文化体系的关系是：“三十年河西”，三十年河东。两大文化体系的根本区别来源于思维模式不同。东方的思维模式是综合的，西方的思维模式是分析的。打个比方，西方是“一分为二”，东方则是“合二为一”。说得抽象一点：东方综合思维模式的特点是，整体概念中，普遍联系；西方的分析思维模式则是相反。中国哲学中的“天人合一”这个命题正是东方综合思维模式最高最完整的体现。据季羡林的观察和思考，在处理人与自然的关系方面，东方文化与西方文化是迥乎不同的。西方的指导思想是征服自然，东方的主导思想，由于其基础是综合的模式，主张与自然万物浑然一体。东方文化曾在人类历史上占过上风，起过导向作用，这就是他平常所说的“三十年河东”。后来由于种种原因，时移势迁，沧海桑田，西方文化取而代之，形成所谓三十年河西。在西方文化主宰世界的几百年来，生态平衡遭到破坏，酸雨到处横行，淡水资源匮乏，大气受到污染，臭氧层遭到破坏，海、洋、湖、河、江遭到污染，一些生物灭种，新的疾病冒出等等，威胁着人类的未来发展，甚至人类的生存。那么，有没有挽救的办法呢？季羡林的看法，办法就是以东方文化的综合思维模式济西方的分析思维模式之穷。当然“三十年河东，三十年河西”，季羡林的意思讲不是要铲除或消灭西方文化。他的意思是，在西方文化已经达到的基础上，更上一层楼，把人类文化提高到一个前所未有的高度。

季羡林之所以提出这些观点，起因是混沌学的理论前提。

最近一些年，季先生特别欣赏西方兴起来的混沌学。他认为混沌学实际上是一种综合的思维方式。在 2001 年于中国人民大学举办的“经济全球化与中国文化走向”的国际学术研讨会上，他引述李政道博士的一个观点：20 世纪是分析的世纪，是微观的世纪，21 世纪微观与宏观应该相结合。然后季先生说：我理解，中国文化代表宏观文化，宏观与微观相结合，应是西方文化与以中国文化为代表的东方文化相结合，那样可以把文化提到更高的水平。宏观文化实际上指的是综合的思维方式，河东河西论是季先生一种混沌学思考的结果。

上世纪 80 年代，季先生接受了混沌学。混沌学讲求模糊思维，有模糊性。1986 年，他在尼泊尔加德满都看雾，觉得雾能把一切东西，美的、丑的、可爱的、不可爱的，统统罩上一层或厚或薄的面纱，让清楚的东西模糊起来，从而带来了另外一种美，一种在光天化日之下看不到的美，一种模糊的美。从这里他联想到，在这之前，当他第一次接触模糊数学这个名词的时候，他还说过几句怪话：数学比任何科学都更要求清晰，要求准确，怎么还能有模糊数学呢？后来了解了模糊数学的内容，反而觉得模糊数学真是一个了不起的发现。在人类社会中，在日常生活中，在社会科学和自然科学中，都有大量模糊的东西。承认这个事实，对研究学术和制定政策都是有好处的。月下观景，雾中看花，不是别有一番情趣吗？人的幻想插上翅膀，上天下地，纵横六合，神驰于无何有之乡，倾注于自己制造的幻象之中，你想它是什么样子，它立刻就成了什么样子。而这种模糊性正是东方人思维方式的表现。中国人普遍有这种思维方式。季先生举例说，我们打电话，拿起话筒，常会说“我是北大”，其实你怎么是北大，你就是某某，这不过是你省略了许多。（蔡德贵著：《季羡林传》，人民出版社 2000 年版，第 572 页）

季先生认真读了苗东升、刘华杰合著的《混沌学纵横谈》，对美国学者扎德的观点“模糊语言的概念是模糊集合理论中最重要的进展之一”非常欣赏，认为没有形态变化的汉语，是世界上模糊性最强的语言。他举唐代诗人温庭筠《商山早行》中的两句诗“鸡声茅店月，人迹板桥霜”为例，认为这样描绘深秋旅人早起登程的寂寞荒凉之感，到今天已经一千多年，然而并没有失去其感人之处。两句诗十个字，列举了六样东西，全是名词，没有一个动词。用西方的语法来衡量，连个句子都成不了。六样不相干的东西平铺直叙地排列在那里，它们之间的关系一点也说不清楚，模模糊糊，然而妙就妙在模糊，美就美在模糊。诗人没把它们排好位置，把安排位置的自由交给了读者。每个读者都可以根据自己的经验或理解，去任意安排位置。每个人的经验不同，所安排的位置也绝不会相同。读者有绝对完全的自由放开自己的幻想，美就在其中矣。如果把六样东西的位置安排得死死的，就会限制读者的自由，使美感享受为之减少。这正是东方综合思维方式或模糊的思维方式在文学创作中的表现，其优越性是显而易见的。（季羡林：《东方文化与东方文学》，载《文艺争鸣》1992 年第 4 期）季羡林先生认为中国自古以来就有模糊语言的传统，有言不尽意的习惯。中国人在文论方面，喜欢说“不着一字，尽得风流”，“羚羊挂角，香象过河”，都是模糊语言。

1999 年，季羡林被印度文学院授予“名誉院士”。

季先生在《再谈东方文化》一文中引用了金吾伦《物质可分性新论》中有关物质不是无限可分的观点，并且，引用了周文斌在《光明日报》1990 年 11 月 8 日为美国学者格莱克《混沌：开创新科学》所写的书评，认为混沌学是 20 世纪末在西方兴起的有悖于西方文化的新学说。他 1991 年在《“模糊”、“分析”与“综合”》一文中又引用解兴武《艺术的模糊思维》（《文艺研究》1991 年第 2 期），认为模糊性的本质是宇宙普遍联系和连续运动在人类思维活动中的反映，模糊与明晰是一种互相依存的辩证关系。他又引用王明居《审美中的模糊思维》（《文艺研究》1991 年第 2 期），认为西方文化是以分析为基础的，这种分析指的是经典分析，它对认识事物的本质不能说没有用处，它确实帮助我们认识到自然界、人类社会和人体本身许多本质的东西，但是这种分析是有限度的，是有极限的，分析的方法受到许多限制，比如解剖学，中国过去也有过，但是兴旺发达却是在西方。它帮助我们认识了动物、植物和人体的许多真实现象。但是，它有局限。一旦解剖刀割了下来，被割的东西，就成了死的东西，活生生的东西消失了。因此不能说西方的分析方法是通向真理的唯一或最可靠的道路。而综合的方法是把事物的各个部分联成一气，使之变为一个统一的整体的方法，它考察的不仅是事物的某一要素，而且是全部要素，并且考察各个要素之间的联系，把握一切联系中的总的纽带，从总体上揭示事物的本质及其运动规律。季先生非常欣赏综合的方法，认为东方文化的基础就是综合。（《季羡林文集》第6卷，江西教育出版社1996年版，第421～422页）

正是在混沌学的思想前提下，季先生集中考虑了东西方文化的前途问题。考虑的结果，就是认为西方文化已经走到穷途末路，西方有识之士已经认识到了这一点，而在国内至今尚有人在提倡全盘西化论。为了振奋民族精神，摆脱贾桂习气，季先生多次强调了这样一个观点：21世纪是东方文化的世纪，是中国文化的世纪。这样的观点是不是主张消灭西方文化呢？绝对不是的。从近些年来各种新闻媒体所宣传的效果来看，这种观点的作用无疑是积极的。

一种文化既有其民族性，又有其时代性。一个民族自己创造文化，并不断发展，成为传统文化，这是文化的民族性。一个民族创造了文化，同时在发展过程中它又必然接受别的民族的文化，要进行文化交流，这就是文化的时代性。民族性与时代性有矛盾，但又统一，缺一不可。继承传统文化，就是保持文化的民族性；吸收外国文化，进行文化交流，就是保持文化的时代性。所以文化的民族性与时代性这个问题是会贯彻始终的。

季先生发前人之未发，深刻地指出：文化交流是推动人类社会前进的重要动力之一，没有文化交流简直不能想象今天的社会会是什么样子。而文化交流的范围是广阔无垠的，既包括物质文化的交流，也包括精神文化的交流。中国自先秦时代起，就不断地与周围对内对外进行交流。对内是各民族之间进行交流，对外是与周边国家进行交流。世界上的文化体系中国文化、印度文化、伊斯兰阿拉伯文化构成的东方文化，和希腊罗马乃至欧美文化构成的西方文化之间不断地进行文化交流，形成了今天世界上灿烂辉煌，千姿百态，各具特长而又互相联系的文化，给全人类带来了极大的幸福和繁荣。文化交流是双向的，中国文化在汉唐时代如日中天，既吸收外来文化，又把自己的优秀文化毫无保留地送给东西方的其他国家，罗盘、火药、造纸、印刷传遍了整个世界。

3. 拿来主义和送去主义

为了保持文化的时代性，自20世纪以来，出现了一种提倡“全盘西化”的观点。季羡林先生认为，“全盘西化”和文化交流有联系，“西化”要化，不“化”不行，创新、引进就是“化”。但“全盘”不行，不能只有经线，没有纬线。“全盘西化”在理论上讲不通，在事实上办不到。

对中国与外国的文化交流，季先生的基本观点是“拿来”与“送去”。就目前来说，我们对西方文化和外国文化，当然要重视“拿来”，就是把外国的好东西“拿来”。这里涉及到有关文化的三个方面，物的部分、心物结合的部分、心的部分，都要拿。“物”的部分，当然要拿，咖啡、沙发、啤酒、牛仔裤、喇叭裤，这一系列东西，只要是好的，都拿。我们吃的、喝的、穿的、戴的，乘的、坐的、住的、用的，有哪一件是完完全全是中国土生土长的？汽车、火车、飞机、轮船，我们古代有吗？可可、咖啡、纸烟、可口可乐、啤酒、香槟、牛排、面包，我们过去有吗？我们吃的土豆、玉米、菠菜、葡萄，以及许许多多的水果、蔬菜，都是外来的。这菠菜的“菠”字，本身是音译，不是意译，它叫菠菱、菠菱菜，是印度、尼泊尔一带产生的。茉莉花也是外来的，甚至连名字都不是中国固有的。我们用的乐器，胡琴、钢琴、小提琴、琵琶，也都是外来的。拿来，完全正确。现在我们确实拿来了，拿来的真不少，好的坏的都拿来了。连艾滋病也拿来了，这是不应该的。心、物结合的部分比方说制度，也可以学习。最重要的还是心的部分，要拿价值观念、民族性格。因为我们的价值观念、思想方式，不能马马虎虎，得把弱点克服，要不克服的话，我们的生产力就发展不了。从长期的历史研究中，我得出一个非常可贵的经验：在我们国力兴盛、文化昌明、经济繁荣、科技先进的时期，比如汉唐兴盛时期，我们就大胆吸收外来文化，从而促进了我们文化的发展和生产力的提高。到了见到外国东西就害怕，这也不敢吸收，那也不敢接受，这往往是我们国势衰微、文化低落的时代。

1983 年 4 月，季羡林参加第六届全国人民代表大会时，在人民大学堂前留影。

西方文化从文艺复兴以来，昌盛了几百年，把社会生产力提高到了空前的水平，促使人类社会进步也达到了空前的速度，光辉灿烂，远迈前古，世界人民无不蒙受其利。但它同世界上所有的文化一样，也是绝不能永世长存的，迟早也会消逝的。20 世纪 20 年代前后，西方的有些学者已经看出西方文化衰落的端倪，如德国施宾格勒在 1917 年开始写作的《西方的没落》一书，预言当时如日中天的西方文化也会没落。此书一出版，马上洛阳纸贵，产生了巨大的影响，英国著名历史学家汤因比受其影响，也反对西方中心论。他们的观点是值得肯定的，因为，西方文化同世界上所有的文化一样，也是绝不能永世长存的，迟早也会消逝的。在今天，它已逐渐呈现出强弩之末的样子，大有难以为继之势了。具体表现是西方文化产生了一些威胁人类生存的弊端，其荦荦大者，就有生态平衡的破坏、酸雨横行、淡水资源匮乏、臭氧层破坏、森林砍伐、江河湖海污染、动植物种不断灭绝、新疾病出现等等，都威胁着人类的发展甚至生存。

西方文化产生这些弊端的原因，是植根于西方的基本思维模式。因为思维模式是一切文化的基础，思维模式的不同，是不同文化体系的根本不同。简而言之，季羡林先生认为，东方的思维模式是综合的，它照顾了事物的整体，有整体概念，讲普遍联系，接近唯物辩证法。用一句通俗的话来说就是，既见树木，又见森林，而不是只注意个别枝节。中国“天人合一”的思想，印度的“梵我一体”的思想，是典型的东方思想。而西方的思维模式则是分析的。它抓住一个东西，特别是物质的东西，分析下去，分析到极其细微的程度。可是往往忽视了整体联系，这在医学上表现得最为清楚。西医是头痛医头，脚痛医脚，完全把人体分割开来。用一句现成的话来说就是，只见树木，不见森林。而中医则往往是头痛治脚，脚痛治头，把人体当做一个整体来看待。两者的对立，十分明确。但是不能否认，世界上没有绝对纯的东西，东西方都是既有综合思维，也有分析思维。然而，从宏观上来看，这两种思维模式还是有地域区别的：东方以综合思维模式为主导，西方则是以分析思维模式为主导。这个区别表现在各个方面，具体来说，东方哲学中的“天人合一”思想，就是以综合思维为基础的。西方则是征服自然，对大自然穷追猛打。表面看来，他们在一段时间内是成功的，大自然被迫满足了他们的物质生活需求，日子越过越红火，但是久而久之，却产生了以上种种危及人类生存的种种弊端。这是因为，大自然虽既非人格，亦非神格，却是能惩罚、善报复的，诸弊端就是报复与惩罚的结果。

有的学者认为要解决这些弊端，比如环境污染，只有发展科学，发展技术，发展经济，才有可能最后解决环境问题。季羡林先生不同意这种看法。他认为，为了保护环境绝不能抑制科学的发展、技术的发展和经济的发展，这个大前提是绝对正确的。不这样做是笨伯，是傻瓜。但是处理这个问题，脑筋里必须先有一根弦，先有一个必不可缺的指导思想，而这个指导思想只能是东方的“天人合一”思想。否则就会像是被剪掉了触角的蚂蚁，不知道往哪里走。从发展的最初一刻起，就应当在这种思想的指引下，念念不忘过去的惨痛教训，想方设法，挖空心思，尽上最大的努力，对弊害加以抑制，决不允许空喊：“发展！发展！发展！”高枕无忧，掉以轻心，梦想有朝一日科学会自己找出办法，挫败弊害。常言道：“道高一尺，魔高一丈。”到了那时，魔已经无法控制，而人类前途危矣。中国旧小说中常讲到龙虎山张天师打开魔罐，放出群魔，到了后来，群魔乱舞，张天师也束手无策了。最聪明最有远见的办法是向观音菩萨学习，放手让本领通天的孙悟空去帮助唐僧取经，但是同时又把一个箍套在猴子头上，把紧箍咒教给唐僧。这样可以两全其美，真无愧是大慈大悲的观世音。正是由于这个原因，季羡林主张“三十年河东，三十年河西”，21 世纪是东方文化的世纪，东方文化将取代西方文化在世界上占统治地位。而取代不是消灭。全面一点的观点是：西方形而上学的分析已快走到尽头，而东方文化寻求综合的思维方式必将取而代之。以分析为基础的西方文化也将随之衰微，代之而起的必然是以综合为基础的东方文化。这种代之而起，是在过去几百年来西方文化所达到的水平的基础上，用东方的整体着眼和普遍联系的综合思维方式，以东方文化为主导，吸收西方文化中的精华，把人类文化的发展推向一个更高的阶段。这种“取代”，在 21 世纪可见分晓。所以他的结论是：21 世纪是东方文化的时代，这是不以人们的主观愿望为转移的客观规律。用东方“天人合一”的思想和行动，济西方“征服自然”之穷，就可以称之为“东西文化互补论”。东方的“天人合一”是带有普遍性的一种思想，中国、印度都有。即以中国儒家为例，《易经》中有“大人者与天地合其德，与日月合其明，与四时合其序，与鬼神合其吉凶。先天而天弗违，后天而奉天时”。《中庸》有“能尽人之性，则能尽物之性；能尽物之性，则可以赞天地之化育，则可以与天地参矣。”《孟子》有“莫之为而为者，天也；莫之致而致者，命也”。“尽其心者，知其性也；知其性，则知天也”。董仲舒的“天人之际，合而为一”。张载的“民吾同胞，物吾与也”更是典型的天人合一思想。这些都是综合思维方式的典型例子。

季羡林虽然肯定中国传统文化的基本价值，认为是可以送出去的。但是并不是没有原则地肯定，在肯定这种文化价值的同时，他没有忽视对中国民族性的批判。对落后的东西是不能送出去的。

2001 年，季羡林与泰国诗琳通公主合影。

中国的国民性，鲁迅先生早有批判。季羡林先生认为，鲁迅先生的这种批判直到现在仍有意义。这是因为，其一，中国的封建思想包袱最重。因此，应该下大力气批判中国的封建思想。中国文化有精华，搞现代化要发扬这些精华，但眼前主要是反封建糟粕。我们虽是社会主义国家，但包袱很重，最重的是封建思想包袱。譬如在群众中流行的一句话：“端起饭碗吃肉，放下筷子骂娘”，就与封建思想有关系。再如官僚主义、一个人说了算、高干子弟的特权问题、走后门等等，不尊重时间，也与封建思想有关。中国这样一个大民族，对世界文化有过极大贡献，把中国的传统文化丢掉，对不起子孙后代。应该强调的是，那些妨碍生产力和思想进步的封建主义东西，应有胆量讲出来，大家来改，这才是拨乱反正。我们中国实际上是封建主义垄断，资本主义并不多。现在，大家最不满意的是“不正之风”，“服务态度不好”、“高干子弟怎么怎么了”、“一个人说了算怎么样了”，又是民主不怎么样了……不尊重人才，不尊重知识，不讲效率，不重视时间，这种弊病多极了。只有克服了这些封建主义的弊病，中国的生产力才能得到真正的发展。

其二，我们的民族性出了问题。我们眼前面对着的社会，其中的“危机”，也包括文化危机在内，比任何“危机”都更“危机”——我们的民族性出了问题。我们的民族性里面当然也积淀了一些好东西；但是不好的、有害的东西，其数量不少，其危害极大。犯罪的情况是任何时代任何社会都有的。有一点儿，用不着大惊小怪。但是，像中国现在这样，大规模地制造假农药、假种子、假化肥，一旦使用，将流毒千百万亩耕地，影响千百万人民的生命，这却绝非小事了。至于偷窃农村的变压器，割掉电线，其影响农业生产，绝不是小规模的。还有集体地、明目张胆地砍伐山上的树林，使长江变成黄河。这不但流毒眼前，而且影响后世子孙。所以，听说王元化先生主张彻底批判旧文化，他是赞成的。而从社会风气来说，也存在不少问题。有的人争名于朝，争利于市，急功近利，浮躁不安，只问目的，不择手段；小偷小摸，所在皆是。即以宴会一项而论，政府三令五申，禁止浪费；但是令不行，禁不止，哪一个宴会不浪费呢？贿赂虽不能说公行，但变相的花样却繁多隐秘。出门必然会遇到吵架的。在公共汽车上，谁碰谁一下，谁踩谁一脚，这是难以避免的事，只须说上一句：“对不起!”就可以化干戈为玉帛；然而，“对不起!”“谢谢!”这样的词儿，我们大多数人都不会说了，必须在报纸上大力提倡。中国民族性中的这些缺点，不自改革开放始，也不自建国始，更不自鲁迅时代始，恐怕是古已有之了。难道我们真要“礼失而求诸野”吗？这是我们每一个中国人所面临的而又必须认真反省的问题。

鉴于上述理由，季羡林先生认为，在处理外国文化与中国文化的关系时，应该注意大胆“拿来”，把一切外国的好东西统统拿来，物质的好东西要拿来，精神的好东西也要拿来。应该特别强调，我们要拿来的是第三个层次里的东西，属于心的东西。我们要改变我们的一些心理素质、价值观念、思想方法等等。所谓“心”的东西，指的是价值观念、思维方式、审美趣味、道德情操、宗教情绪、民族性格等等。从长期的历史研究中，他得出一个非常可贵的经验：在我们国力兴盛、文化昌明、经济繁荣、科技先进的时期，比如汉唐兴盛时期，我们就大胆吸收外来文化，从而促进了我们文化的发展和生产力的提高。到了见到外国东西就害怕，这也不敢吸收，那也不敢接受，这往往是我们国势衰微、文化低落的时代。

具体到对儒学应该取什么态度？谈东方文化必然要涉及到中国传统文化的核心儒学的问题。季羡林先生认为，作为中国传统文化的主体，儒学中也有糟粕，这是肯定无疑的。对其中的糟粕，一定要抛弃，要批判，如上文说到的对封建主义的批判，是必要的。但是，批判坏东西，不能把好东西也一块丢掉，如同泼洗澡水把澡盆中的小孩也泼掉一样。我们东方文化中确实有些好东西，如《论语》中的一句话："己所不欲，勿施于人"。他非常动情地说："能做到这八个字，到共产主义也不过这个水平。类似这么精辟的话多得很。历史上讲宋太祖时赵普曾说过以半部《论语》治天下的话，现在有人说是胡说八道，我看实际上用不了半部《论语》，有几句话就能治天下。"再如《论语》中又说："小不忍则乱大谋。"容忍是中华美德之一。我们的往圣先贤，大都教导我们要容忍。民间谚语中，也有不少容忍的内容，教人忍让。有的说法，看似消极，实有积极意义，比如"忍辱负重"，韩信就是一个有名的例子。《唐书》记载，张公艺九世同居，唐高宗问他睦族之道。公艺提笔写了100多个"忍"字递给皇帝。从那以后，姓张的多自命为"百忍家声"。

当然，类似"己所不欲，勿施于人"这样的话，最好是演变成道德金律，才会起更大的作用。可惜的是，儒家学说还没有变成道德金律，因为儒学不是宗教。宗教要有四个条件：一要有神；二要有戒约；三要有机构或组织；四要信徒崇拜信仰。拿这四个条件来衡量一下孔子和他开创的儒学，则必然会发现，在孔子还活着的时候以及他死后相当长的一段时间，只能称之为"儒学"，没有任何宗教色彩。《论语》中就说"子不语怪力乱神"。孔子自己说："天何言哉!"这个"天"也不是有"神格"的"天老爷"。孔子从不以神自居，他的弟子以及弟子的弟子，也不以神视之。"儒学"非学说而何？不知道从什么时候起，孔子被神化了。到了唐代，儒、释、道三家就并称三教。到了建圣庙，举行祭祀，则儒家已完全成为一个宗教。因此，从"儒学"到"儒教"是一个历史演变的过程。讨论"儒学"或"儒教"，必须有一个发展的观点，不能执着于一端。

对儒学中的精华与糟粕要分清楚，这是用不着证明的。但是，究竟什么叫做"精华"，什么又叫做"糟粕"呢？这两个表面看上去像是对立面的东西，不但不是泾渭分明，而是界限不清；尤有甚者，在一定的条件下，双方可以相互向对立面转化。如孔子和儒学，在"五四"运动时期，肯定被认为是糟粕，不然的话，何能喊出了"打倒孔家店"的口号？然而，时移世迁，到了今天，中国正在建设社会主义初级阶段的社会，还有什么人能说孔子和儒学中没有精华呢？再如"三纲"一般被认为是糟粕，但是陈寅恪先生在《悼王国维先生挽词并序》中说过一句话"中国文化之定义，具于《白虎通》三纲六纪之说"。陈寅恪先生在这里讲的实际上是处理九个方面的关系：国家与人民、父子、夫妇、父亲的兄弟、族人、自己的兄弟、母亲的兄弟、师长和朋友。这些关系处理好，国家自然会安定团结。纲纪学说，如果运用得法，可能调节社会秩序，可以加强安定团结。国际上何独不然？在中国的传统道德中，伦理道德有很重要的位置，伦理就是解决人与人之间关系的，儒家讲的三纲六纪就是规定了君臣父子夫妇兄弟朋友之间关系的准则。这里有糟粕的地方，因为人与人之间应该是平等的，不应该谁是谁的纲。儒家强调要处理好人的各方面关系还有许多值得批判吸收的东西。我国传统的伦理道德应批判继承，精华留下，糟粕去掉。对外国好的东西，也可以学习，不要排斥。在古代，几乎在所有国家中，传承文化的责任都落在知识分子的肩上。中国古代文化的传承者是“士”，传承地方是太学、国子监和官办以及私人创办的书院。在世界各国文化传承者中，中国的士有其鲜明的特点。早在先秦，《论语》中就说过：“士不可以不弘毅，任重而道远。”士们俨然以天下为己任，天下安危系于一身。在几千年的历史上，中国知识分子的这个传统一直没变，后来发展成为“天下兴亡，匹夫有责”。后来又继续发展，一直到了现在，始终未变。

一个新的世纪已经来临了。季羡林先生虔诚希望，人类能聪明起来，能认真考虑“拿来”与“送去”的问题，认真考虑他这个“外行”、他这个一向不注重“义理”的人所提出的“东西文化互补论”。

为了论证送去主义，季羡林也谈到了东学西渐与“东化”的问题。

他指出，“东化”是他发明的，报纸上没有这个词儿。他认为汉唐的时候，是“东化”的。因为世界的经济中心、文化中心当时在中国。在明末清初以前确实有过东学西渐。不能只重视“西学东渐”而忽视“东学西渐”。根据历史事实，在中西文化交流史上，“东学西渐”从来就没有中断过。中华文化的博大精深吸引了西方传教士、外籍华人、留学生、商人等的注意，并通过他们广泛传播到世界各地。

在文化交流方面，中国是一个很有特色的国家。从蒙昧的远古起，几乎是从一有文化开始，中国文化中就有外来文化的成分。中国人向来强调“有容乃大”，不管是物质的，还是精神的，只要对我们有利，我们就吸收。海纳百川，所以成就了中国文化之大。中外文化的交流，一直没有中断过。最大的两次是佛教的传入和西学东渐。佛教传入的结果是形成了中国佛教。而明末清初以来西方文化在我国广泛传播，则是“西学东渐”。从此，我们才有了“中学”和“西学”这样的名称，才有了“东方文化”和“西方文化”这样的说法。“西学”的先遣部队是天主教。天主教入中国，不自明末始。但是，像明末清初这样大规模的传入，还是第一次。唐代有所谓三教的说法，指的是儒、释、道。此时又来了一个新三教。道家退出，增添了一个天主教。

我们中国不但能够拿来，也能够送去。历史上，我们不知道有多少伟大的发明创造送到外国去，送给世界人民。从全世界的历史和现状来看，人类文明之所以能发展到今天这个样子，中国人与有力焉。可惜的是，在一片西化之声洋洋乎盈耳之时，西方人大都自我感觉极为良好，他们以“天之骄子”自居，在下意识之中，认为自古以来就是这样，今后也将永远是这个样子。今天的中国，对西方的了解远远超过西方人对中国的了解。在西方，不但是有一些平民百姓对中国不了解，毫无所知，甚至个别人还认为中国人现在还在裹小脚，吸鸦片。连一些知识分子也对中国懵懂无知，连鲁迅都不知道。既然西方人不肯来拿我们的好东西，那我们只好送去了。鉴于此，我们组织了一套《东方文化集成》，计划出500多种，600多部，从20世纪90年代开始出版，现在还在继续编辑出版。我还和王宁主编了一套《东学西渐丛书》，1999年由河北人民出版社出版，总共7部，包括朱谦之先生早先写成的《中国哲学对欧洲的影响》，还有其他作者的新著：王宁的《中国文化对欧洲的影响》，王兆春等的《中国军事科学的西传及其影响》，韩琦的《中国科学技术的西传及其影响》，刘岩的《中国文化对美国文学的影响》，史彤彪的《中国法律文化对西方的影响》，孙津的《中国现代化对西方的影响》。丛书出版之后，有人发表评论，说这套丛书，可以增强我们变革和发展的信心，说这套丛书的价值得到了充分展现。从这套丛书中，我们可以清楚地看到，公元16、17世纪以前的欧洲，在文明的发展中与中国有多么大的差距。而他们向中国文明的学习，与后来中国人接受欧洲文明的顺序是相似的，即先从科学技术开始，这不仅包括造纸、印刷、火药、指南针“四大发明”，还包括陶瓷、冶金、纺织等技术，以及军事技术和兵法等。之后，又逐步深入到文化，即价值观、思想和道德，再就是哲学，进而是对中国社会制度的理性思考。2000年刘登阁、周云芳著的《西学东渐与东学西渐》，由中国社会科学出版社出版。看来，东学西渐在学术界引起了相当程度的重视。

季羡林觉得一个人一生下来就要处理好三个关系：一是大自然和人的关系——天人关系；二是人与人的关系——社会关系；三是佛禅的“身、口、意”（“身”，行动；“口”，语言；“意”，思想）三方面的正确与错误的关系——修身关系。我觉得从这三个方面讲，哪个人处理得最好，那么他的道德就最高，处理得不好，就叫“缺德”。为什么说“天人关系”也属道德范畴呢？21世纪要重振东方文化雄风，我们必须在道德上处理好人与大自然的关系。恩格斯在一百多年前讲过，我们不要过分陶醉于我们对自然界的胜利，每次胜利，大自然对我们都进行了报复。这话真是了不起！最近几年，全世界好多国家的领导人注意环保了。环保成为问题了，因为大自然对我们的惩罚已经很厉害了，你再不讲环保的话，将来人类前途就有危险。所以从这个观点上说，人与大自然的关系、人与人的关系、人的“身、口、意”正确与错误的关系，谁处理得最好谁就是最道德的。

到了唐代，儒、释、道三家并称三教。儒教里最感人的是《论语》里的“己所不欲，勿施于人”和“小不忍则乱大谋”，这里体现了人类高尚的道德和容忍的境界，而这些正是东方文化的精髓啊！上世纪30年代，季羡林在清华读书时，经常站在恩师陈寅恪为王国维写的碑文前沉思：“士之读书治学，盖将以脱心志于俗谛之桎梏，真理因得以发扬。思想而不自由，毋宁死耳。斯古今仁圣所同殉之精义，夫岂庸鄙之敢望。先生以一死见其独立自由之意志，非所论于一人之恩怨，一姓之兴亡。”正因为寅恪师有如此卓然独立的人格，他才会妥善处理社会上的人际关系。寅恪师继承了中国“士”的优良传统：天下兴亡，匹夫有责。从他的著作中也可以看出，他非常关心政治。他研究隋唐史，表面上似乎是满篇考证，骨子里谈的都是成败兴衰的政治问题，可惜那时他难得有心理解。谈到当代学术，他当然会对每一个学者都有自己的看法。对青年学人，只谈优点，一片爱护青年学者的热忱，真令人肃然起敬。就连那一位由于误会而对他专门攻击，甚至说些难听的话的学者，陈师也从来没有说过半句贬损的话。先生的盛德由此可见，这就是儒家的入世态度。

当今世界上战火纷飞，人欲横流，“黄钟毁弃，瓦釜雷鸣”，是一个十分不安定的时代。但是，对于人类的前途，他始终是一个乐观主义者。季羡林相信，不管还要经过多少艰难曲折，不管还要经历多少时间，人类社会总是前进的，人类大同之域绝不会仅仅是一个空洞的理想。在人类社会发展的长河中，我们每一代人都有自己的任务，而且是绝非可有可无的。如果说人生有意义与价值的话，其意义与价值就在这里。

4. 糖史研究以小见大

糖是一种微末的日用食品，平常谁也不会重视它。可是“糖”这个字在西欧各国的语言中都是外来语，来自同一个梵文字，这充分说明了，欧美原来无糖，糖的原产地是印度。这样一来，糖一下子就同季羡林的语言研究工作挂上了钩。他从在德国留学时就开始注意这个问题，并搜集这方面的资料。后来，又由于一个偶然的机会，一张伯希和从敦煌藏经洞拿走的，正面写着一段佛经，背面写着关于印度造糖法的残卷，几经辗转，传到了他的手里。敦煌残卷多为佛经，像这样有关科技的残卷，真可谓是凤毛麟角，绝无仅有。从伯希和起，不知道有多少中外学人想啃这个硬核桃，但都没有能啃开，最后终于落到他手中。他惊喜欲狂，终于啃开了这个硬核桃。他写了一篇《蔗糖的制造在中国始于何时?》的论文。这篇文章的意义，不在于它确定了中国制造蔗糖的时间，而在于它指出中国在唐代以前已经能够自制蔗糖了。唐太宗派人到印度去学习制糖法，不过表示当时印度在制糖技术的某一方面有高于中国之处。中国学习的结果是，自己制造出来的糖

季羡林与他的学生们在一起。

“色味逾西域远甚”。文化交流的历史往往如此。在以后的长时间内，中印在制糖方面还是互相学习的。到 1982 年，季羡林又写了一篇《对〈一张有关制糖法从印度传入中国的敦煌残卷〉的一点补充》。1983 年，他写了一篇《古代印度砂糖的制造和使用》。1987 年，他又写了一篇《cīnī 问题——中印文化交流的一个例证》，讲的是中国白砂糖传入印度的问题。糖本是一件小东西，然而在它身上却驮着长达一千多年的中印两国文化交流的历史。同年，又有一篇文章《唐太宗与摩揭陀——唐代印度制糖术传入中国的问题》写成。这些文章后来又经过补充，形成一部两巨册的《糖史》，计 83 万字，学术界反映强烈。这部巨著发现了很多新材料。季羡林深知，如果想开辟一个新领域，创造一个新天地，那就必须自找新材料，偷懒是万万不容许的。想凭空“抟扶摇而上者九万里”，其结果必然是一个跟头栽下来，丢人现眼，而且还是飞得越高，跌得越重。搜集资料，捷径是没有的，现有的引得之类，作用有限。将来有朝一日，把所有的古书都输入电脑，当然会方便得多。可是目前还做不到。他只有采用一个最原始、最笨、可又绝不可避免的办法，这就是找出原书，一行行，一句句地读下去，像沙里淘金一样，搜寻有用的材料。为此，季羡林从 1993 年至 1994 年用了差不多两年的时间，除了礼拜天休息外，每天来回跋涉五六里路跑一趟北大图书馆，风雨无阻，寒暑不辍。每天他面对汪洋浩瀚的《四库全书》和插架盈楼的书山书海，枯坐在那里，夏天要忍受书库三十五六摄氏度的酷暑，挥汗如雨，耐心地看下去。有时候偶尔碰到一条有用的资料，便欣喜如获至宝。但有时候也枯坐半个上午，把白内障尚不严重的双眼累得个“一佛出世，二佛卩天”，却找不到一条有用的材料，嗒然拖着疲惫的双腿，返回家来。经过了两年的苦练，他练就一双火眼金睛，能目下不是十行，二十行，而是目下一页，而遗漏率却小到几乎没有的程度。季羡林先生对“糖”字从英文、阿拉伯文、印地文、梵文到中文考证了个遍，搞清了为什么最初糖发明于印度，以及“糖”在传播过程中的来龙去脉。季先生从糖的“小”中，见到的是文化交流之“大”。他写《糖史》的目的，是想让人们都认识到，人类是相互依存、相辅相成的，大事如此，小事也不例外。像糖这样一种天天同我们见面的微不足道的东西后面，实际上隐藏着一部错综复杂的长达千百年的文化交流的历史。通过糖背后的文化交流，季先生认为，世界文化是世界上各个国家和民族共同创造的，而不是一元起源论。在糖史背后，季羡林重视的是文化交流，在蔗糖制造方面的国际交流。

5. 佛教传入中国的途径和时间

季羡林对佛教研究倾注了大量的心血，在清华大学读书时，他被陈寅恪先生的佛经翻译文学所吸引。而在德国留学期间，他就开始学习梵文、巴利文和吐火罗文，以利研究佛教原典。到“文革”跌入人生低谷时，他之所以能于“炼狱”中坚持做学问，也算参透了禅机吧。当时，他成为“不可接触的人”，被迫掏大粪、看大门、守电话、发信件……但他坚定人生的信仰，犹如达摩面壁参禅般地脱离纷繁尘世，进入自身的“净土”，反倒使自己的思想异常活跃起来。近年来，他主持编写多卷本的《中国佛教史》，由于近年来许多学者的不懈努力，这部《中国佛教史》自然有许多新的内容和特色。其中的新疆卷是季羡林亲自撰写的，专门写了佛教传入中国的问题，修正了以前的一些观点。以往，几乎所有的《中国佛教史》都以佛教的东传为首章。这里要特别提出的一个“佛”字的来源。1947 年，他发表的论文《浮屠与佛》，阐明了这个字是从吐火罗文译过来的。汉代一般称“佛”为“浮屠”或“浮图”，当时他原以为这个字是印度俗语 Buddho 的音译，所以说，佛教是直接由印度传入中国的。这篇论文留下一个悬案：吐火罗文的“浮屠”都是清音，而“佛”的古音则是浊音。4 年后，季老又于 1989 年写成《再谈浮屠与佛》，用积累的大量新资料，解决了这一悬案，认为“浮屠”不是来自印度本土的 Buddho，而是来自大夏语，而“佛”则译自其他伊朗语族文字。这不仅解决了清浊音问题，而且证明佛教传入中国有两个阶段：一是由印度经大夏（大月氏）传入中国，使用“浮屠”，另一是由印度经中亚新疆地区诸小国传入中国，使用“佛”。他在篇末列了一个表：(1) 印度→大夏（大月氏）→中国 buddha→bodo，boddo，boudo→浮屠。(2) 印度→中亚小国→中国　buddha→butetc→佛。

钱文忠与季羡林

这个表对佛教流布的过程一目了然。佛教史学者几乎都承认，佛教传出印度西北部第一大站就是大夏，大夏后来为大月氏所征服。中国典籍中关于佛教入华的说法虽然很多，但皆与大月氏有关。这样一来，史实与语言音译完全合拍，这就是事实。他修正了原来的假设（佛教最初是直接从印度传来的），改为佛教是间接传进来的。

6. 吐火罗语 A《弥勒会见记剧本》

季羡林在 60 年中学习和研究吐火罗文的历史过程，大约可以分为三个阶段：在

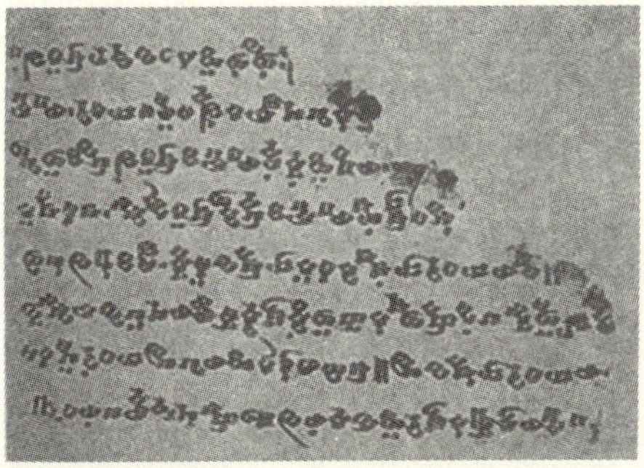
吐火罗语残片

德国哥廷根的学习阶段；回国后长达30多年的藕断丝连的阶段；20世纪80年代初接受委托从事在新疆焉耆新发现的《弥勒会见记剧本》（缩写为MSN）的解读和翻译工作的阶段。1946年回国以后，在吐火罗文研究方面，他手头只有从德国带回来的那一点点资料，根本谈不到什么研究。20世纪五六十年代，在极左思想肆虐的时期，有“海外关系”，人人色变。他基本上断绝了同德国以及其他国家的联系。偶尔有海外同行寄来吐火罗文研究的专著或者论文，连回信都不敢写。当时他已下定了决心，同吐火罗文研究断绝关系。但是，在思想中，有时对吐火罗文还有点儿恋旧之感，形成“藕断丝连”的尴尬局面。上世纪80年代初，新疆博物馆李遇春馆长亲自携带1975年在新疆焉耆新出土的吐火罗文残卷，共44张，两面书写，合88页，请季羡林解读。从此他对吐火罗文的热情又点燃了起来，在众多的写作和研究任务中，吐火罗文的研究始终占有一席之地。1983年他开始断断续续地用汉文或英文发表吐火罗文A《弥勒会见记剧本》的转写、翻译和注释。1997年12月，吐火罗文A《弥勒会见记剧本》所应做的工作，全部结束。一部完整的英译本1998年在德国出版。这一部书是世界上第一部规模这样大的吐火罗文作品的英译本，其他语言也没有过，在吐火罗文研究方面有重大的意义。

7. 人文社会科学是帅，自然科学是兵

与文化多元论的观点相联系，科技与人文社会科学的关系是季羡林先生另一个特别注意的问题。他认为这两种科学，一个是帅，一个是兵。季先生指出：“社会科学其实起着帅的作用。它对国家的管理、社会的进步、经济的发展、民族的凝聚力，都有相当直接的关系。科技当然重要，它是强大的活跃的生产力，能够推进社会的变革。但科学不能脱离那个时代的社会科学水平和社会机能的制约而起作用。如果社会的管理水平低，吏治腐败，文盲遍地，那就会大大限制乃至抵消科技所能发挥的作用。第二次世界大战的经验更告诉我们，现代武器掌握在法西斯手中，实在非常可怕。要知道，掌握科技的毕竟是人，是一定社会制度下具有一定思想、一定文化素质的人。所以，只重视科技的那种‘科学主义’是应该反对的。照我看，社会科学是‘帅’，技术科学是‘兵’。”（蔡德贵：《季羡林传》，人民出版社2000年版，

第 542 页）现在社会上一股只重视科技的风气，对高等学校的学生产生了非常坏的影响。只重视科技，实际上是两个文明只抓了一个物质文明，而忽视了精神文明。他认为只抓物质，只抓科技，而能兴国者，未之有也。针对这种现象，他大声呼吁不要只重视理科而忽视文科。他认为文理科不仅应该互相补充，还应该互相渗透。因为自然和社会绝不可能是泾渭分明的。为了能适应 21 世纪人文社会科学发展的需要，他劝文科的同学多学习点理科的内容，至少选修一门理科的课程。原来他 1930 年上清华大学时，有一个规定，文科学生必须学一门理科的课。现在学习或者研究人文社会科学的青年同学、青年学者，一定要通一门理科。从学术发展来看，学术交融越来越明显。在最初，欧洲只有物理，只有化学、生物，分得清清楚楚，现在呢？物理化学、生物化学，已经交叉了。现在看 21 世纪，文、理都很难分。所以文科必须用理科的知识，理科必须用文科的知识。这一点从学术发展的情况来看，绝对没有问题。他希望文理双方的专家都要考虑交融的问题。各种的情况不同，交融的过程也不会一样。但是，在 21 世纪，文理交融是学术发展前进的必由之路，这一点他是敢肯定的。

1991 **年，季羡林骑自行车去北大图书馆。**

季羡林在 1996 年发表的《提高高校学生人文素质教育的必要和可能》文章中特别强调，“在中国文化传统中，伦理道德占的成分最大。而讲是非，辨善恶，更是核心之一。孟子说：‘富贵不能淫，贫贱不能移，威武不能屈，此之谓大丈夫。’说得最为具体生动。对‘非’的东西，对‘恶’的东西，必不能迁就妥协，虽牺牲性命，也在所不辞，这就叫做气节或者骨气”。因此，他特别指出：“中华民族优秀文化传统中有爱国主义和气节，是我们极其珍贵的全民的财富。我们今天对高校学生进行人文素质教育，这二者就是我们的本钱。我们必须善于利用。”

从爱家到爱国，爱国情怀是季羡林一生不绝如缕的永恒主题。季先生认为，爱国主义并不是一个空泛的概念，你要成为一个爱国主义者，首先就要爱你的家、爱你的城！你必须懂得文化遗产对一个国家、对一个民族所产生的巨大凝聚力！他在《留德十年》一书中，深情地写道：我一生有两个母亲：一个是生我的那个母亲；一个是我伟大的祖国母亲。我对这两个母亲怀着同样崇高的敬意和同样真挚的爱慕。这情怀使他家事、校事、国事事事萦心，这情怀使他中学、东学、西学学学贯通。

对于骨气，季羡林在《收获》发表的《一个老知识分子的心声》中深刻指出：“中国古代知识分子贫穷落魄的多。有诗为证：‘文章憎命达。’文章写得好，命运就

1995 年，季羡林担任《四库全书存目丛书》总编撰。

不亨通；命运亨通的人，文章就写不好。那些靠文章中状元、当宰相的人，毕竟是极少数。而且中国文学史上根本就没有哪一个伟大文学家中过状元。《儒林外史》是专写知识分子的小说。吴敬梓真把穷苦潦倒的知识分子写活了。没有中举前的周进和范进等的形象，真是入木三分，至今还栩栩如生。中国历史上一批穷困的知识分子，贫无立锥之地，绝不会有面团团的富家翁相。中国诗文和老百姓嘴中有很多形容贫而瘦的穷人的话，什么‘瘦骨嶙峋’，什么‘骨瘦如柴’，又是什么‘瘦得皮包骨头’，等等，都与骨头有关。这一批人一无所有，最值钱的仅存的‘财产’就是他们这一身瘦骨头。这是他们人生中最后的一点‘赌注’，轻易不能押上的，押上一输，他们也就‘涅槃’了。然而他们却偏偏喜欢拼命，喜欢拼这一身瘦老骨头。他们称这个为‘骨气’。同‘面子’一样，‘骨气’这个词儿也是无法译成外文的，是中国的国粹。要举实际例子的话，那就可以举出很多来。《三国演义》中的祢衡，就是这样一个人，结果被曹操假手黄祖给砍掉了脑袋瓜。近代有一个章太炎，胸佩大勋章，赤足站在新华门外大骂袁世凯，袁世凯不敢动他一根毫毛，只好钦赠美名‘章疯子’，聊以挽回自己的一点面子。中国这些知识分子，脾气往往极大。他们又仗着‘骨气’这个法宝，敢于直言不讳。一见不顺眼的事，就发为文章，呼天叫地，痛哭流涕，大呼什么‘人心不古，世道日非’，又是什么‘黄钟毁弃，瓦釜雷鸣’。这种例子，俯拾即是。他们根本不给当政的最高统治者留一点面子，有时候甚至让他们下不了台。须知面子是古代最高统治者皇帝们的命根子，是他们的统治和尊严的最高保障。因此，我就产生了一个大胆的‘理论’：一部中国古代政治史至少其中一部分就是最高统治者皇帝和大小知识分子互相利用又互相斗争，互相对付和应付，又有大棒，又有胡萝卜，间或甚至有剥皮凌迟的历史。”

五、生活情趣

1. “养生无术是有术”

季羡林自认为是一个感情充沛的人，也是兴趣不老少的人。然而事实上生活了

季羡林与夫人彭德华

95岁以后，到头来自己感到自己枯燥乏味，干干巴巴，好像是一棵枯树，只有树干和树枝，而没有一朵鲜花，一片绿叶。自己搞的那一套学问，别人称之为“天书”，自己写的一些专门的学术著作，别人视之为神秘。年届耄耋之时，他也曾幻想过，想在生活方面改弦更张，减少一点枯燥，增添一点滋润，在枯枝粗干上开出一朵鲜花，长上一片绿叶。然而他没有改变，如终是忙忙碌碌，整天连轴转，“为他人作嫁衣裳”，而且退休无日，路穷有期，自己感到可叹亦复可笑！

但是怪也怪在这里。季羡林过米寿以后，慢性病有一点，主要是老年哮喘和白内障，然而身躯自称顽健，直到90岁前后，还是很硬朗，经常是十里八里抬腿就到，过去是早晨四点起床，有时候是三点起床，每天工作又增加了一个小时。直到住进301医院，还是想早起，但是医院限制，不准在6点以前起床。有人问季羡林，你难道就不困乏，不愿意睡觉吗？他笑笑回答说，怎么不愿意睡觉，其实我很喜欢睡觉，也很愿意睡觉，但是一到时候，就好像有根鞭子抽着我，让我非起来不可，起来好干活。论文他每天能写上几千字，一篇四千字的散文《赋得永久的悔》也是一天创作出来的，他的速度和效率是毫不含糊的，别人以此为怪，他自己却颇有点沾沾自喜。小友们有人说他忘记了自己的年龄，他自己也觉得是说到了点子上，但相信自己并没有忘乎所以，胡作非为，相信自己是有自知之明的。

有人问季羡林，你健康长寿，精力充沛，有什么养生之术，有什么秘诀没有？

季羡林的回答是：没有秘诀，也从来不追求什么秘诀。他有一个“三不主义”，就是：不锻炼、不挑食、不嘀咕。

所谓“不锻炼”，绝不是一概反对体育锻炼，他只是反对那些“锻炼主义者”，对这些人来说，天地，一锻炼也，人生，一锻炼也，好像除了锻炼，就没有别的事可做。他觉得，人生的意义与价值就在于工作，工作必须有健康的体魄，可以进行一定时间的锻炼，他自己年轻时喜欢打打乒乓球、游游泳，但也都不精于此道。但更为重要的是，工作必须有时间，如果把大部分时间都用于体育锻炼，而耽误了许多工作的时间，这有什么意义呢？

1988年5月，季羡林在长城。

不挑食是很简单的，容易了解，不管是哪一国的食品，只要是合自己的口味，他张嘴就吃，什么胆固醇，什么高脂肪，统统见鬼去吧。他反对那些吃东西左挑右拣、战战兢兢、吃鸡蛋不吃蛋黄、吃肉不吃内脏的人，这样挑来挑去，结果胆固醇反而越来越高。季羡林在日常生活中想吃什么就吃什么，平常以素食为主，偶尔吃点牛羊肉，到外边开会从来不挑食，什么都能吃，结果胆固醇从来没有高过。

不嘀咕实指没有什么想不开的事，从来不为自己的健康愁眉苦脸，他对有人无病装病，有人无病却幻想自己有病，十分厌恶，看了感到别扭，感到腻味。有的人吃东西禁忌多如牛毛，这也不敢吃，那也不敢尝。吃一个苹果要消三次毒，然后削皮，削皮的刀子还要消毒，这自然不在话下，而削了皮的苹果还要消一次毒，此时的苹果已经毫无味道了，只剩下消毒药水味了。从前化学系有一位教授，吃饭要仔细计算卡路里的数量，再计算维生素的数量，吃一顿饭用的数学公式之多等于一次实验。结果怎样呢？结果是每月饭费超过别人几十倍，而人却瘦成一只干巴鸡。一个人到了这个地步，还有什么人生之乐呢？季羡林心想，如果再戴上放大百倍的显微镜眼镜，则所见者无非细菌，他还能活下去吗？

1994 年春节，季羡林与臧克家（左）、邓广铭（中）在一起。

季羡林深知自己已是老年人，所以也愿意观察许多别的老年人。他们中游手好闲者有之，躺在医院里不能动的人有之，天天提鸟笼持钓竿者有之，这样的人，他绝对看不起。他欣赏那些虽然已经寿登耄耋，年近期颐，已经向着白寿（99 岁）甚至茶寿进军，但仍然勤勤恳恳、焚膏继晷、兀兀穷年的人。季羡林认为，人上了年纪，有点这样那样的病，是合乎自然规律的，用不着大惊小怪。他不想做长生梦，对老年，甚至对人生，他采取的态度是道家的。他的具体态度和立场是：我已年届耄耋，但是，专就北京大学而论，倚老卖老，我还没有资格。在教授中，按年龄排队，我恐怕还要排到 20 多位以后。我幻想眼前有一个按年龄顺序排列的向八宝山进军的北大教授队伍。我后面的人当然很多。但是向前看，我还算不上排头，心里颇得安慰，并不着急。这种对生命的态度完全是道家的，对待名利，季羡林也采取道家的态度，是超脱的。他是陶渊明的信徒，陶渊明《神释》中的四句诗：

纵浪大化中，不喜亦不惧。

应尽便须尽，无复独多虑。

成了他的座右铭。而对待工作和事业，则采取儒家的态度，是进取的。这也可以算儒道互补吧！

2. 坐拥书城，绕膝双猫

季羡林生活中最大的乐趣是看书。他的书斋是非常大的，大小房间，加上过厅、厨房，还有封闭起来的阳台，大大小小，共有八个单元。书的册数没有人真正统计过，他自己说总有几万册吧，有人估计大概有六万多。在北大教授中，“藏书状元”他是当之无愧的。在梵文和西文书籍中，他的有些书堪称海内孤本。所以他虽然不以藏书家自命，但坐拥如此大的书城，心里总有满足的愉快。常有些青年人问季羡林：这些书你都看过吗？季羡林坦白地回答他们，他只看过极少极少的一点。那么，要那么多书干什么呢？季羡林相信“开卷有益”这句话。他非常欣赏鲁迅所说的“随便翻翻”，鲁迅之所以能博闻强记，博古通今，与“随便翻翻”是有密切关系的。在当今信息爆炸的时代，我们必须及时得到信息，只有这样，人才能潇洒地生活下去。读书仍然是重要的信息源。读什么样的书呢？季羡林主张专业书要读，专业以外的书也应该“随便翻翻”。知识面越广越好，得到的信息越多越好，否则很容易变成鼠目寸光的人，而鼠目寸光的人不但不利于自己专业的探讨，也不利于生存竞争，不利于自己的发展，最终会为时代所抛弃。

季羡林与他的爱猫

季羡林从小就喜爱小动物，觉得同小动物在一起，别有一番滋味，它们天真无邪，率性而行；有吃抢吃，有喝抢喝；不会说谎，不会推诿；受到惩罚，忍痛挨打；一转眼间，照偷不误。所以同小动物在一起，他心里感到坦然、怡然、安然、欣然，不像同人在一起那样，应对进退，谨小慎微；斟酌词句，保持距离，感到异常地别扭。将近 30 多年前，大约在 1978 年，季羡林开始养猫。第一只猫起名为虎子，是一只最平常的狸猫，身上有虎的斑纹，颜色不黑不黄，并不美观。它有两只炯炯有神的眼睛，虎虎而有生气，因此起名为虎子。虎子脾气暴烈，不怕人，谁想打它，不仅不回避，而且要反攻，声色俱厉，谁得罪了它，永世不忘。后来，除了家中的人外，无人不怕它。

1981年，季羡林又养了一只雪白长毛的波斯猫，因为是洋猫，起名为咪咪。咪咪一进门，就被虎子看做是自己的亲生女儿，虽没有什么奶，却坚决要给它喂奶。季羡林吃饭时，弄点鸡骨头、鱼刺，虎子自己蹲在旁边，瞅着咪咪吃，从不与它争食。虎子还会从外面抓些麻雀、蚱蜢、蝉、蛐蛐之类给咪咪吃。

季羡林同虎子与咪咪都有深厚的感情，每天晚上，两只猫抢着到他床上去睡觉。到了冬天，他在棉被上面特别铺上了一块布，供它们躺卧。有时候，他半夜醒来，神志一清醒，觉得有什么东西重重地压在他身上，一股暖气仿佛透过两层棉被，扑到他的双腿上。这时候，即使双腿由于僵卧过久，又酸又痛，他也总是强忍着，决不动一下，免得惊了小猫的轻梦。到了虎子十一二岁时，咪咪也八九岁了。虎子依然如故，脾气暴烈，威风凛凛，见生人就咬，而咪咪却有下世的光景。常常到处小便，桌子上、椅子上、沙发上，几乎无处不便。

季荷前的季老

季羡林在文著中是这样描绘咪咪的陋行的：

最让我心烦的是，它偏偏看上了我桌子上的稿纸。我正写着什么文章，然而它却根本不管这一套，跳上去，屁股往下一蹲，一泡猫尿流在上面，还闪着微弱的光。说我不急，那不是真的。我心里真急，但是，我谨遵我的一条戒律：绝不打小猫一掌，在任何情况之下，也不打它。此时，我赶快把稿纸拿起来，抖去了上面的猫尿，等它自己干。心里又好气，又好笑，真是哭笑不得。家人对我的嘲笑，我置若罔闻，“全等秋风过耳边”。

后来，咪咪随意拉屎撒尿的频率增加了，范围也扩大了。桌上、床下、澡盆中、地毯上、书上、纸上，只要从高处往下一跳，尿水必随之而来。季羡林便以耄耋衰躯，匍匐在床下桌下向纵深的暗处去清扫猫尿，待钻出来之后，往往得喘上半天粗气。然而他不但不气馁，反而大有乐此不疲之势，心里乐滋滋的。年近九旬的老祖这时就笑着说：你从来没有给女儿、儿子打扫过屎尿，也没有给孙子、孙女打扫过，现在却心甘情愿服侍这一只小猫。他这时也是笑，但不回答，不以为苦，反以为乐。他自己也解释不清楚原因何在。后来家人终于忍无可忍，主张把咪咪赶走。咪咪被

1988 年，季羡林在书房。

送出门去，关在外边。但晚上睡觉，季羡林躺在床上，辗转反侧，再也睡不着。过了几天，咪咪病了，而且越来越严重，给它东西吃也没有胃口，季羡林看了直想流泪。于是，他拖着疲惫的身子走几里路到海淀肉店，买回猪肝和牛肉，想给它吃。一开始，咪咪有点想吃的样子，但一沾嘴唇，又把头缩回去，闭上眼，不闻不问了。后来，咪咪不见了，他到山上、塘边、草丛、树后、石缝，都找遍了，“屋前屋后搜个遍，几处茫茫皆不见”，咪咪还是永远地消失了。

他简直像是失掉了一位好友，一个亲人，直到今天回想起来，内心还颤抖不止。

季羡林后来从别人那里知道，猫有一种特殊的本领，知道自己什么时候寿终，到此时此刻，它绝不呆在主人家中，以免让主人看到自己死去的样子，感到心烦悲伤。它们总要找一个最僻静的地方离开人世。从这件事他悟出，新陈代谢是普遍规律，人应该向猫学习处理死亡的办法。人老了要死，像猫那样，应该算是一件喜事。世界是青年的，老年人应该为青年人活着而不是相反。老年人的天职是尽上仅存的精力，帮助青年前进，必要时甚至可以躺在地上，让后人踏着自己的躯体前进。

咪咪的死毕竟让季羡林非常悲哀，他发誓一定再找一只同样毛长尾粗的白色波斯猫。苍天不负有心人，后来他终于找到了，新猫被命名为咪咪二世。后来又有了三世，现在又有了四世，都是眼睛一黄一绿的波斯猫。现在，虎子已不在人世，咪咪三世丢了，家中还有二世和四世。咪咪四世是新生小猫，是从临清来的。它小小年纪，却极端调皮，有时候简直是无恶不作，什么时候什么地方不需要它，它就偏在那时候那地方蹿出来，搅得人心神不安，它却怡然自得。而咪咪二世已是个老猫了，脑袋里似乎有一个表。每天凌晨四点前后，主人一开灯，它就会在窗台上抓纱窗，作响，好像在催他起床，让它进早餐。这时，季羡林总是悚然而醒，飞快下床，开门一跺脚，声控电灯一亮，只见一缕白烟从黑暗中飞了进来。此尤物先踩他的脚，后蹭他的腿，好像是在道早安。几年来，几乎天天如此，因此季羡林对它情有独钟。在老祖、老伴、女儿去世之后，在他精神最苦闷的时候，给了他极大安慰的，就有咪咪二世。

3．也得念念消费经

季羡林作为哲学博士，研究方向是语言文学，他不喜欢义理，所以写的哲学文章很少。但到晚年，却又一反常态，大谈起“天人合一”的玄学来。文章一经发表，便语惊四座，颇有影响。他还谈起了另一种哲学——消费哲学，也引起轩然大波，中年人中有说他是老保守、老脑筋、不合时宜的，青少年就不知道怎么说了。

话得从头说起。他因为是名人，所以约稿者纷至沓来，于是也就有人请他来谈个人消费，于是也就有了他的消费哲学。

消费与经济基础有关。季羡林的经济基础如何呢？十几年以前，从账面上来看，季羡林的工资是北大教师中最高的，因为他是 20 世纪 50 年代第一批确定的“老一级”教授。但他每月的工资，经过七折八扣，领到手以后，平均约 700 到 800 块钱。这些钱，他要给小保姆张淑贞一半。除了她的工资，她还有一个男孩，在北大二附中上学，学费、杂费、生活费全部由季羡林负担。这样做的原因有两个，一是季羡林心肠好，善良，待人宽厚慷慨；二是让小保姆的孩子在身边上学，也免去了她要回四川老家探亲的后顾之忧。可这样一来，他再交完房费、天然气费、电费、电话费等，实际上拿到手的也只有 300 元左右了。用它来支付全家的生活费，怎么会够呢？

1991 年，季羡林在八十华诞庆祝会上。

这里就有了一个对比：20 世纪 50 年代季羡林被定为一级教授，在六类工资地区的北京，每月拿的工资是 345 元，再加上中国科学院哲学社会科学部学部委员（相当于今天的院士）每月津贴 100 元。这是一个“不菲”的工资数目。因为当时物价奇低，去莫斯科餐厅吃饭，一顿大约 1 元 5 角到 2 元，汤菜俱全，还有黄油面包，外加啤酒一杯。如果吃烤鸭，六七元钱足矣，还能吃只挺大的。这样的物价，有每月 450 元的固定工资，简直是“阔死了”。而十几年以前，他是全国最有资格的“老一级”教授了，因为比他资格更老的陈岱孙老教授已经去世。而他的全月基本工资加各种补贴，也就一千二三百块钱，这就是他每月实际上留在手里只有 300 多块钱的原因。

这样的老教授，工资这样低，可怎么维持生活呢？不少人自然会问他，老先生笑笑说：“我的生活水平，如果不是提高的话，也绝没有降低。”人们问他：难道你有点金术吗？他回答说：非也。季羡林道出的奥秘是：上世纪 50 年代大学教师主要靠工资生活，不懂什么“第二职业”，也不允许有“第二职业”。而今天却大改其道，学校里也有种种形式的“第二职业”，甚至“第三职业”。季羡林也有了“第×职业”，就是“爬格子”。他爬了 60 多年格子，名气大，稿费多，时不时地就收到稿费。这样，他手头虽只剩 300 元的工资，却从来不感到拮据，原因就是有源源不断的稿费做后备军。

手头虽然有钱，但季羡林在生活上却向来没有太高的追求。对吃，一如既往，从来没有什么特殊要求，早晨仍然是烤馒头片或面包，一杯清茶，一碟炒花生米。他从来不让家人或保姆陪他凌晨4点起床，为他做早饭，所以早餐是几十年的“一贯制”，从来不变化。午晚两餐，素菜为多，很少吃肉。饮食如此简单，他全家的伙食费不过500元多一点。

至于穿，季羡林简直是个清教徒。他的衣服多是穿过十年八年或者更长时间的，有一件雨衣，是他在1946年从德国回到上海时买的，至今仍在穿。有一天，一位专家说：你的这件雨衣，款式真时髦！他听后大惑不解。专家一解释，他才知道：原来50多年前流行的款式，经过了漫长的沧桑岁月，在不知经过多少变化之后，在螺旋式上升的规律指导下，现在又回到了50年前的款式。他听后，大为兴奋。没想到自己守株待兔，终于守到了。他也没有想到，人类在衣着方面的一点小聪明，原来竟如此脆弱！

他的老主意是：以不变应万变。他想，一个人穿衣服，是给别人看的。如果一个人穿上十分豪华的衣服，打扮得珠光宝气，天天照镜子自我欣赏，那他不是疯子，便是傻子。穿衣服给别人看，观看者的审美能力和审美标准，千差万别，那么你满足了这帮人，必然开罪于另一帮人，反正不能让人人都高兴，皆大欢喜是不可能的。所以，季羡林的穿衣哲学是我行我素，我就是这一身打扮，你爱看不看，反正我不能让你指挥我。在穿衣方面，他是个完全自由自主的人。有了这样一种穿衣哲学，我们也就看到他的一身蓝色卡其布中山装，春、夏、秋、冬，永不变化。他的日用品，也是如此。只要能用，他绝不丢弃，敝帚自珍是他的用物哲学。我们看到他用的一只手提包，是一种最简单的敞口式的，十几年一点变化没有。而他的穿戴和用品，也真因为观看者的审美能力和审美标准不同，有了两种针锋相对的评论：赶潮流者说他是老古董、老保守、老顽固，而学者层却认为他是一个典型的儒者。儒雅的风度，从其学识和人品中来，而不是从其衣着中来。

季羡林消费哲学的核心是：如果一个人成天想吃想喝，仿佛人生的意义与价值就在于吃喝二字，他觉得无聊，“斯下矣”。他的潜意识永远是：食足以果腹，不就够了吗？衣足以蔽体而已，何必追求豪华。

季羡林绝非“大款”，但他在自己的消费哲学指导下，素衣淡食，生活简单，却把大把大把的钱送给身边急需的人，或者捐给家乡的学校。这样的消费哲学，但愿能有更多的人会理解。

季羡林自1946年回国到北京大学工作后，一直到去世没有离开过。在这里，他把爱国精神化成报效祖国的具体实践行为。他已经完成了《季羡林这集》24卷的编辑和出版，《全集》在陆续出版中。他培养了近6000名学生，其中不乏部长、大使和学者。关于他的学术贡献，在本书开头的那个部分，已经涉及到了，这里不再赘言。

4. 人生座右铭

进入90岁以后，季羡林屡次闹病，先是耳朵，后是眼睛，最后是牙，至今未息。耄耋之人，闹点不致命的小病，本来是人生常事，他向不惊不慌。但却不能不影响自己的写作，进度被拖了下来，不能如期完成。他自觉自己的性与人殊，越是年纪大，脑筋好像越好用，于是笔耕也就越勤。有一位著名作家写文章说，季羡林写文章比他读得还快。这当然有点溢美的夸大。80岁以后，从1993年到1997年这四年中他用中外文写成的专著、论文、杂文、序、抒情散文等等，其量颇为可观，至少超过过去的十年或更长的时间。他常说，自己一生都在教育界和学术界里"混"。这是通俗的说法。用文雅而又不免过于现实的说法，则是"谋生"。这也并不是一条平坦的阳关大道，有"山重水复疑无路"，也有"柳暗花明又一村"。回忆过去60年的学术生涯，不能说没有一点经验和教训。迷惑与信心并举，勤奋与机遇同存。他有自己的座右銘，他讨厌说空话、废话、假话、大话，一无灵丹妙药，二无锦囊妙计，只有一点明白易懂、简单朴素、几近老生常谈、又确实是真理的道理。

季羡林最讨厌说假话，自己则知错必改。他写于1999年7月27日、发表在《人民日报》10月16日第7版的散文《两个小孩子》，说到"相传唐代大诗人白居易3岁识'之'、'无'，千古传为美谈。如今这个仅仅两岁半的孩子在哪一方面比白居易逊色呢?"文章发表后，《海口晚报》读者张竺夫表示质疑，说白居易的《与元九书》说自己是在生后六七个月就识"之"、"无"两字，并非3岁。季羡林知错就改，于10月28日又撰文《关于〈两个小孩子〉的一点纠正》，对这一错误予以公开且正式地更正，所言毫无遮丑之意，对一位普通读者深表感激，"张先生提出纠正，对我来说是改正了错误，增加了见识；对读者来说是得到了正确的信息，有百利而无一害。"文中又说，"但是，我不想改变原文。古人说：'君子之过也，如日月之蚀，人皆见之。'我不想偷偷摸摸地改得毫无错误的痕迹。我一向不悔少作，也不改我的文章。"大胆承认错误，虚心接纳指正，这是真正的大家风范。季羡林因此被读者称为"光明磊落真学者，真诚交流是大家"。

他喜欢引宋代大儒朱子的诗："少年易老学难成，一寸光阴不可轻。未觉池塘春草梦，阶前梧叶已秋声。"他认为这首诗的关键有二：一是要学习，二是要惜光阴。到晚年，季羡林成了陶渊明的志同道合者。他对老年，甚至对人生的态度是道家的。陶渊明有一首《神释》，其中有四句诗："纵浪大化中，不喜也不惧，应尽便须尽，无复独多虑。"季羡林很欣赏这几句话。唐代大诗人白居易的一首自警诗，他也很欣赏："蚕老茧成不庇身，蜂饥蜜熟属他人。须知年老忧家者，恐似二虫虚苦辛。"谈到看待自己，他有一篇《我写我》，里面说的就是对自己的认识。古希腊哲人曾发出狮子吼："要认识自己！"可见这问题之重要。他称外界对自己的评价过高，应该三七开，只信其三。他认为自己不是天才，勤奋可以算得上。他的勤奋包括把开会的时间都充分利用起来，他诙谐地说："我开会有一个窍门。本来汉语是世界语言里最简短的。英文要一分钟，我们有五秒就够。可是我们有很多人对不起这个特点，讲话啰里啰嗦，一句话重复来、重复去，还加上'哼、哈、唉'。就像一个人在敲鼓板一样，所以他讲话，我用不着注意听，我半个耳朵完全能掌握，当别人鼓掌的时候，我跟着鼓掌。那四分之三我就考虑别的问题，做学术，一篇文章怎么写、资料怎么搜集。有一次我讲，将来问我是哪一门的专家，我说我可以开一门'开会学'，我可以写一个几十万字的讲义，可以开课招研究生。"真正的天才他说没看到过，反正自己绝对不是一个天才，是中才，中等的才。他承认有天才，也有偏才，四平八稳的人成不了天才，觉得自己这个人就有点四平八稳。年轻时有点淘，也打架，什么都干了。后来在社会上磨炼久了，进步了。季羡林认为，他是认识自己的。他经常剖析自己，而且剖析得有点过头。或者说，自知之明过了头，有时候真感到自己一无是处。比如拿写文章为例。专就学术文章而言，他并不认为"文章是自己的好"。他真正满意的学术论文并不多，反而别人的学术文章，包括一些青年后辈的文章在内，他觉得好。又比如自己写散文，而且已经写了六七十年，加起来也有七八十万字了。然而自己真正满意的也屈指可数。在品行的好坏方面，他自己觉得不通伦理学，也没有深邃的理论，只能讲几句大白话。季羡林认为，只替自己着想，只考虑个人利益，就是坏。反之，能替别人着想，考虑别人的利益，就是好。为自己着想和为别人着想，后者能超过一半，他就是好人。低于一半，则是不好的人，低得过多，则是坏人。拿这个尺度来衡量一下自己，他承认自己是一个好人。尽管自己有不少私心杂念，但是总起来看，考虑别人的利益还是多于一半的。至于说真话与说谎，这当然也是衡量品行的一个标准。他坦白，自己说过不少谎话，因为非此则不能生存。但是总起来还是敢于讲真话的，真话总是大大超过谎话。因此觉得自己是一个好人。年届耄耋，过去也曾有过一些幻想，想在生活方面改弦更张，减少一点枯燥，增添一点滋润，在枯枝干上开出一朵鲜花，长一片绿叶；然而一直到死，忙忙碌碌。

六、回报社会

1. 山东故乡情深

季羡林说自己："平生爱国不敢后人，即使把我烧成灰，我也是爱国的。"他在德国发奋学习希腊文、拉丁文、俄文、阿拉伯文、法文、梵文、吐火罗文、巴利文等多种语言，研读梵语佛教经典，成绩非凡，当博士毕业论文顺利通过时，他觉得“我没有给中国人丢脸，可以告慰亲爱的祖国。”

他在故乡虽然仅生活了短暂的6年，但他始终眷恋故土。就是到老年，对故乡的感情也不稍懈，而是越来越深，越来越浓。他说过：“一想到自己的家乡的穷困，一想到中国农民之多之穷，我就忧从中来，想不出什么办法，让他们很快地富裕起来。我为此不知经历了多少不眠之夜。”（《还乡十记》）《听雨》的散文中写道：“农民最高希望是多打粮食。天一旱，就威胁着庄稼的生长。即使我长期住在城里，下雨一少，我就望云霓，自谓焦急之情，决不下于农民。北方春天，十年九旱。……我天天听天气预报，时时观察天上的云气。忧心如焚，徒唤奈何。”他看见天旱就为故乡人民着急，他听见下雨就心旷神怡，他说：“我是乞借春雨护禾苗。”（《喜雨》）季羡林时时刻刻关心着家乡，企盼故乡人民尽快富裕起来。

1997年，季羡林与故乡临清官庄小学生合影。

1982年9月，季羡林回到故乡。他看到实行家庭联产承包责任制以后的故乡，人民“陡然富了起来”，“浓烈的幸福之感油然传遍了全身”，“我觉得自己的家乡从来没有这样可爱过”，“我真觉得，我的家乡是非常可爱的。”他觉得这次回故乡，“真是闻所未闻，见所未见；所见所闻，触目快意。”（《还乡十记》）

季羡林的钱不少捐给了家乡山东临清。

他尽其所能为故乡出力，帮助临清把舍利宝塔的修复工作完成。

临清舍利宝塔建于明代中期，位于临清西北部卫运河畔，为砖木结构楼阁式建筑，原是京杭大运河上四大名塔之一。但由于年久失修，塔体开始倾斜、局部开裂，塔外各层檐口残损严重，塔内楼层几乎全部坍毁，无法登攀。

1991年9月23日，季羡林在聊城参加完傅斯年学术研讨会后，到临清参观。他了解到临清古塔的维修一直没有成功，回北京以后，立即给胡乔木同志写了一封信，信的内容是：我这次回故乡临清，当地的党政领导向我提出临清舍利宝塔的修复事宜。我是一介书生，两袖清风，心有余而力不足，没有办法，只好求您帮忙说话了。季羡林一生从来不愿意麻烦人，不愿意求人，为了保护文物古迹，他竟破例求了人。

后来在胡乔木的关心下，国家文物局终于拨款修复舍利宝塔。

1994年季羡林获得北京大学特别贡献奖。他捐给官庄村1万元人民币，用来发

1997 年 10 月 9 日，季羡林在聊城师院演讲。

展教育事业。官庄村很多村民都很激动，季羡林这么大年纪了，心里还牵挂着家乡，真不赖！1996 年春节第一次发放奖金时，一位获奖的小学教师激动地哭了。她本人因教学成绩突出获得 200 元奖金，她的孩子因考上大学本科，获得 500 元奖金。她说："这 700 元解决了我们家的一个大问题，我永远忘不了季老的恩德。"考上大中专学校的学生，领取奖学金时，表示得到著名学者季先生的奖励，一辈子都会引以自豪，刻苦学习，不辜负老人，化为他们的学习动力。

季羡林对山东有一种浓浓的乡情，这种乡情不仅表现在爱临清，还表现在爱山东的一草一木。他把泰山作为家乡的象征，觉得泰山雄伟博大，可以用这四个字来形容。他在 1934 年第一次登泰山，那时 23 岁，在省立济南高中教书。他游历了斗母宫、经石峪、五大夫松、快活三里。他觉得不爬十八盘就等于没有登泰山。在下面看，泰山不算太高。到了泰山顶一看，其他山都很小，泰山确实最高。孔子"登泰山而小天下"，当时的地理知识比较少，认为天下就那么点儿。后来，天下的概念扩大了，有了五岳，结果泰山还是五岳独尊。直到现在，虽然，我们国内比泰山高的山多得很，可是，因为历史渊源的关系，任何山不管它有多高，像泰山那么多值得信念的东西是没有的。秦始皇的泰山刻石碑、汉代的张迁碑、经石峪大字等等，泰山的石刻多极了，而且自古以来，伟大的文学家几乎都写过关于泰山的诗文，几千年就是这个样子。泰山在中国的地位，历史上、政治上、文学艺术上……任何山也比不了。在两千多年的封建社会中，有名声、有作为的皇帝，几乎都到泰山进行封禅或祭祀活动。在文学创作中，杜甫有《望岳》诗："岱宗夫如何，齐鲁青未了。造化钟神秀，阴阳割昏晓。荡胸生层云，决眦入归鸟。会当凌绝顶，一览众山小。"这是一首最能表现出泰山雄伟博大，最有代表意义的诗篇。"齐鲁青未了"，泰山的"青"影响了整个齐鲁。这就表现了泰山的精神。博大、雄伟，雄伟就是硬骨头。几千年来，我们的国家经过那么多磨难，还是巍然不动，泰山可以代表这种精神。

2001 年，季羡林和胞妹香妹在一起。

至今，我们口中还常用“稳如泰山”等等的词句。“会当凌绝顶，一览众山小。”表明我们中华民族的雄心壮志，将来一定要发展得非常高峻，非常辉煌。（大型电视系列片《中华泰山》季羡林序言）

他说：“泰山的博大壮美和特有的文化内涵能激励人生、启迪人生，培养崇高的人生境界。”季羡林对泰山情深如海，他对泰山人民也做出自己的贡献。他为《岱宗学刊》题词，为大型电视系列片《中华泰山》作序，2005 年又应泰山人民之邀创作了《泰山颂》。

《泰山颂》是 94 岁高龄的季羡林 2005 年 8 月 30 日在病房中写就的。诗文如下：

巍巍岱宗，众山之巅。雄踞神州，上接九天。吞吐日月，呼吸云烟。阴阳变幻，气象万千。兴云化雨，泽被禹甸。齐青未了，养育黎元。鲁青未了，春满人间。星换斗移，河清海晏。人和政通，上下相安。风起水涌，处处新颜。暮春三月，杂花满山。十月深秋，层林红染。伊甸桃源，谁堪比肩。登高望岳，壮思绵绵。国之魂魄，民之肝胆。屹立东方，亿万斯年。

其实，2005 年 4 月季老已为泰山创作了“巍巍岱宗，群山之首。吐纳日月，呼吸风云。青青未了，养育黎民。世界之窗，中华之宝。加以护持，期以永存”的诗句。而后他还对原稿进行了修改。他的第一稿是：

泰山颂

巍巍岱宗，群山之山。坐落神州，上接九天。吞吐日月，呼吸云烟。身在尘外，系心人寰。山后制云，雨落山前。土沃收丰，万民腾欢。齐青未了，养育黎元。鲁青未了，春满禹甸。亘古以来，从未有变。舜至今日，时移世迁。人和政通，河清海晏。灵犀一点，上下相安。耄耋山翁，兴会无前。老态尽逝，转更翩翩。暮春三月，杂花满山。十月深秋，层林红染。所到之处，生气盎然。山泉更清，山花更艳。山风更温，山水更甜。三十三天，海上神山。伊甸乐园，人间桃源。皆非少匹，尊为泰山。

他的这首不经意之作意外地得到很高的评价，是他始料不及的。据新华社济南 2005 年 11 月 2 日电，季羡林、高占祥、李国彝三人在 11 月 1 日山东泰安闭幕的第 19 届世界诗人大会上当选世界桂冠诗人。季羡林创作的《泰山颂》、高占祥的《和平颂》以及李国彝近年来创作的大量诗篇在大会上获得好评，3 位诗人在十多位提名候选人中脱颖而出。国际桂冠诗人联盟董事会讨论决定授予他们世界桂冠诗人的

称号。(《人民日报·海外版》2005年11月3日第4版)

当天晚上，我打电话给季羡林先生的助手李玉洁老师，她已经知道了这件事。她说季羡林得知自己当选为桂冠诗人的时候，感到啼笑皆非。他从来就不是诗人，只是一时心血来潮，在2005年写了几稿的泰山颂。结果赶上这届世界诗人大会，被评为桂冠诗人。这使他感到意外，是他完全无法接受的现实。现实又和这位世纪老人开了一个玩笑。其实早在德国留学时期，章用就称他为“诗伯”了，可知他的诗作会不少。

2001年，季羡林参加山东大学百年校庆。

祝贺母校山东大学百年华诞

2001年山东大学建校100周年，季羡林不仅为母校贺岁，而且亲临济南参加校庆活动，几乎累病了。他在《祝贺母校山东大学百年华诞》的纪念文章中深情地说：母校山东大学今年一百岁了。但是，我成为山大的校友却已经有75年了，是校龄的四分之三。这样的人如今恐怕很少见了。

1926年，他考入山东大学附设高中。当时的山大校长是山东省教育厅长前清状元王寿彭。他觉得自己是山大的校友，名正言顺，绝无攀龙附凤之嫌。季羡林在文章中回忆说：

当时高中文科设在济南北园白鹤庄，清流环绕，绿柳成荫，风景绝佳。教员水平甚高，可以说是极一时之选。教历史和地理的是祁蕴璞老师，他勤奋好学，订有多份日文杂志，对世界政治和经济的发展了若指掌。他除了上课外，还常作公开报告，讲解世界大势。国文教员是王崑玉老师，文章宗桐城派，个人有文集，但我只读过稿本，没有出版。教英文的老师姓刘，北大毕业生。我只记住了他的绰号，名字则忘记了。教数学的教师姓王，名字也不记得了。几位老师的学问和教学水平，都是极高的，名扬济南教育界。另外还有一位教经学的老师，姓名都已忘记，只记得他的绰号叫“大清国”。他的口头禅是：“你们民国，我们大清国。”绰号由此而来。但是他学问是有的，上课从来不带书。据说，《五经》《四书》，连同注疏，他都背得滚瓜烂熟，甚至还能倒背，不知道有什么用处。这恐怕只是道听途说而已。在这样十分优越的自然环境和教学环境中，我埋头苦干，扎扎实实地读了两年书，为以后的发展打下了良好的基础。1928年，日寇占领了济南，我被迫辍学一年。1929

年，日寇撤走，山东省立济南高中成立，我继续就读。这事与山大无关，我就不详细叙述了。从我成为山大校友以后漫长的75年中，山东大学同国内许多著名的大学一样，走过一条悠长而又曲折的道路。这条道路并不平坦，也并不笔直，有时布满了鲜花，五彩斑斓，光彩照人；有时却又长满了荆棘，黑云压城。校址也迁来迁去，有时在济南，有时又在青岛，最后终于定居在济南。在新中国建立前有一段时间，大概是在30年代吧，山大当时还在青岛，许多全国著名的学者和作家在那里任教。许多人都认为，那是山大发展史上的一个高峰或者高峰之一。无论中国或外国，一个大学不能永远处于高峰时期，一个系尤其显著，山大自不能例外。从那以后，一直到现在，山大高峰迭出，现在已成为全国著名的高校之一了。我虽然一辈子没有离开过学校，从国内到国外，都在教书，但是我决不敢承认自己是一个教育家。感性认识我是有的，却没有提高到理论的高度。根据我的观察和体会，一个大学，特别是一个系是否是处在高峰时期，关键全在于有没有名师。中国俗话说："名师出高徒。"这话一点也没有错。学生年纪轻，可塑性强，影响他们最大的还是老师。我在上面已经说过，一个大学，一个系，不能永远处于高峰时期，关键也在于老师。我举一个最彰明昭著的例子。我的洋母校德国哥廷根大学的数学系，从19世纪末到20世纪20年代，因为出了几位世界级的数学大师，比如F. K lein、D. Hilbert等，名震全球，各国学子趋之若鹜，一时成了世界数学中心。这些大师一旦离开人世或退出教席，而后继者又不能算是大师，世界数学中心的地位立即转移。这个例子很能说明问题。另外一个例子就是清华国学研究院，虽然只办了几年，但是毕业生几乎都成为名教授，原因也在于国学研究院有著名的四大导师。这个例子是众所周知的。

季羡林认为，山东大学在过去和现在都有大师级的学者。这是山东大学之所以能够成为今天的山东大学最重要的原因。对一个人来讲，100年是高寿了。但是对一个大学来讲，同国外许多有几百年历史的大学比较起来，还只能算是一个小弟弟，有如初升的旭日将越来越发出耀眼的光芒。母校将会有光辉的前途。他这个做了75年校友的老校友，从内心深处向母校奉献出诚挚的祝福。

2. 北大

向北大捐赠珍贵书画

季羡林1946年到北大任教授，一辈子除了个别时候出国或者外出开会，一直都没有离开北大。他对北大的感情特别深。近几年他几乎把自己的所有东西全部都捐给北大了。

2001年7月6日下午，季羡林向北京大学图书馆捐赠图书、手稿、字画等个人藏品仪式在北京大学办公楼礼堂举行，参加捐赠仪式的有北京大学校长许智宏，副校长何芳川，北京大学图书馆馆长戴龙基，以及部分图书馆工作人员。捐赠仪式由何芳川副校长主持，何校长简短致词后，捐赠双方分别在协议书上正式签字，许智宏校长、戴龙基馆长分别致词，肯定了此次捐赠的重大意义，认为这些捐赠品进一步丰富了北大图书馆的馆藏，对于北大师生的学习研究具有重要的学术参考价值，同时，这些藏品也是研究季先生学术和生平的最为重要的资料，将激励北大师生为繁荣北大学术而继续努力。季先生的捐赠在北大教授中是规模最大、种类最多的一次，此次捐赠将带动一批北大著名教授的图书捐赠，有利于保存珍贵资料，开展相关研究。最后，捐赠双方与来宾共同举杯，庆贺此次捐赠圆满成功。季羡林先生和北京大学图书馆有着很深的渊源，季先生在北京大学图书馆简介资料片中说，他在北大 50 多年的学术生涯与北大图书馆密不可分，他的学术成就的取得，得益于图书馆丰富的文献资料。季羡林希望将自己的藏品捐赠给北大图书馆的心愿由来已久，这不仅出于对图书馆的深厚感情，也是出于对北大图书馆的由衷信任，他认为只有经过文革考验的北大图书馆才能妥善保存这些珍贵的资料。北京大学图书馆也积极为季先生的学术研究创造条件，于 2000 年年底专门设立“季羡林工作室”，菲薄的贡献今天得到如此珍贵的捐赠，图书馆深感荣幸。季羡林先生的捐赠包括藏书、个人著作、手稿、往来信札、古今字画、日记、印章、有关音像资料、照片、证书等，具有非常珍贵的学术研究价值和文物收藏价值。北大图书馆将严格按照协议的规定珍藏这些宝贵资料，同时有限制地提供给读者使用，做到资料保存和利用的统一。

据说，这些捐赠品价值连城。谈到自己捐赠的古字画时，季老还建议学校建立一座用于教学的艺术博物馆，让大家都有机会欣赏到中华民族优秀的艺术作品，从而激发起内心深处的爱国之情。这也是人文教育的立足之本。季先生在捐赠仪式上还透露，以后将陆陆续续把自己一生的积蓄通过奖学金的形式返回给学校，以此来表达自己帮助国家教育腾飞的坚定信念。北京大学校长许智宏在捐赠仪式上对季老此次的捐赠行动表示了由衷的感谢。他认为季老的学术精神和人品值得全校师生乃至全社会的人共同学习。北大需要的也正是像季老这样具有极高责任感和道德心的知识分子。据悉，北大图书馆将为季先生捐赠的书籍开辟“季羡林特藏书”，并把季先生捐赠的古字画放入古籍特藏室，让它们在最好的条件下得到保存和利用。（《人民日报海外版》2001 年 7 月 9 日第 2 版）

对《儒藏》编纂工作的支持

北京大学有关文科的许多重大事情，都要请季羡林出主意。他都尽量满足学校和系所的要求。但是他对所有的工作从来不敷衍，从来都是认真对待。比如在担任北京大学儒藏编辑的顾问以后，季羡林非常认真，经常和有关人员讨论儒藏的编辑问题。他指出，现在海内外都有一种论调，说 21 世纪将是中国文化重现辉煌的时期。在国内，根据权威人士传递的信息是我亲耳听闻，不可能不真实，中央将致力于弘扬人文社会科学，这真是二美具，吉星照，我们正在此筹措编纂《儒藏》。关于《儒藏》的学术意义，提几点有关的意见。一是从人力上来讲，北大有能力完成这一艰巨任务，但我认为，倘能与有关的真正对国学有研究的机关、大学，甚至个人合作，这样编出来的更带有普遍意义，能成为中国学术界甚至世界学术界公认的有价值的著作。二是书目编成后，尽量用不同的形式征求各方面的意见。三是书成后出版形式不出两途：一是影印，一是标点重排。前者可见原书形像，有利于收藏；后者便于利用。（2002 年 11 月 27 日写出的一封信）季羡林从近期目标与远期目标两个方面阐述编著这部著作的重要性，他指出，近期目标实现传统文化与现代文化的结合、人文与社科的结合，中西文化的结合，远期目标就是弘扬中华文化。

3. 清华

在清华大学设立“季羡林文化促进基金”

《清华校友通讯》在一则很不起眼的消息中，报道 2003 年岁末季羡林在住院的病房中，向清华大学校长顾秉林院士捐赠了 15 万美元，用来在母校设立“季羡林文化促进基金”。季羡林深情地对顾秉林说：“捐赠的事决定很长时间了，赶上‘非典’，又住院，一拖就是一年，今天总算可以兑现了……钱不多，不过来路清楚，都是自己‘爬格子’所得，希望能够抛砖引玉，为母校做点贡献。”这件事当时的媒体均未报道，季羡林的助手李玉洁老师说这是季老的意思，不要去宣传。李玉洁老师说，季羡林平时非常重视节电节水，晚上每到另一房间，必定先关掉原先房间的电灯，有好多次季老已安歇了，但听见滴水声，他总要亲自起床去拧紧水龙头。从这些生活小习惯，也可看出他为人节俭的自觉性。在老教授当中季老的工资算是高的，他省下的钱，不是资助穷学生，就是捐献给山东家乡了，连他仅有的书稿、信函、日记本、照片、证书等等，也全部捐赠给了北京大学。在这种情况下，他又挤出 15 万美元捐给清华，显然是相当不容易了。更可贵的是，分明是高尚的事，却拒绝张扬，不图任何回报，这就表现出一种更加崇高的境界了。

4. 有求必应

与淘粪工人交友

魏林海是海淀区的一名淘粪工人，家住六郎庄乡，喜欢学问，也爱书画，久慕季羡林大名，但无缘相见，引为憾事。1997年迎香港回归时，魏林海终于觅到了一个拜访季羡林先生的机缘：魏林海与几位乡间书画之友拟在自家西屋搞一个书画展，以表香港回归祖国的喜悦，并想请一位名人写个条幅以壮声色。最初找了一个小有名气的画家，不料此人傲气十足看不起淘粪的。魏林海一气之下，发誓非找一位大名人题写不可。于是斗胆找到了季羡林先生。季羡林，闻听是淘粪工人求题，十分高兴，二话没说，很快就写好了"六郎庄农民书画展"的横幅。字苍劲有力，韵味高古，挂在展室中颇有高雅之气。为此之故，二人竟然成了忘年交。（《人民日报·海外版》2000年6月27日第7版）

"软酥香油旋张"的匾额

在季先生吃过的食品里，他认为好吃的东西有两种，一是台湾抓饼，一是济南油旋。而油旋是先生最愿意吃的，这是因为小时候取得了好成绩，叔父奖励他的就是这种食品。每到考试取得好成绩，叔父给一个油旋，先生就非常知足了。季先生曾说，"油旋就是好吃，那股葱花的香味，再加上又软又酥又香，确实是好吃，可惜北京没有卖的，如果有，肯定畅销。"

1992年，季羡林与英籍作家韩素音合影。

油旋是济南的一种传统精细风味小吃，样子有点像螺丝旋，是用油、盐、葱花等加工而成的一种面食。据说清道光年间，济南的凤集楼就有油旋经营。光绪二十年（1894）开业的文升园饭庄所制油旋，色泽金黄，外皮酥脆，层多松散，内瓤柔嫩，葱油香味浓，很受欢迎，饮食业同人广为仿制。制作时，将大葱、猪板油剁成葱油泥，抹至擀成长条形并涂有一层花生油的面片上，从一头卷起，边卷边抻，卷完为止。然后直立在鏊子上压成直径8厘米、厚2厘米左右的圆饼烙烤。待两面均呈金黄色时放入烤炉内翻烤，至深黄色取出。然后将有旋纹一面的中间用手指压出窝，即成多达五六十层的油旋。将其与鸡丝馄饨配食，味道更佳。

据说济南的油旋是在一百多年前，由齐河县境内徐氏三兄弟从南京传来。为适应济南人的口味，他们改进了配料，口味变为北方人喜食的咸香味，颇受顾客欢迎，生意十分兴隆，人称徐家油旋。后来许多餐馆广为仿制，成为济南风味小吃。

济南大观园附近一个做油旋的张师傅听说季羡林愿意吃油旋，他又从电视上看到季羡林的名气那么大，就想请季羡林给他的油旋写几个字。他抱着试试看的心情，委托笔者请求季羡林先生，季羡林欣然答应，很快写出了“软酥香油旋张”6个大字，现在用这6个字做成的匾，就挂在张师傅的店门上方。张师傅现在逢人就夸，季羡林这样的大学者给他一个油旋师傅写字，一点架子都没有。他因为有季羡林的字而感到自豪。

为事业不怕“献丑”和担责任

季羡林小时候练过书法，但是后来长期在德国留学，没有继续下去。所以他总认为自己的字是见不得人的，自己从来也不是什么书法家。但如果对家乡有利，对文化事业有利，他也可以“献丑”。青岛康成书院，湖南文艺出版社，《文史哲》杂志，《山东大学校刊》，山东人民出版社，《中国儒学年鉴》，《岱宗学刊》……不知道有多少单位和个人请他题过字。至于求他写序的，更是不可计数了。只要不是看出有明显的动机不良，他从来都是尽量满足来求者，从来不拒人于千里之外。为此他为别人写出的序言集稿盈尺。而且这样的事情，他从来不让别人代笔。有一次，泰国的郑彝元先生找到季羡林，请他为自己的著作《道统论》写一篇序言，他很快写出了一篇非常典雅的文言序言。

《道统论》序

我平生为不中不西而又亦中亦西之学，偏考据而轻义理，此盖天性使然，不敢强求也。迨至耄耋之年，忽发少年之狂，对义理问题，妄有所论列；但局促门外，有若野狐，心情介于信疑之间，执着则逾意料之限。数年前曾写一长文《“天人合一”新解》，意在唤起有志之士正确处理人与大自然之关系。盖谓西方科技文明，彪炳辉煌，为时已久。造福人类，至深且巨。然时至今日，际此上世纪之末，新世纪之初，其弊害渐趋明显，举其荦荦大者，如环境污染，臭氧出洞，人口爆炸，疾病丛生，淡水匮乏，生态失衡，如此等等，不一而足。此皆大自然对人类征服之报复，而芸芸者众，尚懵懵懂懂，使人不禁有“直把杭州作汴州”之慨叹。此诸弊害，若其中任何一方阻止无方，则人类生存前途必处于极大危害之中，事实如此，非敢危言耸听也。（1998，3，4）

新华社著名摄影记者唐老鸭师曾在有难之时，贸然去请季羡林为他冒险写出的

《重返巴格达》一书题写书名，便于出版。没有想到，季羡林在第二天居然给他写了《序言》，洋洋洒洒千把字，称“唐老鸭师曾仅仅是改革开放后考进北大的一个小弟弟。他是一个普普通通的记者，人们可能称他为‘小人物’。然而，他的冒险精神却不小，他是‘胆大包天’的。他一方面继承了中国历史上的冒险精神，一方面又继承了北大的‘叛逆’精神。他徒步走过万里长城，他曾在秦岭追踪拍摄大熊猫，他曾到可可西里无人地探险，他曾只身采访海湾战争，他曾独自开车环绕美国，他曾赴南极进行科学考察，等等。其中任何一项都能令人舌挢不下，师曾却能集众奇于一身。我们要为唐老鸭大唱颂歌。”季羡林的这篇序言和萧乾为唐老鸭写的序言，对《重返巴格达》的顺利出版起了很大的作用。

1998 年 8 月，香港石景宜拜（左）访季羡林。

还有一位外号“长衫先生”的李浬，从小痴迷于中国传统文化，觉得那就是最好的东西，他继承外祖父的艺术天赋，从小就有过人之处，他 3 岁习画，作品先后在英美法等国家展出，9 岁时作的《西游记》长卷画还被美国博物馆收藏，小学期间已读完《石头记》《论语》《孟子》《大学》等古书，27 岁开始潜心写作《国学通传》，被人称为“才子”。他没有什么学历，但是读了不少书。2001 年夏天，李浬到北京三次拜访 90 高龄的学者季羡林老先生。第一次登门拜访时，正值午饭时间，李浬怕影响了季老的午膳和午休，只是在季老的住所外徘徊，跟季老家的白猫玩，3 个小时后，他前去敲门时，季老家的保姆却告诉他说，季老回山东老家参加山东大学百年校庆和回临清活动了。又过了几天，他再次拜访季老。去之前，他依孔子教诲：“自行束脩以上，吾未尝无诲焉。”买了一盒包装的 10 块干腊肉，并附文言书信一封。遗憾的是，回山东祭祖的季老仍未回京。但季老的私人秘书代季老收下了他送的礼物。第三次去拜访季羡林，季羡林已经站在门口等候他的到来了。季羡林看到这个孩子懂古礼，显然是喜欢他的。季先生知道他是初中毕业后一直自学国学，非常欣赏。他鼓励李浬，不要羡慕那些硕士博士，走自己的路，季先生还说，相信他的天赋和刻苦，一定能够脱颖而出。季老如此礼贤下士，感动不已的李浬倒头便拜。虽然这十块腊肉很长时间在季羡林家里完好如初，但其象征意义却超越了物质意义，而有了精神的内涵。季先生的鼓励，李浬至今铭记于心。现在他已经成为四川师范大学视觉艺术学院古典文学教师。

至于季羡林对弘扬中国传统文化的热心，更是学界尽人皆知的事情。2004 年 9 月 5 日他和许嘉璐等 70 余位著名人士发表的《甲申文化宣言》，主张文明对话，以减少偏见、减少敌意，消弭隔阂、消弭误解。反对排斥异质文明的狭隘民族主义，更反对以优劣论文明。确信中华文化注重人格、注重伦理、注重利他、注重和谐的东方品格和释放着和平信息的人文精神，对于思考和消解当今世界个人至上、物欲至上、恶性竞争、掠夺性开发以及种种令人忧虑的现象，对于追求人类的安宁与幸福，必将提供重要的思想启示。季羡林一直大力支持北京大学的中国文化书院的建设和活动，支持民办学校，支持推广儒家伦理，提倡儿童读经，呼吁重视人文社会科学……在在表现出一个通儒积极入世的精神。

最近一些日子，传来人民网评出2005年“年度十大文化人物”的新闻，巴金、李敖、陈逸飞、费孝通、金庸、崔永元、季羡林、启功、刘白羽、刘心武入选。

季羡林先生入选的理由是：

2005年7月29日，在季羡林94岁寿辰之前，温家宝总理亲切看望了这位誉满国内外的学术大师。季老的精神和思维都很好，耄耋之年仍然坚持每日读书写作。这位国宝级长者的健朗，似乎在告诉我们，在日月如梭的时光中，那些沉甸甸的传统文化还在。

后 记

季羡林先生在 2009 年 7 月 11 日去世。他去世之后，学术界对他的兴趣并没有减低，学者们仍然关注着他身后的是是非非，关注着对他的定位和评价。季羡林到底是个什么样的学者？是国学大师？是东方学者？是学界泰斗？还是杂家？

回望一下季羡林，可以非常清晰地看出，他自幼受到齐鲁文化的深刻影响，青年时期受到清华的学术熏陶，并且又到德国受到严谨的学术彻底性的训练，所以成就了一个中外合璧、人格学格均高的学者。

对这样一位学者，你可以认同他的国学，也可以认同他的东方学、西学；你可以学到的不仅是治学，而且也可以学他是如何做人的。

蔡德贵

2009 年 10 月 31 日